Walter Goschler

Inklusive Didaktik in Theorie und Praxis

Walter Goschler

Inklusive Didaktik in Theorie und Praxis

Lernwerkstattarbeit und mathematische Muster
am gemeinsamen Lerngegenstand

Würzburg
University Press

Dissertation, Julius-Maximilians-Universität Würzburg
Fakultät für Humanwissenschaften, 2017
Gutachter: Prof. Dr. Erhard Fischer, Prof. Dr. Ulrich Heimlich, Prof. em. Dr. Hans Weiß
Eingereicht unter dem Titel: Lernwerkstattarbeit und gemeinsamer Unterricht anhand mathematischer
Muster rund um das Pascalsche Dreieck – ein Beitrag zu einer inklusiven Didaktik in Theorie und Praxis

Impressum

Julius-Maximilians-Universität Würzburg
Würzburg University Press
Universitätsbibliothek Würzburg
Am Hubland
D-97074 Würzburg
www.wup.uni-wuerzburg.de

© 2018 Würzburg University Press
Print on Demand

Coverdesign: Jule Petzold

ISBN: 978-3-95826-074-0 (print)
ISBN: 978-3-95826-075-7 (online)
URN: urn:nbn:de:bvb:20-opus-154724

„Ueberhaupt fängt der Mensch erst dann an für sich etwas zu sein, wenn er mit Anderen und für Andere in Gemeinschaft tritt; demnach ist auch die Gesellschaft […] die Basis, auf welcher sich die Einzelkraft und das Einzelbewußtsein erhöhen, und wodurch sich die vorhandene Kultur fortsetzen kann und fortsetzen muß. Außerdem gibt die Fähigkeit des gemeinsamen Genusses und der gemeinsamen produktiven Arbeit den mächtigen Hebel für die Um- und Fortbildung des Volkes."

Jan Daniel Georgens (1873): Der Volksschulgarten und das Volksschulhaus. Berlin: Verlag von F. Henschel. S. 149f.

Vorwort

In der vorliegenden Arbeit geht es um die Leitidee schulischer Inklusion, diesmal allerdings nicht nur mit Blick auf theoretische Grundlagen und -fragen, sondern auch und vor allem „praxisorientiert", und dies stellt sich in der heutigen Zeit als besonders wichtig dar, denn Inklusion im Bereich Didaktik und schulischer Umsetzungsmöglichkeiten erscheint bislang kaum bzw. nur marginal thematisiert und keineswegs ausreichend bearbeitet.

Entwickelt und vorgestellt werden Möglichkeiten einer Umsetzung von Unterricht in heterogenen Gruppen, mit Kindern und Jugendlichen mit mehr oder weniger starken Beeinträchtigungen. Dabei werden zunächst nach einem historischen Rückblick ausgewählte didaktische Konzepte aus der Allgemeinen wie auch aus der Heil- und Sonderpädagogik und aus der Lernwerkstattarbeit darauf hin analysiert werden, was diese für einen gemeinsamen Unterricht leisten, und wie die hier auszumachenden Elemente weiterentwickelt und komponiert werden können. Weiterhin geht es darum, wie ein Thema bzw. gemeinsamer Bildungsgegenstand so aufbereitet werden kann, dass er eine Grundlage für ein gemeinsames, sinnstiftendes Handeln von SchülerInnen mit ihren unterschiedlichen Lernausgangs- und Bedarfslagen bietet.

Dem Autor gelingt es hier, ein erweitertes Verständnis einer Didaktik des „gemeinsamen Lernens an einem gemeinsamen Bildungsgegenstand in heterogenen Lerngruppen" zu konzipieren, mit Fokus auf ein Modell von Zugangsebenen aufseiten des Gegenstandes zum einen und von Zugangspotentialitäten aufseiten des Subjekts zum anderen. Dies führt durch den wechselseitigen Bezug und die Durchlässigkeit der Zugangsebenen, durch die Offenheit des Zusammenhangs zwischen Zugriffsebene und SchülerInnenkompetenzen und durch die damit ermöglichte Dynamik der Lernprozesse zu wesentlichen Verbesserungen für den täglichen Unterricht. Ausführlich wird gezeigt und konkretisiert, wie diese Konzeption in der Praxis fruchtbar gemacht werden kann, wie sie funktionieren kann, und zwar anhand mathematischer Lernumgebungen rund um das Pascalsche Dreieck, die jeweils als gemeinsamer Bildungsgegenstand genutzt werden können.

Nach der theoretischen Herleitung des Konzeptes werden auf über 100 Seiten zahlreiche didaktische Lernsituationen bzw. -angebote ausschnitthaft, aber überzeugend vorgestellt. Auch wenn hier bewusst eine empirische Absicherung nicht erfolgte: Alle Entwürfe sind erfahrungswissenschaftlich durch mehrmalige Durchführung mit heterogenen Schulklassen aus Förderschulen oder aus inklusiven Schulen erprobt.

Für den Leser erscheint zudem von Bedeutung, dass auf der Grundlage der konzipierten Zugangsebenen mit Studierenden sowie unterschiedlichen SchülerInnengruppen weitere gemeinsame Bildungsgegenstände aus den Bereichen Mathematik, Technik, Physik und Chemie bereits grundgelegt und in der Unterrichtspraxis evaluiert wurden. Diese werden sukzessive über die Schriftenreihe der Lernwerkstatt des Instituts für Sonderpädagogik der Julius-Maximilians-Universität Würzburg zugänglich gemacht.

Erhard Fischer

Inhaltsverzeichnis

3 Unterricht in heterogenen Lerngruppen am Gemeinsamen Bildungsgegenstand Pascalsches Dreieck

Abbildungsverzeichnis

Alle Abbildungen und Tabellen sind, sofern nicht anders angegeben, von Walter Goschler.

Tabellenverzeichnis

1 Einleitung

Die vorliegende Arbeit setzt sich mit gemeinsamem Unterricht in heterogenen Klassen als einer zentralen Gelingensbedingung schulischer Inklusion auseinander. Dabei sind folgende Fragestellungen zu klären:

1.1 Fragestellung

- Welchen Beitrag können ausgewählte didaktische Konzepte aus der Allgemeinen und aus der Heil- und Sonderpädagogik für einen gemeinsamen Unterricht in inklusiven oder als inklusiv bezeichneten Schulklassen leisten?
- Wie können diese herauszukristallisierenden Elemente komponiert und weiter entwickelt werden, damit ein gemeinsames Lernen in Klassen, die orientiert sind an Heterogenität, gelingen kann?
- In der Konsequenz der Beantwortung der ersten beiden Fragen ergibt sich eine dritte Fragestellung: Wie kann ein gemeinsamer Lerngegenstand aufbereitet werden, dass er Grundlage für ein gemeinsames, sinnstiftendes Handeln von sehr unterschiedlichen Kindern und Jugendlichen werden kann? Wie muss der gemeinsame Gegenstand aufgeschlossen werden, dass kooperatives Handeln als verbindendes Element im gemeinsamen Lernen ermöglicht wird, und welche Zugangsebenen müssen den unterschiedlichen Kindern und Jugendlichen im Sinne der Einlösung ihrer jeweiligen Bildungs- und Förderbedürfnisse bereitet und angeboten werden?
- Welche Bedeutung und welche Angebote beinhalten dabei fachdidaktische Überlegungen, im vorliegenden Fall aus der Mathematik, zu Planungs- und Gestaltungsprozessen eines Unterrichts, der, ausgehend von einem gemeinsamen Lerngegenstand, in der Lage ist, adäquate, differenzierte Angebote zu setzen?
- Schließlich soll die grundsätzliche Realisierbarkeit eines solchen Konzeptes aufgezeigt und exemplarisch anhand von Lernumgebungen zu mathematischen Mustern rund um ausgewählte Anforderungsstrukturen des Pascalschen Dreiecks aufgefächert werden. Dieser gemeinsame Bildungsgegenstand wurde stellvertretend für viele andere mögliche gemeinsame Lerngegenstände ausgewählt, da er in unterrichtlichen Zusammenhängen bisher kaum thematisiert wurde und hinreichend komplex ist, dass die Exemplarität belastbar ist. Hierzu werden zahlreiche von mir konzipierte und entwickelte Materialien und Vorgehensweisen vorgestellt, die mit verschiedenen Klassen von Förderschulen oder aus einem inklusiven Setting durchgeführt wurden.

1.2 Zur Einordnung der Arbeit in schulentwicklungs- geschichtliche Zusammenhänge

Zur Beantwortung dieses Fragenkomplexes ist es zuerst geboten, kurz die Wegmarken zu kennzeichnen, die dazu beigetragen haben, dass eine solche Fragestellung überhaupt diskutiert werden kann. Es ist nicht selbstverständlich, dass über ein gemeinsames Lernen – bezogen auf die verschiedenen Heterogenitätsdimensionen (vgl. Sturm 2013, 64-125; Reich 2012, 54-90) – nachgedacht werden kann. Wesentliche Punkte mit Neuakzentuierungen auf dem Weg der Entwicklung in Richtung einer inklusiven Bildung werden in chronologischer Reihung schlaglichtartig skizziert.

Der gesellschaftliche und bildungsbezogene Umgang mit Menschen mit Behinderungen ist in der jüngeren Geschichte der letzten 80 Jahre in Deutschland und auch international zum Teil tiefgreifenden und existentiellen Veränderungen unterworfen.

Es handelt sich um beeindruckende Entwicklungen innerhalb weniger Jahrzehnte, wurden doch noch während der nationalsozialistischen Herrschaft in Deutschland Menschen mit Behinderungen massenhaft ermordet. In Hadamar beispielsweise, einer von sechs Tötungsanstalten, die von der sogenannten T4-Zentrale in Berlin eingerichtet worden sind, wurden allein im Zeitraum Januar 1941 bis August 1941 über 10.000 Menschen mit Behinderungen oder psychischen Beeinträchtigungen vergast (vgl. Birkenfeld/Gabriel/Zeuch 2016, 9). Ein auf Menschenwürde und sozialer Teilhabe aufgebauter Umgang mit Menschen mit Behinderungen ist kein selbstverständliches und deshalb sorgsam zu hütendes Gut.

Nach einem Schulversuch in München wurde die Schulpflicht für Kinder und Jugendliche mit einer geistigen Behinderung in Bayern eingeführt und damit „die Schule für geistig behinderte Kinder als neuer, eigenständiger Schultypus in das 1965 verabschiedete Sonderschulgesetz integriert" (Rudloff 2002, 409; vgl. auch Stern 2005, 334). Bis zu diesem Zeitpunkt hatten Kinder und Jugendliche mit einer geistigen Behinderung keinen Anspruch auf schulische Bildung und konnten beispielsweise in Bayern keine Schule besuchen. Mit der zunehmenden Errichtung von Sonderschulen wurde eine Gliederung des Sonderschulwesens in die verschiedenen Behinderungsarten vorgenommen, die richtungsweisenden Charakter hatte und die das Förderschulwesen über mehrere Jahrzehnte nachhaltig prägen sollte (vgl. Stern 2005, 335). Dies war der Startpunkt für den differenzierten Aufbau des Sonderschulwesens als Schulart neben der allgemeinen Schule und die damit verbundene Qualifizierung von SonderschullehrerInnen. Auf die Ambivalenz, einerseits Bildungsangebote für Kinder und Jugendliche ermöglicht und damit erste Argumente auf dem Weg zu einer inklusiven Bildung geliefert zu haben, andererseits damit ein segregierendes Bildungssystem dauerhaft begründet zu haben, sei an dieser Stelle exemplarisch für die weitere, immer wieder ambivalent zu interpretierende Entwicklung verwiesen.

1968 wurde der Montessori-Kindergarten der Aktion Sonnenschein in München gegründet. Er war geprägt von der Idee einer „gemeinsamen Erziehung, Bildung und Betreuung von Kindern mit und ohne Behinderung" (Stiftung Aktion Sonnenschein o.J.). Offiziell war eine Aufnahme von blinden, gehörlosen und geistig behinderten Kindern nicht gestattet (vgl. Hellbrügge 1984, 52). Entwicklungen in Richtung inklusiver Bildung können zwiespältig interpretiert werden und verlaufen nicht immer geradlinig, denn die Idee einer ge-

meinsamen Erziehung von Kindern mit und ohne Behinderung und der durch die Schul-
verwaltung verordnete Ausschluss von bestimmten Behinderungsgruppen sind ein Widerspruch.

Die Kultusministerkonferenz bestätigte die Entwicklung eines differenzierten Systems
von Förderschulen 1972 in der „Empfehlung zur Ordnung des Sonderschulwesens" (Kultusministerkonferenz 1972) und prägte die Begrifflichkeit „Sonderschulbedürftigkeit". „Die
Sonderschulen sollen das Recht des behinderten Menschen auf eine seiner Begabung und
Eigenart entsprechenden Bildung und Erziehung verwirklichen" (Kultusministerkonferenz
1972, 2). Es liegt ein individuumszentriertes Verständnis von Behinderung vor, das keine
Fördermaßnahmen im Bereich der allgemeinen Schule vorsieht.

Ein Jahr später veröffentlichte der Deutsche Bildungsrat mit der Empfehlung „Zur pädagogischen Förderung behinderter und von Behinderung bedrohter Kinder und Jugendlicher" (Deutscher Bildungsrat 1973) ein Kontrastprogramm, in dem eine weitgehend gemeinsame Erziehung und Bildung und „die stärkere Integrierung sonderschulischer Einrichtungen in das gesamte Schulsystem" gefordert wird (Deutscher Bildungsrat 1973, 23).
„Rückwirkend kann man feststellen, dass die Empfehlungen des Deutschen Bildungsrates
von 1973 die Euphorie der Bildungsverantwortlichen beim Aufbau des Sonderschulwesens
und die Akzeptanz der Sonderschulen auf Seiten der Eltern nicht wesentlich gemindert haben" (Stern 2005, 335).

1975 wandelte sich die Fläming-Grundschule im damaligen West-Berlin zu einer Schule
für alle und nahm erstmalig auch Kinder mit Förderbedarf im Bereich der geistigen Entwicklung auf. Konzeptionell war damit die Fläming-Grundschule die erste Schule, an der
keine Behinderungsart vom Schulbesuch ausgenommen war. Grundsätzlich ist kein wie
auch immer behindertes Kind ausgeschlossen (vgl. Stoellger 1983, 174ff.). Damit wurde die
Schule zu einer der bekanntesten in den 1970er-Jahren, an der behinderte und nichtbehinderte Kinder gemeinsam unterrichtet wurden und zum Vorbild für andere Schulen (vgl.
Muth 1986, o.S.).

Zwischen 1980 und 1982 veränderte sich die Uckermark-Grundschule im damaligen
West-Berlin zu einer Schule ohne Aussonderung mit wohnortnaher Integration (vgl.
Heyer/Preuss-Lausitz 1990, 15). Auch wenn es sich bei der Uckermark-Schule um einen
Schulversuch handelte, war die Grundlage „ein auf andere Grundschulen übertragbarer
Schulversuch" (ebd., 19). Eine Erweiterung zu bisherigen integrativen Schulansätzen war
das Regionalisierungsprinzip, demzufolge alle Kinder mit sonderpädagogischem Förderbe-
darf die jeweilige Regelschule des entsprechenden Schulsprengels besuchen.

In den 1980er-Jahren wurden an der Grundschule in der Robinsbalje in Bremen behinderte und nichtbehinderte Kinder mit folgenden Prinzipien, in wissenschaftlicher Begleitung von Georg Feuser, unterrichtet:

- Regionalisierung
- Dezentralisierung
- integrierte Therapie
- Kooperation
- Kompetenztransfer
- Team-Teaching (vgl. Feuser/Meyer 1987, 11)

Auch auf Seiten der Sonderpädagogik wurden in den 1970er- und 1980er-Jahren die
Forderungen nach einer gemeinsamen Förderung von behinderten und nichtbehinderten
Kindern und Jugendlichen deutlicher vernehmbar. So formulierte Jetter:

> „Die Idee der Integration ist ‚in‘; dies zeigen nicht nur die sich ausweitenden Bemü-
> hungen um die Einführung sogenannter Integrationsmodelle, sondern ebenso der
> Umstand, daß selbst die Befürworter der ‚segregierten‘ Förderung Behinderter ihre
> Ansicht nur noch sehr zaghaft – und manchmal nur noch hinter vorgehaltener
> Hand kundtun. Projeziert [sic! W.G.] man diesen Trend gedanklich in die Zukunft,
> dann kann man alsbald auf eine ‚Wende‘ bauen: die wirkliche Integration Behin-
> derter scheint unvermeidbar" (Jetter 1986, 8).

Er kennzeichnete die Frage nach Integration als „Gretchenfrage unter Sonderpädago-
gen" (ebd.).

Im November 1989 verabschiedete die UNICEF mit der „Convention on the Rights of
the Child", welche in Deutschland 1990 in Kraft getreten ist (vgl. Bundesgesetzblatt 1992b,
990), eine erste international bindende Vereinbarung, in der Kinderrechte als universell
verankert sind, unabhängig von Staatszugehörigkeiten, Kulturen, zu allen Zeiten und aus-
nahmslos, einfach durch die Tatsache der Geburt.

> „Die Vertragsstaaten erkennen an, dass ein geistig oder körperlich behindertes Kind
> ein erfülltes und menschenwürdiges Leben unter Bedingungen führen soll, welche
> die Würde des Kindes wahren, seine Selbstständigkeit fördern und seine aktive Teil-
> nahme am Leben der Gemeinschaft erleichtern" (Bundesgesetzblatt 1992a, Art. 23).

Gefordert wird hier in allgemeiner Form eine Lebensgestaltung orientiert an der Menschenwürde, Entwicklungsförderung und Teilhabe. Die Vereinbarung ist gekennzeichnet
durch ein Zwei-Gruppen-Verständnis von Behinderung und Nichtbehinderung, verweist
aber gleichzeitig darauf, dass die Rechte von Kindern mit Behinderungen keine anderen
sind als die von Kindern ohne Behinderungen. Das Recht auf besondere Betreuung wird
institutionsunabhängig festgeschrieben mit dem Ziel einer vollständigen sozialen Integration.

Während der von der UNESCO 1994 veranstalteten Weltkonferenz „Pädagogik für besondere Bedürfnisse: Zugang und Qualität" wird die „Salamanca Erklärung und der Aktionsrahmen zur Pädagogik für besondere Bedürfnisse" verabschiedet mit der Forderung,
dass Kinder „mit besonderen Bedürfnissen Zugang zu regulären Schulen haben müssen, die
sie mit einer kindzentrierten Pädagogik, die ihren Bedürfnissen gerecht werden kann, aufnehmen sollten" (UNESCO 1994b, 2). Der Zugang von „Kindern mit besonderen Bedürfnissen" zum Regelschulsystem wird festgeschrieben und es werden integrative Schulen gefordert (vgl. ebd.). In der englischen Fassung wird bereits die Begrifflichkeit „inclusive"
(UNESCO 1994a, IX) verwendet, in der deutschen „integrativ" (UNESCO 1994b, 2).

Festgehalten werden kann, dass in der „Convention on the Rights of the Child" für Kinder mit Behinderungen gleiche Teilhaberechte gefordert werden wie für Kinder ohne Behinderungen, während in der Salamanca-Erklärung der Zugang zum Regelschulsystem in
einer integrativen bzw. inklusiven Form eingefordert wird.

Veränderungen im Behinderungsbegriff leitete die Kultusministerkonferenz 1994 mit den „Empfehlungen zur sonderpädagogischen Förderung in den Schulen der Bundesrepublik" (Kultusministerkonferenz 1994) ein durch die Weiterentwicklung des Begriffes „sonderschulbedürftig" zum „sonderpädagogischen Förderbedarf" (ebd., 2).

Dies schlägt sich im Aufbau der Mobilen Sonderpädagogischen Dienste in Bayern durch die Novellierung des Bayerischen Erziehungs- und Unterrichtsgesetzes 1994 nieder. Die anfängliche Gültigkeit der Lernzielgleichheit wurde in einer weiteren Novellierung 2003 zugunsten des Kriteriums der aktiven Teilnahme abgeschafft. Sonderpädagogische Förderung wurde zur Aufgabe aller Schulen erklärt.

Bis um die Jahrtausendwende hatte sich ein Flickenteppich an unterschiedlichsten integrativen Maßnahmen ausdifferenziert (vgl. Heimlich 2007, 358ff.; Mühl 2008, 595; Boban/Hinz 2004). Für einzelne integrative Erziehungs- und Bildungseinrichtungen „sind die Eingangshürden inzwischen vielerorts gesunken. Dies bedeutet aber keine generelle ,Verbesserung' der Situation in den Bundesländern" (Fischer 2008, 38).

2005 veröffentlichte die UNESCO die „Guidelines for Inclusion" (UNESCO 2005), in denen Inklusion als Prozess verstanden wird, der sich auf die Verschiedenheit der Bedürfnisse aller Kinder und Jugendlichen bezieht („responding to the diversity of needs of all learners" (ebd., 13). Das Regelschulsystem ist in der Verantwortlichkeit, alle Kinder zu erziehen und zu bilden. „Seeing education through the inclusion lens implies a shift from seeing the child as a problem to seeing the education system as the problem that can be solved through inclusive approaches" (ebd., 27). In diesen Passagen tritt nicht mehr die Zwei-Gruppen-Einteilung (Menschen mit und ohne Behinderung) zu Tage, sondern der Aspekt der Verschiedenheit („diversity").

Die Vereinten Nationen verabschiedeten im Jahre 2006 die „Convention on the Rights of Persons with Disabilities and Optional Protocol" (United Nations 2006), die vom Bundestag und den Ländern 2009 unterzeichnet wurde (vgl. Bundesgesetzblatt 2008). Dadurch sind eine umfassende Teilhabe von Menschen mit Behinderungen an der Gesellschaft und ein integratives Erziehungs- und Bildungssystem festgeschrieben. Die Sichtweise von Behinderung ist nicht mehr rein individuumszentriert und damit defizitorientiert, sondern soziale und gesellschaftliche Aspekte werden stärker akzentuiert.

Seit diesem Zeitpunkt wird in Deutschland an der Entwicklung und dem Aufbau eines inklusiven Bildungswesens gearbeitet (vgl. Bundesgesetzblatt 2008, Art. 24), das offen ist für alle SchülerInnen. In der UN-Behindertenrechtskonvention ist im Art. 24 ein solches Schulwesen beschrieben als „an inclusive education system at all levels" (United Nations 2006, Art. 24). In der deutschen Fassung wird dies mit „integrativem Bildungssystem" übersetzt (Bundesgesetzblatt 2008, Art. 24).

Seit 2011 wird auch in Bayern die Entwicklung inklusiver Schulen im Verbund kooperativer Lernformen angestrebt. Es handelt sich um fünf voneinander unterscheidbare Beschulungsformen (vgl. Goschler 2014, 95ff.), die alle mit inklusiver Zielsetzung eingerichtet worden sind, nämlich für Formen des kooperativen Lernens in

- Kooperationsklassen,
- Partnerklassen,
- offenen Klassen der Förderschule (vgl. BayEUG Art. 30a),

und für Formen der inklusiven Schule durch

- Inklusion einzelner SchülerInnen,
- Schulen mit dem Schulprofil „Inklusion" (vgl. BayEUG Art. 30b).

Neben dieser inklusiven Schiene bleibt das Förderschulsystem vorerst in durchlässigerer Weise und mit z.T. veränderten Aufgabenstellungen weiter bestehen. Wocken kritisiert diese Entwicklung beharrlich und kontinuierlich, beispielsweise indem er schreibt: „Dem real existierenden gegliederten Schulwesen werden lediglich einige ‚inklusive' Elemente wie Einzelintegration, Partnerklassen, Kooperationsklassen oder Schulen mit inklusivem Schulprofil additiv hinzugefügt, im Übrigen bleibt aber alles beim Alten" (Wocken 2011a, 28). Auch der im Herbst 2010 vom Bayerischen Landtag einberufene „Wissenschaftliche Beirat Inklusion" (Heimlich/Kahlert/Lelgemann/Fischer 2016, 7) konstatiert weiteren Veränderungsbedarf, wenn er zu dem Ergebnis kommt: „Eine inklusive Schulentwicklung ist weiterhin auf eine Veränderung des inklusiven Schulkonzepts angewiesen, in dem Inklusion als Leitbild fest verankert ist und an dem alle unmittelbar Beteiligten mitwirken müssen" (ebd., 9).

Mit diesen Entwicklungen von der Einführung der Schulpflicht für Kinder und Jugendliche mit (geistiger) Behinderung bis zu den Bestrebungen in Richtung einer inklusiven Beschulung gehen für die Schulen bedeutsame Änderungen einher.

1.3 Zur Unterbelichtung der didaktischen Dimension in der aktuellen Situation

Erst durch die verschiedenen Maßnahmen der Länder bei der Umsetzung der UN-Behindertenrechtskonvention ab 2008 wurden zum Teil auch grundlegende Veränderungen in der Schulgesetzgebung, in der Schulorganisation und im Gefolge auch im Hinblick auf Unterrichtsangebote für inklusive Klassen vorgenommen. Die Bundesländer setzen auf unterschiedliche Strategien, von zweigleisigen Varianten der Fortführung und Veränderung des bestehenden Förderschulsystems und dem Ausbau an inklusiven Angeboten bis hin zu Bundesländern, deren Inklusionsquoten, also die SchülerInnen mit diagnostiziertem Förderbedarf, die an einer Regelschule unterrichtet werden, die Exklusionsquoten, also die SchülerInnen mit sonderpädagogischem Förderbedarf, die separiert in Förderschulen unterrichtet werden, deutlich übertreffen, wie z.B. in Bremen, Hamburg, Schleswig-Holstein (vgl. Klemm 2015, 29), wobei ein Ländervergleich aufgrund sehr unterschiedlicher Förderquoten insgesamt schwierig ist (vgl. ebd., 28f.). Auch die Geschwindigkeit, mit der die Länder Veränderungsprozesse vorantreiben, ist sehr verschieden.

Solche Neuausrichtungen in der Schullandschaft insgesamt bleiben nicht ohne Konflikte und die Dynamik dieser Prozesse wird erhöht, weil bei der Umsetzung schulischer Inklusion (in welchem Maß und in welcher Form auch immer) innere und äußere Schulreform gleichzeitig auftreten (müssen). Die Gleichzeitigkeit von innerer und äußerer Schulreform ist in der deutschen Geschichte seit der Mitte des 20. Jahrhunderts einmalig. Soll Inklusion mehr als ein gemeinsames Dach über allen SchülerInnen darstellen, dann ist der

Kern von Inklusion im Bereich Didaktik und schulischer Umsetzungsmöglichkeiten angesiedelt. Dies scheint der am wenigsten bearbeitete und erforschte Bereich zu sein.

Feuser spricht davon, dass die Integrationsbewegung, damit meint er die Bestrebungen, die unter dem Begriff Integration oder Inklusion firmieren, „von einer erschreckenden didaktischen Abstinenz geprägt" ist (Feuser 2011, 86). Heimlich resümiert in Bezug auf neuere Ansätze einer inklusiven Bildung, „dass wir hier zum gegenwärtigen Zeitpunkt noch von einer konzeptionellen Suchbewegung ausgehen müssen" (Heimlich 2014a, 4). Weiter fordert Moser Opitz, „wenn Inklusion eine Chance haben soll, ist es an der Zeit, dass sich die Inklusionspädagogik spezifisch mit Unterrichtsentwicklung befasst – einer inklusiven Unterrichtsentwicklung, die weder bestimmte Lernende ausschließt noch deren Bildung und Förderung vernachlässigt" (Moser Opitz 2015, 260). Ein viertes Statement soll genügen: „Die Auseinandersetzung mit didaktischen Modellen, die explizit für inklusive Lerngruppen konzipiert wurden, wird in den didaktischen Lehrwerken und im allgemein schulpädagogischen Diskurs hingegen bislang eher vernachlässigt" (Textor/Kullmann/Lütje-Klose 2014, 69).

Zur Kenntnis zu nehmen ist die Feststellung der ‚didaktischen Abstinenz' (Feuser) mit der daraus resultierenden ‚konzeptionellen Suchbewegung' (Heimlich), die in die Forderung nach ‚einer inklusiven Unterrichtsentwicklung' (Moser Opitz) für alle SchülerInnen einmündet. Berücksichtigt werden müssen dabei ihre jeweiligen Bildungs- und Förderbedürfnisse. Die Auseinandersetzung mit Konzepten der Regelschule soll ‚im allgemein schulpädagogischen Diskurs' (Textor/Kullmann/Lütje-Klose) geführt werden.

1.4 Zielsetzung der Arbeit

Dies sind die Ansatzpunkte der vorliegenden Arbeit. „Antworten, wie Inklusion für alle Akteure gelingen kann, sind dringlich. Hier besteht Einigkeit. Inklusive didaktische Konzepte spiegeln die Vielfalt der Diskussion und die Suche nach Antworten" (Kiel/Esslinger-Hinz/Reusser 2014, 11). Bereits zu Beginn habe ich die zentralen Fragestellungen formuliert. Die vorliegende Arbeit leistet einen interdisziplinären Beitrag zur Beantwortung der Frage nach einer inklusiven Didaktik für heterogene SchülerInnengruppen unter Berücksichtigung unterrichtlicher Realisierungsmöglichkeiten. Dabei geht es um den Beitrag ausgewählter didaktischer Konzepte aus der Allgemeinen Pädagogik und aus der Heil- und Sonderpädagogik und deren Neukomponierung mit Blick auf gemeinsames Lernen. Grundlage ist ein gemeinsamer Lerngegenstand, der kooperatives und damit gemeinsames, sinnstiftendes Handeln ermöglichen soll. Dazu müssen am Lerngegenstand Zugangsebenen für die SchülerInnen eröffnet werden, welche die Einlösung ihrer jeweiligen Bildungs- und Förderbedürfnisse gewährleisten. Berücksichtigt werden dabei besonders fachdidaktische Überlegungen, um die Fachlichkeit des Angebotes abzusichern. Die herausgearbeiteten Elemente werden in exemplarischer Weise konkretisiert anhand von Lernumgebungen rund um mathematische Muster des Pascalschen Dreiecks.

1.5 Wissenschaftstheoretische Anmerkungen

Auf den ersten Blick scheint die Arbeit eine geisteswissenschaftlich-hermeneutische Ausrichtung zu haben, da sie sich zumindest im Kapitel 2 mit der Auswertung und dem Verstehen von fachwissenschaftlichen Texten auseinandersetzt. Insofern könnten Vorüberle-
gungen stattfinden zum zugrundeliegenden Erkenntnisinteresse, zum Vorverständnis, zum
Verhältnis textimmanenter und textübergreifender Zusammenhänge oder zu Erfordernissen „innerer Widerspruchsfreiheit" und „logischer Stringenz" (vgl. Klafki 1971). Es stellt
sich allerdings die Frage, ob dies so gewinnbringend ist. In einer Buchrezension merkt z.B.
Haeberlin kritisch an,

> „dass in der Einleitung sehr allgemein über die Hermeneutik als Forschungsme-
> thode geschrieben wird, in den folgenden Kapiteln aber keine Hinweise darauf ge-
> geben werden, wie das Allgemeine auf die konkrete Arbeit mit den Texten zur In-
> klusion umgesetzt worden ist" (Haeberlin 2011, 272).

Haeberlin fragt nach dem Sinn und Zweck dieser Vorgehensweise und vermutet, dass
„ein solch allgemeines Kapitel zur Hermeneutik dem Werk einen ‚noch wissenschaftliche-
ren' Anstrich geben" soll (ebd.). Sein Vorschlag geht dahin, allgemein wissenschaftstheoretische Anmerkungen wegzulassen, denn für ihn „wäre das Buch interessanter und genauso
wissenschaftlich, wenn auf diesen allgemeinen methodologischen Einschub verzichtet worden wäre" (ebd.).

Dennoch sollen an dieser Stelle einige wissenschaftstheoretische Anmerkungen gemacht werden. Zum einen, weil Hermeneutik nicht gleich Hermeneutik ist. Zum anderen,
weil durch die wissenschaftstheoretische Grundlegung ein Einfluss auf die Auswahl der einzelnen Abschnitte und deren Inhalte begründet ist. Drittens ist insgesamt betrachtet die
Entstehung der Arbeit durch einen Methodenmix gekennzeichnet, auf den jeweils zu Beginn von verschiedenen Abschnitten hingewiesen wird.

Hermeneutische Methoden in der Pädagogik können unter zwei Gesichtspunkten zum
Tragen kommen. Einmal als hermeneutische Pädagogik in der Tradition der geisteswissen-
schaftlichen Pädagogik, welche die „Gefahr der Einseitigkeit in sich trägt" (Danner 2006,
96), oder als pädagogische Hermeneutik. Für die vorliegende Arbeit ist die erste Bezugs-
größe die Einordnung in die pädagogische Hermeneutik. Damit erfolgt eine Abgrenzung
von anderen Hermeneutiken, etwa juristischen, theologischen oder philosophischen. Es
stellt sich die Frage, was verstanden werden will und auf welcher Folie. Ein juristisches Verstehen kommt in der Beurteilung einer (pädagogischen) Situation zu ganz anderen Ergebnissen wie ein pädagogisches.

> „Offenbar kann man nicht im selben Sinne von festen Forschungszielen in den
> Geisteswissenschaften sprechen, wie das in den Naturwissenschaften am Platze ist,
> wo die Forschung immer tiefer in die Natur eindringt. Bei den Geisteswissenschaf-
> ten ist vielmehr das Forschungsinteresse [… W.G.] durch die jeweilige Gegenwart
> und ihre Interessen in besonderer Weise motiviert" (Gadamer 1990, 289).

Damit wird in die pädagogische Hermeneutik der Aspekt der Gewordenheit und Geschichtlichkeit eingeführt.

Es gibt kein „absolutes" Verstehen, sondern ein anderes Verstehen in neuen Situationen. Es geht um die Situation, „in der sich der Interpret befindet und aus der heraus er versteht" (Danner 2006, 83). Erkenntnisleitendes Interesse ist in Anerkennung der UN-Behinderten-rechtskonvention die Suche nach unterrichtlichen Möglichkeiten eines gemeinsamen Lernens in der Auseinandersetzung mit einem Konzept der Allgemeinen Pädagogik und der Auseinandersetzung mit wesentlichen sonderpädagogischen AutorInnen. Dafür bedarf es einer Vermittlung von Vergangenem und Gegenwärtigem. Gadamer bezeichnet dies als „geschichtliche Erfahrungen" (Gadamer 1990, 289). Zur aktuellen forschungsleitenden Situation gehört die Berücksichtigung der Geschichtlichkeit dazu. „Bei den Geisteswissenschaften ist vielmehr das Forschungsinteresse, das sich der Überlieferung zuwendet, durch die jeweilige Gegenwart und ihre Interessen in besonderer Weise motiviert" (ebd.). Aus diesem Grund wird in den Abschnitten 2.1 und 2.3 jeweils auf historische Konzepte zurückgegriffen, die den daraus entwickelten gegenwärtigen Ansätzen vorangingen, und die jeweils aufeinander bezogen sind. Der wechselvolle Umgang mit Menschen mit Behinderungen gebietet, dass wir uns der geschichtlichen Gewordenheit vergewissern. Manche inklusionspädagogische AutorInnen beginnen mit der UN-Konvention und nehmen die vorangegangenen Auseinandersetzungen um Integration kaum zur Kenntnis und können daher den inneren Zusammenhang von Integration und Inklusion nicht in den Diskurs aufnehmen. Diese Vorgehensweise ist ahistorisch und aus meiner Sicht wenig hilfreich. Was folgt aus der Hinwendung zur Geschichtlichkeit? „Jeder pädagogische Text, also auch ein historischer, kann im Grunde nur im Hinblick auf eine konkrete Erziehungssituation verstanden werden" (Danner 2006, 106), im vorliegenden Fall im Hinblick auf gemeinsames Lernen.

Um die Prozesse des hermeneutischen Verstehens nachvollziehbar zu halten, ist es an manchen Stellen notwendig, auf darstellende Vorgehensweisen zurückzugreifen, welche die Grundlagen schaffen für die Art und Weise der Auseinandersetzung. Da die vorliegende Arbeit sich nicht nur an TheoretikerInnen und PraktikerInnen aus der Sonderpädagogik wendet, sondern auch aus der Allgemeinen Pädagogik, sind darstellende Elemente v.a. in den Unterabschnitten des Kapitels 2.3 eingearbeitet. Eine bedingte Kenntnis der Konzepte ist Voraussetzung dafür, dass die Auseinandersetzung damit nachvollzogen werden kann.

Hermeneutik kann nicht von sich aus produktiv werden (vgl. ebd., 122). Aus diesem Grund „muss das Verstandene auch auf andere Weise *weitergeführt* werden, also durch Reflexion" (ebd. Hervorhebung im Originaltext. W.G.). In diesem weiterführenden Sinne ist der Abschnitt 2.4 zu sehen, in dem die herauskristallisierten Erkenntnisse zu einem neuen Ansatz für gemeinsames Lernen komponiert werden.

Hermeneutisches Verstehen entwickelt seine volle Kraft vor allem dann, wenn es „die *gesellschaftskritische Position* innerhalb der Erziehungswissenschaft" miteinbezieht (Klafki 1976, 39. Hervorhebung im Originaltext. W.G.). Es geht also nicht allein um Textanalysen und deren Interpretation. Hermeneutik wird auf diesem Hintergrund zu einer „planenden und hypothetisch entwerfenden wissenschaftlichen Methode" (ebd., 47). In diesem Sinne ist das Kapitel 2.4 entstanden, denn ständige Aufgabe von Hermeneutik ist es, „Modelle der jeweils möglichen pädagogischen Veränderungen, Verbesserungen oder Neuplanungen zu entwerfen" (ebd.). Auf der Grundlage von Analyse und Interpretation wird eine Neubestimmung wesentlicher Komponenten einer inklusiven Didaktik vorgenommen.

Damit es bei dem in 2.4 entwickelten Konzept nicht nur bei einem hypothetischen Konstrukt bleibt, wird im Kapitel 3 eine Konkretisierung vorgenommen. Entwickelte und verwirklichte „Modelle bedürfen der ständigen, erfahrungswissenschaftlichen Kontrolle ihrer tatsächlichen Wirkungen, wenn sie nicht selbst zu Formen der Ideologie, des falschen Bewußtseins und damit zu einem Hemmnis der Erziehung zur Freiheit und Selbstbestimmungsfähigkeit werden sollen" (ebd.).

Die ab dem Abschnitt 3.3 entwickelten didaktischen Angebote sind einerseits erfahrungswissenschaftlich abgesichert durch mehrmalige Durchführung mit heterogenen Schulklassen aus Förderschulen oder aus inklusiven Schulen. Andererseits sollen diese Angebote nutzbar gemacht werden für weitere wissenschaftliche Überprüfungen. Dazu ist es in einem ersten Schritt nötig, die Materialien, Vorgehensweisen und Möglichkeiten zu entwickeln und damit zugänglich zu machen. „Es wäre eine Vergeudung von Ideenreichtum, wenn Vorschläge zur Gestaltung von Gruppenarbeit, zur Einführung in den Stromkreis, in das Kartenverständnis oder zum Thema Familie so lange in der Schublade bleiben müssten, bis sie nach allen Regeln der Kunst evaluiert worden sind" (Kahlert 2007, 33).

Das gesamte dritte Kapitel hat also einen anwendungsorientierten Hintergrund. Die „Entwicklung anwendungsorientierter Publikationen für den Unterricht [ist W.G.] keine technische, sondern eine wissenschaftliche Herausforderung, für deren Bewältigung Spielraum geschaffen und gesichert werden muss" (ebd., 22). Hintergrund ist dabei nicht nur der Nachweis der Anwendbarkeit, sondern auch die damit verbundene Erkenntnis, dass es viele gemeinsame Gegenstände für ein gemeinsames Lernen geben kann. Insofern ist Kapitel 3 auch ein Rückgriff auf die Theoriegeleitetheit des Abschnitts 2.4.

Auf eine weitere Begründung für das Verfassen eines dritten Kapitels, das ein im Kapitel 2 entwickeltes didaktisches Verständnis zu einer, wenn auch exemplarischen, Überprüfbarkeit der Tragfähigkeit des Konzeptes in praxisorientierter Form bringen will, sei an dieser Stelle kurz verwiesen. Sie entstammt den Überlegungen zur Phronesis.

> „Die von Aristoteles zur Paradetugend des sittlich Guten und Klugen erhobene
> Phronesis ist in der Moderne ein vielgerühmter Königsweg. Sie ist ein Königsweg
> aus den Krisen der Moderne. Denn sie steht – in vielen Rezeptionsformen der Mo-
> derne – für ein Denken, das den Fallstricken einer abstrakten, lebensfernen, inhu-
> manen, rationalistischen, intellektualistischen, technischen Vernunft, wie sie die
> Moderne ausgebildet hat, entkommt, für ein Denken, das ganzheitlicher, erfah-
> rungsgesättigter und näher an der Praxis ist" (Radke-Uhlmann 2012, 3).

Die Ergebnisse des dritten Kapitels sind, wie bereits angedeutet, auf der Erfahrungsebene des wiederholten Einsatzes des Konzeptes zum Thema Pascalsches Dreieck, aber auch zu anderen Themen, abgesichert. Damit ist auch eine Grundlage für empirische Überprüfungen geschaffen. Dass eine solche Validierung nicht Gegenstand der Arbeit ist, liegt zum einen daran, dass dies ein zweiter Schritt sein kann und nicht der erste. Zudem gilt es Folgendes zu berücksichtigen:

> „Angesichts der Maßnahme-Wirkungs-Ungewissheit, die pädagogischem Handeln
> innewohnt, sowie des Ermessensspielraums der Handelnden, der nur um den
> Preis von Entpädagogisierung verzichtbar ist, wird die Absicherbarkeit des pädago-

gischen Handelns durch Anwendung erziehungswissenschaftlicher Befunde nie die Sicherheit gewinnen, die naturwissenschaftliches Wissen liefert" (Kahlert 2007, 26).

Aus der Betrachtung von Kapitel 2 und 3 insgesamt ergibt sich ein dialektischer Zusammenhang von Theorie und Praxis. Die Durchführung von Projekten, wie dem Pascalschen Dreieck, mit Schulklassen hat die Entwicklung der Zugangsebenen beeinflusst und theoriegeleitete Überlegungen zu Kooperationsmöglichkeiten am gemeinsamen Gegenstand haben die Entwicklung und Gestaltung der verschiedenen Angebote geprägt.

1.6 Zur inhaltlichen Vorgehensweise der Arbeit

Zuerst wird der Frage nach Kompatibilitäten oder Andockmöglichkeiten eines inklusiven Konzeptes an ein solches aus der Regelschulpädagogik nachgegangen. Hierbei wird auf das Konzept Lernwerkstatt/Lernwerkstattarbeit (vgl. Verbund europäischer Lernwerkstätten VeLW 2009) aus zwei Gründen zurückgegriffen. Es handelt sich erstens um einen Ansatz, der sich aus der Grundschulbewegung heraus entwickelt hat, der didaktische und unterrichtliche Relevanz hat und der sich in den letzten Jahren dem Thema Inklusion zugewendet hat (vgl. Schmude/Wedekind 2016). Zweitens wird nicht allein eine didaktische Konzeption für den Bereich Schule vorgelegt, sondern auch ein hochschuldidaktisches Konzept für die LehrerInnenbildung. In Ergänzung und Erweiterung traditioneller Vorgehensweisen können damit für die komplexe und umfängliche Anforderungsstruktur für Studierende, die sich aus einem zukünftigen Einsatz in inklusiven Handlungsfeldern ableitet, Antworten aus der Schnittstelle Theorie – Praxis gegeben werden.

Im Kapitel 2 wird in einem hermeneutischen und diskursiven Verfahren der Themenverengung und -zuspitzung ein Konzept für ein gemeinsames Lernen an einem gemeinsamen Bildungsgegenstand für heterogene SchülerInnenschaften entwickelt, das Kooperationsmöglichkeiten zwischen allen Beteiligten an den jeweiligen inklusiven Unterrichtsprozessen ermöglicht. Dieses ist in der Lage, den verschiedenen Lern- und Förderbedürfnissen der SchülerInnen in individualisierender und differenzierender Weise nachzukommen, und ermöglicht dabei Sinnstiftungen aus dem gemeinsamen Handeln der SchülerInnen heraus.

Das Kapitel 2.1 setzt sich mit möglichen Beiträgen und eventuellen Grenzen von Lernwerkstatt/Lernwerkstattarbeit für einen gemeinsamen Unterricht in heterogenen SchülerInnenschaften und für die LehrerInnenbildung auseinander. Darüber hinaus werden historische Bezüge hergestellt zu Célestin Freinet, John Dewey und Maria Montessori, die in unterschiedlichen Ausmaßen Bedeutung haben sowohl für die Entwicklung von Lernwerkstattkonzepten wie auch für die sonderpädagogischen Ansätze, die sich mit Inklusion auseinandersetzen.

Den Übergang hierbei bildet der Abschnitt 2.2, indem zwei Schnittstellen hergestellt werden zwischen den Ansätzen aus der Regelschulpädagogik und der Sonderpädagogik. Die UN-Behindertenrechtskonvention (Bundesgesetzblatt 2008) und ihre Auswirkungen tangieren sowohl die Allgemeine Pädagogik wie auch die Sonderpädagogik. Auch Wolfgang Klafki als zweite Schnittstelle ist von Bedeutung für beide Disziplinen, v.a. wenn es um Fragen der Heterogenität im Zusammenhang mit Individualisierung und Differenzierung geht.

Im Kapitel 2.3 wird, ausgehend von einer historischen Herangehensweise anhand der Herausarbeitung der inklusionsbezogenen Aspekte der Heilpädagogik von Georgens und Deinhardt, der Fokus gelegt auf ausgewählte Konzepte aus der Sonderpädagogik, die sich mit gemeinsamem Unterricht beschäftigen. Den Ausgangspunkt stellt ein sehr breit angelegter Ansatz zur Inklusion, die Triangulation des Lernens nach Markowetz, dar. Dabei werden zuerst exklusiv-individuelle Lernsituationen als ein Aspekt der Triangulation beleuchtet, ehe die Auseinandersetzung mit den beiden anderen Teilbereichen, den gemeinsamen Lernsituationen nach Wocken und der entwicklungslogischen Didaktik nach Feuser, erfolgt. Der Blickwinkel wird dabei zunehmend verengt auf ein gemeinsames Lernen an einem gemeinsamen Gegenstand. In Bezug auf die vertiefte Auseinandersetzung mit Feusers entwicklungslogischer Didaktik ist es nötig, sich auf das Thema Tätigkeitstheorie, wie sie im Gefolge der Arbeiten von Vygotskij und Leont'ev entstanden ist, und auf das Thema Entwicklungsorientierung im Anschluss an die Tätigkeitstheorie und an Piaget, einzulassen. Dabei wird der Diskurs geführt um Entwicklungsorientierung und Domänenspezifität. Den Abschluss des Kapitels 2.3 bildet die Herausarbeitung wichtiger Impulse aus dem Konzept des struktur- und niveauorientierten Lernens nach Kutzer für ein gemeinsames Lernen an gemeinsamen Bildungsgegenständen. Dabei werden Praxiskonzepte der Inklusion, die in didaktischer Hinsicht auf Kutzer aufbauen, kritisch beleuchtet.

Schließlich wird im Kapitel 2.4 das Verständnis der Didaktik des gemeinsamen Lernens an einem gemeinsamen Bildungsgegenstand in heterogenen SchülerInnenschaften in vertiefter Auseinandersetzung mit den vorherigen Abschnitten entwickelt. Im Mittelpunkt steht dabei ein Modell der Zugangsebenen aufseiten des Gegenstandes und der Zugangspotentialitäten aufseiten des Subjekts.

Auf der Grundlage der im Kapitel 2 entwickelten Konzeption des gemeinsamen Lernens wird im 3. Kapitel, eingedenk der Forderung beispielsweise von Moser Opitz (2014) und Ratz (2014; 2016) nach einer produktiven Verbindung der Orientierung an fachlichen und sonderpädagogischen Aspekten, ein potentieller gemeinsamer Bildungsgegenstand entfaltet.

> „Fachdidaktische Überlegungen und Analysen, die ‚von der Sache her' denken, gleichzeitig individuelle Kompetenzen und Lebenslagen mitberücksichtigen und von der Sache her nach den gemeinsamen Lernmöglichkeiten für alle Schülerinnen und Schüler suchen, können dazu beitragen, die Didaktik für inklusiven Unterricht weiterzubringen. [… W.G.]. Nur unter diesen Voraussetzungen kann es gelingen, inklusiven Unterricht zu gestalten, der wirksame Förderung durch das Lernen am gemeinsamen Gegenstand möglich macht" (Moser Opitz 2014, 65).

Als gemeinsamer Bildungsgegenstand wird im Kapitel 3 stellvertretend für viele andere mögliche gemeinsame Gegenstände das Pascalsche Dreieck exemplifiziert. Dabei handelt es sich um verschiedene mathematische Muster (vgl. Devlin 1994), die im Pascalschen Dreieck entdeckt werden können. Es wurde nach seinem Begründer Blaise Pascal benannt und baut auf einer grafischen Darstellung der Anordnung der Binomialkoeffizienten auf und kann unabhängig davon auch sukzessiv gebildet werden. Üblicherweise ist das „Triangle Arithmetique", wie es Pascal ursprünglich bezeichnet hatte, in einer zweidimensionalen Papierfassung bekannt. Für die Lernwerkstatt des Instituts für Sonderpädagogik an der Julius-

Maximilians-Universität Würzburg habe ich ein dreidimensionales Modell entwickelt und bereit gestellt, das neben der Papierform bei den Projektangeboten für Schulklassen ebenfalls zum Einsatz kommt. Weitere dreidimensionale Materialien für die verschiedenen Muster innerhalb des Dreiecks ergänzen die Möglichkeiten und sind ebenfalls von mir konzipiert worden.

Im Kapitel 3.1 wird Mathematik als „Wissenschaft von den Mustern" (vgl. ebd., 3) entwickelt und dabei der Bogen von der Fachlichkeit zur Mathematikdidaktik gespannt. Es erfolgt eine kritische Auseinandersetzung mit dem Zahlbegriff nach Piaget (Piaget/Szeminska 1975). Hieraus lässt sich eine Betonung der Bedeutung von Zählkompetenzen im Gegensatz zu pränumerischen Konzepten ableiten. Als Konsequenz wird auf das Entwicklungsmodell der Zahl-Größen-Verknüpfung nach Krajewski (Krajewski/Ennemoser 2013, 43) verwiesen und begründet, warum dieses – empirisch gut abgesicherte – Modell als didaktische Grundlage für die verschiedenen mathematischen Muster rund um das Pascalsche Dreieck dienen kann. Damit erfolgt für die Angebote zum Pascalschen Dreieck eine doppelte Absicherung – einmal in didaktischer Form über die Zugangsebenen und ein zweites Mal in mathematisch-fachlicher Hinsicht über das Entwicklungsmodell. So ist die Verbindung von aus sonderpädagogischer Sicht unabdingbaren Erfordernissen mit fachdidaktischen Grundlagen gewährleistet.

Blaise Pascal und sein Dreieck werden im Kapitel 3.2 in die Entwicklungsgeschichte des arithmetischen Dreiecks und die entsprechenden Zeitbezüge eingeordnet und der mathematische Hintergrund wird geklärt.

Während im Abschnitt 3.3 das Pascalsche Dreieck als gemeinsamer Bildungsgegenstand entfaltet wird, setzt sich das Kapitel 3.4 mit den Aspekten Zwei- und Dreidimensionalität im Pascalschen Dreieck auseinander.

Ab dem Punkt 3.5 werden exemplarisch ausgewählte mathematische Muster im Pascalschen Dreieck vorgestellt, didaktisch und fachlich begründet. Dabei werden ausschnitthaft die jeweiligen Materialien und Realisierungsmöglichkeiten entwickelt, ehe die diagnostischen Möglichkeiten aufgezeigt werden. Den Abschluss bilden Aspekte der Kommunikation und Kooperation. Die Abschnitte zu den einzelnen mathematischen Mustern im Pascalschen Dreieck sind strukturidentisch aufgebaut für folgende Themen:

- mathematische Muster
- mathematischer Hintergrund
- didaktische Planung
- diagnostische Aspekte
- Aspekte der Kommunikation und Kooperation

Damit wird ein aus sonderpädagogischer und fachlicher Sicht doppelt abgesicherter gemeinsamer Bildungsgegenstand entwickelt, der im Sinne von adaptierter Lernwerkstattarbeit mit der Möglichkeit zu Kommunikation und Kooperation von allen SchülerInnen unter Berücksichtigung ihrer jeweiligen Lern- und Förderbedürfnisse in Orientierung auf die individuellen Weiterentwicklungsmöglichkeiten bearbeitet werden kann.

Im abschließenden Kapitel 4 werden die Fragestellungen wieder aufgegriffen. Es wird ein Fazit gezogen und ein Ausblick auf weitere Forschungsdesiderata vorgenommen, welche durch die auf der Grundlage der Zugangsebenen schon entwickelten und mit Studierenden sowie verschiedenen SchülerInnengruppen durchgeführten weiteren gemeinsamen Bildungsgegenstände aus den Bereichen Mathematik, Technik, Physik, Biologie, Geografie und Chemie grundgelegt sind.

Noch zwei kleine Hinweise an dieser Stelle: Es hat in den letzten Jahren eine Bedeutungsverschiebung und -veränderung des Begriffs „Integration" stattgefunden. Über mehrere Jahrzehnte waren mit Integration die Bemühungen um eine gemeinsame Beschulung von Kindern und Jugendlichen mit und ohne sonderpädagogischem Förderbedarf gekennzeichnet als Gegenbewegung zum segregierten System der Förderschulen. Im Zusammenhang mit internationalen Bestrebungen um Inklusion und durch die deutsche Bearbeitung und Übersetzung des von Booth und Ainscow entwickelten „Index for Inclusion" durch Boban und Hinz (2003a) wurde der Integrationsbegriff mehr und mehr durch den Begriff der Inklusion ersetzt. Im Jahr 2010 stellen Ziemen/Langner fest: „Der Begriff der ‚Inklusion' scheint im deutschsprachigen Raum nun endgültig etabliert" (Ziemen/Langner 2010, 247).

Eigentlich können beide Begriffe klar voneinander abgegrenzt werden und dies haben u.a. Boban/Hinz (2003b, 42f.) sowie Feuser (2011, 89) in unterschiedlicher Weise vorgenommen. Boban/Hinz stellen der „Praxis der Integration" die „Praxis der Inklusion" gegenüber, verorten den Inklusionsbegriff als umfassender und den Integrationsbegriff als rückwärtsgewandt, da er von der Zwei-Gruppen-Theorie und einem darauf aufbauenden Prozess der Eingliederung ausgehe (vgl. Boban/Hinz 2003b, 41ff.). Feuser siedelt den Inklusionsbegriff für die Zukunft an, wenn Allgemeine Pädagogik und entwicklungslogische Didaktik sich im Sinne der Inklusion aufheben (vgl. Feuser 2011, 89). Feusers Sichtweise erkennt dabei gesellschaftliche Realitäten an und spricht gegenwärtig von Integration, da ja bei allen Neubestrebungen im Sinne der UN-Behindertenrechtskonvention nach wie vor ein mehrgliedriges Schulsystem vorherrschend ist. Insofern wirkt die Gegenüberstellung von Boban/Hinz etwas ahistorisch und hat mit dazu beigetragen, dass Konzepte, die sich inklusiv nennen, eher integrativen Charakter haben. Allerdings ist der Integrationsbegriff mittlerweile bei Fragen der Eingliederung von MigrantInnen zu verorten. In der Regel habe ich die Begriffe so verwendet, wie es von den AutorInnen vorgenommen wurde.

Bei der Fragestellung der vorliegenden Arbeit habe ich die Begrifflichkeit „gemeinsamer Lerngegenstand" oder „gemeinsamer Bildungsgegenstand" in adjektivischer Kleinschreibung verwendet. Im weiteren Gefolge des Argumentationsganges wird die Kleinschreibung aufgegeben zugunsten „Gemeinsamer Gegenstand" oder „Gemeinsamer Bildungsgegenstand". Dies hat seinen Grund und soll an dieser Stelle kurz geklärt werden. Die Adjektivattribuierung verweist darauf, dass ein bestimmter Gegenstand vorliegt, der in irgendeiner Weise gemeinsam ist. Dies könnte bedeuten, dass es für alle Beteiligten derselbe Gegenstand ist, der konkretisiert werden kann durch „gemeinsam" oder aber, dass alle Beteiligten den Gegenstand „gemeinsam" verstehen und fassen können. Somit ist der „gemeinsame Gegenstand" ein noch undefinierter, der zum „Gemeinsamen Gegenstand" als Fachbegriff werden soll. Dazu ist es nötig, den Gegenstand in didaktischer Weise aufzubereiten, denn er kann nur dann als „Gemeinsamer Gegenstand" bezeichnet werden, wenn alle Beteiligten sich mit diesem Gegenstand im Sinne von Lernen und Entwicklung auseinandersetzen können. Dies ist erst möglich, wenn er in didaktischer Weise zugänglich gemacht worden ist, wenn er, bildlich gesprochen wie bei Türen, so in der didaktischen Planung aufgeschlossen wurde, dass Lernen und Entwicklung für alle beteiligten SchülerInnen möglich wird. Mit der Verwendung „Gemeinsamer Bildungsgegenstand" schließlich wird darauf verwiesen, dass es sich um einen Gegenstand handelt, der für die jeweils individuellen Lern-, Förder- und Bildungsbedürfnisse der SchülerInnen adäquat ist.

2 Gemeinsamer Unterricht in heterogenen Lerngruppen

2.1 Konstituierende Merkmale im Fokus Lernwerkstatt und Lernwerkstattarbeit

Die Begriffe „Lernwerkstatt" oder auch „Lernwerkstattarbeit" finden im deutschen Sprachgebrauch keine einheitlich definierte Verwendung. Dennoch lassen sich als Ergebnis einer Gesamtschau auf Lernwerkstätten und die verschiedenen Konzepte von Lernwerkstattarbeit jeweils gemeinsame konstituierende Merkmale herausarbeiten. Allgemein wird unter Lernwerkstatt ein definierter und nach Kriterien gestalteter „Raum" verstanden. Dieser ist nicht notwendigerweise an ein Gebäude gebunden. Lernwerkstattarbeit ist die Tätigkeit der Auseinandersetzung von Personen nach bestimmten pädagogisch-didaktischen Kennzeichen in einem solchen Raum. Dabei kann es sich um Kinder, SchülerInnen, Erwachsene in unterschiedlichen Konstellationen handeln (vgl. Verbund europäischer Lernwerkstätten VeLW 2009, 4). Beide Begriffe werden in der Regel in einem Zusammenhang gebraucht, denn wo es Lernwerkstätten gibt, wird Lernwerkstattarbeit verrichtet und umgekehrt ist Lernwerkstattarbeit an eine Lernwerkstatt geknüpft. Wenn im Folgenden von Lernwerkstätten gesprochen wird, sind beide Aspekte gemeint, außer es ist nötig, einen klaren Bezugspunkt zum Raum oder zur pädagogischen Arbeit herzustellen.

Das Konzept Lernwerkstatt ist von seiner Entstehungsgeschichte und derzeitigen realen Verbreitung in pädagogisch-didaktischen Zusammenhängen und auch bezüglich Aspekten der LehrerInnenbildung und -fortbildung im Wesentlichen in der Regelschulpädagogik und hier in der Primarstufe zu verorten. Durch die immanente Reformorientierung und Offenheit des Konzeptes sollte es zumindest grundsätzlich in der Lage sein, Kompatibilitätsmöglichkeiten für gemeinsamen Unterricht in heterogenen SchülerInnenzusammensetzungen anzubieten. Darüber hinaus sollte es aufgrund der oben formulierten Doppelorientierung in der Lage sein, die LehrerInnenbildung und -fortbildung in bisherigen Standards zu erweitern, da die Umsetzung von gemeinsamem Unterricht in heterogenen Gruppen sich nicht allein durch die Einsicht in die Notwendigkeit eines solchen Unterrichts realisieren lassen wird, sondern durch weitergehende Maßnahmen der Professionalisierung sukzessiv vorangetrieben werden sollte.

Um sich den Begriffen Lernwerkstatt und Lernwerkstattarbeit inhaltlich zu nähern, ist es hilfreich, internationale Entwicklungen vorrangig aus dem angelsächsischen und amerikanischen Raum aufzugreifen. Auch die Rückbesinnung auf die Reformpädagogik erweist sich als nützlich. Die ersten Lernwerkstätten in Deutschland haben die hier zu skizzierenden Bezüge herausgestellt.

Ein zahlenmäßiger Schwerpunkt innerhalb der Lernwerkstätten kann im Primarbereich ausgemacht werden, und zwar sowohl in räumlich-pädagogischen Varianten als auch in Einzelvorhaben zu einem jeweils definierten Thema. Aktuell findet die Lernwerkstattidee neben der bisherigen Schwerpunktbildung im Bereich der Primarschule eine deutliche Zunahme im Bereich der frühen Bildung.

Lernwerkstätten in der LehrerInnenbildung sind keine Selbstverständlichkeit. An Hochschulen mit Abteilungen zur LehrerInnenbildung im Primarbereich sind Lernwerkstätten vergleichsweise zu anderen Studiengängen der LehrerInnenbildung am meisten verbreitet, wenngleich auch hier nicht flächendeckend. An Hochschulen mit LehrerInnenbildung im Bereich Sonderpädagogik sind sie eher selten anzutreffen. Gemeinsam ist lehrenden und forschenden Personen an Lernwerkstätten an Hochschulen die Überzeugung, dass Erwachsene anders lernen müssen, wenn sie später den SchülerInnen andere Lernprozesse ermöglichen wollen. Dies wird zu erreichen versucht durch veränderte Theorie-Praxis-Verhältnisse und durch Lernangebote, welche die Lernenden in eine aktive Partizipation versetzen. Im Zuge der Bologna-Reformen hat sich dabei ein weiteres Kriterium der Beurteilung entwickelt, nämlich inwieweit Lernwerkstattangebote im Pflicht- oder im Wahlbereich der LehrerInnenbildung angesiedelt sind.

Bezüglich pädagogisch-didaktischer Prozesse an (Primar-)Schulen sind Lernwerkstätten einem konstruktivistischen Lernverständnis verpflichtet, das Wert auf aktiv-entdeckende Auseinandersetzungsformen legt. Hieraus entwickelt sich eine andere Sichtweise auf die Lernenden, die nicht Rezeptionsadressaten von pädagogisch-didaktischen Bemühungen sind, sondern Akteure ihrer eigenen Lernentwicklung. Hierzu ist es nötig, die Lernenden mit ihrer Lernbiografie in Planungs- und Gestaltungsprozesse mit einzubeziehen. Dies führt zu einer Veränderung des Verständnisses der Lehrenden hin zu LernbegleiterInnen. In Bezug auf Lernangebote für heterogene SchülerInnengruppen ist dieser Veränderungsprozess kritisch zu sehen, denn es kann durchaus sein, dass manche Kinder oder Jugendliche in heterogenen Zusammensetzungen mehr als nur einen Coach benötigen. Unterricht besteht nicht nur darin, „Lernangebote zu arrangieren und Lernprozesse zu begleiten" (Weiß 2011, 25). Manche SchülerInnen können eine Lehr*person* benötigen, die gemeinsam mit ihnen Prozesse der Welterschließung ermöglicht, wie in der vorliegenden Arbeit im Abschnitt 2.4.1 zur direkten Instruktion erarbeitet wird. „Personorientierung heißt, als Lehr*person* und nicht nur als Lehr*kraft* mit den Schülerinnen und Schülern in lehr-/lernstiftende Beziehungen zu treten" (ebd., 26. Hervorhebung im Originaltext. W.G.).

Um individualisierte und differenzierte Lernprozesse in einem ganzheitlichen Bezugsrahmen ermöglichen zu können, muss sich das System Schule einem Prozess der Öffnung von Unterricht stellen. Davon tangiert werden neben pädagogisch-didaktischen Abläufen auch Raumkonzepte.

Die ersten Lernwerkstätten im deutschsprachigen Raum entstanden in den 1980er-Jahren an Hochschulen mit LehrerInnenbildung:

- 1981 an der Technischen Universität in Berlin
- 1981 an der Pädagogischen Hochschule Reutlingen
- 1983 an der damaligen Gesamthochschule Kassel

Bei allen drei Einrichtungen handelt es sich um Initiativen aus dem Studium der Grundschulpädagogik. Die Grundidee dieser Lernwerkstätten traf auf fruchtbaren Boden bei PädagogInnen mit einer reformorientierten Ausrichtung. 1988 kam es zur ersten bundesweiten Lernwerkstättentagung.

Der Begriff Lernwerkstatt kann derzeit nicht als definierter Fachterminus mit klaren pädagogischen, didaktischen oder institutionellen Zuordnungen betrachtet werden, sondern eher als „uneinheitlicher Begriff" (Goschler 2012, 227). Auch hinsichtlich der Zielgruppe ergeben sich völlig verschiedene Varianten mit Fokus auf Kinder im Vorschulalter bis hin zu Erwachsenen in verschiedenen Berufsfeldern. Hinzu kommen Printmedien im Sinne von Kopiervorlagen und Anregungen für pädagogisch-didaktische Zusammenhänge und virtuelle Lernwerkstätten. Dabei wurde der Begriff erst im Zusammenhang mit der Eröffnung der „Lernwerkstatt" im Mai 1981 an der damaligen Pädagogischen Hochschule Berlin geprägt (vgl. Ernst 1995, 27), aus dem Versuch heraus, „eine deutsche Entsprechung für ‚Workshop Center' zu finden" (ebd.). Der Begriff wurde von den InitiatorInnen gewählt, „ohne zu ahnen, welche Bedeutung dieser Begriff später in der grundschulpädagogischen Diskussion erhält" (Müller-Naendrup 1997, 93). Zunächst fand der Begriff „Lernwerkstatt" nur spärliche Verbreitung und auch in institutioneller Hinsicht verlief die weitere Gründung von Lernwerkstätten anfangs ruhig. „Seit Beginn der 1990er Jahre […… W.G.] finden Lernwerkstätten an Universitäten und pädagogischen Hochschulen insbesondere im Bereich der Primarlehrerausbildung größere Beachtung" (Schubert 2003, 20). In ihrer 2012 erschienen Dissertation schreibt Franz: „Der Begriff der Lernwerkstatt ist in den letzten zwanzig Jahren stark in Mode gekommen" (Franz 2012, 21). Doch noch nicht einmal diese Bezeichnung ist konsistent, denn entsprechend der vielfältigen Ausprägungen, Zielsetzungen und Verortungen werden auch die Begriffe „Pädagogische Werkstattarbeit" (Pallasch/Reimers 1990, 11), „Schulwerkstätten" (Hagstedt 1990, 18), „LernWERKSTÄTTEN" bzw. „LERNwerkstätten" (Müller-Naendrup 1997, 117), „Workshop-Ansatz" (Zocher 2000, 55) oder „Forschungswerkstatt" (Bolland 2011, 17) verwendet. An unterschiedlichen Stellen wird auf die uneinheitliche Verwendung und vor allem auf die zu häufige Verwendung des Begriffes Lernwerkstatt hingewiesen, so dass es zunehmend schwieriger werden könnte, aus der Begriffsverwendung Ableitungen zu dem damit Bezeichnetem zu machen. Hagstedt spricht von einer „fortschreitenden Erosion des Begriffs ‚Lernwerkstatt'" (Hagstedt 2009, 1) und Franz weist darauf hin, dass der „inflationäre Gebrauch des Begriffes Lernwerkstatt" (Franz 2012, 22) eine stärkere Konturierung des mit dem Begriff Gemeinten benötige. Aus diesem Grund soll nachfolgend eine Bestandsaufnahme der wissenschaftlichen Eruierung von Lernwerkstätten gegeben werden.

Trotz der kurz skizzierten Häufung in der Begriffsverwendung ist die wissenschaftliche Literatur dazu eher gering und es bleibt zu berücksichtigen, „dass das theoretische Konstrukt der Lernwerkstattidee auf einigen wenigen Publikationen aufbaut und bis dato empirisch nur in Ansätzen untersucht wurde" (ebd., 21). Hinzu kommen Beiträge in Fachzeitschriften oder Sammelbänden (vgl. Schubert 2003, 23) und Internetpublikationen.

2.1.1 Ausgewählte Literatur zum Thema Lernwerkstatt/ Lernwerkstattarbeit

Bisher sind sechs Monographien zur Lernwerkstattthematik erschienen, von denen fünf als Dissertationen angenommen wurden.

- Pallasch, Waldemar/Reimers, Heino (1990): Pädagogische Werkstattarbeit. Eine pädagogisch-didaktische Konzeption zur Belebung der traditionellen Lernkultur.

- Müller-Naendrup, Barbara (1997): Lernwerkstätten an Hochschulen. Ein Beitrag zur Reform der Primarstufenlehrerbildung.
- Zocher, Ute (2000): Entdeckendes Lernen lernen. Zur praktischen Umsetzung eines pädagogischen Konzepts in Unterricht und Lehrerfortbildung.
- Schubert, Elke (2003): Hochschul-Lernwerkstätten im Spannungsfeld von Wissenschaft, Praxis und Person. Werkstattkonzepte und ihr Beitrag zur Professionalisierung der Lehrerbildung.
- Bolland, Angela (2011): Forschendes und biografisches Lernen. Das Modellprojekt Forschungswerkstatt in der Lehrerbildung (Die Dissertation wurde 2002 angenommen).
- Franz, Eva-Kristina (2012): Lernwerkstätten an Hochschulen. Orte der gemeinsamen Qualifikation von Studierenden, pädagogischen Fachkräften des Elementarbereichs und Lehrkräften der Primarstufe.

Vor allem aus den Untertiteln der Veröffentlichungen kann herausgelesen werden, dass alle genannten Arbeiten den Fokus auf das Lernen von Erwachsenen in Zusammenhang mit werkstattorientierten Angeboten legten. Dies schließt Aussagen über Erziehungs- und Bildungsprozesse in schulischen Zusammenhängen nicht aus, wenn vergegenwärtigt wird, dass Lernwerkstätten an Hochschulen gegründet wurden auch mit der Zielsetzung der Reform der Schulrealität. Forschungsschwerpunkt waren unterrichtliche Bereiche allerdings nicht. Dennoch gilt es zu berücksichtigen, dass die Zielsetzung der Auseinandersetzung mit Strukturen, Möglichkeiten und Entwicklungen von Lernwerkstätten im Wesentlichen einer Induzierung einer zu verändernden Schulrealität verpflichtet ist.

2.1.1.1 Pädagogische Werkstattarbeit nach Pallasch/Reimers

Die erste dieser Veröffentlichungen erschien im Jahre 1990 (Pallasch/Reimers 1990). Ausgangspunkt dieser Studie ist die Frage nach der Art und Weise von Fortbildungsmaßnahmen im schulischen Bereich basierend auf der Klage vieler Lehrkräfte „über die methodischen Unzulänglichkeiten bei Fort- und Weiterbildungsangeboten" (ebd., 11). Hierzu lenken die Autoren ihren Blick zuerst auf Fortbildungsmaßnahmen im außerschulischen Bereich. Fokussiert wurden einerseits Maßnahmen im Bereich von Wirtschaft und Industrie unter dem Begriff der „Lernstatt" (ebd., 14) und andererseits unter dem Begriff der „Zukunftswerkstatt" (ebd.) Organisationsformen in gesellschaftspolitischen Feldern. Diesen Blickwinkeln wurde die sich „im schulpädagogischen Bereich sehr stark etablierende ‚Grundschulwerkstatt' bzw. ‚Lernwerkstatt'" (ebd.) im Vergleich gegenübergestellt.

Die Autoren verweisen darauf, dass in pädagogischen Veröffentlichungen der Begriff „Werkstatt" nicht oder nur am Rande definiert war und geben deshalb folgendes Begriffsverständnis an:

> „Eine Werkstatt ist eine an pädagogisch-psychologischen Methoden orientierte Veranstaltungsform, die als Gegenentwurf zu referentenorientiertem Lehren, Lernen und Arbeiten versucht, über die aktive Beteiligung ihrer Teilnehmerinnen und Teilnehmer an der Erarbeitung einer Thematik die Ergebnisse in konkretes betriebliches, (gesellschafts-)politisches, pädagogisches usw. Handeln umzusetzen. Sie ist nicht an eine bestimmte Thematik gebunden" (ebd., 14).

Allen drei Werkstattformen – Lernstätten, Zukunftswerkstätten, Lernwerkstätten – ist dabei gemeinsam, dass sie aus einer Reformorientierung oder Gegenbewegung entstanden sind. Für den Bildungsbereich kann dabei festgehalten werden, „dass sich Lernwerkstätten als Reformmotoren der inneren Schulentwicklung verstanden und verstehen" (Goschler 2012, 228).

Pallasch und Reimers versuchen den Begriff Lernwerkstatt zu fassen und weisen darauf hin, dass es sich dabei nicht nur um eine reformorientierte Methode handelt, z.B. in Form von Workshops, sondern dass auch der institutionalisierte Raum mit seinen vielfältigen Materalangeboten von Bedeutung sei (vgl. Pallasch/Reimers 1990, 85). Entstanden seien Lernwerkstätten aus dem Wunsch an die LehrerInnenfortbildung „nach mehr entdeckendem, persönlichkeitsorientiertem, ganzheitlichem und selbstbestimmten Lernen" (ebd.) von Seiten v.a. jener Lehrkräfte, die selber ihren Unterricht in Veränderung der traditionellen Lernkultur entwickeln wollen. Eine Veränderung des schulischen Lehr- und Unterrichtsbetriebes in Richtung einer Öffnung des Unterrichts ist nicht nur mit methodischen Änderungen, sondern auch mit der Veränderung der LehrerInnenrolle von AlleswisserInnen und AllesbestimmerInnen hin zu LernbegleiterInnen verbunden. Dies benötigt eben auch neue Formen der LehrerInnenfortbildung. Lernwerkstätten „versuchen Freiräume für eine Art Probehandeln zu schaffen, in dem die Lehrkräfte, die ihren Unterricht bereits geöffnet haben oder ihn noch öffnen möchten, mit offenen Lernsituationen ‚an ihrer eigenen Person experimentieren' können" (ebd., 87).

In organisatorischer Hinsicht unterscheiden die beiden Autoren Lernwerkstätten in Grundschulen „als ein Mittel zur Begleitung und Förderung der inneren Reform der Grundschule" (ebd., 88) von Lernwerkstätten, in denen sowohl Erwachsene wie auch Kinder, getrennt oder gemeinsam, neue Lernerfahrungen machen können. Lernwerkstätten an Hochschulen stellen einen eigenen Bereich dar und dienen einerseits der Funktion einer reformorientierten LehrerInnenbildung und -fortbildung als „Innovationskerne im Rahmen der inneren Schulreform" (ebd., 92). Andererseits wird der Aspekt der Forschung betont im Sinne einer Handlungsforschung mit drei Merkmalen:

- Es sollen pädagogische Probleme auf der Praxisebene gelöst werden.
- Interventionsstrategien sollen entwickelt werden.
- Die Kluft zwischen Forschungssubjekt und -objekt soll überwunden werden (vgl. ebd., 94).

Festgestellt werden kann, dass Lernwerkstätten einen ganzheitlichen Lernbegriff zu Grunde legen, in welchem „sich eine Person nicht nur mit ihrem Intellekt, sondern auch immer mit ihren Gefühlen und ihren sozialen Erfahrungen in einen Lernprozeß einbringt" (ebd., 103). Demgemäß wird Lernen nicht als Wissensrezeption, sondern als Problemlösestrategie gesehen, zu deren Voraussetzung ein hohes Maß an kreativer Arbeit gehört, die in Lernwerkstätten „gewissermaßen als ein durchgängiges Prinzip verstanden" wird (ebd., 107).

Abschließend stellen die Autoren als „Pädagogische Werkstattarbeit" (ebd., 122) Prinzipien dar, welche die drei Konzepte Lernstatt, Zukunftswerkstatt und Lernwerkstatt übergreifend umspannen können. Unter dem Prinzip der Partizipation verstehen sie, dass die TeilnehmerInnen an einer Werkstatt „zu jeder Zeit die Möglichkeit haben, Einfluß auf den

inhaltlichen Verlauf" zu nehmen (ebd., 125). Hierüber erhöhen sich die individuellen Entfaltungsmöglichkeiten und zu gewinnende Selbstsicherheit, individuell und auch der
Gruppe gegenüber. Das Strukturierungsprinzip verweist auf den methodischen Ablauf von
Vorgehensweisen, die „sowohl strategie- als auch erfahrungsorientiert" (ebd., 126) sein
können. Der Einbezug unterschiedlicher Wahrnehmungskanäle und die Berücksichtigung
verschiedener Lerntypen werden unter dem Ganzheitsprinzip gefasst, das auch auf die „In-
teraktions- bzw. Kommunikationsdichte" (ebd., 127) der Pädagogischen Werkstattarbeit
verweist, also soziale Prozesse miteinbezieht. Unter dem „Balanceprinzip zwischen Prozeß
und Ergebnis" (ebd.) wird schließlich der Spannungsbogen zwischen einerseits dem Produkt, das nicht materiell greifbar sein muss, und andererseits dem Erkenntnisgewinn des
Arbeitsprozesses verstanden.

Zusammenfassend können folgende Aspekte Pädagogischer Werkstattarbeit festgehalten werden:

- Adressat ist ein „aktiv-konstruktiv und divergent-intuitiv denkender" Mensch
  (ebd., 128).
- Ein Transfer vom Lernen Erwachsener auf schulisches Lernen sollte möglich sein.
- Es handelt sich um eine Ergänzung durch neue Angebote und nicht Ersetzung be-
  währter Angebote.
- Individuelle Kompetenzen sollen stärker zum Tragen kommen.
- Gemeinsame Lernprozesse oder Produkte sollen ermöglicht werden.
- Gewonnene Erfahrungen können „zum eigenständigen politischen Denken und
  Handeln ermutigen" (ebd., 129) oder auch in Realsituationen umgesetzt werden.

Pallasch und Reimers haben den Versuch unternommen, aus dem Vergleich von unter-
schiedlichen Werkstatttypen in nach- und außerschulischen Feldern der Weiterbildung von
Erwachsenen, übergreifende Elemente herauszuarbeiten. Diese haben sie als Pädagogische
Werkstattarbeit gekennzeichnet und den möglichen Bezug zur schulischen Erziehung und
Bildung vorgestellt. Wesentlich erscheinen dabei folgende, zusammenfassende Punkte:

- Veränderung der Lernkultur
- Veränderung der LehrerInnenrolle
- Ermöglichung von Freiräumen für individuelle und soziale Lernerfahrungen
- ganzheitliches Lernen
- problemlösendes und kreatives Denken
- Partizipation an Lern- und Forschungsprozessen
- Schaffung eines Raumes für veränderte Lernerfahrungen
- Möglichkeiten der (Handlungs-)Forschung

2.1.1.2 Lernwerkstätten an Hochschulen nach Müller-Naendrup

Die Dissertation von Barbara Müller-Naendrup (1997) besteht im Wesentlichen aus drei
Teilen, der Einordnung von Lernwerkstätten an Hochschulen in die „Reformbemühungen
innerhalb des Schulwesens" (ebd., 23), der Herausarbeitung von Leitkonzeptionen von

Lernwerkstätten an Hochschulen als „LernWERKSTÄTTEN" (ebd., 117) und als „LERN-werkstätten" (ebd., 140) und schließlich einer „Einzelfallstudie im qualitativen Forschungs-paradigma" (ebd., 200) mit der Vorstellung und Evaluierung des grundschulpädagogischen Arbeitsbereichs der Pädagogischen Hochschule Heidelberg.

Müller-Naendrup verortet die Lernwerkstättenbewegung – damit sind unterschiedliche institutionelle Anbindungen und verschiedene Zielgruppen von Vorschulkindern bis zu Er-wachsenen in pädagogischen Zusammenhängen gemeint – in die vielfältigen Bemühungen um Reformen des Schulwesens, hier im Wesentlichen der Grundschule. Die Realisierung von schulischen Reformen hängt neben schul- und bildungspolitischen Entscheidungen so-wie Spielräumen im öffentlichen (und privaten) Finanzsektor einerseits ab „von der Trag-barkeit ihrer inhaltlichen und theoretischen Hintergründe und Begründungen" (ebd., 23) und andererseits v.a. von den Personen, die diese Reformen umsetzen wollen bzw. sollen, also der LehrerInnenschaft. Damit wird der Fokus gelegt auf die Aus- und Fortbildung der Lehrkräfte. „Lernwerkstätten als unterstützende Einrichtungen der ‚Inneren Schulreform' lassen sich in eine gewisse Tradition reformunterstützender Initiativen eingliedern" (ebd., 24). In Anlehnung an Neuhaus-Siemon kennzeichnet die Autorin drei weiter ausdifferen-zierbare Phasen der Grundschulreform:

- die Gründung der Grundschule in der Weimarer Republik mit der Fortführung die-ser Konzeptionen nach dem Zweiten Weltkrieg bis in die 1960er-Jahre
- die Bildungsreform der 1970er-Jahre
- die innere Schulreform ab den beginnenden 1980er-Jahren (vgl. ebd., 25)

Ab Mitte der 1960er-Jahre zeigt sich eine zunehmende massive Kritik am gesamten Schul- und Bildungssystem. „Reformansprüche und Schulwirklichkeit scheinen sich in vie-len Punkten nicht vereinbaren zu lassen" (ebd., 37). Äußeres Zeichen dieser Kritik war der Frankfurter Grundschulkongress von 1969 mit der Herausgabe der ersten drei Bände des Arbeitskreises Grundschule e.V. (vgl. Schwartz 1970a, 1970b, 1970c). Auch der Deutsche Bildungsrat ging auf anstehende notwendige Veränderungen des Primarbereichs ein und fordert eine „prinzipielle wissenschaftliche Orientierung der Lerninhalte und Lernprozesse" (Deutscher Bildungsrat 1972, 133). Als Formen des Lernens und Arbeitens in der Grund-schule werden „entdeckendes Lernen, selbständiges und kooperatives Arbeiten, Schulung im Problemlösen" (ebd.) genannt, wozu es auch einer Veränderung der LehrerInnenrolle in Richtung Lernbegleitung bedarf (vgl. ebd., 134). Stärker berücksichtigt werden sollen As-pekte der Individualisierung und Differenzierung (vgl. ebd., 135). Aus der „Kritik an den geschlossenen Curricula und in Anlehnung an angelsächsische und amerikanische Beispiele der open education" (Müller-Naendrup 1997, 40) wird die Forderung nach offeneren Cur-ricula formuliert. Eine grundlegende Veränderung der grundschulpädagogischen Realität bleibt aus. In den 1980er-Jahren kommt es zu Bestrebungen einer inneren Schulreform (vgl. Neuhaus-Siemon 1989b, 61). „Diese innere Schulreform nährte sich im Wesentlichen aus der Unzufriedenheit mit der vorangegangenen Bildungsreform, die zwar den Anspruch hegte, die Grundschule auf den Stand der Zeit zu bringen, ohne allerdings die Schulrealität zu verändern" (Goschler 2012, 228). In die Zeit der inneren Schulreform fallen dann die ersten Gründungen von Lernwerkstätten.

Nach einer Analyse der früheren Traditionen reformunterstützender Initiativen der LehrerInnenbildung (vgl. Müller-Naendrup 1997, 47ff.) von der preußischen Schulreform bis in die Nachkriegszeit, wie z.B. die Initiativen von Ilse Lichtenstein-Rother, arbeitet Müller-Naendrup internationale Bemühungen auf, „die als *direkte Vorläufer bzw. Vorbilder der Lernwerkstättenbewegung* bezeichnet werden können" (ebd., 67. Hervorhebung im Originaltext. W.G.) und stellt dabei Bezüge zur englischen Bewegung der „Teachers' Centres" und den amerikanischen „Teachers' Centers", v.a. dem Beispiel des Workshop Centers in New York, her. Die Mitbegründerin der Lernwerkstatt an der Technischen Universität Berlin, Karin Ernst, weist auf die Bezüge nach England (vgl. Ernst 1996b, 24) und v.a. zum New Yorker Workshop Center (vgl. Ernst 1995, 25ff.; Ernst 1996a, 43) ebenso hin wie der Initiator der Grundschulwerkstatt an der Hochschule Kassel, Herbert Hagstedt (vgl. Hagstedt 1990, 18). In Deutschland sieht Müller-Naendrup noch die Regionalen Pädagogischen Zentren als wesentlich für die Entwicklung von Lernwerkstätten an.

In Bezug auf Lernwerkstätten an Hochschulen unterscheidet Müller-Naendrup zwischen „LernWERKSTÄTTEN" und „LERNwerkstätten". Im ersten Fall steht der Werkstattcharakter stärker im Vordergrund. Es handelt sich um Orte einer pädagogischen Werkstattarbeit in schulischen und/oder außerschulischen Einrichtungen. Im zweiten Fall wird der Lernbegriff betont. Lernwerkstätten werden verstanden als „Orte *vielfältiger Lernsituationen*" (Müller-Naendrup 1997, 117. Hervorhebung im Originaltext. W.G.). Es geht um „die Schaffung eines Lernortes für Erwachsene, in manchen Fällen auch für Kinder" (ebd., 141), an dem verschiedene Lernsituationen zum Tragen kommen können. Als Prinzipien hierfür können Handlungsorientierung und entdeckendes Lernen, Reflexion der Lernprozesse, Autonomie und Kooperation in den Lernprozessen und Innovationsprozesse im Sinne eines lebenslangen Lernens gelten (vgl. ebd., 149ff.).

Zur Charakterisierung des grundschulpädagogischen Arbeitsbereichs der Pädagogischen Hochschule Heidelberg entwickelt Müller-Naendrup drei sich überschneidende Wirkfelder mit den daraus resultierenden Schnittmengen. Als Wirkfelder werden beschrieben:

- Bereich Lehre und Studium
- Bereich Forschung
- Bereich Schulpraxis (vgl. ebd., 198)

Hieraus ergeben sich folgende Schnittmengen:

- Schnittmenge Lehre und Studium mit Forschung
- Schnittmenge Lehre und Studium mit Schulpraxis
- Schnittmenge Forschung mit Schulpraxis
- Schnittmenge Lehre und Studium mit Forschung mit Schulpraxis (vgl. ebd., 197)

Diese drei Bereiche mit den resultierenden möglichen Schnittmengen bilden die Grundlage für ein Portrait des grundschulpädagogischen Arbeitsbereiches, das im Sinne der qualitativen Sozialforschung als Einzelfallstudie durchgeführt wurde. Hieraus werden mögliche Werkstattangebote abgeleitet. In einer vertieften Betrachtung wird dann der Fokus auf „offene Lernsituationen im Studium" (ebd., 252) als eine mögliche hochschuldidaktische Variante gelegt. Dabei wird zwischen fünf Lernsituationen unterschieden, die sich im Grad ihrer Öffnung unterscheiden, und die in der folgenden Reihung von wenig offen bis sehr offen aufgelistet sind:

- Atelier Drucken
- Lerntheke Freiarbeitsprotokolle
- Assignment Wochenplanbaukasten
- Lernstatt Lernzirkel
- Offene Lernumgebung (vgl. ebd., 276)

Dabei verstehen die Lernsituationen sich „als eine mögliche Form offener Lernarrangements für Studierende, die Analogien mit Arbeitsformen der Schulpraxis aufweisen" (ebd., 282) und somit Transfermöglichkeiten anbieten.

Somit konnte Müller-Naendrup zeigen, dass

- Lernwerkstätten bzw. der Grundschulpädagogische Arbeitsbereich der Pädagogischen Hochschule Heidelberg sich einreihen in reformunterstützende Elemente der LehrerInnenbildung,
- Bezüge zu anderen pädagogischen Werkstattkonzepten hergestellt werden können,
- Lernwerkstätten als vielfältige Orte unterschiedlicher, offener Lernsituationen geeignet sind für individuelle Erfahrungen,
- Lernwerkstätten die traditionelle Lehre ergänzen,
- Lernwerkstätten keine reinen Orte der Forschung sind, da sie „ihr Aufgabenspektrum weiter fassen" (ebd., 313),
- Lernwerkstätten die Verknüpfung von Theorie und Praxis positiv beeinflussen können,
- nicht alle Angebote eindeutig einem der drei möglichen Wirkfelder zuordnungsbar sind (vgl. ebd., 309ff.).

2.1.1.3 Entdeckendes Lernen lernen nach Zocher

Die Dissertation von Zocher (2000) setzt sich nicht primär mit Fragen der LehrerInnenbildung in der ersten Phase auseinander, sondern wurde von 1993 bis 1996 von der Deutschen Forschungsgemeinschaft gefördert und beschäftigt sich mit Fragen der LehrerInnenfortbildung. Aufgrund von berufsbiographischen Erfahrungen und Fortbildungen zum entdeckenden Lernen kristallieren sich für Ute Zocher zwei zentrale Fragenkomplexe heraus, die

„zum einen in der Organisation und unmittelbaren Begleitung entdeckender Lernprozesse von Erwachsenen und zum anderen in der Auseinandersetzung mit der Bedeutung entdeckenden Lernens als Prinzip des Lernens und der damit verbundenen Neudeutung schulischer Lernarrangements" begründet liegen (ebd., 51).

Dabei ist das In-Bezug-Setzen von entdeckendem Lernen von Erwachsenen als Voraussetzung der Ermöglichung von entdeckenden Lernprozessen bei Kindern und Jugendlichen in schulischen Zusammenhängen noch kein neuer Aspekt, denn schon Ernst und Wedekind äußerten die Überzeugung, dass „Erwachsene selbst anders lernen müssen – aktiv, forschend, entdeckend, kreativ, offen – um mit Kindern auf andere Weise Schule machen zu können" (Ernst/Wedekind 1993, 18). Diese doppelte Sichtweise von Lernwerkstätten ist bis heute wesentliches Element von Lernwerkstätten an Hochschulen. Zentrale Fragestellung der Dissertation von Zocher ist, wie TeilnehmerInnen eines Workshops zum entdeckenden Lernen das pädagogische Konzept begreifen und verstehen und welche Möglichkeiten der Entfaltung dieses Ansatzes sie in ihrem Unterricht sehen (vgl. Zocher 2000, 54). Ebenfalls fokussiert werden dabei folgende Problemfelder:

- Wie können Erfahrungen von Erwachsenen mit entdeckendem Lernen in den Schulalltag eines geöffneten Unterrichts übertragen werden?
- Was bedeutet dies für die LehrerInnenrolle?
- Welche Erfahrungsmöglichkeiten bieten offene Lernsituationen für SchülerInnen und Lehrkräfte?
- Welche sind unterstützende Elemente des Wandels von Unterricht zu einem entdeckenden Lernen? (vgl. ebd.).

Zocher weist auf die Einflüsse anglo-amerikanischer Ansätze für das Konzept des entdeckenden Lernens hin und bezieht sich dabei einerseits auf den 1967 in England veröffentlichten Plowden-Report, einem groß angelegten Projekt aus informellen Befragungen von Lehrkräften und empirischen Forschungen. Die Empfehlungen beziehen sich auf Forschungen in einem Umfang und einer Intensität, die hierzulande so in der Bildungsforschung nicht vorzufinden ist (vgl. Belser/Roeder 1972, 2). Zum anderen wird Bezug genommen auf das Workshop Center am City College in New York mit deren Protagonistin Lillian Weber, deren Erfahrungen für die Gründung der Lernwerkstatt an der Technischen Universität Berlin von besonderer Bedeutung waren (vgl. Ernst 1997, 18ff.). An erkenntnistheoretischen Grundlagen für entdeckendes Lernen bezieht sich Zocher auf die genetische Epistemologie von Jean Piaget und auf den Ansatz von John Dewey. Darauf aufbauend leitet Zocher den Workshop-Ansatz als Grundlage für entdeckendes Lernen von Erwachsenen ab. Das Forschungsarrangement ist gekennzeichnet durch „ein prozessorientiertes, dialogisches und qualitatives Vorgehen" (Zocher 2000, 80) und richtet sich an eine Gruppe von Lehrkräften aus dem Primar-, Hauptschul- und Förderschulbereich, die an einem einwöchigen Workshop im Rahmen der LehrerInnenfortbildung an der Technischen Universität Berlin teilgenommen hatte. Neben dem Initialworkshop umfasste das Vorhaben „regelmäßige monatliche Treffen mit den Kolleginnen, zahlreiche Hospitationen bei den Lehrerinnen im Unterricht, Nachbesprechungen, Auswertungsgespräche von schulischen Lehr- und Lernsituationen sowie einen weiteren Wochenend-Workshop" (ebd., 84).

In Form von qualitativen Gesprächsauswertungen wird die Workshop-Fortbildung reflektiert mit folgenden Bezugspunkten:

- entdeckendes Lernen als individuelle Konstruktion
- Transferierung des eigenen entdeckenden Lernens in die schulische Unterrichtspraxis
- Rolle der Begleitung im Workshop
- Rückmeldungen der Workshop-TeilnehmerInnen

Der Workshop ist dabei Anlass für sach- und themenbezogene Fragestellungen, die auch die eigene LehrerInnenpersönlichkeit tangieren. Dies führt zu subjektiv individuellen Formen der Auseinandersetzung und weist darauf hin, dass entdeckendes Lernen nicht in einem direktiven Prozess vermittelt werden kann. Das bis zum Workshop vorherrschende „zielorientierte Vorgehen der Lehrerinnen und ihr relativ enges Planungsverständnis" (ebd., 191) behindern eine durchgängige Öffnung des Unterrichts durch eine stärkere Orientierung an der Individualität der SchülerInnen. Verbunden damit ist eine Erschwerung einer Weiterentwicklung der LehrerInnenrolle mit lernbegleitenden Aufgaben. Ein mehr oder weniger ausgeprägtes „Berufsselbstverständnis" (ebd., 199) ist dabei trotz der individuellen Erfahrung entdeckenden Lernens relativ stabil.

Der Versuch der Umsetzung entdeckenden Lernens in der jeweiligen Schulrealität stößt auf weitere Schwierigkeiten, die in einer nicht adäquaten Materialausrüstung der Schule, aber auch im personalen Bedingungsfeld der KollegInnen, der Schulleitung oder der Eltern begründet sein können.

Eigene Lernerfahrungen der Workshop-TeilnehmerInnen können eine veränderte Sichtweise bewirken im Sinne einer Sensibilisierung der „Interpretation der Schüleraktivitäten als selbstständige Erkundungen und faszinierende Ideen" (ebd., 208), was wiederum zu einer veränderten Sichtweise eines Bildes von SchülerInnen führt.

Bezüglich der LehrerInnen-SchülerInnen-Interaktionen eröffnet sich als neue Schwierigkeit in der Öffnung von Unterricht eine zukünftige Austarierung des „Aktivitätsformat in der Begleitung" (ebd., 218) von Lernprozessen der SchülerInnen und der damit verbundenen Kreierung neuer, nicht mehr eindimensionaler Kommunikationsformen. Dazu müssen vorhandene Interaktionsformen neu gedeutet und realisiert werden, was v.a. hinsichtlich der Leistungsbeurteilung schwierig ist.

Zusammengefasst können folgende Wirkaspekte in Bezug auf eine Veränderung des bis dato vorherrschenden Unterrichtsverständnisses hin zu Formen entdeckenden Lernens festgestellt werden:

- Traditionelles Handlungsverständnis und LehrerInnenselbstbild stehen in einem ambivalenten Verhältnis.
- Verhaltens- und Rollenmuster des bisherigen LehrerInnendaseins werden auch in Phasen entdeckenden Lernens gezeigt.
- Die Ermöglichung entdeckenden Lernens kann die Interaktionsprozesse von LehrerInnen und SchülerInnen verändern.
- Unsicherheiten ergeben sich auf LehrerInnen- und SchülerInnenseite und ebenfalls im personalen Umfeld des Systems Schule.
- Projekte entdeckenden Lernens können zunehmend realisiert werden.
- LehrerInnensicht auf SchülerInnen und deren Lernsituationen differenzieren und sensibilisieren sich.
- Deutungsmöglichkeiten von LehrerInnen in Bezug auf SchülerInnen und Lernsituationen erweitern sich.

Einen zentralen Fortschritt konstatiert Zocher darin, dass „die Wandlung der Wahrnehmung und Deutung von Lernsituationen Hand in Hand mit einer Weiterentwicklung des Lernverständnisses geht" (ebd., 259). Die Einsicht von Lehrkräften in die Notwendigkeit der Veränderung von Unterrichtsprozessen führt nicht notwendigerweise zu einer solchen Umsetzung.

Als unterstützende Elemente der Umstellung und Veränderung von Unterrichtspraxis im Rahmen einer einjährigen Zusammenarbeit in Form von monatlichen Treffen und gegenseitigen Supervisionen kennzeichnet Zocher vier Felder:

- Das „Erzählen" mit einem eher informellen Charakter „schafft eine Atmosphäre des Vertrauens" (ebd., 263).
- Die „Reflexion über Unterrichtserfahrungen" (ebd.) kann alternative Vorstellungen befördern.
- Die „Reflexion im Zusammenspiel mit Praxisveränderung" (ebd., 269) führt „zu einer bewussteren Wahrnehmung und Einschätzung der Situation" (ebd., 281).
- Der anfängliche Workshop mit der weiteren Zusammenarbeit stellt „eine hervorragende Möglichkeit dar, Lern- und Lehrerfahrungen unmittelbar und mehrperspektivisch zu reflektieren" (ebd., 294).

Zur Erforschung von Unterrichtsveränderungen in der Schulpraxis ist der Fokus nicht primär auf die Veränderung von einzelnen didaktisch-methodischen Elementen zu richten, auch nicht auf primär strukturelle Veränderungsverhinderungsbedingungen wie Rahmenbedingungen, da diese Kontexte sich in den agierenden Lehrpersonen widerspiegeln und relativ stabil sind. Die Forschungsarbeit liefert einen Beitrag, die „komplexen und subjektiv eingefärbten Veränderungsprozesse zu verstehen und adäquate Konzepte zur weiteren Erforschung einerseits und zur konstruktiven Unterstützung dieser Wandlungsprozesse andererseits zu entwickeln" (ebd., 359). Damit wird deutlich, dass die Öffnung von Unterricht und die Realisierung von entdeckendem Lernen nicht verordnet werden kann und sich auch nicht anhand von Rezepten vollziehen lässt, sondern eingebunden sein soll in subjektiv bedeutsame Zugänge, die in Form von Reflexion und Austausch grundgelegt und begleitet werden können.

2.1.1.4 Hochschul-Lernwerkstätten nach Schubert

Die Dissertation von Elke Schubert (2003) nimmt ihren Ausgangspunkt an der Schnittstelle zwischen Theorie und Praxis in der LehrerInnenbildung, will dabei nicht hinter Standards einer wissenschaftlichen LehrerInnenbildung zurückgehen und versteht diese stärker als Kontinuum im Sinne einer Professionalisierung. Die Autorin will einen Beitrag leisten gegen die zunehmende „Kritik an dem unbefriedigenden Forschungsstand zum Gegenstandsbereich Lehrerbildung" (ebd., 113). Das Forschungsfeld stellen Lernwerkstätten an Hochschulen dar, da diese als Schnittpunkt zwischen Theorie und Praxis in der LehrerInnenbildung verortet werden können. Ziel ist es, „bereits existierende Reformkonzepte zur stärkeren Vernetzung von Wissenschaft und Praxis sowie Formen ihrer organisatorischen und hochschuldidaktischen Umsetzung zu erfassen und zu analysieren" (ebd., 114). Erfasst werden sollen dabei vier Bereiche:

- Entstehungsgeschichte und Entwicklungsprozess von Hochschullernwerkstätten
- konzeptionelle Ansätze an der Schnittstelle Theorie – Praxis
- Realisation im Rahmen universitärer Studien
- Potentiale von Lernwerkstätten an Hochschulen zur Professionalisierung der LehrerInnenbildung

Als Forschungsmethode wurde die Fallstudie gewählt mit einem weiten Fallverständnis, das auch soziale Gemeinschaften, Organisationen und Institutionen umfasst. Als Erhebungsverfahren dient ein offenes, halbstrukturiertes Leitfadeninterview ergänzt durch Formen der teilnehmenden Beobachtung. Befragt wurden LeiterInnen von Lernwerkstätten an Hochschulen im Bereich der PrimarschullehrerInnenbildung. Erfasst wurden dabei die Themenbereiche Entstehungsgeschichte, Konzeption, Organisation, Vernetzung und Vergleich Konzeption – Realität (vgl. ebd., 133ff.).

In Bezug auf die jeweilige Entstehungsgeschichte einer Lernwerkstatt werden als Gründe für die Einrichtung einer Lernwerkstatt genannt:

- spezieller Raum für die LehrerInnenbildung
- Verbindung zur Schulpraxis
- Materialsammlung
- hochschuldidaktische Variante im Sinne von offenen Lehr-/Lernangeboten
- Vernetzung mit der LehrerInnenfortbildung

Der weitere Entwicklungsverlauf von Lernwerkstätten an Hochschulen wird in einem Spannungsfeld zwischen „Wandlungen" und „Brüchen" (ebd., 201) beschrieben. Wandlungen werden als „selbst gewollte positive Weiterentwicklung empfunden" (ebd.). Brüche stellen eine Lernwerkstatt vor eine große Herausforderung, bei der Entwicklungen und Kontinuitäten unterbrochen werden können. „Als besonders einschneidend und die konzeptionelle Weiterentwicklung belastend werden personelle Brüche" beschrieben (ebd.). Auch räumliche Veränderungen können den weiteren Verlauf beeinträchtigen oder positiv beeinflussen.

In konzeptioneller Hinsicht werden als theoretischer Hintergrund bezüglich des pädagogischen Ansatzes der Lernwerkstätten „namhafte Vertreter/innen der Reformpädagogik, ihre Grundideen, ihre didaktischen Prinzipien und Konzepte" (ebd., 203) genannt, im Wesentlichen Maria Montessori, Peter Petersen, Célestin Freinet und Georg Kerschensteiner. Der Bezugspunkt ist also eine Pädagogik vom Kind aus mit „didaktisch-methodischen Konzepten, bei denen die Gestaltung von Lernumgebungen, die Auswahl bzw. Herstellung geeigneter Medien und das selbsttätige handlungsorientierte Lernen eine besondere Rolle spielen" (ebd., 204). Der Bezug zur künftigen Berufspraxis der Lehramtsstudierenden wird hervorgehoben. Von besonderer Bedeutung für die Lernwerkstattkonzepte ist der Raum mit Bezugspunkten zur Raumgestaltung in Verbindung mit Überlegungen zur Flexibilität, Offenheit und ästhetischen Aspekten.

In organisatorischer Hinsicht lässt sich feststellen, dass die Leitung der befragten Lernwerkstätten in der Regel durch eineN HochschullehrerIn ausgeführt wird. Als personelle Ausstattung verfügen zu dieser Zeit nur fünf Lernwerkstätten über unbefristete Stellen im Bereich der Lernwerkstatt. Ebenfalls fünf Lernwerkstätten verfügen über einen eigenen Etat.

Ansonsten werden die Lernwerkstätten über Instituts- oder Lehrstuhlmittel finanziert. Drei Lernwerkstätten kennzeichnen ihre räumliche Situation mit der Bestnote „sehr zufriedenstellend", da es ihnen möglich war, „ihre Räume weitgehend nach den eigenen Bedürfnissen und Wünschen auszuwählen, auszustatten und zu gestalten" (ebd., 238). Das Raumangebot besteht aus mehreren Räumen bzw. Bereichen und ermöglicht es, mit „Seminargruppen von 30–40 Studierenden zu arbeiten als auch eine Grundschulklasse etwa in der Stärke bis zu 30 Kindern unterzubringen" (ebd.), was eine Doppelmöblierung – Tische und Stühle für Kinder wie Erwachsene – nach sich zieht. Als zufriedenstellend bzw. nicht zufriedenstellend werden zu kleine Raumlösungen und anderweitige Nutzungen der Lernwerkstatt bewertet. Bei der Material- und Medienausstattung werden an erster Stelle käuflich erwerbbare didaktische Medien und danach selbst erstellte Medien und Naturmaterialien genannt. Ergänzt wird dies durch:

- Verbrauchsmaterialien, Werkzeuge
- Fachliteratur, Examensarbeiten
- Moderationsmaterialien

Die Angebote der Lernwerkstätten umfassen eine breite Palette:

- offene Werkstattangebote
- Seminare
- Workshops
- LehrerInnenfortbildungen
- Angebote für Schulklassen
- Tutorien
- Forschungsangebote
- Exkursionen

Meist sind die Veranstaltungen in das allgemeine Lehrangebot eingebunden (vgl. ebd., 246).

Der Austausch und die Zusammenarbeit mit anderen universitären Einrichtungen sind sehr unterschiedlich. Die Vernetzung mit dem Bereich Forschung scheint meist gelungen. „Bemerkenswert ist, dass alle befragten Einrichtungen Forschungsprojekte in Zusammenhang mit der Lernwerkstatt durchführen bzw. durchgeführt haben und/oder die Lernwerkstatt bzw. Werkstattarbeit selbst zum Forschungsgegenstand machen" (ebd., 256). Diese umfassen individuelle Qualifikationsarbeiten, kleine Forschungsprojekte mit SchülerInnengruppen, Handlungsforschung an Schulen und die Lernwerkstatt als eigenen Forschungsgegenstand. Studierende sind nicht an allen Forschungsprojekten beteiligt. Wesentlich ist die Vernetzung mit außeruniversitären Einrichtungen und Personen.

In einem fünften Themenbereich „wird den Interviewpartner/innen Gelegenheit gegeben, ihre persönliche Einschätzung zur praktischen Umsetzung ihrer konzeptionellen Vorstellungen zu äußern" (ebd., 266). Dabei verweisen vier Lernwerkstätten auf eine weitgehend gelungene konzeptionelle Realisierung. Dies wird begründet mit besonderen Stärken im Bereich der Hochschuldidaktik und dem innovativen Potential der jeweiligen Lernwerkstatt. Handlungsbedarf im Sinne von Optimierungsprozessen wird bei Veranstaltungen außerhalb von Seminaren und bei der personalen Ausstattung festgestellt. Auch in „der unzureichenden Wissenschafts- bzw. Forschungsorientierung" (ebd., 270) werden Schwachpunkte verortet, die zum Teil auf die unzureichende Personalausstattung zurückgeführt werden können. Wünsche werden primär zur personellen Ausstattung geäußert. Fragen der Finanzierung und Raumausstattung stehen ebenfalls auf der Wunschliste der Lernwerkstätten.

Insgesamt kann festgestellt werden, dass als gemeinsames dominierendes Merkmal der Bezug zur Schulpraxis vorherrscht. Dies wird nicht primär über Schulpraktika, sondern über „eigene praktische Lernerfahrungen der Studierenden" (ebd., 278) realisiert. „Eine herausragende Rolle spielen dabei offene Unterrichtsformen und individualisierte Lernformen" (ebd.). Dies spiegelt sich in Lernformen wider, die sich an Handlungsorientierung und entdeckendem Lernen ausrichten. Die hohe und überaus positive Resonanz bei den Studierenden wird an der Praxisnähe festgemacht, die jedoch dort zum Problem wird, „wo der starke Wunsch nach Praxis einhergeht mit Theoriefeindlichkeit" (ebd.) der Studierenden. Von Seiten der Lernwerkstattleitungen wird Wert auf „theoretische Auseinandersetzung und Reflektion gelegt" (ebd., 279). So gilt es die Balance zwischen Praxisnähe und Theoriebezug immer wieder auszuloten.

Handlungsbedarf erweist sich im Bereich der Forschung, der „eine nicht zu vernachlässigende, potentiell ausbaufähige Rolle" (ebd., 280) spielen kann. Hier lässt sich eine Unausgewogenheit zwischen Anspruch und Realität der Lernwerkstätten konstatieren.

Eine besondere Bedeutung für die jeweilige Lernwerkstatt liegt in der Person der Werkstattleitung begründet mit „ihren Fähigkeiten und Möglichkeiten, eigene wissenschaftliche Interessen und Forschungsvorhaben mit praxisbezogenen Werkstattangeboten zu verknüpfen und die Lernwerkstatt im Rahmen des Wissenschaftsbetriebs der Hochschule einzubinden und zu vernetzen" (ebd.). Hier wird auf persönliche Kompetenzen und Kontakte zu anderen Lernwerkstätten verwiesen.

Als Einschätzungskriterium nennt Schubert die „Balance zwischen Wissenschaft, Praxis und Person" (ebd., 284), die in unterschiedlichen Lernwerkstätten unterschiedlich ausgeprägt ist. Unausgewogenheiten können dabei jeweils im Bezug zwischen zwei der drei genannten Bereiche ausgemacht werden. Schwerpunktsetzungen können andererseits hier ebenfalls verortet werden. Hervorgehoben werden:

- didaktische Solidität
- schulpraxisbezogene fachdidaktische Kompetenzen
- subjektiv-reflexiver Berufsfeldbezug
- Vermittlung zwischen didaktisch-praktischen, wissenschaftlich-reflexiven und labor- und forschungsorientierten Ansätzen
- schulpraktische und hochschuldidaktische Innovation (vgl. ebd., 285ff.)

Abschließend kristallisiert Schubert Variablen heraus, die zu einem ausgewogenen Verhältnis zwischen Wissenschaft, Praxis und Person beitragen oder dieses eher hindern. Als förderlich können die Verknüpfung von Theoriegeleitetheit mit Praxisbezug und klare Strukturen in der Lernwerkstattleitung mit hoher personeller Konstanz bei guter Einbindung in universitäre Strukturen betrachtet werden (vgl. ebd., 313).

Somit kann festgehalten werden, dass sich Lernwerkstätten an Hochschulen durch vielfältige Potentiale auszeichnen. Die Öffnung universitärer LehrerInnenbildung zum Berufsfeld gelingt in doppelter Hinsicht, einerseits durch Praxisimport und andererseits durch Praxisinitiation bzw. -begleitung und schulpraktische Projekte. Dazu „benötigen Hochschul-Lernwerkstätten eine gesicherte personelle Ausstattung und sowohl ideelle als auch finanzielle Unterstützung im Bereich von Hochschule und Lehrerbildung" (ebd., 316).

2.1.1.5 Forschendes und biografisches Lernen nach Bolland

Die Arbeit von Angela Bolland (2011) „Forschendes und biografisches Lernen – Das Modellprojekt Forschungswerkstatt in der Lehrerbildung" wurde 2002 an der Universität Bremen als Dissertation angenommen und 2011 veröffentlicht. In einem ersten Schritt ordnet die Autorin das Modellprojekt in Trends der LehrerInnenbildung an Universitäten ein. Den Ausgangspunkt bildet die These, dass LehrerInnenbildung im Wesentlichen als „normativer Vorgang des Erwerbs von Inhalten und Theorien, losgelöst von den Personen, die diese Inhalte lernen sollen" gesehen wird (ebd., 17). Damit werden zwei Aussagen gesetzt, die kritisch zu hinterfragen sind. LehrerInnenbildung ist ein Vermittlungsprozess. Dies dürfte bei aller, auch berechtigter Kritik an der LehrerInnenbildung zu plakativ gegriffen sein, denn wesentliches Kennzeichen eines universitären Studiums ist die wissenschaftsgeleitete Auseinandersetzung mit Theorien und Inhalten. Bollands erste Setzung formuliert nicht, dass die Bildung von angehenden LehrerInnen in der Schnittstelle Theorie und Praxis problembehaftet und reformwürdig sei. Die zweite Aussage rekurriert auf eine Hinwendung zum lernenden Subjekt und fordert demgemäß eine Subjektorientierung in der Hochschuldidaktik.

Forderungen nach einer Reformorientierung der LehrerInnenbildung sind nicht neu und können in neuerer Zeit zurückgeführt werden in die Hochschulreformdebatte der 1970er-Jahre, als Forderungen nach einem Projektstudium und auch nach forschendem Lernen laut wurden (vgl. Schneider/Wildt 2009, 9). Ein wesentlicher Aspekt dabei ist, dass die universitäre LehrerInnenbildung einen Beitrag leisten soll zu Veränderungen der schulischen Praxis.

> „Wenn bei uns die Lehrerbildung gescholten wird und von den Lehrern selbst als unzureichend empfunden wird, dann weil das vermittelte Lehrerbild und der erlebte Lehreralltag so weit auseinander klaffen. Sind wir entschlossen, die Schule neu zu denken, werden wir bei dieser Gelegenheit auch die Lehrerbildung neu denken müssen und die fehlende Übereinstimmung (wieder-)herzustellen suchen. Eine neue Lehrerbildung muß den Anforderungen der neuen Schule folgen" (von Hentig 1993, 240).

Unter dem Begriff „Professionalisierung" wird dabei eine stärkere wissenschaftsbezogene Berufsfeldorientierung gefordert (vgl. Terhart 2001, 91). Dies greift Bolland auf und stellt fest, „dass sich der Gegensatz zwischen Wissenschafts- und Berufsfeldbezug aufzuheben beginnt" (Bolland 2011, 22). Einen Beitrag zu diesem Prozess sieht die Autorin in der pädagogischen Fallarbeit, da hierbei „Lernwege einzelner Kinder in den Mittelpunkt der studentischen Aufmerksamkeit" gestellt werden (ebd., 25). LehrerInnenbildung kann somit um den Bereich der Reflexivität erweitert werden. Reflexivität ist ein subjektbezogener Vorgang und beeinflusst das biografische Lernen der Studierenden. Das zugrunde liegende Modellprojekt „experimentiert mit einem praxiswissenschaftlichen Berufsfeldbezug, der forschendes Lernen als biografisches Lernen begreift" (ebd., 29). Damit es zu reflexiven Selbstbildungsprozessen bei den Studierenden kommen kann, müssen sie ihr Lernen als subjektiv sinnvoll erachten. Dazu bedarf es einer Verknüpfung der eigenen Lerngeschichte mit Elementen eines forschenden Lernens. Bolland fokussiert sechs Aspekte biografischen Lernens:

- individuelle Biografie als geronnene Erfahrung individueller Geschichte in gegebenen gesellschaftlichen Bedingungen
- individuelle Geschichte als Folie des jeweiligen Lernens
- Erinnern durch Erzählen
- Muster des Lernens erkennen
- Reflexion der Lerngeschichte und Herstellen berufsbiografischer Bezüge
- Erfahrungsaustausch (vgl. ebd., 52ff.)

Hierdurch werden die Studierenden zu Handelnden im eigenen Forschungsprozess. Der Empirie werden mikroanalytische Forschungselemente hinzugefügt. Es geht also nicht darum, Resultate kennen zu lernen, sondern Theoriebildung erfahrbar zu machen, was ein „selbstreflexives Wissenschaftsverständnis" bedingt (ebd., 67).

Zusammengefasst können als wesentliche Effekte festgehalten werden:

- Erweiterung berufsbiografischer Handlungskompetenzen
- lernbiografische Ergänzungen im Sinne neuer Lernerfahrungen
- Reflexivität verknüpft vergangene Lernerfahrung und zukünftige Lerngeschichte und erweitert biografische Kompetenz (vgl. ebd., 71)

In einem nächsten Schritt charakterisiert die Autorin das Lernverständnis, das einem forschenden und biografischen Lernen zugrunde liegt. Es „fußt auf einem aufklärerischen emanzipatorischen Bildungsbegriff und hat Berührungspunkte zu einem Verständnis von Lernen, das die Möglichkeit der Erweiterung von Handlungsspielräumen einschließt" (ebd., 73). Bolland nennt dabei in Anlehnung an Johannes Beck die Begriffe „Aufklärung, Emanzipation und Selbstbildung von Studierenden" (ebd., 74) und bezieht sich dabei im Wesentlichen auf die Kritische Psychologie als einen subjektwissenschaftlichen Ansatz. Lernen wird dabei als subjektiver Vorgang der Sinnbildung verstanden, aus der sich Handlungsfähigkeit ableitet, die als subjektiv sinnvoll erachtet wird in gegebenen gesellschaftlichen Bedingungen. Die Erweiterung individueller Handlungsfähigkeit auch gegen vorherrschende Lebensbedingungen ist auf den Aspekt der Kooperation verwiesen. „Der kooperativ-kollegiale Kommunikationszusammenhang wird als Grundvoraussetzung für das Umlernen und gleichzeitig für das Sich-Einmischen in die momentanen Lebensumstände verstanden" (ebd., 121). Der Bezugspunkt ist dabei ein doppelter: forschendes Lernen für das schulische Feld und die jeweilige universitäre Situation.

Zur hochschuldidaktischen Umsetzung orientiert sich Bolland am pädagogischen Werkstattkonzept unter Berücksichtigung von Elementen einer kritisch-kommunikativen Didaktik, die „sich nicht nur kommunikativ, sondern auch als kritische und reformerische

Instanz" versteht (ebd., 126). Bolland charakterisiert den Ansatz der Forschungswerkstatt als „Spezifizierung der Arbeit von Lernwerkstätten in der LehrerInnenbildung an Universitäten" (ebd., 130) und bezieht sich auf Elemente der Freinetpädagogik, auf erfahrungsbasierte Ansätze nach Dewey und auf forschend-entdeckende Strategien.

Am Modellprojekt nahmen 27 StudentInnen teil, „die länger als drei Semester die Forschungswerkstatt mitgestalteten und ein Forschungsprojekt bzw. eine Abschlussarbeit oder Hausarbeit angefertigt haben" (ebd., 213). Während dieser Zeit wurden die Lernwege der Studierenden in unterschiedlichen Dokumentationsformen erfasst, um „Einblicke in forschendes und biografisches Lernen zu unterschiedlichen Zeitpunkten der studentischen Forschungsprozesse" zu bekommen (ebd.). Die Grundlage der qualitativen Studie von Bolland bilden zwei ausgewählte Studierende. Auf Grundlage der Grounded Theory wurde ein Forschungsdesign erstellt, das es ermöglichen sollte, „Einblicke in die Lernwege der Studentinnen zu unterschiedlichen Zeitpunkten zu gewinnen" (ebd., 228). In einer Methoden-Triangulation kommen Beobachtungsverfahren, Interviews und Dokumentenanalyse zum Einsatz (vgl. ebd., 229), wobei die narrativen Interviews den Kernbereich bilden.

Die Analyseergebnisse über den Lernweg der beiden forschenden Studentinnen werden auf drei Bereiche zusammenfassend konzentriert:

- Zusammenhang von forschendem Lernen und individuellen Denk- und Handlungsmustern
- Zusammenhang von Pädagogischer Werkstattarbeit und individuellen Denk- und Handlungsmustern
- Zusammenhang von biografischem Lernen und individuellen Denk- und Handlungsmustern (vgl. ebd., 351ff.)

Bezüglich des forschenden Lernens stellt Bolland bei beiden Studierenden manifestierte Irritationsprozesse fest, wenngleich in unterschiedlichem Ausmaß. Diese führten zu einer „Erweiterung von Denkkonzepten und Handlungsmöglichkeiten" (ebd., 351). Dabei kommt es zu einem Überdenken des Rollenselbstbildes und beide Studentinnen machen „neue erkenntnisgenerierende Erfahrungen und lernen sinnbringende Dimensionen von Theoriebildung kennen" (ebd., 352). Bisher handlungsleitende Denkmuster werden reflektiert und erweitert. Bolland weist darauf hin, dass damit ein Prozess eingeleitet wurde, über dessen Stabilität zu diesem Zeitpunkt keine Aussage gemacht werden kann.

Pädagogische Werkstattarbeit stellt für beide Studierende eine große Herausforderung dar. Die beiden Probandinnen geben mehrmals Hinweise ab, „wie ungewohnt und irritierend Erfahrungen mit Werkstattlernen, d.h. mit offenen, kooperativen und selbst verwalteten Arbeitsstrukturen, zunächst wirken und welche wesentlichen Veränderungen in einem derart gestalteten und geschützten Experimentierfeld initiiert werden können" (ebd., 352f.). Erfahrungsbereiche sind dabei:

- Selbstverwaltung in der Werkstattarbeit
- Eigenverantwortung und Mitbestimmung als untypische universitäre Selbstständigkeit
- Kollegialität und gegenseitige Unterstützung und Beratung

Die gemachten und reflektierten Erfahrungen führen dabei verstärkt zu einer Veränderung von Denkmustern, beispielsweise über eine Öffnung des Unterrichts, weniger zu einer Veränderung von Handlungsmustern. Dies gilt v.a. in erlebten Krisensituationen.

Bezüglich biografischen Lernens und der damit verbundenen eventuellen Reflexion und gegebenenfalls der Veränderung des eigenen Forschungs- und Lernverhaltens werden bei den beiden Studentinnen Unterschiede festgestellt. Hierbei sind es eher punktuelle Veränderungen und nicht grundsätzliche. Eine Integration der neuen Erfahrungen in Selbstbild und handlungsleitende Konzepte erfolgt umso leichter, je näher sich bisherige und neue Erfahrungen stehen.

Zusammenfassend stellt Bolland hinsichtlich einer Professionalisierung einen „zusätzlichen Basiskompetenzerwerb auf forschungsmethodischer, lernbiografischer und auf Reflexionsebene" fest (ebd., 357). Hierdurch sind Auswirkungen auf die Vorstellungen zur LehrerInnenrolle, zum Lehren und Unterrichten und schließlich zur Öffnung von Unterricht möglich.

2.1.1.6 Lernwerkstätten an Hochschulen nach Franz

Der untersuchte Personenkreis der Dissertation von Eva-Kristina Franz (Franz 2012) setzt sich aus ErzieherInnen und Grundschullehrkräften zusammen, wobei am Lernwerkstattangebot auch Studierende für den Primarbereich teilnahmen (vgl. ebd., 184). Die Autorin stellt folgende forschungsleitende Hypothese auf:

> „Lernwerkstätten an Hochschulen sind Orte der gemeinsamen Qualifikation, in denen Studierende, pädagogische Fachkräfte des Elementarbereichs und Lehrkräfte der Primarstufe ihre professionelle Kompetenz erweitern können" (ebd., 161).

Hieraus leitet Franz drei Forschungsfragen ab, die sich auf „Veränderungen der beruflichen Handlungskompetenz und dementsprechend auf die Wirksamkeit des Angebots" beziehen (ebd.), weiter auf förderliche und hinderliche Wirkfaktoren und schließlich auf Konstruktionselemente des Lernwerkstattangebotes, welche die Wirksamkeit beeinflussen.

Hierzu setzt sich die Autorin mit dem Lernwerkstattbegriff auseinander und fasst ihn zusammen als gestaltete Lernumgebung, in welcher der/die Lernende sich in konstruktivistischer Weise mit den von der Lernwerkstatt bereitgestellten Materialien in vielfältigen Lernsituationen und -formen aktiv auseinandersetzt. Dabei kommen einer Hochschullernwerkstatt Funktionen des Service (Materialaspekt), der Kommunikation und der Interdisziplinarität zu. Von wesentlicher Bedeutung dabei ist die Tätigkeit der Lernwerkstattleitung (vgl. ebd., 25).

In einem nächsten Schritt bildet Franz drei Kategorien von Lernwerkstätten an Hochschulen, die sich aus unterschiedlichen Schwerpunktsetzungen bei aller Gemeinsamkeit ergeben, und beschreibt anschließend je einen Vertreter dieser Kategorien (vgl. ebd., 34ff.). Die Grundschulwerkstatt an der Humboldt-Universität zu Berlin steht dabei für eine Konzeption, bei der das Lernen von Erwachsenen als Vorbereitung für die Umsetzung von verändertem, geöffneten Unterricht im Sinne eines aktiv-entdeckenden Lernens von Kindern im Vordergrund steht. Die Regionalen Didaktischen Zentren der Pädagogischen Hochschule St. Gallen in der Schweiz stehen bei Franz stellvertretend für den Aspekt attraktiver

Dienstleistungen für LehrerInnen und Schulklassen. Die Lernwerkstatt Regionale Ökologische Sachunterrichtslernwerkstatt RÖSA an der Carl von Ossietzky Universität in Oldenburg sieht Franz in der Tradition von Lernwerkstätten, die sich auf die Entwicklung und Bereitstellung von didaktischen Materialien fokussieren und dabei die Lernwege von Kindern erforschen.

In konzeptioneller Hinsicht verortet Franz die Lernenden in einem Spannungsverhältnis zwischen kontrolliertem und selbstbestimmtem Verhalten als Grundlage für motiviertes Handeln. Die Lehrenden werden primär als LernbegleiterInnen in Lernwerkstätten gesehen, wobei dem Raum eine besondere Bedeutung zukommt und über Personalisierung, Materialisierung und Institutionalisierung der Angebote Nachhaltigkeit erwirkt wird (vgl. ebd., 49).

Bezüglich einer pädagogischen Professionalisierung geht die Autorin davon aus, „dass Lernwerkstattarbeit eine mögliche Rahmung darstellen kann, in der die berufliche Handlungskompetenz von Studierenden, pädagogischen Fachkräften des Elementarbereichs sowie Lehrkräften des Primarbereichs erweitert werden kann" (ebd., 50). Die Autorin unterscheidet dabei Professionalisierung als „Entwicklungsaufgabe" (ebd., 52), die nicht einer bestimmten Phase der Ausbildung zugeordnet werden kann und von biografischen Einflussfaktoren abhängig ist, von einer Aufgaben- und Kompetenzorientierung, die sich aus der Verbindung von Erziehungswissenschaft, LehrerInnenbildung und Berufsfeld ergibt (vgl. ebd., 57). Eine besondere Bedeutung kommt dabei der Fortbildung zu. Lernwerkstätten verfügen über das Potential der „Überbrückung zwischen Theorie und Praxis" (ebd., 78) und eignen sich damit in besonderer Weise für (Fort-)Bildungsangebote in den genannten pädagogischen Bereichen.

In einer Voruntersuchung sollte herausgefunden werden, wie Hochschullernwerkstattangebote in der ErzieherInnen- und LehrerInnenfortbildung angenommen werden. Konkret wurde nach der Akzeptanz einer Lernwerkstatt zum Thema „bewegungsorientierte Sprachförderung der 3–12 Jährigen" gefragt (ebd., 85). Welche sind teilnahmebegünstigende Faktoren und wie werden gemeinsame Fortbildungen bewertet? „Hinsichtlich der potentiellen Akzeptanz eines Hochschul-Lernwerkstattangebots machen die Ergebnisse mit wenigen Ausnahmen Hoffnung, dass Hochschullernwerkstätten das Interesse von Erzieherinnen und Lehrerinnen so treffen, dass jene diese Angebote auch tatsächlich nutzen" (ebd., 137). Auf diesem Hintergrund wurde im November 2009 an der Pädagogischen Hochschule Karlsruhe das Projekt „LeLebs – Lernwerkstattangebote zur pädagogischen Rahmung von Lernumgebungen für eine bewegungsorientierte Sprachförderung der 3–12 Jährigen" begründet (ebd., 140), das sich einerseits auf Konzepte der Lernwerkstattarbeit an Hochschulen und andererseits an den Ergebnissen der Voruntersuchung orientierte. Drei Elemente kommen dabei besonders zum Tragen:

> „1. Die Arbeit in der Lernwerkstatt, 2. die Arbeit mit Lerntagebüchern über die Lernwerkstattangebote hinaus und 3. die persönliche Beratung und Lernbegleitung" (ebd., 139).

Unter Berücksichtigung der Präferenzen für Fortbildungen aus der Voruntersuchung wurde eine feste Gruppe aus ErzieherInnen, GrundschullehrerInnen und Studierenden gebildet, die sich innerhalb eines Jahres viermal jeweils an einem Freitagnachmittag und dem

Folgesamstag sowie zu freien Treffen am Mittwochnachmittag getroffen hat. Das Projekt-angebot LeLebs versteht sich dabei als „sprachförderdidaktische Werkstatt mit Servicecha-rakter" (ebd., 142). Dafür wurde eine vorbereitete Lernumgebung geschaffen, „die Material bietet, welches in die tägliche Praxis integriert werden kann, das die Teilnehmer anregt, sich Fragen zu stellen, das dazu verführt, tiefer in ein Thema einzusteigen und Neugier auf mehr weckt" (ebd.). Dazu dienten vorwiegend die vier Arbeitsphasen (Freitag und Samstag) mit anschließender Erprobung in der jeweiligen pädagogischen Praxis vor Ort. Zur Reflexion für die TeilnehmerInnen und auch als Erhebungsinstrument zur „Dokumentation von Ziel-setzungen und Vorgehensweisen" (ebd., 155) diente ein vorstrukturiertes Lerntagebuch mit Angaben zur Zielsetzung und Planung, zweitens zur Auswertung und drittens zu Bewer-tung und Wünschen. Die persönliche Beratung und Lernbegleitung wurde durch die Werk-stattleiterin (Erziehungswissenschaftlerin und Sonderpädagogin) geleistet.

Zusammenfassend kann festgehalten werden, „dass sich die berufliche Handlungskom-petenz der teilnehmenden Erzieherinnen und Grundschullehrerinnen [sic! W.G.] in vier von sechs Fällen erweitert hat" (ebd., 264). Es herrscht also kein zwingender Zusammen-hang zwischen der Erweiterung von beruflichen Kompetenzen und Lernwerkstattangebo-ten. Zur Verbesserung dieses Zusammenhangs müssen persönliche Voraussetzungen wie Zielerreichungsabsicht und -fähigkeit, Motivation und persönliche Lebensumstände be-rücksichtigt werden. Der Motivationsaspekt ist dabei abhängig von den Erwartungen an das Angebot. Von Bedeutung ist weiter die Teamzusammensetzung. Lernwerkstätten eignen sich als Räume selbstbestimmten Lernens, so dass es den TeilnehmerInnen möglich wird, sich selbst Fragen zu stellen und anhand der bereitgestellten Möglichkeiten das eigene Ler-nen und Handeln zu verantworten.

2.1.2 Zusammenfassende Darstellung der vorgestellten Beiträge

Im Folgenden soll der Versuch einer tabellarischen Systematisierung der Forschungsergeb-nisse zu Lernwerkstätten, basierend auf den vorgestellten Monografien, in zusammenfas-senden Übersichten vorgenommen werden, weil in den bisherigen wissenschaftlichen Ar-beiten zum Thema Lernwerkstätten eine solche Darstellung bislang nicht unternommen wurde und da nicht alle AutorInnen die bis zum Zeitpunkt ihrer Arbeit entstandenen Dis-sertationen zur Kenntnis genommen haben.

Dabei kommen folgende Aspekte zum Tragen, die in Tab. 1 bis Tab. 5 zusammengefasst sind:

- Schwerpunkt und Begrifflichkeit
- untersuchter Personen- oder Gegenstandsbereich
- Ausgangsfrage
- zugrunde gelegte Forschungsmethoden
- ausgewählte Ergebnisse in zusammenfassendem Sinn

Tabelle 1: Schwerpunkt und Begrifflichkeit der Forschungsvorhaben.

Pallasch/Reimers	LehrerInnenfortbildung; Pädagogische Werkstattarbeit
Müller-Naendrup	LehrerInnenbildung; Lernwerkstätten an Hochschulen
Zocher	LehrerInnenfortbildung; entdeckendes Lernen
Schubert	Hochschul-Lernwerkstätten; organisatorische und hochschuldidaktische Umsetzung
Bolland	LehrerInnenbildung; forschendes und biografisches Lernen
Franz	Fortbildung von pädagogischen Fachkräften des Elementar- und Primarbereichs; Lernwerkstätten an Hochschulen als Orte der gemeinsamen Qualifikation

Tabelle 2: Personen- und Gegenstandsbereich der Forschungsvorhaben.

Pallasch/Reimers	Lernstätten, Zukunftswerkstätten, Lernwerkstätten
Müller-Naendrup	offene Lernsituationen im Studium
Zocher	Veränderungsprozesse von Lehrkräften bezüglich der Realisierung von offenen Unterrichtsformen
Schubert	ausgewählter Personenkreis von LernwerkstattleiterInnen an Hochschulen
Bolland	zwei Studierende der Grundschulpädagogik und deren Veränderungsprozesse
Franz	sechs Fachkräfte des Elementar- und Primarbereichs und die Wirksamkeit von vorbereiteten Lernumgebungen

Tabelle 3: Ausgangsfragen der Forschungsvorhaben.

Pallasch/Reimers	methodische Unzulänglichkeiten bei Fortbildungsangeboten
Müller-Naendrup	Lernarrangements für Studierende zur Umsetzung von reformorientiertem Unterricht
Zocher	entdeckendes Lernen von Lehrkräften überwiegend aus dem Regelschulbereich (plus einer Sonderschullehrkraft)
Schubert	Vernetzung von Wissenschaft und Praxis und ihre hochschuldidaktische Umsetzung
Bolland	praxiswissenschaftlicher Berufsfeldbezug durch forschendes und biografisches Lernen
Franz	praxiswissenschaftlicher Berufsfeldbezug durch forschendes und biografisches Lernen

Tabelle 4: Forschungsmethoden.

Pallasch/Reimers	hermeneutische Grundstruktur des Vergleichs unter Herausarbeitung zentraler Kriterien
Müller-Naendrup	qualitative Sozialforschung; Einzelfallstudie
Zocher	qualitative Gesprächsauswertung
Schubert	Fallstudie an sozialen Gemeinschaften, Organisationen und Institutionen
Bolland	qualitative Studie mit Methodentriangulation von Beobachtung, narrativen Interviews und Dokumentenanalyse
Franz	qualitative Studie an TeilnehmerInnen einer vorbereiteten Lernumgebung

Tabelle 5: Ausgewählte Ergebnisse der Forschungsvorhaben.

Pallasch/Reimers	Pädagogische Werkstattarbeit gestaltet sich nach den Prinzipien der Partizipation der TeilnehmerInnen, der Strukturierung der prozessualen Abläufe in didaktisch-methodischer und lernpsychologischer Hinsicht, der Ganzheitlichkeit des praktischen Tuns und der Interaktionen und schließlich nach dem Prinzip der Balance zwischen Prozess und Ergebnis. Pädagogische Werkstattarbeit ist konzipiert für Erwachsene und soll einen Transfer auf reformorientiertes schulisches Lernen im Sinne der Öffnung des Unterrichts ermöglichen. Pädagogische Werkstattarbeit versteht sich als Ergänzung und **nicht** als Ersetzung traditioneller Angebote und will dabei individuelle und Gruppenkompetenzen stärken und so die Lernenden im Sinne einer aktiv-konstruktiven Vorgehensweise bei der Ausbildung einer kritischen beruflichen Handlungsfähigkeit unterstützen.
Müller-Naendrup	Lernwerkstätten an Hochschulen sind Lernorte für Erwachsene und/oder Kinder. Lernwerkstätten an Hochschulen lassen sich in die drei Bereiche Lehre/Studium, Forschung und Schulpraxis und deren Schnittmengen unterteilen. Lernwerkstätten an Hochschulen sind als Orte offener Lernsituationen reformunterstützende Elemente der LehrerInnenbildung, welche die traditionelle Lehre ergänzen, die Verbindung von Theorie und Praxis positiv beeinflussen können und in ihren Angeboten den genannten Bereichen nicht eindeutig zuzuordnen sind.
Zocher	Die Analyse von LehrerInnenfortbildung im Sinne eines entdeckenden Lernens kann Wirkfaktoren benennen, welche das bis zu diesem Zeitpunkt vorherrschende Unterrichtsverständnis mit der jeweiligen Unterrichtspraxis im Sinne einer Öffnung des Unterrichts positiv beeinflussen können. Das Wissen um die Bedeutung der Öffnung von Unterricht führt noch nicht zur Umsetzung. LehrerInnenfortbildung muss sich auf subjektive Veränderungsprozesse einlassen und diese in Form von Workshop, Reflexion und Austausch während des eigenen entdeckenden Lernens konstruktiv unterstützen, so dass sie subjektiv bedeutsam und damit handlungsleitend werden.

Fortsetzung Tabelle 5.

Schubert	Hochschul-Lernwerkstätten, die zwischen Wissenschaft, Praxis und leitender Person ausbalanciert sind, zeichnen sich durch didaktische Kompetenzen, einen reflexiven Praxisbezug und hochschuldidaktische Innovation aus und vermitteln zwischen didaktisch-praktischen, reflexiven und forschungsorientierten Ansätzen. Die dadurch entstehenden vielfältigen Potentiale können kulminieren durch Praxisimport in die LehrerInnenbildung und Praxisinitiation durch die LehrerInnenbildung.
Bolland	Forschendes und biografisches Lernen in der LehrerInnenbildung im Sinne pädagogischer Werkstattarbeit bezieht sich auf das schulische und universitäre Feld. Über Irritationen verändern sich individuelle Denk- und Handlungsmuster. Dies kann zu einer weitergehenden Professionalisierung der LehrerInnenbildung führen und damit Möglichkeiten schaffen, die Vorstellungen zur LehrerInnenrolle, zum Lehr- und Lernverständnis und damit zu einer zukünftigen Öffnung des Unterrichts positiv zu verändern.
Franz	Vorbereitete Lernumgebungen an Lernwerkstätten an Hochschulen eignen sich über die Arbeit in der Lernwerkstatt, über zugehörige Lerntagebücher und über persönliche Beratung und Lernbegleitung als Orte einer gemeinsamen Qualifizierung von Studierenden und pädagogischen Fachkräften im Elementar- und Primarbereich. Vorbereitete Lernumgebungen können die berufliche Handlungskompetenz unter Berücksichtigung persönlicher Voraussetzungen erweitern. Der Attraktivität des Angebots, der Strukturierung des Angebots unter entsprechenden Partizipationsmöglichkeiten und der Lernwerkstattleitung kommt dabei besondere Bedeutung zu.

Herausgearbeitet werden konnte der Zusammenhang von Bestrebungen einer Reformorientierung für das System Schule mit Fragen der LehrerInnen(fort)bildung. Um Bestrebungen zu einem offenen Unterricht in der späteren Berufspraxis dauerhaft umsetzen zu können, bedarf es erweiterter Professionalisierungsbestrebungen im Sinne von Lernwerkstattarbeit. Diese Ansätze können als exemplarisch gelten zur flächendeckenden Realisierung eines gemeinsamen Unterrichts in heterogenen Schulklassen. Tangiert sind dabei jeweils konzeptionelle Fragen und Aspekte der Professionsbildung.

2.1.3 Orientierungspunkte zur Lernwerkstättenbewegung

2.1.3.1 Drei Urgesteine der deutschen Lernwerkstättenbewegung

Die Gründungen der ersten institutionalisierten Lernwerkstätten an Hochschulen in Deutschland finden in den 1980er-Jahren statt (vgl. Kirschhock 2005, 205). Im Mai 1981 wurde an der Technischen Universität Berlin die erste Lernwerkstatt offiziell eröffnet als Ergebnis „einer Reihe experimenteller Workshops zum Offenen Unterricht" (Ernst 1997, 18). Nachdem in Berlin Vorerfahrungen aus drei Jahren zur Verfügung standen, sollte mit der institutionellen Absicherung ein Name gefunden werden, „der so einfach und einprägsam klingen sollte wie ,workshop center' und der den bezug zu unserem New Yorker vorbild herstellen sollte" (Ernst 1990, 6. Kleinschreibung im Originaltext. W.G.). Der Begriff „Lernwerkstatt", der zu dieser Zeit im deutschsprachigen Raum noch einen Alleinstellungscharakter hatte, wurde geprägt.

An der Gesamthochschule Kassel wurde 1983 eine „Grundschulwerkstatt" mit einem 50 m² kleinem Übungsraum als anfänglichem „Fremdkörper im Wissenschaftsbetrieb" eingerichtet (Hagstedt 1992, 14). Der Begriff „Grundschulwerkstatt" wurde vorgeschlagen, um „einen primär unterrichtsbezogen-reform-didaktischen ansatz" zu betonen (Hagstedt 1990, 18. Kleinschreibung im Originaltext. W.G.). Dabei war das Konzept der Grundschulwerkstatt nicht ausschließlich auf Lernprozesse von Erwachsenen, wie in Berlin, sondern auch auf Grundschulkinder ausgerichtet, denn es sah vor, „von Anfang an Grundschulkinder am Aufbau der Werkstatt zu beteiligen" (Hagstedt 1992, 14).

Angestrebt waren Räumlichkeiten, die in einer Mischform Seminarraum und Kinderarbeitsraum, aber auch MitarbeiterInnen- und Archivraum, darstellten (vgl. AG Studienwerkstätten des ZLB 2011, 8). Die Begrifflichkeit „Grundschulwerkstatt" wurde mit dem Begriff „Pädagogisches Labor" verknüpft, um einerseits die Außenakzeptanz von und zu Schulen zu betonen und andererseits mit dem Laborbegriff auf die Bereiche Forschung und Entwicklung zu verweisen.

Meist werden die Lernwerkstatt an der Technischen Universität Berlin und die Grundschulwerkstatt der Gesamthochschule Kassel als die beiden ersten Lernwerkstätten in Deutschland mit Vorbildcharakter für andere Lernwerkstätten beschrieben (vgl. Wedekind 2007, 13; Kirschhock 2005, 205). Deshalb sei hier auf eine dritte Institution verwiesen, die zu dieser Zeit entstand und die ähnliche konzeptionelle Vorgaben entwickelte.

An der Pädagogischen Hochschule Reutlingen wurde 1981 ein Grundschulzentrum, auch Schulpädagogisches Zentrum genannt, eingerichtet mit dem Ziel, „die Lehrerausbildung an Ort und Stelle durch hochschuldidaktische Impulse" zu bereichern (Müller-Naendrup 1997, 93) und Innovationen im schulpädagogischem Bereich voranzutreiben. Trotz der Auflösung der Einrichtung mit der Schließung der Pädagogischen Hochschule Reutlingen 1985 hat das Grundschulzentrum „die weitere Entwicklung der baden-württembergischen Lernwerkstätten stark beeinflußt" (ebd., 94) und sollte aus diesem Grund und dem Zeitpunkt der Gründung den Urgesteinen der Lernwerkstätten zugerechnet werden.

Zusammenfassend lässt sich festhalten, dass zu Beginn der 1980er-Jahre an Hochschulen in Berlin, Reutlingen und Kassel Einrichtungen begründet wurden, die Vorbildcharakter für andere Lernwerkstätten entwickelt haben. Dabei war die Lernwerkstatt an der Technischen Universität Berlin primär auf ein anderes Lernen von Erwachsenen als Voraussetzung der Realisierung von entdeckenden, aktiven Lernformen bei Kindern ausgerichtet. An der Pädagogischen Hochschule Reutlingen standen hochschuldidaktische Veränderungen und forschungsbereichernde Elemente im Vordergrund und an der Grundschulwerkstatt der Gesamthochschule Kassel sollte schülerInnenorientierter Unterricht in der Begegnung von Erwachsenen untereinander, aber auch mit Kindern entwickelt werden. Für alle drei Einrichtungen lassen sich gemeinsame Orientierungspunkte herausarbeiten.

2.1.3.2 Nationale und internationale Orientierungspunkte der Lernwerkstättengründungen in Deutschland

In den 1960er-Jahren entzündete sich zunehmend Kritik am bis dort bestehenden Schul- und Bildungswesen. Im Grundschulbereich sind die Gründung des „Arbeitskreis Grundschule e.V." im Jahr 1968 und der Frankfurter Grundschulkongress ein Jahr später Ausdruck dieser Reformbemühungen. Neuhaus-Siemon weist darauf hin, dass die Grundschulreform dieser Zeit Teil der allgemeinen Bildungsreform war, und nennt die „Kritik am herkömmlichen Verständnis von Chancengleichheit" (Neuhaus-Siemon 1989a, 12) als Ausgangspunkt der Reformbemühungen. Die Entwicklung eines Kindes wird nicht mehr auf dem Hintergrund eines Verständnisses von innerer Reifung gesehen, sondern im Zusammenspiel mit sozio-kulturellen Faktoren. Dies führte zu einer Auffassung, „die jedem Kind eine seiner individuellen Bildsamkeit angemessene Förderung zuteilwerden lassen wollte" (ebd.). Nicht mehr endogene Reifungsprozesse stehen im Fokus von schulischer Bildung, sondern die Lernenden mit individuellen Lernbiografien.

Es werden Konzepte innerer Differenzierung entwickelt und „Fragen zur Curriculumentwicklung bilden zentrale Reformthemen" (Müller-Naendrup 1997, 39). In diesem Zusammenhang stellt sich somit auch die Frage nach LehrerInnenbildung und -fortbildung. Eine Reform der Grundschule kann nur gelingen, wenn ein verändertes Verständnis von Lehr-Lern-Prozessen etabliert werden kann.

Der Blick auf schulische Bildungsprozesse internationalisiert sich. In Großbritannien erscheint 1967 der Plowden Report, der das Kind als Motor seiner Entwicklung sieht. Es kommt zur Gründung von Teachers' Centres mit drei Schwerpunktsetzungen (vgl. Brügelmann 1980, 190):

- Öffnung der Curricula „zu einem beweglichen Arrangement alternativer Lernsituationen und didaktischer Anregungen, Modelle, Hilfen" (ebd.)
- Veränderung des Verständnisses der LehrerInnenrolle „vom Unterrichtsingenieur, der fertige Programme nur noch anwendet, zum Lernregisseur, der vorgeplante Versatzstücke, eigene Einfälle und situative Möglichkeiten zu einer auf die individuellen Bedürfnisse des Schülers bezogenen Lernumwelt komponiert" (ebd.)
- Verwirklichung eines kooperativen Netzes von Unterstützungsmaßnahmen

Die Idee der Teachers' Centres in England hatte eine „richtungsweisende Wirkung im internationalen Bereich" (Müller-Naendrup 1997, 78) und führte zur Errichtung von ähnlichen Einrichtungen in den USA.

Im Jahr 1971 fanden in den USA zwei nationale Konferenzen statt mit der Frage nach der weiteren Konzeptionierung der LehrerInnenbildung und -fortbildung. Beide Veranstaltungen hatten als gemeinsame Prämisse, „daß schulische Innovationen nur über eine frühzeitige Beteiligung der Lehrer im Forschungs- und Entwicklungsprozeß bei der Herstellung neuer Lehr- und Lernmaterialien zu erreichen sein würden" (Gerbaulet et al. 1972, 183). Hieraus und aus den Erfahrungen in Großbritannien entwickelten sich Teachers' Centers in den USA. Es kam zu einer raschen Entwicklung verschiedener Zentren mit einem institutionell organisierten Erfahrungsaustausch. Aus dieser Vielfalt lassen sich vier gemeinsame Merkmale herausarbeiten:

- eine kooperative Arbeitsatmosphäre der beteiligten Personen
- praxisbezogene Schulreformarbeit, die handlungsorientiert erarbeitet wird
- die Möglichkeit, eigene Fragestellungen zu verfolgen
- ein lebenslanges Lernen der Lehrkräfte (vgl. Müller-Naendrup 1997, 79)

Auf die Bedeutung der englischen Teachers' Centres und der amerikanischen Teachers' Centers für die Lernwerkstättenbewegung in Deutschland wird an verschiedenen Stellen hingewiesen. Es werden „deutliche Einflüsse der englisch-amerikanischen Bewegung der *Teachers' Centers*" festgestellt (Kasper/Müller-Naendrup 1992, 8. Hervorhebung im Originaltext. W.G.). Es „übt die englisch-amerikanische Bewegung der Teachers' Centers einen starken Einfluss auf die Gründergeneration der deutschen Lernwerkstätten aus" (Schubert 2003, 28). Auch von der Gründergeneration selbst werden diese Anregungen konstatiert (vgl. Ernst 1997, 18; Hagstedt 1990, 18).

Das Grundschulzentrum bzw. Schulpädagogische Zentrum (1981–1985) an der Pädagogischen Hochschule Reutlingen basiert stärker auf einer bundesdeutschen Entwicklung, den Regionalen Pädagogischen Zentren, die jedoch ihrerseits auch auf internationale Erfahrungen auch der Teachers' Centres und Teachers' Centers zurückgriffen. Die Bildung von Regionalen Pädagogischen Zentren wurde 1973 vom Deutschen Bildungsrat propagiert (Deutscher Bildungsrat 1974), indem ein Vorschlag der „Projektgruppe Organisation der Curriculumentwicklung" vom Stifterverband für die deutsche Wissenschaft aufgegriffen wurde. Der Bildungsrat charakterisiert die damalige als unbefriedigend interpretierte Situation folgendermaßen:

> „Eine Curriculumreform, die Lehrern die Rolle von Abnehmern und Anwendern fremdentwickelter Produkte zuweist, macht ihre eigentlichen Träger zu Objekten. Unterrichtssituationen können nur von den am Unterricht Beteiligten verändert werden; ihre Motivation und ihr Problembewußtsein, ihre Kompetenz und Veränderungsbereitschaft sind unverzichtbar" (ebd., 2).

Sowohl von der Projektgruppe als auch vom Deutschen Bildungsrat wurde darauf hingewiesen, dass Lehrkräfte vor Ort Unterstützung benötigen bei der Umsetzung der angestrebten Reformen mit dem Ziel geöffneter Curricula. Die Denkschrift der Projektgruppe wurde unter das Motto „Die Schulen brauchen Hilfe" (Projektgruppe Organisation der Curriculumentwicklung 1972, XIV) gestellt und sollte einen Beitrag darstellen, dass „die Schulen jene Unterstützung erfahren, nach der sie selbst so oft rufen und auf die sie für ihre Reformarbeit so dringend angewiesen sind" (ebd.). Die Projektgruppe setzt sich dabei – ähnlich wie Hans Brügelmann – durchaus kritisch mit den englischen Teachers' Centres auseinander (vgl. Kröll 1973, 59), bei denen es sich oft um kleine Werkstätten handelt, die neben der Entwicklung von Materialien und praxisnahen Curricula verschiedene Serviceleistungen im Sinne von Motivation oder Unterstützung für Lehrkräfte anbieten und darüber hinaus oft wenig Anbindung an wissenschaftliche Einrichtungen haben. Für die Projektgruppe ist eine „enge Zusammenarbeit mit der Wissenschaft unabdingbar" (Gerbaulet et al. 1972, 63).

Der Deutsche Bildungsrat formuliert in der Situationsanalyse für Deutschland eine Überforderung der Lehrkräfte bei der Umsetzung von neuen Lernangeboten und einem neuen Unterrichtsstil (vgl. Deutscher Bildungsrat 1974, 18). Er stellt dabei fest, dass Reformen im deutschen Bildungswesen zu sehr auf organisatorische Maßnahmen ausgerichtet waren, während inhaltliche Reformen an den Schulen vor Ort kaum vorankamen (vgl. ebd., A5).

Von der Projektgruppe wurden vier Zielbereiche für Reformen ausgearbeitet (vgl. Gerbaulet et al. 1972, 1f.):

- Veränderung der Situation der Lernenden und der Interaktion zwischen Lehrenden und Lernenden an den Schulen
- Entwicklung offener Curricula in Form von Bausteinen
- regionale Organisierung einer praxisnahen und auf LehrerInnenbeteiligung aufbauenden LehrerInnenfortbildung
- Gründung von Regionalen Pädagogischen Zentren mit den Bereichen Entwicklung, Fortbildung und Beratung

Diese Forderungen fließen in die Empfehlungen der Bildungskommission des Deutschen Bildungsrates ein. Es wird eine Verquickung der Entwicklung von Lernmaterialien mit Maßnahmen der Fortbildung und eine Verknüpfung der Entwicklung von Materialien mit der Forschung empfohlen (vgl. Deutscher Bildungsrat 1974, 29). In diesem Sinne werden vier miteinander verwobene Aufgabenschwerpunkte formuliert: die Analyse von Materialien, deren Ausarbeitung, deren Evaluation und damit verbundene Informations- und Beratungsangebote (vgl. ebd., 31). Das Konzept der Regionalen Pädagogischen Zentren – der Deutsche Bildungsrat forderte in einem ersten Schritt etwa 15 und langfristig 60 bis 70 solcher Einrichtungen (vgl. Deutscher Bildungsrat 1974, 28) mit jeweils 10 bis 15 MitarbeiterInnen aus der Wissenschaft und einer ebensolchen Anzahl an Lehrkräften (vgl. ebd., 34) – wurde „in der Folgezeit nur sehr begrenzt in Modellversuchen aufgegriffen" (Müller-Naendrup 1997, 84), auch wenn im Nachhinein mit fast 15 Jahren Abstand 1987 festgestellt werden konnte,

> „daß es der Bildungskommission darum ging, ein technokratisches oder technologisch verkürztes Verständnis der Schulreform im allgemeinen und der Curriculumreform im besonderen zurückzuweisen und einen Begriff der Curriculum-Entwicklung zu entfalten, der wesentlich durch den Begriff der Offenheit und der Beteiligung der Betroffenen definiert wird" (Nevermann/Priebe 1987, 163).

2.1.4 Historische Zugänge: Célestin Freinet, John Dewey und Maria Montessori

Neben den genannten institutionellen Anregungen für die Gründergeneration der Lernwerkstätten und für folgende Lernwerkstätten lassen sich, direkt und indirekt, pädagogische Orientierungspunkte herausarbeiten, auf welche die Lernwerkstättenbewegung zurückgreift. Nachdem ein Merkmal der Lernwerkstätten die Reformorientierung ist (vgl. Goschler 2012, 228), verwundert es nicht weiter, dass sich Verweise zur Reformpädagogik herstellen lassen. Aus diesem Grund werden im Folgenden Bezüge hergestellt zu den Personen, die einerseits in einem weiten Sinne der Reformpädagogik zuzuordnen sind und die anderseits wesentliche Orientierungspunkte für die Lernwerkstättenbewegung bereitstellten. Hier werden dabei folgende drei Personen fokussiert: Célestin Freinet, John Dewey und Maria Montessori. Deshalb werden aus deren Konzepten die Aspekte herausgearbeitet, die für die Begründung von Lernwerkstattarbeit von besonderer Bedeutung sind. Es geht dabei nicht um eine kritische Gesamtwürdigung dieser pädagogischen Konzepte, sondern um die Herauskristallisierung der vorbereitenden Elemente dieser Ansätze für Lernwerkstattarbeit. Da es in der vorliegenden Arbeit um Kompatibilitätsfragen von Lernwerkstattarbeit und inklusiver Didaktik, also um Fragen nach der Diversitätsdimension Behinderung, geht, werden bei den genannten Ansätzen auch, soweit verfügbar, Aussagen über Behinderung in die Argumentation eingebunden.

2.1.4.1 Célestin Freinet (1896–1966)

In diesem Abschnitt werden wesentliche Aspekte der Pädagogik von Célestin Freinet, unter Berücksichtigung seiner wenigen Aussagen zur pädagogischen Arbeit mit Kindern und Jugendlichen mit Behinderungen, herausgearbeitet, die im Zusammenhang des Rekurses der Lernwerkstattidee auf Freinet von Bedeutung sind. Biografische, bibliografische oder Aussagen zum Gesamtwerk oder zur Rezeption von Freinet insgesamt sind nicht intendiert.

Hervorstechende Merkmale von Lernwerkstätten in Bezug auf Freinet sind die Gliederung in Bereiche und die Schuldruckerei. Beide Elemente werden erst tragfähig auf dem Hintergrund von Freinets pädagogischem Ansatz, ohne den diese Elemente zur bloßen Technik geraten. Freinet verstand Schule nicht (mehr) als Ort der Wissensvermittlung, sondern in Rückgriff auf Rousseau und Pestalozzi als einen Bildungsort (vgl. Freinet 1980, 25), an dem das Kind „selbst handeln, selbst schöpferisch sein" soll (ebd.).

Dabei findet eine Veränderung des LehrerInnen-SchülerInnen-Verhältnisses statt. Im Zentrum von Schule stehen nicht mehr die Lehrkräfte, sondern die SchülerInnen. Es geht nicht um Unterweisung der SchülerInnen, sondern um Selbsterziehung der Kinder *„mit der Hilfe der Erwachsenen"* (ebd. Hervorhebung im Originaltext. W.G.). Freinet grenzt sich dabei von der traditionellen Lernschule ab und favorisiert eine SchülerInnenorientierung: „Das Denken und das Leben des Kindes konnten von nun an die wichtigsten Elemente seiner Bildung sein" (Freinet 1998a, 148).

Freinet wollte nicht von vorgegebenen Inhalten ausgehen, sondern die Interessen der Kinder in den Mittelpunkt setzen, so dass „eine Einheit von Denken, Tun und Leben der Kinder hergestellt" wird (Freinet 1980, 27). Hierfür gebraucht Freinet den Begriff der Arbeit, der verbunden ist mit Lernen und Bildung als Verknüpfung von geistiger, produktiver und künstlerischer Tätigkeit. *„Die Arbeit wird das Prinzip, der Motor und die Philosophie der volkstümlichen Pädagogik sein; der Antrieb, aus dem aller Bildungserwerb hervorgeht"* (Freinet 1998b, 494. Hervorhebung im Originaltext. W.G.). Die Aneignung des Bildungsgutes benötigt dabei Organisationsformen, die „durch konstruktive Aktivität die Kinder bei ihrer Selbstverwirklichung unterstützen" (ebd.).

Freinets Überlegungen zur Individualisierung werden initiiert durch das Prinzip der Orientierung an den SchülerInneninteressen. Er wendet sich gegen die „alten Schulen", in denen die Kinder im Gleichschritt mit gleichen Inhalten konfrontiert wurden. Demgegenüber setzt Freinet das „Prinzip der Vielseitigkeit" und fordert: „Nicht für alle das Gleiche zur gleichen Zeit" (Freinet 1980, 38).

Um diese Forderungen einlösen zu können, wollte Freinet in Zusammenarbeit mit KollegInnen Schulen grundlegend reformieren. Er entwickelte in seiner Publikation „Die moderne französische Schule" (Freinet 1998b) einen „Modellplan für eine einklassige Schule" (ebd., 527) mit „vier Ateliers für die manuellen Elementararbeiten" (ebd., 538) und „vier Ateliers für gemeinsam zu verrichtende und sich allmählich entwickelnde geistige Arbeitsvorhaben" (ebd.). Dabei gilt es zu berücksichtigen, dass diese Ateliers nicht als Fachräume im Sinne eines Werkraumes oder Biologieraumes missverstanden werden dürfen (vgl. Hellmich/Teigeler 2007, 102), sondern grundsätzlich jedem Klassenzimmer angegliedert sein sollen und es auch nicht um eine Trennung von Kopf und Hand geht, denn „gegen diese anormale Trennung der geistig arbeitenden Klasse von dem Raum, in dem sie sich auch werktätig beschäftigen, wenden wir uns energisch" (Freinet 1998b, 531). Diese Idee einer Unterteilung in Funktionsbereiche lässt sich in vielen Lernwerkstätten finden, so auch in einer der Gründerlernwerkstätten in Kassel. Dort gibt es:

- eine Ecke zum Werken und Bauen
- eine Ecke für naturkundliche Experimente
- eine Ecke für musische Themen
- eine Mathematikecke usw. (vgl. Hagstedt 1992, 12)

Ein weiteres Merkmal vieler Lernwerkstätten, das auf Freinet zurückgeführt wird, ist die Druckerei, die im Konzept Freinets eine „zentrale Stellung" einnimmt (Freinet 1998b, 555) und deren vielzitierter Entstehungsmythos nicht dem Lungensteckschuss, den Freinet während des Ersten Weltkrieges erlitt, geschuldet ist, sondern der Suche nach anderen pädagogischen Bedingungen, so dass bei den Kindern „ein möglichst großer Erfolg erreicht würde" (Freinet 1998a, 145). Zusätzlich konnte Freinet, als er in den 1920er-Jahren die Druckerei, die Produktion von freien Texten, SchülerInnenkorrespondenzen und Selbstlernmaterialien einführte, auf einen „regen intellektuellen Austausch mit seinen KollegInnen" (Schlemminger 2002, 14) in Frankreich und außerhalb Frankreichs zurückgreifen. „Célestin Freinet ist somit weder der einzige, noch der erste, der diese Techniken [die Schuldruckerei, den freien Text, die Klassenkorrespondenz und die Selbstlernmaterialien. W.G.] in seinem Unterricht benutzt" (ebd.). Nichtsdestotrotz bleibt die Druckerei im Konzept Freinets wesentlich, da er so die Möglichkeit sah, von den Interessen der Kinder ausgehend, ihnen bedürfnisorientiert ein Medium im Zentrum des Unterrichts an die Hand zu geben.

> „Die Druckerei in der Schule hat dem freien Ausdruck und der schöpferischen Aktivität unserer Schüler mitten in der täglichen Praxis einen Platz gegeben. Mit Hilfe der konkreten Erfahrung, die wirksamer ist als vorgeblich wissenschaftliche Überlegungen hat sie einer Pädagogik neue Horizonte eröffnet, die von wirklichen Interessen getragen wird, den Antriebskräften des Lebens und der Arbeit" (Freinet 1980, 27).

Die Kinder können so ein „mächtiges Bedürfnis nach Handeln, Forschen und Schaffen" (ebd.) entfalten und umsetzen. Freinet hat die Druckerei wiederholt gegen Kritiken aus unterschiedlichen Denkrichtungen verteidigt und dabei das Profil und die Möglichkeiten der

Druckerei geschärft. Freinet wendet sich dabei gegen das Ansinnen der „extremen Linken" (ebd., 30), Schule und Pädagogik politisch einbinden zu lassen, und auch gegen Kritiker, welche die Druckerei im Sinne von vorgegebenen Sprachübungen funktionalisieren wollten (vgl. ebd., 31). Die Druckerei steht für ein verbindendes Element von SchülerInnen- und Bedürfnisorientierung auf der Grundlage einer Handlungsorientierung im sozialen Austausch.

Die Ateliers und die Druckerei können dabei stellvertretend erachtet werden für ein grundlegendes Prinzip bei Freinet, die gemeinsame Gestaltung einer motivierenden Lernumgebung, in der die Kinder sich dann selbst mit Lerngegenständen auseinandersetzen können und hierfür im kommunikativen Austausch stehen. Neben der vorbereiteten Lernumgebung, die in Lernwerkstätten ebenfalls gestaltet wird, ist die Sichtweise von Freinet auf das Kind und seine Entwicklungsprozesse wesentlich für die Lernwerkstattidee.

In der Beachtung der Rechte und Bedürfnisse der Kinder in ihrer jeweiligen Individualität steckt für Freinet die Voraussetzung für kindliche Entwicklung, die sich in Auseinandersetzung mit der Lernumgebung entfaltet. Über die Kooperation der Kinder entsteht Mitverantwortung und Kritikfähigkeit oder, wie Freinet in der Schilderung eines für ihn nicht überflüssigen Idealzustandes als Erziehungsziel fordert, „daß das Kind in einem größtmöglichen Maße zur Entfaltung seiner Persönlichkeit im Schoße einer vernünftigen Gemeinschaft gelangen kann, der es dient und die auch ihm dient" (Freinet 1998b, 492), so dass das Kind sich zu einem „würdigen und kraftvollen Menschen" (ebd.) entwickeln kann.

Zusammengefasst sind wesentliche Elemente der Pädagogik Freinets in die Lernwerkstattidee eingegangen:

- vorbereitete Lernumgebung mit Ateliers und Druckerei
- entdeckendes und forschendes Lernen im Prozess der Arbeit als Bildung
- selbsttätiges Lernen in Kooperation und Mitverantwortung

Abschließend soll ein Blick geworfen werden auf Freinets Sichtweise von Kindern mit Behinderungen im Wissen, dass sich dieser Blickwinkel aus spärlichen Aussagen von Freinet zusammensetzt. Dabei wird nicht der Versuch unternommen, die Aussagen Freinets in Bezug zu setzen zu heil- oder behindertenpädagogischen Überlegungen der Schaffenszeit Freinets. Vielmehr soll seine Sichtweise von Entwicklung und Behinderung vorgestellt werden.

Grundsätzlich vertritt Freinet bei der Sichtweise von der Entwicklung eines Menschen einen „dynamischen Gesichtspunkt" (Freinet 2000, 23). Die Entfaltung und das Wachsen des Menschen sind davon abhängig, ob „seine Umgebung die wichtigsten Bestandteile für seine Ernährung [im übertragenen Sinn. W.G.] sicherstellt, weder zu sehr verdünnt, noch zu sehr konzentriert, dazu in einer günstigen Atmosphäre im Schein lebendigen Lichtes und aufmerksamer Zuneigung" (ebd., 20). Hier vergleicht Freinet die Entwicklung eines Menschen mit einem Getreidekorn, das bessere oder schlechtere Wachstumsbedingungen vorfindet. Freinet nimmt dann Bezug auf das Vorliegen der Nichtbefriedigung von organischen Bedürfnissen, wobei unter organischen Bedürfnissen auch geistige Nahrung subsumiert ist, wie aus den weiteren Ausführungen hergeleitet werden kann, denn hier bezieht sich Freinet auf „die sozialen, philosophischen und religiösen Theorien, die an der Verdunkelung unseres Lebenswillens interessiert sind" (ebd., 21). Werden wesentliche Bedürfnisse nicht erfüllt, dann ist das Kind quasi isoliert von den Bedingungen seines Aufwachsens und

> „dann sucht das beunruhigte und verwirrte Individuum hartnäckig nach einem Mittel um seinen Schwächen entgegenzutreten, die ein betrübliches Leiden für es darstellen. Sein Körper verkümmert, seine Intelligenz nimmt ab, aber bis zum letzten Atemzug wird dieses unablässige Bemühen bestehen, das es dazu drängen wird, den unausgesprochenen, aber gebieterischen Auftrag seines Schicksals zu realisieren" (ebd., 20).

Hier verweist Freinet einerseits auf isolierende und hemmende Faktoren, die nicht im Sein des betroffenen Individuums, sondern im Verhältnis des Subjektes zur umgebenden Welt begründet ist, andererseits auf die Schicksalhaftigkeit des Daseins.

An anderer Stelle unterscheidet Freinet zwischen ‚normalen‘ und ‚sehr begabten‘ Kindern und andererseits den ‚Anormalen‘.

> „Was gerade die Anormalen charakterisiert, ist die Tatsache, daß sie unempfänglich zu sein scheinen für ihre vortastende Erfahrung [Handlungsweisen zur Erweiterung des Handlungsrepertoires. W.G.], oder daß wenigstens die Durchdringung des Wesens durch die automatischen Verhaltensweisen nur sehr langsam vor sich geht" (ebd., 63).

Eine natürliche Entwicklung nach Freinet findet also nicht hinreichend statt; die Entwicklung verläuft eingeschränkt oder zumindest verlangsamt. Dies zeigt sich auch in einem Vergleich, wenn „normale" Kinder, in Berührung kommend mit einem Tropfen Wasser als Entfaltungsmedium, zu beeindruckenden Leistungen in der Lage sind. „Bei den Retardierten fällt das Wasser auf den Fels. Erst nach mehreren Jahren erkennt man eine Spur" (ebd., 64). Die Unempfindlichkeit solcher Kinder auf Entwicklungsanregungen ist jedoch „selten so total" (ebd.). Man müsse sich auf einen mehr oder weniger verlangsamten Verlauf einstellen. „In solchen Fällen führt es zu nichts, sich über eine so langsame Reaktion aufzuregen" (ebd.), sondern man soll den Kindern Hilfe anbieten, „zahlreiche, sehr zahlreiche lebendige Erfahrungen zu machen" (ebd.). Grundsätzlich ist die Frage nach Entwicklung für Freinet nicht ausschließlich an Intelligenz gekoppelt, denn es gibt „keine reine Frage nach der Intelligenz" (ebd., 65). Gefragt werden soll Freinet zufolge nach den „Lebensnormen, die mehr oder weniger für das tastende Versuchen vorteilhaft sind. Und nach diesen Lebensnormen, mögen sie aus unserer Innenwelt oder aus der Außenwelt stammen, nach diesen Lebensnormen müssen wir handeln, wenn wir die Intelligenz entwickeln und erweitern wollen" (ebd.). Herausgelesen werden kann eine ergebnisoffene Entwicklung, die von endogenen und exogenen Faktoren abhängt.

Freinet setzt sich mit Entwicklungsverläufen unter ungünstigen Bedingungen auseinander und verwendet dabei die Begriffe „Ablenkung", „Sublimation", „Kompensation" und „Überkompensation" (ebd., 80). Eine „Ablenkung" ist eine zeitlich und vom Ausmaß begrenzte Lebensentwicklung, in deren Anschluss das Kind zu seiner bis dahin normalen Entwicklung zurückfindet. Eine „Sublimation" bewirkt eine relativ endgültige Veränderung der Lebensentwicklung, bei welcher der Mensch „seine anfängliche erfolgreiche Lebenslinie" (ebd., 81) nicht wieder findet. Dabei gilt es zu berücksichtigen, „daß diese Ablenkung nicht zwangsläufig unheilvoll sein muß" (ebd., 82), denn unter den veränderten Bedingungen kann der Mensch „vielleicht sein Schicksal viel besser realisieren, das zwar in seinen Grundzügen abgeändert ist, das aber deshalb nicht weniger kräftig und machtvoll zum Gleichgewicht und zur Harmonie sich entwickelt" (ebd.). Das Leben wird auf dieser Grundlage dauerhaft umorganisiert. Eine „Kompensation", „das wichtigste Gesetz" (ebd.) bedeutet, „*alle Energie aufzubauen, um für die Synthese des Lebens ein Maximum an Macht wiederzufinden und es verstärkt das kraftvollste Organ, dasjenige, welches am besten in die Richtung des menschlichen Schicksals wirkt*" (ebd., 83. Hervorhebung im Originaltext. W.G.). Hier bezieht sich Freinet auf Sinnes- und Körperbehinderungen und verweist darauf, dass sich bei Ausfall bestimmter Sinne und Bewegungsfunktionen andere Sinne stärker sensibilisieren. Bei einer „Überkompensation" entwickeln sich andere Sinnes- und Bewegungsleistungen in einem Maß, dass sie Aufgaben von anderen Sinnen und Bewegungsfunktionen mitübernehmen, beispielsweise ein tastendes Sehen bei Menschen ohne oder mit geringer Sehkraft (vgl. ebd., 84).

Tabelle 6: Zusammenfassende Darstellung von Entwicklungsverläufen jenseits der Normalentwicklung nach Freinet.

Ablenkung	Sublimation	Kompensation	Überkompensation
zeitlich und in der Schwere befristet	andauernde oder umfassende Beeinträchtigung	andauernde oder umfassende Beeinträchtigung	andauernde oder umfassende Beeinträchtigung
Rückkehr zur normalen Lebenslinie	keine Rückkehr zur normalen Lebenslinie; Parallelentwicklung als Adaptation	kompensatorische Übernahme von Fähigkeiten durch andere Körperteile oder Sinne	Veränderung der körperlichen und geistigen Funktionalität

Wesentlich war für Freinet dabei nicht die Klassifikation oder Platzierung, sondern die pädagogische Folgerung. Hier spricht er wieder von der „erzieherischen Kraft der Arbeit" (ebd., 88) in der Schule. So kann das Potential aller Menschen entfaltet werden, indem wir „vorangehen und die an der Hand nehmen, die nur schwer vorankommen" (ebd.). Freinet skizziert dabei ein pädagogisches Bild des Gewährens statt Vorenthaltens, das für die Gemeinschaft tragfähig sein muss. In den sozialen und schulischen Aktivitäten soll an den positiven Interessen der Kinder angeknüpft werden, um so zu nachhaltigen Ergebnissen zu kommen.

2.1.4.2 John Dewey (1859–1952)

John Dewey produzierte in seiner Schaffenszeit ein umfangreiches pädagogisches Schriftwerk, das am besten verstehbar wird auf dem Hintergrund seiner philosophischen Orientierung. Er verfasste dabei nicht nur pädagogische Texte, sondern begründete als einer der wenigen Philosophen auch eine Grundschule. Zum Verständnis von Deweys Pädagogik auf dem Hintergrund seiner Philosophie und der Bezüge zur Lernwerkstattidee wird es notwendig sein, die Reduzierung von Deweys Pädagogik auf den Slogan „learning by doing" aufzubrechen und sich seinen Ideen zur Demokratisierung der Schule und des öffentlichen

Raumes durch Partizipation auf dem Hintergrund von mit anderen gemeinsam durchgeführten Projekten zuzuwenden.

Zentral in Deweys Konzept ist der Begriff „experience", der in der deutschen Dewey-Rezeption bewusst unübersetzt bleibt (vgl. Neubert 2006, 234), als für nicht übersetzbar gehalten wird (vgl. Bohnsack 2005, 21) oder mit dem Begriff der Erfahrung unter Hinzufügung weiterer Erläuterungen wiedergegeben wird (vgl. Oelkers 2009, 142f.). „Experience" ist für Dewey ein sehr umfassender und interaktiver Begriff: „Experience occurs continuously, because the interaction of live creature and environing conditions is involved in the very process of living" (Dewey 1934, 42). Der Begriff ist schwierig zu fassen, wie schon die verschiedenen deutschen Rezeptionsansätze gezeigt haben, denn „experience" meint „nicht lediglich die rein subjektive oder ‚innere' Erfahrung einer vermeintlich unabhängig und getrennt vom Erfahrenden gegebenen ‚äußeren' Wirklichkeit" (Neubert 2006, 234). Für Dewey ist „experience" auch „nicht primär eine Angelegenheit des Wissens (knowledge)" (Oelkers 2009, 142). „Experience" bezieht sich auf die wechselseitige Durchdringung des Menschen mit den Dingen der Welt als „qualities of interactions in which both extra-organic things and organisms partake" (Dewey 1925, 198f.). „Experience" bezieht sich also erstens grundsätzlich auf das Subjekt in seinem Verhältnis zur umgebenden Welt, hat nicht nur eine kognitive Dimension, sondern auch eine Erlebnisdimension, also „immer auch affektive, emotionale und ästhetische Qualitäten" (Neubert 2006, 235). Zweitens ist „experience" kein individueller Tatbestand, der sich aus dem Verhältnis zwischen dem Individuum und der Welt ergibt, sondern geteilte und damit intersubjektive „experience" (vgl. Oelkers 2009, 143). Hieraus entwickelt sich drittens ein permanentes Handlungsfeld, denn der Erwerb von „experience" ist zu keinem Zeitpunkt abgeschlossen und neue „experience" ist die Grundlage für weitere Entwicklungen, die einem Individuum nicht solitär möglich sind: „Daß jede Erfahrung durch beständige Erneuerung der sozialen Gruppe fortdauert, ist eine buchstäbliche Tatsache" (Dewey 2010, 16). Dewey meint dabei nicht nur Reaktionen, sondern die Fähigkeit, Antworten zu geben.

Kennzeichen des Begriffs „experience" bei Dewey:

- keine Abbildung von bloßen Sinnesempfindungen
- umfasst sämtliche Beziehungen zwischen Mensch und Dingen bzw. der Umwelt
- intersubjektive Erfahrung, nicht singulär
- aktive Erfahrung auf der Zeitschiene

Nach der Herausarbeitung zentraler Elemente des „experience"-Begriffes stellt sich die Frage, wie sich Entwicklung vollzieht. Diese resultiert aus einem Spannungsverhältnis zwischen einem unproblematischen Zustand des Gleichgewichts, einem Aspekt menschlicher Stabilität, und andererseits aus einer problembehafteten, krisenartigen Situation (vgl. Neubert 2006, 235).

Demgemäß kann Erziehung im Sinne Deweys verstanden werden als *beständige Erneuerung der Erfahrung* (Suhr 1994, 58. Hervorhebung im Originaltext. W.G.). Erziehung versteht Dewey nicht als Weitergabe von Glaubenssätzen, Dogmen oder Normen, sondern als „Tätigkeiten der Umgebung, die bei den Jungen gewisse Reaktionen hervorrufen" (Dewey 2010, 27). Im Verhältnis der Auseinandersetzung des Subjekts mit Welt geht es also um die

Gestaltung der Qualität dieser Auseinandersetzung innerhalb einer sozialen Gruppe, also um eine „förderliche oder hemmende Bedingung" (ebd., 28).

Dewey verweist darauf, dass diese Methoden genauso als Erziehung wie als Dressur gebraucht werden könnten. Den Ausweg sieht Dewey im Aspekt der Demokratisierung, der Teilhabe, so dass „der einzelne zu einem Teilhaber, einem Partner in der gemeinsamen Handlung gemacht wird, so daß er den Erfolg als *seinen* Erfolg, den Mißerfolg als *seinen* Mißerfolg empfindet" (ebd., 31. Hervorhebung im Originaltext. W.G.). Hierfür bedarf es der Institution Schule, deren Aufgabe es ist, „den Schüler zur Anteilnahme an dem sozialen Zweck seiner Handlungen zu führen, ihn zu einem Teilnehmer an einer gemeinsamen Handlung zu machen" (Suhr 1994, 59). Individuelle Erfahrung vollzieht sich bei Dewey in der Auseinandersetzung des Individuums mit seiner Welt, wobei dies kein losgelöster Prozess ist, sondern auf dem Hintergrund der bis dahin gemachten Erfahrungen erfolgt und in ein gemeinsames Handeln als Teilhaber an einer sozialen Gruppe mündet.

> „Schulen, die ihre volle Wirkung entfalten sollen, brauchen mehr Gelegenheiten für gemeinschaftliche Betätigungen, an denen die Schüler beteiligt sind, damit sie ihre eigenen Kräfte, die benützten Materialien und ihre Anwendungen im sozialen Sinne verstehen lernen" (Dewey 2010, 64).

Damit gelingt es Dewey, zwei scheinbar widerstreitende Ziele zu verbinden, nämlich Unabhängigkeit und Sozialität (vgl. Bohnsack 2005, 66f.).

Prozesse des Lernens und der Erziehung nehmen ihren Ausgangspunkt in der Handlung (vgl. Dewey 1899-1901, 185; Neubert 2006, 227). Dabei versteht Dewey unter Handeln keinen blinden Aktionismus, sondern eine intelligent koordinierte, sinnvolle Handlung (vgl. Bohnsack 2005, 103), die begründet liegt in einem Problem, welches basiert „upon the presence of difficulty to be overcome by the exercise of intelligence" (Dewey 1938–1939, 53). Das Problem entsteht im Zusammenhang mit einer zu machenden Erfahrung, die von den SchülerInnen bewältigbar ist (vgl. ebd.) und zweitens so gestaltet ist, „that it arouses in the learner an active quest for information and for production of new ideas" (ebd.).

Die daraus resultierende Aufgabenstellung ist weder willkürlich noch individuell, sondern „eine gemeinsam mit anderen ausgeführte Tätigkeit" (Neubert 2006, 227). Eine Verknüpfung von praktischen und intellektuellen Tätigkeiten ist intendiert als „balance between the intellectual and the practical phases of experience" (Dewey 1899–1901, 92). Die dabei resultierenden Schritte hat Dewey in früheren Schriften als „occupations" und später mit Projekt bezeichnet (vgl. ebd., 228). Die SchülerInnen setzen sich mit Hilfe von experimentellen, wissenschaftlichen Vorgehensweisen mit ihren Aufgabenstellungen auseinander und modifizieren dabei kontinuierlich ihren Erfahrungsschatz. Dies bezeichnet Dewey als „growth, or growing as developing, not only physically but intellectually and morally" (Dewey 1938–1939, 19). Durch die Verwiesenheit des Einzelnen auf die Gruppe, die an einem Projekt arbeitet, soll sich die „soziale Atmosphäre" (Neubert 2006, 229) der Schule verbessern.

> „Das Ziel dabei war, Kinder in kooperative Lebensformen und gegenseitige Unterstützung einzuüben, ihnen bewusst zu machen, dass sie aufeinander angewiesen sind, und ihnen dabei zu helfen, die entsprechenden Handlungsformen zu finden" (Bohnsack 2005, 95).

Dewey unterscheidet dabei zwischen „help" und „charity". „Helping others, instead of being a form of charity which impoverishes the recipient, is simply an aid in setting free the powers and furthering the impulse of the one helped" (Dewey 1899–1901, 11). Gemeinsame Projekte führen bei Dewey nicht zu einer gleichschrittigen Bearbeitung eines für alle gleichen Themas mit für alle gleichen Anforderungen, sondern zu einer „Individualisierung der Lernprozesse" (Bohnsack 2005, 96).

Deweys „experience"-Begriff ist an Realsituationen angebunden. 1896 eröffnete Dewey die von ihm geleitete „Laboratory School" in der „experimentierfreudigen Atmosphäre der neu gegründeten Chicagoer Universität" (Neubert 2006, 223). Das Projekt, das als „Dewey-School" schnell bekannt wurde und als eine der ersten reformpädagogischen Versuchsschulen gilt, dauerte bis 1904. Aufgrund der Zusammensetzung der SchülerInnenschaft mit Kindern der Chicagoer Mittel- und Bildungsschicht war Dewey nicht gezwungen, „sich praktisch stärker mit den Lernproblemen von Kindern unterschiedlicher sozialer Herkunft oder Benachteiligten zu befassen und die Idee der sozialen Koedukation durch gezielte Aufnahme von sozial schwachen und farbigen Kindern in die Praxis umzusetzen" (Bohnsack 2005, 77).

Es konnte herausgearbeitet werden, dass Dewey ein Verständnis von Lernen und Entwicklung vertrat, das in konstruktiver Auseinandersetzung des Subjektes mit einer vorgefundenen Welt gründet, damit sich selbst und die Welt verändert und in Form von Teilhabe an der sozialen Gruppe realisiert wird. Als Methode schlägt Dewey „inquiry" vor, also Untersuchung oder Erforschung von etwas Problembehaftetem, so dass „the dubious or problematic situation becomes a problem" (Dewey 1929, 178). Im Versuch der Umgehung der Leib-Seele-Problematik geht es dabei nicht primär um richtige Lösungen an sich im Sinne des Kant'schen Dinges an sich, sondern um daraus resultierende neue Lernanlässe. „Inquiry" ist also keine didaktische Methode, sondern eine Form sukzessiven Problemlösens, denn „inquiry is a set of operations in which problematic situations are disposed of or settled" (ebd., 183).

Damit wird ein Verständnis von Lernwerkstattarbeit vorbereitet, das nicht in der Konstruktion einer bereits vorher definierten Lösung in der Auseinandersetzung mit einem Lerngegenstand mündet. Der Lerngegenstand existiert als Gegenstand der Auseinandersetzung von Lernenden mit diesem Gegenstand nicht unabhängig von den Lernenden. Die Frage nach der Sache wird hier untrennbar mit den Subjekten der sich mit der Sache auseinandersetzenden Personen verknüpft.

2.1.4.3 Maria Montessori (1870–1952)

Die Bezugnahme auf Maria Montessori in dieser Arbeit erfolgt aus mehreren Gründen. Eine vorbereitete Lernumgebung aus Montessori-Materialien erscheint als Prototyp einer Lernwerkstatt und in vielen Lernwerkstätten sind Montessori-Materialien vorhanden. Dennoch ist durch die Präsenz von Montessori-Material der Bezug der Pädagogik Montessoris zur Lernwerkstattidee und zu Lernwerkstätten noch nicht hinreichend geklärt. Deshalb wird es nötig sein, sich mit einigen wesentlichen Begriffen Montessoris auseinanderzusetzen und zu überprüfen, inwieweit das Verständnis von Lernen und Entwicklung bei Montessori sich in der Lernwerkstattidee auffinden lässt. Darüber hinaus hat Maria Montessori viele ihrer Materialien in der Arbeit mit Kindern mit Behinderungen entwickelt, und so erfährt die

Bezugnahme auf Montessori neben den Fragestellungen nach Kompatibilität von Lernwerkstattarbeit und inklusiver Didaktik eine zusätzliche Begründung.

Eine vorbereitete Lernumgebung aus Montessori-Materialien ist eines der bekanntesten materialgeleiteten Angebote für Kinder ohne und mit sonderpädagogischem Förderbedarf. Der didaktische Wert erschließt sich dabei aus der Qualität der Materialien. Die Fokussierung auf den didaktischen Aspekt verkürzt wiederum das Anliegen der Montessori-Pädagogik. Auch zur Beurteilung der Frage nach der Einsetzbarkeit von Montessori-Materialien im Sinne einer Lernwerkstattarbeit reicht die Berücksichtigung didaktischer Überlegungen nicht aus. Deshalb werden hier einige wesentliche Aspekte der Pädagogik von Maria Montessori herausgearbeitet, die nötig sind, um eine Vergleichbarkeit des Montessori-Konzepts mit der Idee der Lernwerkstatt vornehmen zu können.

Der Begriff der „Umgebung" wird von Montessori an unterschiedlichen Stellen mit nicht immer identischem Inhalt verwendet (vgl. Montessori 1987, 53; 1989, 135; 1990, 48), wobei einerseits zu beachten ist, dass es sich in der vorliegenden Arbeit nicht um eine begriffsgeschichtliche oder Untersuchung der Begriffskonsistenz der Schriften von Maria Montessori handelt, sondern wesentliche Bezugspunkte zum Lernwerkstattkonzept herausgearbeitet werden sollen, und anderseits, dass „Montessori primär eine geniale Praktikerin gewesen [ist W.G.] und nicht so sehr eine systematische Theoretikerin" (Oswald/Schulz-Benesch 1987, V). Viele ihrer Veröffentlichungen sind aus Vortragsmitschriften entstanden und manche der Werke Montessoris bestehen aus verschiedenen historischen Schichten bzw. Entstehungszeitpunkten (vgl. ebd., VI).

Der Begriff der „Umgebung" kann unterschieden werden in einem engeren Sinne als vorbereitete Lernumgebung mit einer didaktischen Absicht, bestehend aus den klassischen Montessori-Materialien. Dies dürfte der am meisten tradierte Bereich der Montessori-Pädagogik sein, der auf den ersten Blick die größten Bezugspunkte zum Lernwerkstattkonzept aufweist. Dabei handelt es sich im Wesentlichen um fünf Bereiche:

- Sinnesmaterial
- Übungen des praktischen Lebens
- Sprachmaterial
- Mathematikmaterial
- kosmisches Material

Weiter gefasst wird „Umgebung" verstanden im Sinne eines umfassenden Raumkonzeptes. Diese Räumlichkeiten „müssen besonderen Anforderungen entsprechen" (Montessori 1989, 136). Dabei fokussiert Montessori nicht primär die Gegebenheiten einer „physischen Hygiene" (ebd.), wie sie sich beispielsweise ergeben aus Überlegungen zur Raumluft, zu hygienischen Anforderungen und zu den Lichtverhältnissen. Davon setzt Montessori den Begriff der „psychischen Hygiene" (ebd.) ab und meint damit an erster Stelle „Bewegungsfreiheit" (ebd., 137) im Klassenzimmer. Das Kind soll die Möglichkeit haben, „sich frei zwischen den Möbeln zu bewegen" (ebd.). Die drangvolle Enge in manchen Klassenzimmern der Gegenwart kontrastiert diese frühe Forderung. Dabei ging es ihr nicht nur um die Bewegungsfreiheit in einem Klassenraum, sondern auch um das psychische Wohlbefinden darin.

„Uns allen gibt ein Raum, der zu seiner größeren Hälfte leer ist, ein Gefühl der Er-
leichterung; er scheint uns die erbauliche Möglichkeit zu vermitteln, daß wir uns
‚bewegen können'. Dieses Gefühl des Wohlseins reicht tiefer als jenes andere Wohl-
sein in einem durchschnittlichen, vollgestopften Zimmer, das uns zu erlauben
scheint, ‚atmen zu können'" (ebd.).

In einem weitergehenden Schritt erhält die Gestaltung des Raumes pädagogische Qualitäten. Maria Montessori ließ eine Schuleinrichtung herstellen, die sich an den Proportio-
nen des Kindes orientierte und „die seinem Bedürfnis zum verständigen Handeln ent-
sprach" (Montessori 1987, 54). Es soll eine Umgebung bereitgestellt werden, in der sich das
Kind entfalten kann. „Man muß *die Umgebung des Kindes so anpassen*, daß es darin alle
Elemente findet, die für die Abschnitte seiner Entwicklung notwendig sind und wo es ver-
weilen und die erforderliche Hilfe finden kann" (Montessori 1990, 50. Hervorhebung im
Originaltext. W.G.). Maria Montessori entwickelte schon sehr früh ein Verständnis von
Lernumgebung, das über die Bereitstellung von didaktischen Materialien hinausging und
ein Raumkonzept insgesamt konzipierte, wie es in aktuellen Überlegungen zum Thema „der
Raum ist der dritte Pädagoge" (Kahl 2009, 53) aufgegriffen wird.

Zur Beurteilung der Bezugspunkte von Lernwerkstätten und der Pädagogik von Maria
Montessori müssen neben den Ausführungen zur Lernumgebung weitere wesentliche Aspekte der Montessori-Pädagogik betrachtet werden, da die Überlegungen zur Lernumgebung zu wenig aussagekräftig über das Verständnis von Lernen und Entwicklung der italie-
nischen Kinderärztin sind.

Eine wesentliche Entdeckung für ihre Pädagogik machte Montessori in ihrer Zeit im
Kinderheim San Lorenzo. Diese Beobachtung ereignete sich also nach ihrer Arbeit mit behinderten Kindern, während der sie die Arbeitsmethoden und Materialien von Édouard
Séguin (1812–1880) und Jean Itard (1774–1838) kennen lernte und einsetzte bzw. modifi-
zierte (vgl. Montessori 1928a, 71; 1928b, 34). Die Beobachtung in San Lorenzo bezieht sich
auf das konzentrierte Arbeiten eines Kindes und wird von Montessori auf unterschiedliche
Weise an verschiedenen Stellen beschrieben (vgl. u.a. Montessori 1990, 57; 1998, 124).

Konzentrierte Tätigkeit ist für Montessori der Weg zur „Normalisation" (Montessori
1990, 31), über den sich das Kind realisiert. Das ist für Montessori die „wahre neue Erziehung" (Montessori 1998, 116), deren Ziel die „Befreiung des Kindes" (ebd.) ist. Montessoris
Verständnis von Normalisation ist nicht gleichzusetzen mit dem Normalisierungsbegriff,
der in der Sonderpädagogik in den 1950er-Jahren von Bank-Mikkelsen entwickelt wurde.

Die Begriffe Normalisation, neue Erziehung und Befreiung des Kindes nach Montessori
benötigen einen Gegenpart, denn von wo aus soll normalisiert werden, was ist die alte Erziehung und wovon soll das Kind befreit werden? Die Notwendigkeit der Normalisation im
Sinne von Montessori entsteht aus der Situation der Deviation. Montessori geht von zwei
verschiedenen „Naturen" aus, „die wirklich normale, die jedoch noch unbekannt war, und
jene deviate, die von allen bisher für normal gehalten wurde" (Montessori 1990, 31). Demgemäß benötigt das Kind eine neue Erziehung, damit sich dieses noch unbekannte, norma-
lisierte Kind entwickeln kann.

Dabei setzt Montessori nicht an den Ausprägungen eines deviaten Kindes an, für die sie
beispielhaft die Begriffe „Launenhaftigkeit, Flatterhaftigkeit, Angst, Depression und Nörge-
lei" verwendet (ebd., 33). „Die einen wie die anderen dieser Charakterzüge verschwanden

allesamt, ohne daß man sich mit dem einen oder anderen direkt befaßt hätte" (ebd.). Der Ausweg liegt für Montessori in der vorbereiteten Umgebung, in der das Kind die Möglichkeit zu einem hochkonzentrierten Tätigsein bekommt oder wie es Böhm formuliert: „Die Normalisierung setzt am didaktischen Material ein" (Böhm 1991, 145).

Für eine neue Erziehung muss dem Kind eine Umgebung bereitgestellt werden, „die das Wachstum des Kindes begünstigt, indem sie alle Hindernisse auf ein Mindestmaß reduziert" (Montessori 1998, 116). Dies realisiert sich im Aspekt der Befreiung. Befreit werden soll das Kind vom „Konflikt zwischen Kindern und Erwachsenen" (ebd., 187) bzw. vom „Kampf zwischen Erwachsenen und Kind" (Montessori 1990, 39), der sich über das Leben im Gefolge der Zivilisation ausbreitet, denn allmählich „hat die Zivilisation dem Kind seinen sozialen Lebensbereich entzogen" (Montessori 1998, 193). Diese fehlende Umgebung, die fehlenden Entfaltungsmöglichkeiten führen nach Montessori dazu, dass Tätigkeiten, die aus Kindersicht subjektiv sinnvoll sind, zu störenden Handlungen in der Erwachsenenwelt transferiert werden, indem die Erwachsenen, die Bedürfnisse der Kinder verkennend, „ihnen jede Bewegung, jeden Versuch, selbst in der Welt Erfahrungen zu sammeln (durch Berührung von Gegenständen usw.) zu verwehren suchen" (Montessori 1997, 102f.).

Die Befreiung des Kindes besteht in einer Bereitstellung einer kindspezifischen Umwelt, die nicht primär nach Erwachsenenbedürfnissen konzipiert ist und die den Kindern Möglichkeiten der freien Entfaltung gibt. Die vorbereitete Umgebung wird so zum Entfaltungsmittel des Kindes, und zwar einerseits um konzentriert arbeiten zu können oder andererseits im Sinne der Normalisation zur konzentrierten Tätigkeit zurückkehren zu können.

Wenn sich das Kind anhand der vorbereiteten Umgebung entwickelt, was ist dann die Grundlage der Entwicklung von Persönlichkeit oder des Aufbaus von Persönlichkeit, eine von Montessori bevorzugtere Begriffsverwendung (vgl. Helming 1992, 18)? Montessori versteht Entwicklung nicht als passiven Prozess des Aufnehmens. Vielmehr sei das Kind „der Baumeister des Menschen" (Montessori 1973, 13), die Errungenschaften der Kindheit seien demnach „eine Eroberung des Kindes" (ebd.). Montessori betont die Eigenaktivität, macht aber noch keine Aussagen über Kriterien. Die Art des Kindes zu lernen „kann indes vom Erwachsenen nicht schrittweise geleitet werden, denn nicht er, sondern die Natur bestimmt hier das richtige Verhalten je nach dem Alter des Kindes" (Montessori 1928a, 18). Was aber ist die Natur? Montessori versteht darunter eine Art inneren Bauplan im Sinne von „immanenten Gesetzlichkeiten" (Böhm 1991, 124), die menschliche Entwicklung bedingen. Montessori spricht hier von „geheimnisvollen Kräften" (Montessori 1928b, 99), welche die Entwicklung des Kindes begründen. Die psychische Entwicklung der Persönlichkeit folgt einem fundamentalen Aufbau, denn „es bildet sich aufgrund festliegender Entwürfe ein psychischer Organismus" (Montessori 1973, 169). Umweltfaktoren spielen dabei eine unwesentliche Rolle: „Die Umwelt ist ohne Zweifel ein nachgeordneter Faktor für die Erscheinungen des Lebens" (ebd.). Die Umwelt kann förderliche oder hinderliche Bedingungen abgeben. Somit wird die Individualität des Kindes „letztlich biologisch begründet" (Oelkers 2005, 121).

Dies ist auch die Begründung dafür, warum Kinder mit den Montessori-Materialien nur in der von ihr vorgedachten Art und Weise umgehen sollen. „Denn ist das Material die Spur der geistigen Entwicklung des Kindes, dann verläßt das Kind diese Spur in dem Augenblick, wo es mit dem Material falsch verfährt" (Böhm 1991, 146). Hier zeigt sich ein deutlicher

Unterschied zu Lernwerkstattkonzepten, in denen die Kinder und Jugendlichen durchaus zum freien Explorieren angehalten werden, der Schwerpunkt also auf Bedingungen der Konstruktion und nicht der Instruktion gelegt wird.

Der Umgang mit Montessori-Materialien soll den Kindern eine Möglichkeit anbieten, „sich zu bewegen und herauszubilden wie ein Mensch. Der Nutzen dieser Übungen liegt nicht in der Bewegung selbst, sondern in einem starken Koeffizienten der komplexen Bildung seiner Persönlichkeit" (Montessori 1989, 144). Aspekte dabei sind die Entwicklung der „sozialen Gefühle in den Beziehungen" (ebd.), die die Kinder in der freien Aktivität knüpfen können, und „das Gefühl der Würde" (ebd.), das aus der Beherrschung der Aktivitäten rührt.

Das Kind gelangt zu „gewonnenen Erwerbungen", die „nicht nur eine ‚Ursache für den inneren Aufbau', sondern auch eine Antriebskraft für den Fortschritt" sind (ebd., 185). Es geht nicht um die Gegenstände an sich, sondern um die jeweiligen Eigenschaften der Gegenstände. Montessori bezeichnet dies als „materialisierte Abstraktion" (Montessori 1987, 197).

Wesentlich für Lernwerkstattkonzepte in der Pädagogik Maria Montessoris ist nicht die eher medizinisch orientierte Sichtweise von Montessori auf Entwicklung, sondern die vorbereitete Umgebung in ihrem Doppelcharakter als didaktisches Material und den Bedürfnissen des Kindes angepasster Raum. Den didaktischen Materialschöpfungen kommt dabei ein eher instruktiver als konstruktiver Charakter zu, wenngleich Montessori immer wieder die Eigenaktivität der Kinder im Zusammenhang ihrer weiteren Entwicklung betont.

2.1.4.4 Wesentliche Elemente der pädagogischen Ansätze von Freinet, Dewey und Montessori in ihrer Bedeutung für Lernwerkstattarbeit

Damit liegen wesentliche Ergebnisse aus den pädagogisch-didaktischen Ansätzen von Freinet, Dewey und Montessori vor, die für Lernwerkstattarbeit konstitutiv sind. Diese werden an dieser Stelle in Bezug auf Lernwerkstattarbeit kurz zusammengefasst. Schule und Unterricht werden von Freinet interpretiert als Bildungsangebote und nicht als Ort des Erwerbs von operationalisierbarem Wissen.

Dies korreliert mit der heutigen Forderung nach selbstbestimmtem Lernen (vgl. Verbund europäischer Lernwerkstätten VeLW 2009, 7), das nicht aus einem Nachvollziehen vorgegebener Routinen besteht. Montessori hat die Bedeutung der Eigenaktivität deutlich formuliert (vgl. Montessori 1973, 13). Hieraus entwickelt sich eine Orientierung der Lernangebote an den Interessen der SchülerInnen (vgl. Freinet 1980, 25). „Sie lernen und üben Fragen zu stellen und ihr eigenes Lernen zu beobachten" (Verbund europäischer Lernwerkstätten VeLW 2009, 7).

Dabei wird Lernen als sozialer Prozess gesehen, der in situativen Kontexten stattfindet (vgl. ebd., 6). Freinet hat in diesem Zusammenhang auf die Aspekte Kooperation und Mitverantwortung und auf die hieraus sich ermöglichende Kritikfähigkeit verwiesen (vgl. Freinet 1998b, 492). Auch Dewey verweist auf die soziale Gruppe (vgl. Dewey 2010, 64) und die daraus entstehende Demokratisierung und Teilhabe (vgl. ebd., 31).

Dazu bedarf es weiterer SchülerInnen und einer Lernumgebung im Sinne von „gestalteten Räumen" (Verbund europäischer Lernwerkstätten VeLW 2009, 9). Montessori verweist ebenfalls auf die Bedeutung des Raumes (vgl. Montessori 1989, 137). In Tab. 7 sind zentrale Ergebnisse zusammengefasst; eine detaillierte Darstellung wird im Abschnitt 2.4 formuliert, in welchem Elemente einer inklusiven Didaktik neu komponiert werden.

Tabelle 7: Zusammenfassung wesentlicher Elemente der pädagogischen Ansätze von Freinet, Dewey und Montessori in ihrer Bedeutung für Lernwerkstattarbeit.

Freinet	Schule als Bildungsstätte und nicht als Ort der Wissensvermittlung
	SchülerInnenorientierung
	Gestaltete Lernumgebung
	Kooperation – Mitverantwortung – Kritikfähigkeit
Dewey	Qualität der Auseinandersetzung mit einem Bildungsgegenstand innerhalb einer sozialen Gruppe
	Teilhabe an einer sozialen Gruppe
	Verknüpfung von Sache und Subjekt
Montessori	Vorbereitete Lernumgebung
	Aspekt der Eigenaktivität

2.2 Gemeinsamer Unterricht aus Sicht der UN-Behinderten-rechtskonvention und bei Wolfgang Klafki

2.2.1 Die UN-Behindertenrechtskonvention und gemeinsamer Unterricht

Die Vereinten Nationen haben mit der „Convention on the Rights of Persons with Disabi-lities" (United Nations 2006) einen vorläufigen Schlusspunkt von internationalen Bestre-bungen mit dem Ziel einer gesellschaftlichen Eingliederung und Teilhabe von Menschen mit Behinderungen gesetzt. Ausgangspunkt ist die „Anerkennung der Würde und des Wer-tes, die allen Mitgliedern der menschlichen Gesellschaft innewohnen" (Bundesgesetzblatt 2008, 1420). Die Nichtverwendung der Begrifflichkeit „Menschen mit Behinderung" in die-ser allgemeinen Zielsetzung weist auf die Allgemeingültigkeit und Unteilbarkeit von Men-schenrechten und Grundfreiheiten hin. Erst danach erfolgt der Hinweis, „dass Menschen mit Behinderungen der volle Genuss dieser Rechte und Freiheiten ohne Diskriminierung garantiert werden muss" (ebd.). Bezugspunkt sind die verschiedenen Gesellschaftsbereiche, mit denen ein Mensch über die Lebensspanne in Kontakt tritt.

Obwohl im Titel des Übereinkommens die „Rechte von Menschen mit Behinderungen" formuliert sind, müssen auch die Auswirkungen auf Menschen ohne Behinderung in zwei-facher Hinsicht mitbetrachtet werden: Einerseits geht es um die Differenzlinie Menschen mit Behinderungen und Menschen ohne Behinderungen, andererseits aber auch um Kon-sequenzen für Menschen ohne Behinderung. „Dieser Wechsel in der Einstellung zu Behin-derung kommt nicht nur den Betroffenen zugute, sondern zugleich der Gesamtgesellschaft" (Bielefeldt 2009, 8), denn der Ausgangspunkt der Konvention ist ein allgemeines Bewusst-sein der Menschenwürde, das für alle Menschen mit Rechten verbunden ist. Dabei bleibt das Übereinkommen nicht bei der Feststellung von Rechten stehen, sondern fordert eine gesamtgesellschaftliche Bewusstseinsbildung.

Die Sichtweise von Behinderung ist nicht mehr individuumszentriert und damit defizitorientiert, sondern als gesellschaftlich konstruiert akzentuiert. Behinderung wird im Sinne des Diversity-Ansatzes – wie schon in den „Guidelines for Inclusion" (UNESCO 2005) – nicht als wesentliches Persönlichkeitsmerkmal und damit negativ konnotiert betrachtet, sondern als normale Variante oder normaler Bestandteil von Menschen in der Gesellschaft. Hieraus ergibt sich die Forderung nach Eingliederung und Teilhabe von Menschen mit Behinderung in und an der Gesellschaft. Die Kraft der Übereinkunft liegt einerseits in der Absicherung der Rechte von Menschen mit Behinderungen und darüber hinaus in ihrer Bedeutung für die Gesellschaft insgesamt. Indem die Konvention

> „Menschen mit Behinderungen davon befreit, sich selbst als ‚defizitär' sehen zu müssen, befreit sie zugleich die Gesellschaft von einer falsch verstandenen Gesundheitsfixierung, durch die all diejenigen an den Rand gedrängt werden, die den durch Werbewirtschaft und Biopolitik vorangetriebenen Imperativen von Fitness, Jugendlichkeit und permanenter Leistungsfähigkeit nicht Genüge tun" (Bielefeldt 2009, 43).

Dieser Aspekt der Bedeutung der Konvention für Menschen ohne Behinderung könnte auch im Bildungswesen von herausragender Bedeutung sein.

Mit der Anerkennung des „Übereinkommen über die Rechte von Menschen mit Behinderungen" (Bundesgesetzblatt 2008) durch Bund und Länder sind auch Konsequenzen für das Bildungswesen verknüpft, denn das Gesetz hat auch Gültigkeit für die Länder – trotz deren Bildungshoheit. Im Art. 24 wird ein „integratives Bildungssystem auf allen Ebenen" gewährleistet (Bundesgesetzblatt 2008, 1436). Dabei wurden die Begriffe „inclusion" und „inclusive" des englischsprachigen Originaltextes in der deutschen Fassung mit „Integration" und „integrativ" übersetzt.

Im Artikel 24 des „Übereinkommens über die Rechte von Menschen mit Behinderungen" wird der „Zugang zu einem integrativen, hochwertigen und unentgeltlichen Unterricht an Grundschulen und weiterführenden Schulen" festgelegt (Bundesgesetzblatt 2008, 1437). Wesentlich an einer integrativen Schule ist die gemeinsame Erziehung und Bildung von Kindern und Jugendlichen mit und ohne Behinderung. Damit wird ein gemeinsamer Unterricht zum Kernbestandteil einer sich als integrativ verstehenden Schule. Entgegen der legislativen Verwendung wurden die Begriffe „integrativ" und „Integration" in den letzten Jahren in der wissenschaftlichen Literatur und auch in den Konzepten der Bundesländer von den Begriffen „inklusiv" und „Inklusion" abgelöst. Eine Etablierung der Verwendung des Inklusionsbegriffes scheint sich in den letzten Jahren durchgesetzt zu haben (vgl. Ziemen/Langner 2010, 247).

Das Bundesland Bayern hat beispielsweise sein Konzept sonderpädagogischer Förderung von „Integration durch Kooperation" umbenannt in „Inklusion durch Kooperation"; zum Schuljahr 2011/12 wurden die ersten 37 Schulen ausgewählt, die über ein „inklusives Profil" verfügen. „Diese Schulen sind Regelschulen, die sich besonders der Inklusion von Menschen mit Behinderung verpflichten und zu Motoren für ein neues Miteinander von jungen Menschen mit und ohne Behinderung werden sollen" (Spaenle 2011, o.S.). Das Bayerische Erziehungs- und Unterrichtsgesetz erfährt zum Schuljahr 2011/12 eine Änderung, „dessen zentraler Inhalt die Umsetzung des Art. 24 UN-BRK in Bayern darstellt" (Weigl/Baier 2011, 20). Darin wird die Vielfalt der bayerischen Bildungslandschaft herausgestellt, besonders in Bezug auf die SchülerInnenschaft der Förderschwerpunkte Lernen, Sprache und emotionale und soziale Entwicklung. Vielfalt meint Angebote an der Regelschule und an Förderschulen bzw. Sonderpädagogischen Förderzentren (SFZ).

Inklusive Schulen benötigen neben administrativen, organisatorischen, stellenpolitischen Veränderungen ein Konzept für einen gemeinsamen Unterricht von Kindern und Jugendlichen mit und ohne sonderpädagogischem Förderbedarf, das über die gemeinsame Beschulung an einem Ort, also unter einem Dach, aber weiter mit Maßnahmen einer äußeren Differenzierung hinausgeht.

Gemeinsamer Unterricht von Kindern und Jugendlichen mit und ohne Behinderung gründet in der Anerkenntnis der Heterogenität von Lerngruppen. Das gegliederte Schulwesen kann als Versuch gelten, vermeintlich homogene Gruppen zu erzeugen. Dies wurde und wird mit verschiedenen Maßnahmen der Platzierung von Kindern und Jugendlichen in bestimmte Formen des mehrgliedrigen Schulsystems unternommen. Mit Blick auf Bildungsabschlüsse kann von fünf Bereichen gesprochen werden: Förderschwerpunkt geistige Entwicklung, Förderschwerpunkt Lernen, Mittelschule, Realschule, Gymnasium. Maßnahmen der Wiederholung von Schuljahren oder der verspäteten Einschulung können ebenso dem Versuch der Homogenisierung dienen. Doch auch diese vermeintlich homogenen Gruppen unterliegen dem Merkmal der Heterogenität in der Zusammensetzung.

Es ergibt sich die Fragestellung, wie Erziehung und Bildung auf der Basis der Anerkenntnis von Heterogenität bzw. Diversität für diese Kinder und Jugendlichen realisiert wird. Hierfür bedarf es einer didaktischen Grundlage, auf der es gelingt, den Aspekten von Heterogenität bzw. Diversität zu begegnen. Somit stellen sich zwei Fragen, einerseits die Frage nach Individualisierung und Differenzierung der Lernangebote im Rahmen jeweils individuell zugeschnittener Curricula. Als komplementärer Gegenpol stellt sich andererseits die Frage nach der Gemeinsamkeit in der Erziehung und Bildung im Sinne gemeinsamer oder gemeinsamkeitsstiftender Aktivitäten. Beide Pole stehen in einer dialektischen Abhängigkeit, denn keiner alleine kann der Realisierung eines gemeinsamen Unterrichts gerecht werden. „Da der Erziehungsauftrag von Schule nur in der *faktischen* Interaktion von Schülern unterschiedlicher Lernvoraussetzungen realisierbar ist, müssen beträchtliche gemeinsame Lernzeiten arrangiert werden" (Arnold 2006, 45. Hervorhebung im Originaltext. W.G.). Eine ausschließliche Orientierung an individuellen Curricula kann den Erziehungs- und Bildungsauftrag eines gemeinsamen Unterrichts nicht erfüllen. Der Spannungsbogen zwischen Individualisierung/Differenzierung und Gemeinsamkeit entwickelt sich aus potentiell gegenläufigen Aufgaben eines schulischen Erziehungs- und Bildungssystems. Einerseits wirkt ein Leistungsprinzip, das selektierend wirken kann. Andererseits gilt ein Förderprinzip „zumal dann, wenn Schülern mit geringeren kognitiven und sozialen Leistungsmöglichkeiten Chancengerechtigkeit zugesagt werden soll" (Ahrbeck/Bleidick/Schuck 1997, 741) und dies in einer nicht segregierten, heterogenen Gruppe.

Die Fragen nach Individualisierung und Differenzierung einerseits und nach Gemeinsamkeit andererseits sind zu stellen sowohl an die Allgemeine Didaktik und den daraus resultierenden Realisierungsmöglichkeiten als auch an die Heil-, Behinderten- bzw. Sonderpädagogik.

2.2.2 Die bildungstheoretische kritisch-konstruktive Didaktik von Wolfgang Klafki und gemeinsamer Unterricht

Wolfgang Klafki (1927–2016) setzt sich in seinem Konzept einer Allgemeinen Didaktik mit Fragen nach Differenzierung und Heterogenität auseinander. Aus diesem Grund folgt die Herausarbeitung wesentlicher Punkte seiner Didaktik, die Fragestellungen nach Differenzierung und Heterogenität betreffend. Zentraler Punkt seiner bildungstheoretischen kritisch-konstruktiven Didaktik ist der Begriff der Bildung als „zentrale, orientierende Kategorie" (Gudjons 2006, 231). Klafki bezieht sich hierbei auf den Bildungsbegriff der deutschen Klassik und verweist auf die gesellschaftskritische Relevanz dieses Bildungsbegriffes, der „nicht im mindesten eine Kategorie [darstellt W.G.], der die Leitvorstellung bloßer Anpassung des jungen Menschen an die gegebenen Verhältnisse immanent gewesen wäre" (Klafki 2007, 252). Heutige Aufgabe ist es nach Klafki „dieses ursprünglich vorhandene, kritische Moment wieder herauszuarbeiten und es – weiter entwickelt – auf die historisch veränderten Verhältnisse der Gegenwart und auf Entwicklungsmöglichkeiten in die Zukunft hinein zu beziehen" (ebd.).

Klafki strebt nicht fertige Lösungen für Schlüsselprobleme an, sondern die Auseinandersetzung mit verschiedenen Lösungswegen, die zu unterschiedlichen Antworten kommen, welche „durch unterschiedliche ökonomisch-gesellschaftlich-politische Interessen und Positionen oder durch klassen-, schichten- oder generationsspezifische Sozialisationsschicksale und Wertorientierungen oder durch höchst individuelle weltanschauliche Grundentscheidungen bedingt sein können" (ebd., 61). Damit wird die Möglichkeit einer jeweils subjektiven oder eigenen Reflexion in der Interaktion eröffnet, die argumentations- und auseinandersetzungsfähig ist auf der Basis der Erkenntnis der gesellschaftlichen Gewordenheit.

Es lassen sich zentrale Zielbereiche herausarbeiten, die Unterricht konstituieren. Die SchülerInnen sollen im Sinne kategorialer Bildung die Möglichkeit erhalten, Fähigkeiten zur Selbstbestimmung und zur Solidarität zu entwickeln und diese in Mitbestimmungsfähigkeit zum Ausdruck zu bringen. Dies vollzieht sich im Unterricht in einem Interaktionsprozess zwischen Lehrenden und Lernenden oder auch zwischen Lernenden. Der Unterricht soll entdeckendes Lernen ermöglichen, bei dem reproduktive Anteile eingeschlossen sind. Dabei soll den SchülerInnen ein zunehmendes Selbst- und Mitbestimmungsrecht eingeräumt werden, das in offenen oder schülerInnenorientierten Phasen seinen Ausdruck finden kann. In diesem Zusammenhang ist darauf hinzuweisen, dass

> „*Unterricht* immer auch *ein sozialer Prozeß* ist: In ihn gehen – vermittelt über die mitgebrachten Biographien der Lehrer und der Schüler, die immer individuelle Biographien unter spezifischen sozialen Verhältnissen sind – unterschiedliche soziale Wahrnehmungen, Vorurteile, Handlungsweisen und Einstellungen ein, werden verstärkt oder unterdrückt oder verändert, führen zu Konflikten und Störungen,

> Kontakten oder Kompromissen, Übertragungen oder Abwehrreaktionen" (Klafki
> 1981, 15. Hervorhebung im Originaltext. W.G.).

Intendiert sind damit eine Demokratisierung von Schule und der Einbezug von individueller Subjekthaftigkeit in das didaktische Gefüge.

Klafki hat seinen Ansatz in Auseinandersetzung mit anderen didaktischen Theorien und in der Kenntnisnahme der Kritik an seinem eigenen Ansatz weiterentwickelt. Wesentlich dabei ist das Begriffspaar „kritisch-konstruktiv". Unter kritisch versteht Klafki einen doppelten Aspekt, nämlich einerseits die zunehmende Ermöglichung eines individuellen Emanzipationsprozesses innerhalb einer Solidargemeinschaft in Bildungsinstitutionen, die andererseits diesem Zwecke nicht immer entsprechen.

> „Didaktik muß daher einerseits die Erscheinungsweisen von und die Gründe für
> Hemmnisse, die dem Lehren und Lernen im Sinne der Entwicklung von Selbstbe-
> stimmungs-, Mitbestimmungs- und Solidaritätsfähigkeit entgegenstehen, untersu-
> chen und andererseits Möglichkeiten, solche Lehr- und Lernprozesse zu verwirkli-
> chen, ermitteln, entwerfen und erproben" (Klafki 2007, 90).

Konstruktiv bezieht sich auf einen Theorie-Praxis-Bezug, der auf Veränderung und Weiterentwicklung ausgerichtet ist. „Die kritisch-konstruktive Didaktik versteht sich als ein Programm zur Demokratisierung von Bildung, Schule und Gesellschaft" (Meyer/Meyer 2007, 95).

Die bildungstheoretische kritisch-konstruktive Didaktik kennt erst einmal keine personalen Einschränkungen hinsichtlich des Adressatenkreises auf Seiten der SchülerInnenschaft. Insofern kann diese als allgemeine bezeichnet werden. Klafkis „Grundzüge eines zeitgemäßen und zukunftsoffenen Bildungsbegriffs" (Klafki 2007, 49) beziehen sich auf sämtliche Handlungsfelder in pädagogischen Zusammenhängen, wenngleich Klafki den Bereich der schulischen Erziehung und Bildung von Kindern und Jugendlichen hervorhebt und diesen formuliert als den „Bereich der Kinder- und Jugendschule" (ebd., 49). Institutionsbezogen nimmt er alle schulischen Formen in den Blick.

In personaler Hinsicht verwendet Klafki die Formulierung „Befähigung aller Kinder und Jugendlichen" (ebd., 90) und macht auch hier keine Einschränkung bezüglich des Personenkreises. Bei den Ausführungen zu einer inneren Differenzierung des Unterrichts benennt er „die auf kognitive Schulanforderungen leistungsschwächeren Schüler" (ebd., 180), ohne diesen Personenkreis weiter zu charakterisieren, um dann fortzufahren, dass die innere Differenzierung „der Zielsetzung optimaler Förderung *aller* Schüler bei der Aneignung von Erkenntnissen, Kenntnissen, Fähigkeiten und Fertigkeiten dienen" soll (ebd., 181. Hervorhebung im Originaltext. W.G.). An anderer Stelle weist er darauf hin, dass Unterrichtsplanung auf die „durchschnittliche, heutige Unterrichtssituation der Mehrzahl unserer Lehrer und Schüler beziehbar ist, zum anderen aber Entwicklungsmöglichkeiten nicht nur offen hält, sondern darauf selbst verweist" (Klafki 1981, 25). Mit dieser Offenheit wird der angesprochene Durchschnitt an SchülerInnenschaft relativiert. Doch auch wenn Klafki die Begrifflichkeiten „alle Schüler" und „jeden einzelnen Schüler" (Klafki 2007, 181) verwendet, bleibt unklar, ob und inwieweit sich sein Bildungsbegriff auf Kinder und Jugendliche mit schwereren Beeinträchtigungen bezieht.

Dennoch sind wesentliche Aspekte einer inneren Differenzierung, wie sie in einem gemeinsamen Unterricht zum Tragen kommen sollten, formuliert, damit „gerade in heterogenen Gruppen unterschiedliche Qualitäten einzelner Schüler im gemeinsam zu bewältigenden Lernprozeß wirksam werden" können (ebd., 180). Heterogene Gruppen können als bereichernd in mehrerlei Hinsicht gesehen werden.

Von leistungsstärkeren SchülerInnen können Leistungs- und Entwicklungsimpulse für schwächere SchülerInnen ausgehen. Unterschiedliche Persönlichkeitsdimensionen erweitern den rein kognitiven Zugang zu Bildungsthemen und können so die Arbeits-, Kommunikations- und Kooperationsprozesse der SchülerInnen erweitern. Individuelle Stärken können eingebracht werden und so weniger ausgeprägte Persönlichkeitsdimensionen positiv beeinflussen. Hilfen geben und annehmen können erfordert Selbstkontrolle und soziale Kompetenz im Kooperationsprozess.

> *„Wenn Unterricht jeden einzelnen Schüler optimal fördern will, wenn er jedem zu einem möglichst hohen Grad von Selbsttätigkeit und Selbständigkeit verhelfen und Schüler zu sozialer Kontakt- und Kooperationsfähigkeit befähigen will, dann muß er im Sinne Innerer Differenzierung durchdacht werden"* (ebd., 181. Hervorhebung im Originaltext. W.G.).

Innere Differenzierung kann sich dabei auf Methoden und Medien, aber auch auf Lernziele und -inhalte beziehen. Bei einer Differenzierung von Zielen und Inhalten ist darauf zu achten, dass dies nicht zu reduzierten Bildungsangeboten führt. Schließlich ist durch innere Differenzierung ein passgenaues Andocken von Zielen und Inhalten an die Lernbiografie und an die Kompetenzen der SchülerInnen möglich, was im motivationalen Bereich zu positiven Effekten führen sollte, da so Über- oder Unterforderungstendenzen vermieden werden können.

Im Sinne der Bestimmung von Elementen eines gemeinsamen Unterrichts bleibt festzuhalten, dass Klafki grundsätzlich von einer Heterogenität der Gruppen- oder Klassenzusammensetzungen ausgeht. Die Anerkenntnis von Heterogenität ist bei ihm kein negativ konnotierter Aspekt im Sinne einer Komplizierung von Unterrichts- und Bildungsprozessen, sondern wird positiv gewendet als Chance und Bereicherung für das System Schule. Zentraler Aspekt ist dabei innere Differenzierung auf der Ebene der Unterrichtsphasen, auf der Ebene der verschiedenen Subjekthaftigkeiten der SchülerInnen und auf der Ebene der unterschiedlichen Qualitäten der Auseinandersetzungsprozesse zwischen Subjekt und Welt. Mindestens unklar bleibt dabei, ob Klafki mit „alle Kinder und Jugendlichen" tatsächlich auch alle Kinder und Jugendlichen ohne Ausnahme vor Augen hatte. In der aktuellen Heterogenitätsdiskussion werden wesentliche Heterogenitätsdimensionen (vgl. Sturm 2013) oder Gerechtigkeits- bzw. Diversitätsbereiche (vgl. Reich 2012, 54–90) beschrieben, die es im Sinne einer Pädagogik und Didaktik für alle zu berücksichtigen gilt. Sturm (2013) kristallisiert vier Dimensionen heraus:

- sozio-ökonomische Heterogenität
- geschlechterbedingte Heterogenität
- migrationsbedingte Heterogenität
- behinderungsbedingte Heterogenität (vgl. Sturm 2013, 64–125)

Zumindest der behinderungsspezifische Heterogenitätsbereich bleibt bei Klafki in Teilen unberücksichtigt, „umfasste noch nicht Schüler/innen mit ausgeprägten Lernschwierigkeiten" (Riegert/Sansour/Musenberg 2015, 12).

2.3 Gemeinsamer Unterricht aus heil- und sonderpädagogischer Sicht

In einem nächsten Schritt werden ausgewählte Konzepte, welche die Heterogenitäts- bzw. Diversitätsdimension Behinderung ausdrücklich thematisieren, herangezogen und auf ihre Bedeutung für einen gemeinsamen Unterricht untersucht. In der gegenwartsbezogenen Heil- und Sonderpädagogik, aber auch in geschichtlichen heilpädagogischen Bezügen können ausgewählte unterscheidbare Ansätze für eine gemeinsame Erziehung und Bildung von Kindern und Jugendlichen mit und ohne sonderpädagogischem Förderbedarf als mögliche Bestimmungsmerkmale für inklusiven Unterricht herangezogen werden. In wissenschaftstheoretischer Hinsicht werden dabei im Sinne eines reflektierten Eklektizismus die Konzepte herangezogen, die für die weitere Argumentation von Bedeutung erscheinen. Dabei geht es wiederum nicht um eine Gesamtrezeption der herangezogenen Konzepte bzw. AutorInnen, sondern um eine Verdeutlichung von inklusionsdidaktisch relevanten Aspekten.

2.3.1 Historische Aspekte der Heilpädagogik von Georgens und Deinhardt

Der Begriff der Heilpädagogik kann auf Jan Daniel Georgens (1823–1886) und Heinrich Marianus Deinhardt (1821–1880) zurückgeführt werden. Ungeklärt bleibt dabei die Rolle von Jeanne Marie von Gayette (1817–1895), die ab 1856 an der Seite von Georgens lebte und sich ab dem Zeitpunkt ihrer Bekanntschaft mit Georgens 1854 (vgl. Selbmann 1982, 35) von ihrer schriftstellerischen Tätigkeit stärker der Pädagogik zuwandte und mit Georgens mehrere Zeitschriften herausgab, u.a.:

- „Der Arbeiter auf dem praktischen Erziehfelde der Gegenwart" (Georgens/Gayette 1856, 1857, 1858. Alle wörtlichen Zitate in der Originalschreibweise. W.G.).
- „Unter den Kindern. Illustrirte Monatshefte für ästhetische Volksbildung" (Gayette-Georgens/Georgens 1876).

Im Gegensatz zu den vorherigen Abschnitten mit Bezügen zu AutorInnen der Geschichte der Pädagogik wird hier auf das Konzept von Georgens und Deinhardt etwas umfassender eingegangen und nicht nur auf die für die Argumentation der vorliegenden Arbeit notwendigen Aspekte. Dies sei dem Umstand geschuldet, dass das Konzept der Heilpädagogik einerseits wenig rezipiert wurde und andererseits in der Literatur der Allgemeinen Pädagogik oder bei den LeserInnen, die aus einem Regelschulhintergrund kommen, wenig bekannt ist. Deshalb werden auch biografische und rezeptionsrelevante Aspekte eingefügt.

Ostern 1856 machen Gayette und Georgens die Bekanntschaft mit Deinhardt. In der Folgezeit begründen und leiten sie zu dritt die Erzieh- und Heilpflegeanstalt „Levana" in der Nähe von Wien, die knapp 10 Jahre Bestand hatte und in der in heutiger Terminologie

Kinder und Jugendliche mit und ohne sonderpädagogischem Förderbedarf aufgenommen wurden.

Den Begriff der Heilpädagogik verwenden Georgens und Deinhardt als erste Autoren in einer wissenschaftlichen Abhandlung, auch wenn heilpädagogisches Handeln eine längere Tradition aufweist (vgl. Gröschke 1989, 60; Möckel 2007, 93) und bis auf Abbé Charles-Michel de l'Epeé (1712–1789), der 1770 eine erste Taubstummenschule in Paris gründete (vgl. Ellger-Rüttgardt 2008, 33), und auf Valentin Haüy (1745–1822), der 1784 ebenfalls in Paris eine Blindenschule eröffnete (vgl. ebd., 38), zurückverfolgt werden kann. Die beiden Bände „Die Heilpädagogik mit besonderer Berücksichtigung der Idiotie und der Idiotenanstalten" erscheinen 1861 und 1863 und umfassen jeweils 12 Vorträge, die Deinhardt und Georgens im Mai und Juni 1860 an der kaiserlich-königlichen Akademie der Wissenschaften in Wien vor wenig Publikum hielten (vgl. Selbmann 1982, 40f.).

Im ersten Band wird Heilpädagogik als Gesamtwissenschaft begründet; der zweite Band widmet sich der Erziehung und Bildung von Kindern und Jugendlichen mit einer kognitiven Beeinträchtigung im Verhältnis zu weiteren Teilbereichen der Heilpädagogik und der Allgemeinen Pädagogik. Nach Möckel ist das zweibändige Werk „der stärkste Beitrag der heilpädagogischen Bewegung zur Pädagogik im 19. Jahrhundert und kann genauso gut als Soziologie der Erziehung, als Pädagogik oder als Sozialpädagogik bezeichnet werden" (Möckel 1988, 155). Unter der Begrifflichkeit Idiotie wurden zu dieser Zeit Menschen mit gravierenden Beeinträchtigungen beim Lernen bzw. mit einer geistigen Behinderung verstanden.

Georgens und Deinhardt betonen die Bedeutung der Heilpädagogik als Gesamtwissenschaft, die mehr sei als die Bildung und Erziehung von Menschen mit einer geistigen Behinderung. Heilpädagogik hat demnach auch eine sozialpädagogische und pädagogische Dimension, verbunden mit der Aufgabe einer Gesellschaftsanalyse, in der Formen der Not und des Leidens durch die industrialisierte Gesellschaft erkannt, benannt und überwunden werden sollen. Georgens und Deinhardt beschreiben Heilpädagogik „als den pädagogischen Kampf gegen bestimmte Gestaltungen der Noth, des Leidens und der Entartung, die in der civilisierten Gesellschaft hervortreten" (Georgens/Deinhardt 1861, 191). Damit haben die beiden Autoren neben der behinderungsspezifischen Dimension von Heterogenität bzw. Diversität mindestens die sozio-ökonomische im Blickfeld. Somit hat Heilpädagogik auch prophylaktische Aufgabenstellungen und eine Bedeutung für die Allgemeine Pädagogik. Heilpädagogik wird als Kraft des Bildungs- und Erziehungswesens im Kampf gegen gesellschaftlich verursachte Not verstanden:

> „Wir haben wohl von vornherein darauf hingewiesen, dass die allgemeine und die Heilpädagogik ein bestimmtes Verhältnis haben oder gewinnen und festhalten müssen und auch deutlich genug ausgesprochen, dass wir den eigentlichen oder den höheren Wert der heilpädagogischen Bestrebungen und Arbeiten nicht in die unmittelbaren Heil- und Besserungserfolge, sondern in die Resultate setzen, die sich daraus für die allgemeine Erziehung und die Volks-Gesundheitssorge ergeben" (Georgens/Deinhardt 1863, Vorwort VIII).

Damit weisen die Autoren sehr deutlich auf ein dialektisches Wechselverhältnis von Heilpädagogik und Gesellschaft hin. Aus diesem Grunde schreiben Georgens und Deinhardt der Heilpädagogik ihre wesentliche Bedeutung für die Allgemeine Pädagogik und das allgemeine Bildungs- und Erziehungswesen zu.

> „Endlich ist die Erwartung durchaus berechtigt, dass die einmal angegriffene und eingeleitete Heilpraxis fortgesetzt Gesichtspunkte für die Bestimmung der prophylaktischen Wirksamkeit, deren allgemein gefasste Aufgabe die Culturförderung, also die Beseitigung socialer Missstände, die Entwicklung der Arbeitskraft und vor allem die Verbesserung und Hebung des Erziehungswesens ist, abgeben wird" (Georgens/Deinhardt 1863, 570).

Es wurde eine allgemeine Behindertenpädagogik postuliert, deren einzelne heilpädagogische Bestrebungen die Tendenz haben,

> „die Ausgeschiedenen, Ausgestossenen und Verlorenen in dem Umkreis der menschlichen Gesellschaft aufzunehmen, ihre Isolirung aufzuheben, damit aber die Schuld der Vernachlässigung, welche der Gesellschaft den Heilbedürftigen gegenüber zugesprochen werden muss [… W.G.] so weit als möglich, die Kraft der Wiederherstellung, der Restauration und Regeneration bewährend, zu tilgen" (Georgens/Deinhardt 1861, 335).

Georgens und Deinhardt messen der Unterscheidung von angeborenen und erworbenen Schädigungen wenig Bedeutung zu, da „verschiedene und zu verschiedenen Zeiten eingetretene Ursachen nahezu gleiche Wirkungen hervorgebracht haben, jedenfalls aber die Behandlung sich an die gegenwärtige Erscheinung und Äusserung des Übels halten muss" (Georgens/Deinhardt 1863, 488). Auch hier zeigt sich, dass die Heilpädagogik nach Georgens und Deinhardt Behinderung nicht als individuelle, sondern als soziale Kategorie betrachtet, die sich aus der Wechselwirkung zwischen Beeinträchtigung und gesellschaftlichen Barrieren ergibt. „Erklärtes wissenschaftliches Ziel war es keineswegs, mit einem lediglich individuumszentrierten Begriff des Heilens eine spezielle Theorie der Pädagogik und institutionell zu separierende pädagogische Praxis zu begründen" (Weinmann 2003, 68).

Heilpädagogik wird von Georgens und Deinhardt auf dem Feld der Allgemeinen Pädagogik verortet. Sie konkretisieren das Verhältnis der beiden Disziplinen an verschiedenen Bezugspunkten. Kern heilpädagogischen Handelns wird als „Fortsetzung und Besonderung einer Thätigkeit charakterisirt, welche der Erziehung schlechthin zukommt" (Georgens/Deinhardt 1861, 191). Heilpädagogisches Handeln ist so ein besonderes Handeln, das aber immer auf Ziele der Allgemeinen Pädagogik bezogen bleibt.

> „Zu dieser ausdrücklichen Beziehung gehört, dass die Heilpädagogik sich erstens nicht äusserlich an die gegebenen Mittel wie an die gegebenen Zwecke der Gesundenerziehung hält, um sich dieser gradweise anzunähern, sondern ihre Aufgabe selbständig angreift und die ihr entsprechenden Mittel wählt und formt, zweitens aber den allgemeinen Erziehungszweck, die Verwirklichung des Menschlichen, niemals aus den Augen verliert" (Georgens/Deinhardt 1863, 489).

Unter ‚Gesundenerziehung' wird das Feld der Allgemeinen Pädagogik verstanden. Unter Heilpädagogik wird hier also die selbstständige Besonderung der heilpädagogischen Tätigkeit im Sinne einer Individualisierung der Angebote für Kinder und Jugendliche mit sonderpädagogischem Förderbedarf unter Beibehaltung allgemeiner Erziehungsziele verstanden. Die Mittel der Erziehung können je nach Behinderung modifiziert werden.

Pädagogik und Heilpädagogik stehen in einem dialektischen Wechselverhältnis.

> „Dieses Verhältnis muss stattfinden, weil die Aufgaben der Heilpädagogik nothwendig in denen der Gesundenerziehung momenthan enthalten sind, indem es keine ‚wiederherstellende Bethätigung' geben kann, welche nicht zugleich eine bildende wäre, und umgekehrt keine bildende Bethätigung, welche nicht durch ihre besondere Übung zur Beseitigung oder Ergänzung eines besonderen Mangels dienen also zur wiederherstellenden werden könnte" (ebd., 490).

Eine gemeinsam mögliche Verständigung von Pädagogik und Heilpädagogik wird eingefordert mit dem Ziel der Verwirklichung des Menschen. Der Heilpädagogik kommt dabei eine kritische Instanz gegenüber der Allgemeinen Pädagogik zu, die dazu führen soll, den eingeschränkten Blickwinkel der Allgemeinen Pädagogik zu überwinden. „Es stand von vornherein fest, dass dieses heilpädagogische Konzept etwas Neues realisieren und in die Allgemeine Pädagogik hineinwirken wollte" (Weinmann 2003, 82).

Die Forderung von Georgens und Deinhardt nach Interdisziplinarität kann schon vor dem Erscheinen der beiden Heilpädagogikbände nachgewiesen werden.

> „Es handelt sich für uns nicht blos um die Heilung einzelner Unglücklicher, sondern darum, die Ursachen der endemischen Entartung, welche in den Einzelfällen frappant hervortritt, und die Mittel, durch welche ihr nachhaltig entgegengewirkt werden kann und muss, aufzusuchen. Wir wollen und müssen daher aus der Beschränktheit unserer Praxis heraus und durch sie zu umfassenden medicinisch-pädagogischen Gesichtspunkten gelangen, und nur, indem wir solche geltend machen, können wir die öffentliche Theilnahme und Unterstützung in Anspruch nehmen" (Georgens/Deinhardt/Gayette 1858, Vorwort).

Hier wird ein heilpädagogisches Verständnis grundgelegt, dass sich selbstbewusst seinen Platz zwischen Pädagogik und Medizin sucht, auf beide Wissenschaftssysteme einwirken will, aber auch offen ist für Erkenntnisse der beiden Disziplinen (vgl. Weinmann 2003, 85). In Bezug auf die Interdisziplinarität bei Georgens und Deinhardt weist Ellger-Rüttgardt auf das „partnerschaftliche Verhältnis von Heilpädagogik und Medizin" hin (Ellger-Rüttgardt 2008, 141).

Für das Verständnis der Heilpädagogik von Georgens und Deinhardt ist eine Auseinandersetzung mit der 1856/57 von den beiden zusammen mit Jeanne Marie von Gayette begründeten „Levana", einer „Heilpflege- und Erziehanstalt für geistes- und körperschwache Kinder" im Großraum Wien von großer Bedeutung (vgl. Weinmann 2003, 62). Die Beschäftigung mit der Levana ist für diese Arbeit noch aus einem anderem Grund wesentlich: Die pädagogische Grundlage für die Gründung der Levana bildeten Georgens', Deinhardts und Gayettes „bereits damals integrationspädagogisch akzentuierten Grundsätze" (ebd., 64) nach denen in die Levana „sogenannte normale und sogenannte behinderte Kinder (Jungen und Mädchen)" aufgenommen wurden (ebd.).

Die Angaben über die Kinder und Jugendlichen in der Levana sind nicht ganz eindeutig. „Im Juli 1858 zählte das Institut 13 ‚Heilpfleglinge' im Alter von 6–17 Jahren und 9 Kinder in der ‚Gesundenabteilung', keines über 10 Jahre alt" (Kirmsse 1910, 100f.). Mit „Heilpfleglingen" sind Kinder und Jugendliche mit Behinderungen vorwiegend im Bereich der geistigen Entwicklung oder Beeinträchtigungen im Bereich des Lernens umschrieben (vgl. Weinmann 2003, 65), zum Teil auch in Verbindung mit Beeinträchtigungen im Bereich der körperlich-motorischen Entwicklung (vgl. Selbmann 1982, 38). Selbmann gibt an, dass in der Levana etwa 30 Kinder und Jugendliche, davon 20 ohne Behinderungen aufgenommen waren (vgl. Selbmann 1982, 37f.). Als gesichert kann gelten, dass in der Einrichtung Kinder und Jugendliche mit und ohne Behinderung gemeinsam unterrichtet und erzogen wurden (vgl. Ellger-Rüttgardt 2008, 124), die aus unterschiedlichen Regionen und aus unterschiedlichen sozio-ökonomischen Verhältnissen stammten (vgl. Weinmann 2003, 65).

Die integrative Einrichtung auf Schloss Liesing wurde von Georgens, Deinhardt und Gayette mit dem Namen „Heilpflege- und Erziehungsanstalt Levana" versehen (vgl. Möckel 2007, 127). An anderer Stelle taucht auch die Namensgebung „Levana, Bildewerkstatt für die Jugend" auf (Georgens/Gayette 1857, 72). Für die Auswahl des Namens „Levana" dürften drei Gesichtspunkte ausschlaggebend gewesen sein.

Zum einen ist „Levana" in der römischen Mythologie der Name der Schutzgöttin der Neugeborenen und hat dabei eine wörtlich zu nehmende Ableitung. Aus dem Lateinischen wird „levare" mit aufheben übersetzt und geht dabei auf die Tradition zurück, dass Neugeborene im Alten Rom den Vätern vor die Füße gelegt wurden. Indem die Väter die Kinder aufhoben, erkannten sie die Vaterschaft an. Georgens und Deinhardt haben sich in der Heilpädagogik mehrfach mit dem Thema Ausschluss und Annahme beschäftigt. „Das Aufgeben und Ausstoßen der Kinder nannten Georgens und Deinhardt inhuman und zweckwidrig" (Möckel 2007, 127). Zu dieser Zeit war es nicht unüblich, dass Neugeborene bzw. Kinder mit Behinderungen ausgestoßen wurden. Bei den Malthusianern tauchte bisweilen die Forderung nach Eliminierung dieser Kinder auf (vgl. Georgens/Deinhardt 1861, 36). Georgens und Deinhardt wenden sich massiv gegen solche Anschauungen. „Im Gebiet der Erziehung und Pflege findet das Aufgeben, wenn nicht das Ausstoßen häufig viel früher statt, als man meint und bei den gerühmten Fortschritten derselben meinen sollte" (ebd., 35). Sie folgern daraus, „dass ein Aufgeben von Kindern, welche schwächlich und scheinbar gebrechlich geboren werden, neben seiner Inhumanität, zweckwidrig ist" (ebd.). Die soziale und gesellschaftliche Annahme von Kindern und Jugendlichen mit Behinderungen waren für Georgens und Deinhardt bedeutsam, da „der Fortschritt der gesellschaftlichen Entwicklung überhaupt und sodann der Fortschritt der Erziehung insbesondere darin bestehen muss, die verschiedenen Klassen der Ausgestossenen und Aufgegebenen immer mehr zu reduciren" (ebd., 87).

Ein zweiter Aspekt für die Namensgebung „Levana" erklärt sich aus der Ankündigung der Eröffnung ihrer integrativen Bildungs- und Erziehungseinrichtung. Daraufhin wurden Georgens und Gayette mit Ehrenmitgliedschaftsdiplomen der königlichen Leopoldinisch-Karolinischen Akademie der Naturforscher in Breslau ausgezeichnet. In diesem Zuge erhielt „Jeanne Marie von Gayette als Verehrerin Jean Pauls den Namen ‚Levana', der dann auch als Anstaltsname übernommen wurde" (Selbmann 1982, 37).

Drittens ist schließlich bei der Namenswahl darauf hinzuweisen, dass zumindest Georgens „sich eingehend mit der pädagogischen Hauptschrift Jean Pauls, der ‚Levana', beschäftigt" zu haben scheint (ebd., 25). Auch Kobi hegt diese Überlegung, wenn er schreibt, dass es denkbar ist, „dass Jean Pauls Werk Georgens und Deinhardt bei der Namensgebung für ihr Erziehungsheim inspiriert hat" (Kobi 2004, 122).

Nun gilt es noch die pädagogischen und organisatorischen Rahmenbedingungen der integrativen Levana-Einrichtung abzuklären, um ein Gesamtbild der Beiträge der Heilpädagogik von Georgens, Deinhardt und Gayette zu einem integrativen Bildungswesen in Theorie und Praxis der damaligen Zeit zu bekommen.

Schon vor der Gründung der Levana war für die InitiatorInnen klar, dass sie eine Einrichtung für Kinder und Jugendliche mit und ohne Behinderung schaffen wollten. „Georgens und Deinhardt betrachteten Sonderschulen als *Notanstalten*. Diese waren jedoch nicht allein der Behinderung, sondern der Volksschulen wegen notwendig, weil diese in der Erziehung der Jugend das nicht leisteten, was sie hätten leisten müssen" (Möckel 2007, 127. Hervorhebung im Originaltext. W.G.). Auch der frühe Historiker des Sonderschulwesens Max Bruno Kirmsse, der „durch unermüdliche Arbeit viel zur Erforschung der Geschichte des Sonderschulwesens beigetragen" hat (Premerstein 1963, 688), weist darauf hin, dass eine reine Idiotenanstalt wie Mauthner sie vorgeschlagen hatte (vgl. Selbmann 1982, 34), nicht in Frage käme.

> „Auch Deinhardt wehrte sich entschieden gegen Überhandnahme der ‚Blödlinge', auf welche man seiner Meinung nach zuviel Rücksicht nahm. So beschloß man denn eine Institution ganz besonderer Art daraus zu machen, eine Art Zentrale für verschiedene Zwecke, die in das Reich der allseitigen pädagogischen Bestrebungen fallen, und gewissermaßen das Individuum, ob krank, ob gesund, von der Geburt an bis in einen Lebensberuf hinein erziehen und leiten sollte" (Kirmsse 1910, 101).

Zwei Aspekte sind am Konzept der Levana für die damalige Zeit neu:

- die gleichzeitige Aufnahme von Kindern und Jugendlichen mit und ohne Behinderung
- eine Ausweitung der Erziehungsbemühungen bis in die Berufstätigkeit

Die Levana war in verschiedene Abteilungen untergliedert, eine Gesunden- und eine Krankenabteilung, die das eigentliche Kernstück der Levana bildete. Eine Säuglingsklasse für Kinder von der Geburt bis zum dritten Lebensjahr konnte aufgrund finanzieller Schwierigkeiten nur kurz aufrechterhalten werden (vgl. Selbmann 1982, 38). Interessant ist dabei die Begründung für die Säuglingsklasse, die eingerichtet werden sollte, um wissenschaftliche Erkenntnisse über die Entwicklungsmechanismen der frühen Kindheit aus der Praxis ableiten zu können.

> „Die physiologische und psychologische Wissenschaft hat es bis jetzt zu einer wirklichen Entwicklungsgeschichte des menschlichen Organismus nicht gebracht, obgleich eine solche im Grunde die Voraussetzung für die durchgreifende Einsicht in das Wesen des menschlichen Organismus und für die medicinisch-pädagogischen Einwirkungen auf denselben ist" (Georgens/Deinhardt/Gayette 1858, 51).

Die Schulabteilung bestand aus dem Kindergarten (bis zum siebten Lebensjahr) und der allgemeinen Schule bis zum 14. Lebensjahr, in die auch Heilpfleglinge aufgenommen werden. Daran schließen sich unterschiedliche Lehrlingsschulen an:

- für Garten- und Landbauarbeiten
- für Formarbeiten (Drechseln, Töpfern, Holzschnitzen)
- für die Ausbildung von Erzieherinnen und Erziehern (vgl. Georgens/Deinhardt/ Gayette 1858, 53)

Die letztgenannte Abteilung hatte einen doppelten Sinn. Es sollten Fachkräfte ausgebildet werden für eine Pädagogik bei Kindern und Jugendlichen mit einer Behinderung, gleichzeitig sollte dieses Feld auch der Weiterbildung von Ärzten und Pädagogen offen stehen.

> „Zur Eröffnung eines Cursus für die Ausbildung von praktischen Erziehern und Erziehinen. Von den Erziehern und Erziehinen in der Familie und Schule wird nach Mitteln und Wegen gesucht, ihre Zöglinge mehr selbstschaffend zu leiten, um den begrifflichen Unterricht durch solche Selbstbeschäftigung mehr anschaulich, lebendig und für das Leben fruchtbringend zu machen. Diesem Suchen und Verlangen entgegenkommend, haben wir es unternommen, den Unterricht und die Erziehung [… W.G.] für alle bei Knaben und Mädchen zu regeln und [… W.G.] einen Kreis von jungen Lehrern und Lehrerinnen, welche sich der praktischen Erziehungsrichtung widmen wollen, [… W.G.] zu Erziehern und Erziehinen auszubilden" (Georgens/Gayette 1856, 192).

Von Bedeutung ist das Zusammenwirken von Gesunden- und Krankenabteilung in Beschäftigungen, Spielen und Wanderungen, also zu definierten, wiederkehrenden Anlässen.

> „Denn die pädagogische Seite des Heilverfahrens enthält an sich eine unabweisbare Beziehung auf die pädagogische Behandlung der Gesammtjugend, und zwar eine Beziehung, in welcher nothwendig mit den Unterschieden des auf gesunde und kranke Kinder anwendbaren Verfahrens das gleiche Bedürfniss beider als ein sich abstufendes zum Bewußtsein kommen muss, um so mehr als wir neben der Kranken-Abtheilung eine Gesunden-Abtheilung, und beide in ein bestimmtes Verhältnis gebracht haben. Wir halten die geregelte Berührung mit gesunden Elementen für eine wichtige Bedingung des Heilerfolgs" (Georgens/Deinhardt/Gayette 1858, 5).

Unter Berücksichtigung der theoretischen wie praktischen Arbeiten von Georgens, Deinhardt und Gayette konnte aufgezeigt werden, dass eine gemeinsame Bildung und Erziehung von Kindern und Jugendlichen mit und ohne Behinderungen keine neue Gegenwartsforderung darstellt, sondern historische Vorläufer kennt, die allerdings wenig rezipiert wurden. In den Schriften wird ein selbstbewusstes Verständnis von Heilpädagogik entwickelt, das Behinderung nicht als individuelles Phänomen betrachtet, sondern erklärt aus dem Wechselverhältnis gesellschaftlicher Verfasstheit und individueller Bedingtheit.

Entwickelt wurde dabei eine tragfähige Forderung nach Interdisziplinarität zur Allgemeinen Pädagogik und zur Medizin aus dem Bewusstsein heraus, dass die Heilpädagogik einen erweiternden, reformierenden Einfluss auf diese Disziplinen ausüben muss, damit die

gesellschaftliche Perspektive auf die Gewordenheit von Behinderung von diesen Disziplinen anerkannt werden kann und dementsprechend reformerische Konzepte entwickelt
werden können.

2.3.2 Die Triangulation des Lernens und exklusiv-individuelle Lernsituationen nach Markowetz

Im weiteren Verlauf werden ausgewählte Konzepte aus der Sonderpädagogik und allgemeinen Pädagogik mit ihren entsprechenden didaktischen Relevanzen seit Beginn der Integra-
tionsdiskussion Mitte der 1970er-Jahre in der Bundesrepublik bzw. in Deutschland
herangezogen und auf wesentliche Beiträge zu einer inklusiven Didaktik untersucht. Dabei
geht es nicht um eine Gesamtrezeption dieser Werke, sondern es wurden Ansätze ausgewählt, die für die Entwicklung einer inklusiven Didaktik, die in Kapitel 2.4 vorgestellt wird,
wesentlich sind und die in Teilen ihrer Originalität wiedererkennbar sind. Es wird eine
zunehmende Einengung des Gegenstandsbereiches vorgenommen von eher allgemeinen
inklusiv-didaktischen Themen bis hin zu Aussagen über ein gemeinsames Lernen an einem
Gemeinsamen Bildungsgegenstand in heterogenen Gruppen, realisiert sowohl an inklusiven Schulen als auch an Förderschulen. Herangezogen werden nur diejenigen Werke, die
im Sinne der Ergebnisformulierung notwendig sind. Nicht aufgeführt sind Ansätze und
Konzepte, die ebenfalls in Betracht gezogen hätten werden können, die aber für den „roten
Faden" des Gedankenganges nicht zwingend notwendig sind.

In einem ersten Schritt wird ein sehr breit angelegtes Verständnis gemeinsamen Unterrichts bearbeitet, nämlich die Triangulation des Lernens nach Markowetz (2007), das die
Konzepte von Wocken und Feuser integrieren will und um den Aspekt exklusiv-individuelle Lernsituationen ergänzt. In Form eines Ausschlussverfahrens wird eine sukzessive Verengung auf ein gemeinsames Lernen an einem Gemeinsamen Gegenstand vorgenommen,
indem die Ansätze von Wocken und Feuser diskutiert und zugespitzt werden auf die für
einen gemeinsamen Unterricht relevanten Aspekte. Die Reihung Markowetz (vgl. 2.3.2) –
Wocken (vgl. 2.3.3) – Feuser (vgl. 2.3.4) entspringt nicht der Chronologie der jeweiligen
Konzeptformulierungen, sondern der Breite des Gegenstandsfeldes, den die Autoren in ihren Ausführungen zum gemeinsamen Unterricht vornehmen.

Die begrifflich vermutlich weitreichendste Bestimmung von gemeinsamem Unterricht
in heterogenen Gruppen hat bisher Markowetz (2007) mit der Triangulation des Lernens
vorgelegt. Im folgenden Text werden wesentliche Schritte aufgezeigt, die Markowetz auf
dem Weg zur Triangulation des Lernens formuliert hat.

Markowetz stellt Bedingungsfaktoren für eine integrative Didaktik zusammen.

> "Eine integrative Didaktik kann nur eine wertgeleitete Didaktik sein, die das ‚We-
> sensmoment des Integrativen' als über- und nicht nebengeordnete basale Orientie-
> rung umfassend einbezieht. Deshalb muss eine integrative Didaktik eine Didaktik
> sein, die weder der Lehrerorientierung, der Schülerorientierung noch der Inhalts-
> orientierung, der Zielorientierung, der Methodenorientierung und Medienorientie-
> rung in ihren jeweiligen gesellschaftlich-ökosystemischen Kontexten als Lebens-
> weltorientierung einen Vorzug einräumt, sondern den ernsthaften Versuch unter-

nimmt, diese tragenden Säulen einer weitläufigen didaktischen Position, die gleichsam die Grundsachverhalte und Strukturmomente von integrativem Unterricht bestimmen, zu einer basalen Orientierung zu machen und zu einem didaktischen Netz
zu verdichten, das besonderen Wert auf die vielschichtigen und tiefgreifenden Interdependenzen (die ‚Vernetzung') legt, diesen ‚Beziehungen' umfassend nachspürt
und in den Unterricht hineinträgt" (Markowetz 2001, 243f.).

Die geforderte Vernetzung legt noch keine Bestimmung einer integrativen Didaktik vor,
sondern fasst die möglichen und notwendigen Berücksichtigungspunkte, die für eine integrative Didaktik bestimmend sein können. Aus diesem Grund muss gefragt werden, wie
dieser Ansatz weiter konkretisiert und inhaltlich gefasst werden kann.

Markowetz sieht diese Problematik und versucht „das Wissen, das einzelne didaktische
Modelle zur Verfügung stellen für die Entfaltung einer umfassenden Theorie einer inklusiven Didaktik" zu nutzen (Markowetz 2007, 772). Die Notwendigkeit dieser Vorgehensweise
begründet er dabei mit der Notwendigkeit Lösungsansätze für heterogene SchülerInnenschaften zu finden. In der Vorgehensweise reduziert er aus einer Vielzahl an didaktischen
Modellen jene, die seiner Meinung nach einen Beitrag zur Lösung der Problematik einer
inklusiven Didaktik leisten können.

In einer ersten Auswahl verweist er dabei auf die folgenden AutorInnen und ihre didaktischen Modelle:

- Klafki: kritisch-konstruktive Didaktik
- Schulz: lehrtheoretische Didaktik
- Winkel: kritisch-kommunikative Didaktik
- Kösel: subjektive Didaktik
- Reich: systemisch-konstruktivistische Didaktik
- Feuser: entwicklungslogische Didaktik
- Möller: curriculare Didaktik
- Cohn: themenzentrierte Interaktion
- Burow: gestaltpädagogische Didaktik
- Opaschowski: animative Didaktik (vgl. ebd., 773)

In späteren Veröffentlichungen findet die animative Didaktik von Opaschowski keinen
Eingang mehr (vgl. Markowetz 2016, 251f.).

Markowetz sieht eine weitergehende Auseinandersetzung mit den genannten didaktischen Modellen als nötig an, um ein grobes Modell einer inklusiven Didaktik entwerfen zu
können. Er hält es aus zwei Gründen zu diesem Zeitpunkt nicht für sinnvoll, ein konkretes
Modell einer inklusiven Didaktik – auch Markowetz hat die Veränderung vom Integrati-
ons- zum Inklusionsbegriff vollzogen – zu entwerfen, bedarf es doch einerseits eines weiteren Austausch- und Transformationsprozesses zwischen den am Thema inklusive Didaktik
interessierten Personen aus Theorie und Praxis. Andererseits könne dieser Prozess nicht
gewinnbringend vorangetrieben werden aufgrund von „omnipotenten Vorstellungen und
Ansprüchen der Alleinvertretung des Gegenstandsbereichs bestimmter didaktischer Theorien" (Markowetz 2007, 803) und hierbei nimmt Markowetz konkret Bezug auf Feuser. Es
kann also festgehalten werden, dass sich eine inklusive Didaktik entwickeln ließe über einen

Diskurs der daran interessierten Personen oder einer metatheoretischen Auseinandersetzung mit diesen vorhandenen Ansätzen und Personen unter der Voraussetzung des Aufgebens des hier so bezeichneten Alleinvertretungsanspruches der entwicklungslogischen Didaktik von Feuser.

Markowetz verweist darauf, dass das Vorankommen von inklusiver Beschulung nicht allein eine Frage von Organisation, Ressourcen und LehrerInnen(fort-)bildung in der ersten, zweiten und dritten Phase ist, sondern wesentlich an die Frage gemeinsamen Unterrichts geknüpft ist. „Das Vorankommen von Inklusion wird damit in besonderer Weise zu einer Frage der Didaktik [... W.G.] und hängt ganz entscheidend davon ab, wie es einer Pädagogik für alle im Gemeinsamen Unterricht gelingt die ‚Kunst des integrativen Lehrens und Lernens' wissenschaftlich zu klären und so zu vermitteln, daß sie berufspraktisch professionell ausgeübt werden kann" (ebd., 811).

Damit lenkt Markowetz zu Recht den Blickwinkel des Vorantreibens des Gelingens von (schulischer) Inklusion auf die Frage nach dem gemeinsamen Unterricht in heterogenen Zusammensetzungen. Die Frage nach der Fassung und möglichen Konkretion eines gemeinsamen Unterrichts wird so zu einer zentralen Frage schulischer Inklusion.

Dementsprechend kristallisiert Markowetz die oben erwähnten didaktischen Ansätze weiter aus und legt den Fokus auf den gemeinsamen Unterricht. In Auseinandersetzung mit Feuser (Lernen am Gemeinsamen Gegenstand), Wocken (Lernen in gemeinsamen Lernsituationen) und unter Hinzufügung des Lernens in exklusiv-individuellen Lernsituationen (Markowetz 2004) entwirft er den Begriff der „Triangulation der Theorie des Lernens am Gemeinsamen Lerngegenstand, der Theorie des Lernens in Gemeinsamen Lernsituationen und die des Lernens in exklusiv-individuellen Lernsituationen" (ebd., 178) oder wie er es an anderer Stelle formuliert als „Triangulation theoretischer Vorstellungen über Gemeinsamen Unterricht" (Markowetz 2007, 832). Damit bezieht er in das Konzept der Triangulation explizit Wockens Didaktikkonzept der gemeinsamen Lernsituationen (vgl. 2.3.2) und Feusers entwicklungslogische Didaktik (vgl. 2.3.4) mit ein und ergänzt diese beiden um die exklusiv-individuellen Lernsituationen. Letztere zählt er zu den Grundformen gemeinsamen Unterrichts.

Nun gilt es das Konzept der „Triangulation" zu fassen und zu füllen, um eine Vorstellung von gemeinsamem Unterricht als Kernstück einer Schule für alle zu bekommen. In einem ersten Schritt stellt sich dabei die Frage, wie Markowetz exklusiv-individuelle Lernsituationen begrifflich und konzeptionell fasst. Danach wird zu klären sein, warum scheinbar widerstreitende oder scheinbar unvereinbare Konzepte als Grundlage für gemeinsamen Unterricht gelten können und wie die Grundform „exklusiv-individuell" in einen solchen Unterricht eingepasst werden kann, obwohl die Begrifflichkeiten dies vorerst nicht nahelegen. Weiter soll die Begründung für „exklusiv-individuell" thematisiert werden, ehe aufgezeigt wird, wie eine Umklammerung der drei Konzepte zu leisten ist. Schließlich gilt es, das Verhältnis der drei Grundkonzeptionen zu fassen und Trennlinien zu kennzeichnen. Von der Vorgehensweise her handelt es sich um folgenden Viererschritt:

- exklusiv-individuelle Lernsituationen
- Begründung „exklusiv-individuell"
- Umklammerung scheinbar unvereinbarer Konzepte
- Verhältnis der drei Grundpositionen

Unabhängig von dieser Argumentationsführung erhellt sich dabei auch die stetige Weiterentwicklung des Konzeptes der Triangulation des Lernens.

2.3.2.1 Exklusiv-individuelle Lernsituationen

Mit dem Konzept der „exklusiv-individuellen Lernsituationen" wendet sich Markowetz einzelnen SchülerInnen oder auch einer Einzelgruppe innerhalb der SchülerInnenschaft einer Klasse zu, für die aufgrund der vorhandenen Heterogenität ein dauerhafter gemeinsamer Unterricht konzipiert werden soll, der den Qualitätsansprüchen inklusiver, hochwertiger Bildung genügt. Diese Fokussierung auf eine/einen EinzelschülerIn bedeutet nicht, dass dies in personeller Hinsicht eine feste Konstante wäre.

> „Exklusiv-individuell meint und akzeptiert ein passageres, nicht durchgängig akzeptables unterrichtliches Vorgehen, das frei von Kooperationszwängen ist und bei dem sich Schüler *mit und ohne* Behinderung in weitestgehender Selbstbestimmung innerhalb oder außerhalb des Klassenzimmers mit pädagogisch-erzieherischer Begleitung oder ohne persönliche Assistenz so verhalten dürfen, dass dies den individuellen Fähigkeiten und Lernbedürfnissen in hohem Maß gerecht wird" (Markowetz 2004, 177. Hervorhebung im Originaltext. W.G.).

Es handelt sich also um ein jeweils zeitlich begrenztes Vorgehen, das seinen berechtigten Platz im gemeinsamen Unterricht hat. Wesentlich zu beachten ist ebenfalls, dass sich „exklusiv-individuell" nicht an eine bestimmte Person oder bestimmte Kleingruppe richtet, d.h., die Zielklientel müsste eine wechselnde sein. In inhaltlicher Hinsicht kann dabei ein völlig anderes Thema oder ein völlig anderer Unterrichts- oder Lerngegenstand verfolgt werden. Orientierungspunkt ist die Ausrichtung an individuellen Fähigkeiten und Lernbedürfnissen, was mit der Begrifflichkeit Individualisierung gefasst werden kann.

Markowetz baut dieses Konzept der Triangulation weiter aus und behält dabei die Grundkonstruktion bei. „Exklusiv-individuelle Lernsituationen sollten deshalb als unverzichtbare Grundform im Gemeinsamen Unterricht anerkannt, individualpädagogisch begleitet und gewinnbringend didaktisch gestaltet werden" (Markowetz 2012, 154).

In der Folge differenziert Markowetz das Verständnis von exklusiv-individuellen Lernsituationen weiter aus: „Exklusiv-separierendes Lernen im Unterricht kann und darf allein in *exklusiv-individuellen Lernsituationen*, zu zweit in *exklusiv-partnerschaftlichen Lernsituationen* und auch in homogenen Kleingruppen [… W.G.] sowohl mit gewisser Nähe als auch Distanz zum Lehr-Lerngegenstand stattfinden" (Markowetz 2016, 263f. Hervorhebung im Originaltext. W.G.).

Auch wenn hier scheinbar eine „exklusiv-individuelle Lernsituation" im Vergleich zur Eingangsbestimmung deutlich ausgeweitet wird, ist dies nicht der Fall. Das Grundkonzept bleibt das gleiche. Lediglich die Gestaltungskonstellationen werden differenzierter benannt. Eine einzelne Person oder eine Kleingruppe arbeitet unabhängig von Raum und Zeit der Klasse an einem individualisierten Thema mit einer lernbegleitenden Person des für die Klasse zuständigen Personals, wobei in einer Folgesituation die Zusammensetzung der Personen aus dem Kreis der SchülerInnen und der Lehrpersonen die gleiche oder eine andere sein kann.

Damit wird es mit dem Blickwinkel auf eine jeweils bestimmte Klasse möglich und legitim, innerhalb des gemeinsamen Unterrichts für diese Klasse eine wie gerade beschriebene „exklusiv-individuelle Lernsituation" herbeizuführen oder zur Kenntnis zu nehmen. Betont sei dabei nochmals, dass „exklusiv-individuelle Lernsituationen für *alle* Schüler/innen" (Markowetz/Reich 2015, 345. Hervorhebung im Originaltext. W.G.) und nicht für eine bestimmte Einzelperson oder -gruppe konzipiert sind.

2.3.2.2 Begründung exklusiv-individuell

Die wesentliche Begründung für das Aufnehmen von exklusiv-individuellen Lernsituationen in die unverzichtbaren Grundformen des gemeinsamen Unterrichts liegt bei Markowetz in der Unteilbarkeitsforderung der Inklusion (vgl. Markowetz 2016, 262). Das Prinzip der Unteilbarkeit ist eine deutliche Forderung der Integrationsbewegung im letzten Viertel des 20. Jahrhunderts und wurde als solche formuliert von Jakob Muth als dritte von „zehn Thesen zur Integration von behinderten Kindern" (Muth 1992, 185): „Integration ist unteilbar. Sie lässt keine Ausnahmen zu" (ebd.). Gemeint ist damit, dass niemand von der Integration ausgeschlossen wird, und dass im Zusammenhang mit integrativen Bildungsprozessen nicht unterschieden wird zwischen integrationsfähig und nicht-integrationsfähig.

Markowetz bezieht dies hier auf inklusive Bildungsprozesse oder auch auf das gemeinsame Lernen einer inklusiven Klasse. Er zielt dabei auf die real durchaus vorhandene Problematik ab, dass es nicht immer einfach und realisierbar erscheint, Kinder und Jugendliche mit schweren Beeinträchtigungen kooperativ am Unterrichtsgeschehen zu beteiligen. „Kinder mit geistigen und schweren, mehrfachen Behinderungen sind bisweilen so mit sich selbst und der Umsetzung ihrer eigenen Handlungspläne beschäftigt, dass ihre kooperative Beteiligung im Gemeinsamen Unterricht eigentlich von den Lehrkräften kaum für möglich gehalten wird, aber dennoch um jeden Preis zu organisieren versucht wird" (Markowetz 2016, 262). Solche Vorgehensweisen, Pseudokooperation um jeden Preis, beispielsweise ein Kind mit sehr hohem Förderbedarf bei Unterrichtseinheiten als Zeitwächter einzuteilen oder einem Kind, das auf Bewegungshilfen angewiesen ist, bei Bewegungsspielen zum Schiedsrichter zu erklären usw., bezeichnet Markowetz als „pädagogische Scheinintegration, die auf Dauer weder dem Anspruch auf Bildung gerecht werden, noch dem sonderpädagogischen Förder- und Therapiebedarf entsprechen kann" (ebd.). Somit besteht die Gefahr, dass diese Kinder und Jugendlichen mit einem weiteren Stigmatisierungsmerkmal versehen werden, was letztlich eben zur Unterscheidung in „bildbar-inklusionsfähige und nicht bildbar-inklusionsunfähige" (ebd.) SchülerInnen führen könne.

Die unterschiedlichen Maßnahmen von Differenzierung und Individualisierung gewährleisten nach Markowetz keine „uneingeschränkte kooperative Beteiligung im Gemeinsamen Unterricht" (Markowetz 2012, 154). Dieses Dilemma gilt es didaktisch kreativ zu wenden. „Die Anerkennung der Gleichheit und Verschiedenheit der lernenden Subjekte fordert die Gleichberechtigung inklusiver wie exklusiver Lernsituationen im Gemeinsamen Unterricht ein" (Markowetz/Reich 2016, 345). Dies sind die Gründe, warum Markowetz exklusiv-individuelle Lernsituationen zu den Grundformen gemeinsamen Unterrichts zählt. „Gelingt das, sind Sonderpädagogik und Allgemeine Pädagogik auf dem gemeinsamen Weg zu einer inklusiven Didaktik" (Markowetz 2012, 154).

2.3.2.3 Umklammerung scheinbar unvereinbarer Konzepte

Aus den genannten Gründen heraus ist es für Markowetz nötig, „Gemeinsamen Unterricht neu zu denken und zu machen" (ebd.). Dies gelingt ihm über die Triangulation der Ansätze von Feuser, Wocken und der exklusiv-individuellen Lernsituationen. Damit können Pseudokooperationen vermieden werden und die unterschiedlichen Facetten eines gemeinsamen Unterrichts erhalten eine theoretische Legitimation und praktische Notwendigkeit.

2.3.2.4 Verhältnis der drei Grundpositionen

Damit stellt sich die Frage nach dem Verhältnis der Anteile von Lernen am gemeinsamen Gegenstand, in gemeinsamen Lernsituationen und in exklusiv-individuellen Lernsituationen.

Markowetz beantwortet dies mit dem Hinweis auf „eine sehr sorgfältige Integration und verantwortungsbewusste Balance sozial-inklusiver und individuell-exklusiver Lernsituationen im Gemeinsamen Unterricht in einer Schule für alle" (ebd.).

In Abb. 1 ist das Ineinandergreifen der scheinbar unvereinbaren didaktischen Grundpositionen der Triangulation des Lernens grafisch aufbereitet. Ersichtlich ist die gleichberechtigte Stellung und Legitimation der drei Ansätze und dass alle Ansätze über Maßnahmen der inneren Differenzierung und Individualisierung verfügen.

Markowetz setzt sich auch mit Angaben zur Quantifizierung auseinander. In Bezugnahme auf Reich und internationale Erfahrungen spricht Markowetz von einer inklusiven Beschulung in der Regelschule, „wenn mehr als 80% des Unterrichts gemeinsam und weniger als 21% des Unterrichts in unterschiedlichen Lerngruppen erfolgt" (Markowetz 2016, 266), um dann zu fragen, ob hier nicht individuelle Abweichungen möglich bzw. sinnvoll seien.

Somit liegt eine breite Grundkonstellation von inklusivem Unterricht vor, welche gekennzeichnet ist durch die Theorie des gemeinsamen Lernens am Gemeinsamen Gegenstand (Feuser). Diese Kooperation am gemeinsamen Gegenstand als „didaktische Hochform von Unterricht" (Markowetz 2007, 821; Markowetz 2016, 260) ist notwendiger Bestandteil gemeinsamen Unterrichts, wenngleich solche „Sternstunden", so die wertende Begrifflichkeit von Markowetz (2007, 821) „didaktisch weder dauerhaft produziert noch durchgängig geleistet werden" können (Markowetz 2007, 821; Markowetz 2016, 260).

Der zweite, breite Markierungspunkt sind die gemeinsamen Lernsituationen von Wocken, die ergänzt werden müssen durch exklusiv-individuelle Lernsituationen, damit die Triangulation theoretischer Sichtweisen für den gemeinsamen Unterricht zur Anwendung kommen kann.

Abbildung 1: Schematische Darstellung des Ineinandergreifens scheinbar unvereinbarer didaktischer Grund-positionen auf dem Weg zu inklusiver Bildung: Triangulation des Lernens (Darstellung nach: Markowetz 2016, 263; vgl. auch Markowetz 2007, 825).

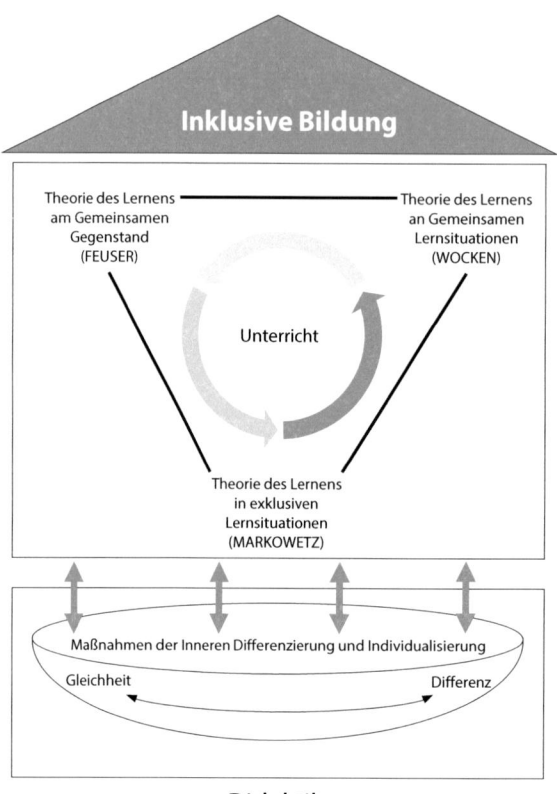

In didaktischer Hinsicht ist damit ein Spannungsbogen eröffnet, der alle verschiedenen Elemente des gemeinsamen Unterrichts erfassen will.

> „Wesentlich erscheint die didaktische Realisierung eines gemeinsamen Unterrichts in einer Schule für alle. Dieser gemeinsame Unterricht wird sich im Spannungsfeld zwischen Individualisierung und Differenzierung einerseits und einem gemeinsa-men Lernen an einem gemeinsamen Gegenstand bewegen" (Goschler 2012, 234f.).

Gemeinsamer Unterricht kann gekennzeichnet werden durch verschiedene Stationen einer Pendelbewegung, wobei es fließende Übergänge geben kann. Der eine Pol des Pendel-ausschlags kann begrifflich gefasst werden mit den exklusiv-individuellen Lernsituationen. Diese sind charakterisiert durch ein Maximum an Individualisierung und Differenzierung. Stringent zu Ende gedacht würde eine konsequente Betonung dieses didaktischen Ansatzes dazu führen, dass jedeR SchülerIn zu jeder Zeit des Unterrichts sein eigenes Curriculum verfolgt unabhängig davon, was die jeweiligen MitschülerInnen im Unterricht bearbeiten.

Den anderen Pol stellt ein gemeinsames Lernen an einem gemeinsamen Gegenstand mit differenzierten und individualisierten Angeboten dar.

Um exklusiv-individuelle Lernsituationen überhaupt realisieren zu können, bedarf es eines Unterrichts, der so weit geöffnet ist,

- dass die inhaltliche Initiative nicht allein von der Lehrkraft ausgeht,
- dass die SchülerInnen unterschiedliche Inhaltsfelder bearbeiten können,
- dass der Unterricht so organisiert ist, dass unterschiedliche Betätigungsfelder eröffnet sind
- und dass verschiedene Sozialformen zeitgleich zum Tragen kommen können.

Mit den bisher herausgearbeiteten Bestimmungsmerkmalen für Lernwerkstattarbeit ist diese Offenheit grundsätzlich kompatibel, wenngleich hinzugefügt werden muss, „dass dies kein durchgängiges Prinzip sein kann und darf, da es sonst zu einer extremen Vereinzelung der Kinder und Jugendlichen führen würde und die Sozialität von Lernprozessen aufgegeben wird" (Goschler 2012, 235).

Im nächsten Abschnitt wird der Fokus auf den zweiten Teil der Triangulation gelegt, auf die Theorie der gemeinsamen Lernsituationen nach Wocken. Die Triangulation des Lernens stellt den denkbar breitesten konzeptionellen Ansatz für gemeinsamen Unterricht dar und wird nach dem Ausschlussprinzip weiter verengt. Dabei wird Wert gelegt auf darstellende Anteile, ist doch „die explizierte Theorieorientierung beim entwerfenden Publizieren unverzichtbar" (Kahlert 2007, 37), was in diesem Fall bedeutet, dass die Argumentationslinie nachverfolgbar sein muss und gleichzeitig die dahinterstehende Theorie (hier: von Wocken) formuliert wird.

2.3.3 Theorie des Lernens in gemeinsamen Lernsituationen nach Wocken

Wocken geht von einer Vielzahl unterschiedlicher Situationen im inklusiven Unterricht aus. Diese können gedanklich wie in einer Overlay-Folientechnik so übereinandergelegt werden, dass sich eine Einteilung oder Charakterisierung nach wesentlichen Merkmalen ergibt. Diese bezeichnet Wocken als „gemeinsame Lernsituationen" (vgl. Wocken 1998, 41ff.; Wocken 2014, 62ff.). Gewonnen werden die gemeinsamen Lernsituationen in einem Kristallisierungs- oder Destillationsverfahren, das die strukturidentischen oder strukturähnlichen Lernsituationen zu Tage fördert und beschreibt. Dabei charakterisiert Wocken in einem ersten Schritt vier verschiedene Typen von Lernsituationen heraus, die weiter unterteilt werden können:

- koexistente Lernsituationen
- kommunikative Lernsituationen
- subsidiäre Lernsituationen
    - o subsidiäre Lernsituationen unterstützend
    - o subsidiäre Lernsituationen prosozial
- kooperative Lernsituationen

o kooperative Lernsituationen komplementär

o kooperative Lernsituationen solidarisch (vgl. Wocken 1998, 41ff.; Wocken 2014, 62ff.)

Diese verschiedenen Lernsituationen beschreibt Wocken jeweils nach ihren Inhalts- und Beziehungsaspekten und will damit das komplette Spektrum des schulischen Alltags in inklusiven Klassen begrifflich fassen.

2.3.3.1 Koexistente Lernsituationen

Mit koexistenten Lernsituationen fasst Wocken die Anteile am gemeinsamen Unterricht, in denen die SchülerInnen jeweils ihrem eigenen Programm folgen. Der Fokus der jeweiligen SchülerInnen liegt auf ihrem eigenen, jeweils individuellen Lerngegenstand oder Lerninhalt. Inhaltlich gemeinsame Thematiken sind nicht intendiert, sondern ergeben sich zufällig. In unterrichtlicher Hinsicht kommen dafür Phasen eines offenen, nicht lehrerInnenzentrierten Unterrichts in Frage, der in Form von Freiarbeit oder Wochenplanarbeit oder ähnlichen Unterrichtsformen organisiert ist. Die SchülerInnen arbeiten an ihrem eigenen individuellen Curriculum. Dazu ist es durchaus nötig, gemeinsame Regeln zu respektieren und einzuhalten. Mit Bezug auf die Triangulation des Lernens sind damit Situationen angesprochen, die in multiplizierter Form exklusiv-individuell gestaltet sind. Das didaktische Pendel orientiert sich weitestgehend am Pol Individualisierung/Differenzierung im Sinne individualisierter Curricula und nicht am gemeinsamen Lernen an einem Gemeinsamen Gegenstand.

In unterrichtlicher Hinsicht widmen sich die verschiedenen SchülerInnen unterschiedlichen Aktivitäten. Diese können auf verschiedene Art und Weise erreicht werden. "Die didaktische Potenz koexistenter Situationen liegt in der Entfaltung individueller Fähigkeiten, Kenntnisse und Kompetenzen" (Wocken 2014, 65).

Abbildung 2: Darstellung koexistenter Lernsituationen in Anlehnung an Wocken.

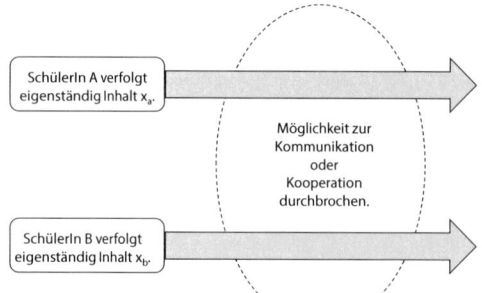

Eine notwendige Ergänzung zu Wocken ist an dieser Stelle unerlässlich: Ein Umkehrschluss ist dabei nicht zulässig. Koexistente Lernsituationen sind nicht unabdingbare Voraussetzung zur Entfaltung individuellen Lernens; die Entwicklung individueller Kompetenzen kann auch in anderen unterrichtlichen Zusammenhängen vorangetrieben werden.

Mit den koexistenten Lernsituationen wendet sich Wocken gegen den Anspruch von Feuser des ausschließlichen Lernens am Gemeinsamen Gegenstand, denn koexistente Lernsituationen werden „durch das Theorem des gemeinsamen Gegenstandes unzureichend einbezogen, wenn nicht gar als desintegrativ ausgeblendet" (ebd.). Weiterhin warnt er vor einer Geringschätzung solcher Lernsituationen, denn „alle Individualisierung und Differenzierung des Unterrichts läuft zu wesentlichen Anteilen auf die Ermöglichung und Gestaltung koexistenter Lernsituationen hinaus" (ebd.). Dies würde einerseits bedeuten, dass mindestens die Hälfte des gemeinsamen Unterrichts so organisiert werden sollte, andererseits könnte dies als Hinweis darauf missverstanden werden, dass Individualisierung und Differenzierung im Wesentlichen an koexistente Lernsituationen angebunden sind. Beiden Varianten muss widersprochen werden, denn es besteht kein hinreichend-notwendiger Zusammenhang zwischen koexistenten Lernsituationen und Maßnahmen von Individualisierung und Differenzierung. Anders formuliert: Individualisierung und Differenzierung sind keine Unterrichtsprinzipien, die ausschließlich auf koexistente Lernsituationen verwiesen wären.

2.3.3.2 Kommunikative Lernsituationen

Inhaltliche Thematiken treten hier zugunsten der Kommunikativität einer Situation deutlich zurück. Dies wird hier nicht begründet durch das erste Grundaxiom von Paul Watzlawick über menschliche Kommunikation: „Man kann nicht nicht kommunizieren" (Watzlawick o.J., o.S.), sondern findet real statt. Es geht um situativ sich ergebende Gespräche zwischen zwei oder mehreren SchülerInnen, die nicht durch die Lehrkraft intendiert worden sind. Kommunikative Lernsituationen können nicht mit effektiver Lernzeit ermittelt werden, so wie bei manchen Ballspielarten die effektive Spielzeit von der gesamten Spielzeit unterschieden werden kann.

Wocken vergleicht die kommunikativen Lernsituationen mit dem Gespräch, wie es sich im Alltag zu verschiedensten Anlässen ergibt. Dieses hat etwas Plauderhaftes an sich und hält sich nicht notwendigerweise an ein bestimmtes Thema, „man redet über Gott und die Welt, jede Abschweifung ist zugelassen" (Wocken 2014, 66).

Ein geplanter und strukturierter Unterricht sieht kommunikative Lernsituationen kaum vor, da die SchülerInnen in solchen Zeitphasen keinen erkennbaren eigenen Lerninhalt verfolgen. Es wird das Gespräch um des Gespräches willen geführt. Dem könnte entgegnet werden, dass es ineffektive Unterrichtszeit ist. Andererseits können solche informellen Gesprächsanteile als „emotionaler Kitt" (ebd., 66) in (heterogenen) sozialen Gruppen fungieren. Trotz der Nichtplanbarkeit von kommunikativen Lernsituationen im Unterricht und um den Unterricht herum sind diese dennoch unabwendbar und sollen wertgeschätzt werden. Oft sind diese Anteile die bleibenden Erinnerungen an die Schulzeit, während manche Inhalte auch wieder dem Vergessen anheimfallen. „Es wäre gut, wenn integrative Pädagogik auch die nutzlosen, inhaltsarmen, informellen Zeiten als pädagogisch fruchtbar zur Kenntnis nehmen könnte und theoretisch zu würdigen wüsste" (ebd., 67). Gemeinsame Gesprächsthemen ergeben sich aus der Interaktion.

Abbildung 3: Darstellung kommunikativer Lernsituationen in Anlehnung an Wocken.

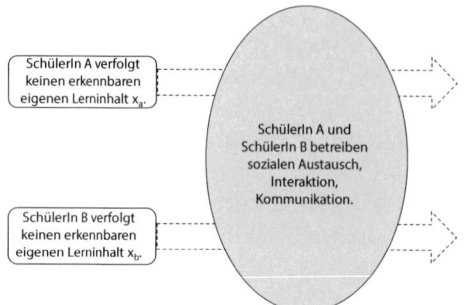

Der Wert solcher Situationen ist unbestritten, da hierüber auch wesentliche Teile des Klassenklimas und des Beziehungsgefüges unter den SchülerInnen beeinflusst werden. Nicht umsonst besteht die Schulzeit nicht nur aus geplanter, organisierter Lernzeit, sondern ermöglicht vor- und nachunterrichtliche Phasen, Pausengespräche, gemeinsame Unternehmungen von Tagesausflügen bis hin zu Mehrtagesunternehmungen. Allerdings ist nicht ganz nachvollziehbar, warum diese kommunikativen Lernsituationen strikt vom Inhaltsaspekt getrennt werden. Die Begrifflichkeit „kommunikative Situationen" wäre vielleicht angemessener. Gerade bei einem Lernen an einem gemeinsamen Gegenstand oder Thema ist die Kommunikation der SchülerInnen untereinander nicht nur möglich, sondern auch intendiert und schafft Lern- und Gesprächsanlässe.

2.3.3.3 Subsidiäre Lernsituationen

Subsidiäre Lernsituationen sind nicht durch die unterschiedliche Dichotomie von Inhalts- und Beziehungsaspekt gekennzeichnet, sondern durch die Asymmetrie im Verhältnis von SchülerIn A zu SchülerIn B. SchülerIn B benötigt für die Erreichung der eigenen Ziele die Unterstützung durch SchülerIn A. „A leistet subsidiäre Hilfe" (ebd., 68). Nach Wocken lassen sich zwei verschiedene subsidiäre Lernsituationen unterscheiden, nämlich unterstützende und prosoziale.

2.3.3.4 Subsidiäre Lernsituationen – unterstützend

Hierbei werden von beiden SchülerInnen jeweils eigenständige Ziele verfolgt, allerdings benötigt SchülerIn B zur Erreichung der eigenen Ziele die Unterstützung durch SchülerIn A. Diese Hilfsmaßnahmen können en passant durchgeführt werden, sodass die Realisation der Ziele der SchülerIn A nicht gefährdet ist.

Im Unterricht lassen sich eine Vielzahl von Situationen verorten, die unterstützenden Charakter haben. Dabei kann es sich um zufällige oder auch geplante Maßnahmen handeln. Die Kennzeichnung solcher Lernsituationen kann aus verschiedenen Sozialformen des Unterrichts entstammen, sei es die aktuelle Sitzordnung, ein System von TischnachbarInnen, Lernpartnerschaften oder auch zieldifferente Arbeitsgruppen. Oft sind es „nur flüchtige Gefälligkeiten: ein aufmunternder Arbeitsanstoß, das Vorsagen bei einer kleinen Gedächtnislücke, das Ausleihen eines Radiergummis, ein korrigierender Hinweis auf Fehler, ein hilfreicher Tipp, und anderes mehr" (ebd., 68).

Abbildung 4: Idealtypische Darstellung subsidiär unterstützender Lernsituationen in Anlehnung an Wocken.

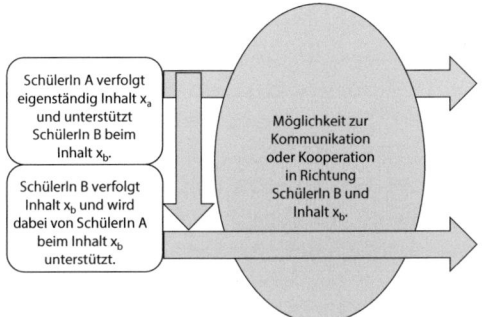

Die Unterstützungsmaßnahmen können auch tutoriellen Charakter haben. Bei all diesen Situationen oder Maßnahmen ist wesentlich, dass die Zielerreichung der eigenen Ziele der unterstützenden Person nicht in Frage gestellt ist. Hierzu ist eine tendenzielle Offenheit der Unterrichtsorganisation nötig, da einerseits unterschiedliche SchülerInnen jeweils unterschiedliche Ziele verfolgen und andererseits die Möglichkeit gegeben sein muss, die aktuelle Sozialform des Unterrichts durch die SchülerInnen zu verändern, um Unterstützungsmaßnahmen leisten zu können.

2.3.3.5 Subsidiäre Lernsituationen – prosozial

Bei prosozialen-subsidiären Lernsituationen tritt ebenfalls eine Asymmetrie im Verhältnis von SchülerIn A zu SchülerIn B auf. Allerdings ist dabei Ausmaß und Umfang der Hilfemaßnahmen so umfangreich, dass der/die unterstützende SchülerIn nicht mehr in der Lage ist, die anvisierten eigenen Ziele zu verfolgen.

Abbildung 5: Idealtypische Darstellung prosozialer Lernsituationen in Anlehnung an Wocken.

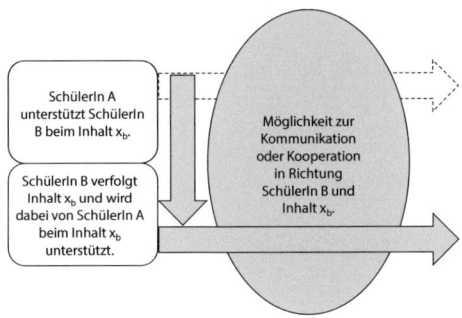

Wocken vergleicht diese Lernsituationen mit der Tätigkeit eines/r GebärdendolmetscherIn, der sich in eine Kommunikationssituation nur einklinkt, damit die Kommunikation anderer Personen gewährleistet wird. Eigene Pläne und Ziele der helfenden oder unterstützenden Personen werden zugunsten des Hilfs- oder Unterstützungsangebots zurückgestellt. Ziel der helfenden Person ist „das Wohlergehen und Vorankommen anderer zu fördern, gegebenenfalls in uneigennütziger, selbstloser Weise" (ebd., 69).

Wocken selbst weist auf die Problematik prosozialer Lernsituationen hin. „In der integrationspädagogischen Literatur wird dem Helfen, also den prosozialen Aspekten eines gemeinsamen Unterrichts, nicht selten ein zu großes Gewicht eingeräumt" (ebd.). Helfende SchülerInnen können zu Co-Lehrkräften umfunktionalisiert werden und stellen eigene Perspektiven hinten an. Dies kann unter dem Aspekt des „Helfens" zwar durchaus positiv konnotiert werden. Andererseits widerspricht dies sowohl dem Anspruch von Kindern und Jugendlichen mit Förder- oder Unterstützungsbedarf auf einen adäquaten und qualitativ-hochwertigen Unterricht als auch den Rechten der anderen SchülerInnen auf die Verfolgung und Realisation eigener Ziele und Inhalte. Beide Aspekte können zu zusätzlichen Stigmatisierungsprozessen beitragen.

2.3.3.6 Kooperative Lernsituationen

Kennzeichnendes Merkmal kooperativer Lernsituationen ist der verbindliche Zusammenhang von Arbeitsinhalten und/oder -prozessen (vgl. ebd., 70). Diese werden in mehr oder weniger enger Kooperation von verschiedenen SchülerInnen verfolgt, wobei der Prozess der Realisierung kein beliebiger, sondern ein verhandelter, abgesprochener ist. Wocken bezieht sich dabei auf den Marx'schen Arbeitsbegriff. Kooperative Lernsituationen können nach Wocken je nach Enge der Kooperation und Verbindlichkeit des gemeinsamen Zieles unterschieden werden in komplementäre oder solidarische.

2.3.3.7 Kooperative Lernsituationen – komplementär

In komplementären Lernsituationen werden von verschiedenen SchülerInnen jeweils unterschiedliche Ziele verfolgt, deren Realisierung der gemeinsamen Zusammenarbeit bedarf. Somit kann auch eine Konkurrenzsituation zur komplementären Lernsituation werden. Viele Lernspiele funktionieren nach diesem Prinzip. Die Situation ist gekennzeichnet durch definierte – nicht gleiche – Rollen: Vorleser und Nichtleser oder die unterschiedenen Aufgabenstellungen in einem Partnerdiktat.

SchülerIn A und SchülerIn B können ihr jeweils eigenes Ziel oder ihren jeweils eigenen Inhalt nur realisieren, wenn es zu einer Form der Zusammenarbeit oder Kooperation kommt, wobei die Zielgerichtetheit der Kooperation keine gemeinsame ist.

Abbildung 6: Idealtypische Darstellung komplementärer Lernsituationen in Anlehnung an Wocken.

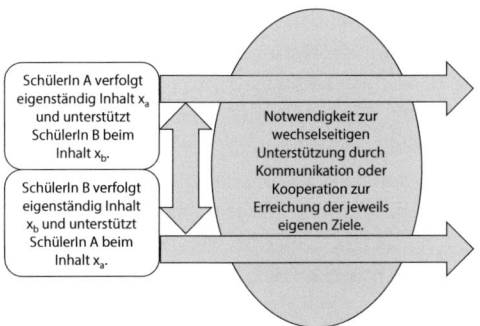

2.3.3.8 Kooperative Lernsituationen – solidarisch

Bei solidarischen Lernsituationen spricht Wocken von der „höchsten und reinsten Form" der kooperativen Lernsituationen (ebd., 71). Inhalte und Handlungsziele werden gemeinsam abgestimmt und koordiniert. Konstituierend ist das gemeinsame Ziel, aus deren Realisierung sich einzelne Schritte ableiten lassen, die wiederum verbindlich und abgesprochen sind.

Abbildung 7: Idealtypische Darstellung solidarischer Lernsituationen in Anlehnung an Wocken.

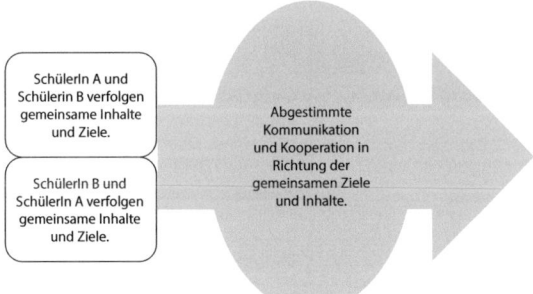

Hieraus ergibt sich eine „steuernde, synergetische Kraft" (ebd.). Wocken verweist auf den Projektcharakter solcher Vorhaben. „Kooperative, solidarische Lernsituationen vereinigen in höchster Form alle gemeinsamkeitsstiftenden, integrationsförderlichen Faktoren" (ebd., 72). Deshalb bezeichnet Wocken diese Unterrichtsvorhaben auch als „Sternstunden" (ebd.), um dann einschränkend darauf hinzuweisen, dass ein so organisierter Unterricht didaktisch nicht in beliebigem Umfang und Ausmaß realisiert werden kann.

Kooperative, solidarische Lernsituationen sind strukturidentisch mit der Arbeit an einem Gemeinsamen Gegenstand nach Feuser. In beiden Fällen ist hervorstechendes und konstituierendes Merkmal die gemeinsame Kooperation an einem Gemeinsamen Gegenstand. Allerdings geht Wocken davon aus, dass sich solche Unterrichtsanteile in der Regel nur im einstelligen Prozentbereich quantifizieren lassen. Damit verwehrt er sich gegen den

Anspruch von Feuser, diese „didaktische Idealfigur als alltägliche Minimalnorm eines integrativen Unterrichts einzufordern" (ebd., 72).

Mit der Theorie der gemeinsamen Lernsituationen will Wocken eine „Balance zwischen differenzierenden und integrierenden Lernsituationen" schaffen (ebd.). Insgesamt betrachtet liegt damit ein sehr weites Feld an verschiedenen Unterrichtsformen vor, das durch zwei Eckpunkte mit verschiedenen dazwischenliegenden Varianten beschrieben werden kann. Die Maßnahmen reichen von einem sehr hohen Maß an Individualisierung und Differenzierung im Sinne der Verfolgung individueller Curricula auf der einen Seite bis hin zu einem kooperativen, gemeinsamen Lernen mit einem gemeinsamen Ziel bzw. an einem Gemeinsamen Gegenstand. Anders formuliert deckt Wockens Konzept alle Bereiche ab, die begrenzt sind durch den einen Pol von Markowetz' Ansatz der exklusiv-individuellen Lernsituationen bis hin zum anderen Pol, der durch Feusers gemeinsame Tätigkeit am Gemeinsamen Gegenstand charakterisiert werden kann. Tab. 8 fasst die Theorie der gemeinsamen Lernsituationen zusammen, charakterisiert diese nach dem Inhalts- und Beziehungsaspekt und ergänzt Wockens Ansatz um mögliche Unterrichtsformen, die aus den gemeinsamen Lernsituationen abgeleitet werden können und die in einem Lernwerkstattkonzept ebenfalls zum Tragen kommen könnten.

Tabelle 8: Lernsituationen nach Wocken unter Kennzeichnung des Inhalts- und Beziehungsaspekts mit Ergänzung möglicher Unterrichtsformen.

gemeinsame Lernsituation nach Wocken	Kennzeichnung des vorwiegenden Inhalts- und Beziehungsaspekts	Unterrichtsformen und Bezug zum Lernwerkstattkonzept
koexistente Lernsituationen	überwiegend individuelle Curricula	Individualisierung; jeweils eigenes Projekt, Vorhaben
kommunikative Lernsituationen	Interaktion im Vordergrund; Sache im Hintergrund	Gesprächssituationen; Klassenkonferenzen
subsidiäre Lernsituationen	asymmetrisches Unterstützungsverhältnis	Offenheit der Lernsituation für andere SchülerInnen
kooperative Lernsituationen	verbindlicher Zusammenhang des gemeinsamen Arbeitens	gemeinsames Ziel, Projekt; Einbezug der Lernbiografien

Aus dieser zusammenfassenden Tabelle lässt sich die Breite der verschiedenen Unterrichtsangebote ablesen, die alle nur in einem geöffneten Unterricht verwirklichbar sind, damit gemeinsame oder individuelle Vorhaben oder Projekte in unterschiedlichen Sozialformen umsetzbar sind. Aufgabe inklusiver Pädagogik ist die Ausbalancierung dieses unterrichtlichen Feldes.

Intendiert ist damit ein inklusiver Unterricht, der Bezug nimmt auf die

- „Vielfalt der Kinder",
- „Vielfalt des Unterrichts",
- „Vielfalt der Pädagogen" (Wocken 2011b, 117).

Mit der Begrifflichkeit „Vielfalt der Kinder" nimmt Wocken Bezug auf drei Aspekte. Erstens auf die Dimension Heterogenität. Damit verweist er darauf, dass klassische Integrationskonzepte sich vorwiegend auf SchülerInnen mit und ohne Behinderung bezogen und vorrangig die Eingliederung von Kindern und Jugendlichen mit sonderpädagogischem Förderbedarf in Schule und Gesellschaft fokussiert wurde. Die Dimension Heterogenität ist weiter gefasst (vgl. Sturm 2013, 64ff.; Reich 2012, 54ff.).

Wockens zweiter Bezugspunkt ist die Lebensrealität und Wohnortnähe. Es sollten keine eigenen Inklusionsschulen und andere Schulen nebeneinander geführt werden. Auch soll es keine leistungsorientierten Züge geben. Die Zusammensetzung einer Klasse ergibt sich aus dem schulischen Realumfeld (vgl. Wocken 2011b, 118f.).

Drittens verweist Wocken darauf, dass Inklusion unteilbar ist. Die Zwei-Gruppen-Theorie sei zu überwinden. Es gibt nicht mehr die Dichotomie behindert – nichtbehindert (vgl. ebd., 119). Grundprinzip ist damit die Anerkenntnis der Vielfalt der Kinder.

Der zweite Bestimmungsfaktor „Vielfalt des Unterrichts" unterteilt sich in mehrere Bereiche. Die inklusive Schule hat genau wie die allgemeine Schule das Ziel der Bildungsvermittlung. Hier bezieht sich Wocken auf Klafkis bildungstheoretische Didaktik. Der Unterricht setzt an den jeweiligen Fähigkeiten der SchülerInnen an und holt sie dort ab, wo sie stehen. Wocken benennt dies als „Notwendigkeit einer fähigkeitsadaptiven Zielsetzung" (ebd., 122) und bezieht sich auf Feuser und die Orientierung am jeweiligen Entwicklungsniveau. Berücksichtigt werden müssen die verschiedenen individuellen Lernbedürfnisse der verschiedenen SchülerInnen aus den verschiedenen Heterogenitäts- bzw. Diversitätsdimensionen. Dazu bedarf es vielfältiger Lernprozesse; der Unterricht ist „nicht nur ziel- und inhaltsdifferent, sondern auch wegdifferent" (ebd., 124). Dies wird erreicht über „die Balance von gemeinsamen und differentiellen Lernsituationen" (ebd.). Hilfreich kann die „Nutzung förderlicher Ressourcen" sein (ebd., 125).

In Bezug auf räumliche Ressourcen bezieht sich Wocken ausdrücklich auf die Montessori-Pädagogik mit vorbereiteten Materialien und auf Célestin Freinet, der den Klassenraum in verschiedene räumliche Bereiche unterteilt hat. So können für einen offenen Unterricht „flexible Lernlandschaften mit Funktionsecken, Ateliers, Ruhezonen, Nischen, Kästen, Magazine, Paravents, Separes [sic! W.G.], Büros, Konferenzräumen, Marktplätzen und einem Festsaal" entstehen (ebd., 126).

Über die Nutzung sozialer und kultureller Ressourcen kommt es zu einer Wertschätzung der Heterogenität. Lernprozesse sollen barrierefrei gestaltet werden. Hier verweist Wocken u.a. auf die Verwendung leichter Sprache. Diskriminierende Praxen, wie Vorrechnen lassen an der Tafel oder öffentliche Rückgabe von Klassenarbeiten, sollen abgeschafft werden. „Neben den groben und offensichtlichen Formen der Diskriminierung gibt es eine Unzahl von Lieblosigkeiten, Nadelstichen, Herabsetzungen und Verletzungen: Hänseln, Verspotten, Belächeln, Beleidigen, Ausschimpfen, Bespucken, Auslachen, Ignorieren und anderes mehr" (ebd., 128), die das Klassenklima negativ beeinflussen können. Schließlich müssen „exkludierende Selektionen" (ebd., 129) abgebaut werden, wie Wiederholungen, Zurückstellungen, Sortierung nach Schulform und anderes mehr.

Schließlich soll die Begrifflichkeit „Vielfalt der Pädagogen" geklärt werden. Hier verweist Wocken auf eine zu verändernde Qualität der LehrerInnen-SchülerInnen-Beziehungen. Diese benötigen ein „ausgeglichenes Verhältnis von Initiative und Aktivität" (ebd.,

131) und setzen auf den Lernwillen der SchülerInnen. Von besonderer Bedeutung ist die Qualität der Kooperation der beteiligten PädagogInnen. Schulische Aktivitäten sollen sozial vernetzt und in die Sozialräume Familie, Schule, Nachbarschaft eingebunden werden.

Zusammenfassend bedeutet laut Wocken inklusiver Unterricht,

- *„dass alle Kinder*
  - o einer unausgelesenen
  - o und ungeteilten Lerngruppe
- *sich allgemeine Bildung*
  - o nach individuellem Vermögen
  - o und individuellen Bedürfnissen
  - o in vielfältigen Lernprozessen
  - o mit gemeinsamen und differentiellen Lernsituationen
  - o unter Nutzung förderlicher Ressourcen
  - o ohne behindernde Lernbarrieren und
  - o ohne diskriminierende und exkludierende Praxen sowie
  - o mit entwicklungsorientierter Lernevaluation

  aneignen können, und zwar

- *mit aktiver Unterstützung*
  - o von kooperierenden Pädagogen
  - o und sozialen Netzwerken"* (ebd., 134. Hervorhebung im Originaltext. W.G.).

Auch die Grundstrukturen von Inklusion auf den verschiedenen Ebenen bedürfen einer Ausbalancierung. Auf der individuellen Ebene, also der Ebene der Person, sind dies die Selbst-Akzeptanz zwischen Selbstwertschätzung und Selbstkritik und die Ich-Identität zwischen sozialer Identität und persönlicher Identität, die als ausgewogen angestrebt werden sollen. Am Beispiel der Selbst-Akzeptanz werden die Bezugskriterien exemplarisch dargestellt, sodass sich die weiteren auszubalancierenden Felder aufgrund ihrer Begrifflichkeiten erschließen sollten.

Selbst-Akzeptanz wäre demzufolge ein ausbalanciertes Verhältnis zwischen Selbstwertschätzung und Selbstkritik. Hierüber sollte es möglich sein, positive eigene Merkmale auf der Seite der Selbstwertschätzung anzuerkennen und sich auf der Seite der Selbstkritik mit eigenen Schwächen realistisch auseinanderzusetzen. Nur mehr schwierig oder nicht ausbalancierbar wird Selbst-Akzeptanz, wenn der Bereich der Selbstwertschätzung in Selbstüberschätzung oder wenn der Bereich der Selbstkritik in Selbstabwertung umschlägt.

Tab. 9 gibt eine Übersicht über anzustrebende Ausbalancierungen auf der individuellen Ebene. Fett umrandet ist jeweils ein Bezugsfeld. Fett und kursiv gedruckt ist das ausgewogene Verhältnis.

Tabelle 9: Ausbalancierungen inklusiver Grundstrukturen auf der individuellen Ebene nach Wocken (vgl. Wocken 2013, 180ff.).

Ebene		Ausbalancierung	
Individuelle Ebene (Person)	Selbstwertschätzung	**Selbst-Akzeptanz**	Selbstkritik
	Selbstüberschätzung		Selbstabwertung

Wocken benennt weitere Ausbalancierungen auf verschiedenen Ebenen:

- Ich-Identität
- soziales Verhalten
- soziale Beziehungen
- unterrichtliche Sozialformen
- pädagogische Orientierung
- intraschulische Lerngruppen
- Struktur des Schulsystems
- Gleichheit versus Ungleichheit
- Alter versus Ego (vgl. ebd.)

Damit hat Wocken ein Konzept vorgelegt, das im Kern auf eine „Pädagogik der Vielfalt" (Prengel 2006) zielt, in der Verschiedenheit nicht als Problem, sondern als Chance betrachtet wird auf der Basis wechselseitiger Anerkennung. Aufgezeigt worden ist ein Feld für inklusiven Unterricht, das mit den Polen Individualisierung/Differenzierung im Sinne individueller Curricula auf der einen Seite und einem gemeinsamen Lernen am Gemeinsamen Gegenstand auf der anderen Seite gekennzeichnet werden kann. Damit ist „die Frage, wie in inklusiven Settings gemeinsamer Unterricht qualitativ so hochwertig gestaltet werden kann, dass Bildung und Erziehung nicht zu kurz kommen" (Fischer 2016, 77), zumindest in weiten Teilen beantwortet.

Für das weite Feld koexistenter, kommunikativer und subsidiärer Lernsituationen und auch für die kooperativ-komplementären Lernsituationen haben Sonderpädagogik und Teile der Allgemeinen Pädagogik in den letzten wenigen Jahrzehnten Kompetenzen in Theorie und Praxis generiert, die für eine positive Ausgestaltung dieser Lernsituationen ausreichend sind. Dies bezieht sich zum einen auf die verschiedenen Angebote eines geöffneten Unterrichts und zum anderen auf die Anerkenntnis von Heterogenität als grundlegendem Ausgangspunkt unterrichtlichen Handelns. Allerdings weist Wocken selbst auf die Problematik hin, die sich mit sehr individualisierten/differenzierten Curricula ergeben kann (vgl. Wocken 2013, 210f.), besteht dabei die Gefahr einer Vereinzelung der SchülerInnen.

Eine weitere Schwierigkeit liegt darin, dass die SchülerInnen, die am unteren Leistungsrand, bezogen auf die Klassengemeinschaft, agieren, selbst wenn dies für diese Kinder und Jugendlichen Höchstanforderungen bedeutet, einer zusätzlichen Stigmatisierung ausgesetzt sein könnten. Aus diesen Gründen scheint es sinnvoll zu hinterfragen, warum kooperativ-solidarische Lernsituationen in der Spannbreite eines inklusiv ausgerichteten Unterrichts einen so geringen Stellenwert haben und als nicht dauerhaft zu leistende „Sternstunden"

(Markowetz 2007, 821; Wocken 2014, 72) bezeichnet werden. Deshalb soll der Fokus auf gemeinsamen Unterricht weiter verengt werden in Richtung kooperativen Lernens am Gemeinsamen Gegenstand.

2.3.4 Entwicklungslogische Didaktik nach Feuser

Die entwicklungslogische Didaktik wurde in weiten Teilen von Georg Feuser entwickelt. Sein Ansatz wird von Wocken zwar in den kooperativ-solidarischen Lernsituationen mit erfasst, aber mit den im vorhergehenden Kapitel genannten Einschränkungen. Vom Pol der kooperativ-solidarischen Lernsituationen aus betrachtet oder aus dem Blickwinkel der Markowetz'schen Konzeption wurden sowohl die Idee der Triangulation als auch das Konzept der verschiedenen Lernsituationen geschaffen, um auch andere Formen eines gemeinsamen Lernens im Sinne der Vielfalt inklusiver oder sich inklusiv verstehender Angebote zu legitimieren. Feuser spricht in Bezug auf sich als inklusiv verstehende Konzepte, die lediglich ein gemeinsames Dach einfordern und keinen inklusiven didaktischen Kern vorweisen können, von einer „erschreckenden didaktischen Abstinenz" der Integrations- oder Inklusionsbewegung (Feuser 2011, 86).

Schon anfangs der 1980er-Jahre legt Feuser ein umfangreiches Konzept vor für eine Schule für alle Kinder. Zu dieser Zeit wird dies im deutschsprachigen Raum mit den Begrifflichkeiten „Integration" und „integrativ" gefasst.

Aus dieser Zeit stammt auch ein allgemeines Verständnis von Integration, das Feuser als "gemeinsame Tätigkeit (Spielen/Lernen/Arbeit) am gemeinsamen Gegenstand/Produkt in Kooperation von behinderten und nichtbehinderten Menschen" bezeichnet (Feuser 1984a, 18). Auf dieser Grundlage wurde ab den 1980er-Jahren zuerst die pädagogisch-didaktische Arbeit einer Kindertagesstätte der Bremisch Evangelischen Kirche umgestaltet (Feuser 1984a). Hieraus wurde dann ebenfalls in Bremen der Schulversuch Integration durch- und umgesetzt (Feuser/Meyer 1987).

Diese – wiederholt formulierte – Definition bleibt über die Jahre grundsätzlich bestimmend für Feusers Integrations- bzw. Inklusionsverständnis. Vorerst sind daran zwei Punkte wesentlich:

- definitionsgemäße Bedingungen für Integration
- der Begriff der gemeinsamen Tätigkeit (vgl. Kapitel 2.3.5)

Diese Bereiche werden im Folgenden dargestellt und erörtert, wobei es wiederum nicht um eine Auseinandersetzung mit Feusers Gesamtwerk geht. Herangezogen werden nur die Bereiche, die für einen gemeinsamen Unterricht relevant sind und die v.a. für den Fortgang der vorliegenden Arbeit im Sinne einer Herausarbeitung von zentralen Elementen für gemeinsames Lernen nötig sind.

2.3.4.1 Definitionsgemäße Bedingungen für Integration

Die Begriffsanordnung ist eine Positivbeschreibung und damit inhaltliche Füllung von Integration. Dies bedeutet, dass von Integration dann gesprochen werden kann, wenn eine gemeinsame Tätigkeit an einem Gemeinsamen Gegenstand in Kooperation von verschiedenen Kindern oder Jugendlichen vorliegt. Alle einzelnen Punkte der Satzkonstruktion müssen für das Vorliegen von Integration erfüllt sein. Daraus kann aber ebenso geschlossen werden, dass wenn einer der Punkte nicht erfüllt wird, auch nicht mehr von Integration gesprochen werden kann. Damit wird ein ausschließendes Kriterium eingeführt. Didaktische oder unterrichtliche Formen, die nicht dem Definitionsgefüge folgen, führen nicht zur Integration.

> „Die Konzeption Georg Feusers ist zweifellos der konsequenteste, auch theoretisch konsistenteste Ansatz für eine Didaktik des gemeinsamen Unterrichts. Aber diese integrative Didaktik ist – vor allem mit dem Ausschließlichkeitsanspruch, mit dem sie vertreten wird – in der Praxis kaum durchzuhalten und auch theoretisch ‚nur die halbe Wahrheit'" (Wocken 1998, 50).

Diese Ausschließlichkeit hat auch dazu geführt, dass das Feuser'sche Konzept häufig als nicht flächendeckend realisierbar kritisiert wurde oder eben als „Sternstunden" bezeichnet wurde (Markowetz 2007, 821; Wocken 2014, 72). Weiter wird moniert, dass das Bemühen um den gemeinsamen Gegenstand zu fragwürdigen Konstellationen führen kann. „Vor allem ihr Leittheorem, nur ‚kooperative Arbeit am gemeinsamen Gegenstand' konstituiere wirklich gemeinsamen Unterricht, kann in der Praxis nicht nur zu gelegentlich krampfhaften didaktischen Konstruktionen führen und Lehrerinnen und Lehrern ein unnötig schlechtes Gewissen machen" (Lersch 2001, 90).

In späteren Veröffentlichungen findet die frühe grammatikalische Konstruktion kaum Verwendung. *„Die Kooperation am Gemeinsamen Gegenstand und eine Innere Differenzierung durch entwicklungsniveau-/biografiebezogene Individualisierung* konstituieren das didaktische Fundamentum einer *Allgemeinen Pädagogik*" (Feuser 2013, 282. Hervorhebung im Originaltext. W.G.). Damit bleibt eine Bestätigung der Grundkonzeption bestehen. Sollen Inklusion oder inklusive Erziehung und Bildung über gemeinsamen Unterricht nicht beliebig werden, ist eine klare Grundposition nötig, wenn Integration zur gesellschaftlichen Gegenkraft werden soll. Feuser beschreibt sie als „eine *kulturelle Notwendigkeit* und *ethische Verpflichtung*, sollen die Werte von ‚Menschenwürde' und ‚Freiheit und Entfaltung der Persönlichkeit' nicht in gleicher Weise zu Worthülsen verkommen, vermaßt und damit ignoriert werden, denn sie sind unveräußerlich an die je individuelle Existenz eines Menschen gebunden" (Feuser 2002, 231. Hervorhebung im Originaltext. W.G.).

Wenn andererseits Integration Weg und Ziel zugleich ist (vgl. Feuser 2001, o.S.), so wird es zumindest auf dem Weg dahin auch tastende Versuche geben müssen. Ein Ziel kann nicht von einem Moment auf den nächsten erreicht werden. Dennoch sollte die Richtung des Weges klar bzw. bekannt sein. Wenn dann kooperative Lernsituationen nur mehr marginal mit unter 10%-Anteilen im gemeinsamen Unterricht vorkommen oder auch nicht in höherem Ausmaß eingefordert werden, stellt sich die Frage, inwieweit die Konzepte von Markowetz, Wocken und Feuser noch eine gemeinsame Zielrichtung haben.

Auch wenn die Bundesländer aktuell in ihren Bemühungen um eine schulische Inklusion verschiedene Wege und unterschiedliche Geschwindigkeiten vorgeben, ist Inklusion, besonders bei Kindern und Jugendlichen mit schwereren Beeinträchtigungen, nicht selbstverständlich. „Der Zugang zu gesellschaftlich anerkannten Feldern, hier vor allem das Schulische bleibt für Kinder und Jugendliche, denen eine geistige Behinderung zugeschrieben wird, oftmals versperrt, so werden Entwicklungsmöglichkeiten verhindert und Menschenrechte verletzt" (Ziemen/Langner 2010, 256). Darüber hinaus zeichnen sich Tendenzen ab, dass auch zwischen den dem Förderschwerpunkt geistige Entwicklung zugerechneten SchülerInnen sich Unterschiede ergeben bezüglich einer inklusiven oder segregierten Beschulung, so dass sich hier eine neue Grenzziehung ‚integrierbar – nicht integrierbar' ergeben könnte.

Somit hat Inklusion eine gesellschaftspolitische Dimension. Diese reicht weiter als die Frage nach gemeinsamem Unterricht, die aber dennoch auch in den gemeinsamen Unterricht hineinreicht dergestalt,

> „dass es mit Integration auch um die kognitiven Dimensionen und um eine bildungspolitische, kulturelle und ethische Dimension in unserer Gesellschaft geht, die insofern an deren Grundfesten rührt, als sie die Selbstverständlichkeit des Bedenkens des eigenen Vorteils, des Fortschritts durch konkurrente Ausgrenzung und Übervorteilung des anderen in Frage stellt und anprangert, dass nur dem ‚Würde' zuerkannt wird, der einen ‚Wert' hat – in der Regel im Sinne gesellschaftlichen und monetären Nutzens" (Feuser 2002, 226).

Damit verbindet sich die Frage nach Inklusion mit der Frage nach Menschenwürde, denn es geht ethisch um die „Wahrung der Würde des Menschen. Sie wird immer dort angetastet, wo wir meinen, uns einen Menschen ‚verfügbar' machen zu können" (ebd., 232). Dazu gehört das Recht auf hochwertige Bildungsangebote. Mit dem Konzept des gemeinsamen Lernens am Gemeinsamen Gegenstand von Georg Feuser liegt ein solches Angebot vor. Feuser bezieht sich an zentralen Stellen seiner Didaktik auf den Begriff der gemeinsamen Tätigkeit. Aus diesem Grund folgt auch eine vertiefte Auseinandersetzung mit Grundkonzepten der Tätigkeitstheorie (vgl. Kapitel 2.3.5). In der Bezugnahme auf die Tätigkeitstheorie und auf Piaget begründet Feuser den Aspekt der entwicklungslogischen Didaktik, womit sich Kapitel 2.3.6 auseinandersetzt.

Da nicht davon ausgegangen werden kann, dass alle Personen eines potentiellen LeserInnenkreises der vorliegenden Arbeit über Grundkenntnisse der Tätigkeitstheorie und ihrer wesentlichen Bausteine für die entwicklungslogische Didaktik verfügen, wird die Art und Weise der Darstellung und der Auseinandersetzung mit dem Thema verändert. Es werden Grundzüge der Tätigkeit und der dominierenden Tätigkeiten vorgestellt, damit dem Fortgang der Argumentation gefolgt und eingeschätzt werden kann, inwiefern vorgeschlagene Alternativen zur Entwicklungsorientierung als planerische Grundlage gewinnbringend sind.

> „Wenn die Disziplinen Erziehungswissenschaft und Fachdidaktiken mit ihren Erkenntnissen dazu etwas beitragen wollen, dann müssen sie ihre Erkenntnisse so kommunizieren, dass Lehrerinnen und Lehrer sie nutzen können – und es für sinnvoll halten, sie zu nutzen" (Kahlert 2007, 28).

Diese Sinnhaftigkeit setzt ein Verständnis der Tätigkeitstheorie und die Auseinandersetzung damit voraus, weshalb die folgenden Abschnitte auch einen didaktisch motivierten, darstellenden Aspekt beinhalten.

2.3.5 Der Bezug zur Tätigkeitstheorie

Der Tätigkeitsbegriff verweist auf ein Verständnis, das auf den allgemeinen Grundlagen menschlicher Entwicklung fußt. Es gründet also im Gedanken der dialektischen Vermittlung von Subjekt und Objekt, der über den Aneignungsprozess zu leisten ist. Kinder und Jugendliche eignen sich im Prozess der gemeinsamen Tätigkeit das gesellschaftlich-historische Erbe an. Dabei sind sie Subjekt der Tätigkeit, das heißt, sie werden nicht als Objekt eines bestimmten zu leistenden Lernprozesses gesehen.

Im deutschsprachigen Raum wie im internationalen Verständnis werden unter Tätigkeitstheorie theoretische und praktische, pädagogisch-psychologisch-didaktische und auch gesellschaftstheoretische Arbeiten subsumiert, die sich in wesentlichen Teilen aus dem Ansatz der Kulturhistorischen Schule der sowjetischen Psychologie ableiten lassen. Nachdem die Namen ihrer wohl bekanntesten Vertreter Lev Semjonowič Vygotskij (1896–1934) (manchmal auch: Lew Semjonowitsch Wygotski) und Aleksej Nikolajevič Leont'ev (1903–1979) (manchmal auch: Alexej Nikolajewitsch Leontjew) in der deutschsprachigen Rezeption in unterschiedlicher Weise geschrieben werden, seien hier beide Varianten angeführt. Jantzen zieht den Personenkreis weiter und spricht unter Hinzunahme von Aleksandr Romanovič Lurija (1902–1977) (manchmal auch: Alexander Romanowitsch Lurija) von einer „Troika" (Jantzen 2012, 7). Hieraus wurden Grundlagen erarbeitet, die einerseits bedeutsam waren für das Forum Kritische Psychologie, das untrennbar mit dem Namen Klaus Holzkamp verbunden ist. Andererseits nehmen auch die Schriften zur Behindertenpädagogik, wie sie von Georg Feuser und Wolfgang Jantzen begründet worden ist, Bezug auf die Kulturhistorische Schule.

Vygotskij wollte eine Psychologie entwickeln, die weder in einem mechanisch-materialistischem Verständnis wie bei Bechterew oder Kornilow gründet (vgl. Geuter/Hoebig/Thielen 1979, 73) noch auf den Methoden der idealistischen Philosophie, nämlich der spekulativen Introspektion, aufbaute. Somit stand Vygotskij vor einem doppelten Problem, einerseits der Abgrenzung von mechanisch-materialistischen Auffassungen, die Bewusstsein gänzlich auf Gehirnfunktionen reduzieren wollten, und andererseits der Abkehr von idealistischen Positionen, die Psychisches und Körperliches als nicht weiter reduzierbare Vermögen und damit als parallele Bereiche betrachteten.

Dies gelingt ihm in einem dialektischen Verständnis beider Ansätze, indem er die Ebene des Psychischen als eigenständige Ebene zu bestimmen versuchte. Im Psychischen sollten also Körper und Seele, Affekt und Intellekt dialektisch verschränkt werden (vgl. Vygotskij 1985). Das Psychische als eigene Ebene oder anders formuliert die höheren psychischen Funktionen durften „nicht in den Tiefen des Geistes vermutet werden oder in verborgenen Eigenschaften des Nervengewebes" (Lurija 1984, 16). Damit war ein Grundbaustein der Tätigkeitstheorie gelegt.

In der Entwicklung dieses Grundbausteines, dem Psychischen bzw. den psychischen Funktionen, griff Vygotskij auf Baruch de Spinoza (1632–1677), einem dem Rationalismus zugeordneten Philosophen und Religionskritiker, und dessen Auseinandersetzung mit

René Descartes (1596–1650), einen der Begründer des frühneuzeitlichen Rationalismus, zurück. Descartes leitete den substantiellen Unterschied zwischen der ausgedehnten Körper-
welt (lat.: res extensa) und dem Bewusstsein bzw. der Seele (lat.: res cogitans), also dem
Bereich des Psychischen ab. „Infolge des dualistischen Charakters seiner Philosophie bestimmt Descartes die Seele im Gegensatz zu Körper als unausgedehnt und unvergänglich"
(Klaus/Buhr 1975, 239).

Vygotskij greift dabei auf eine erkenntnistheoretische These Spinozas zurück, die den
Zusammenhang von Körper und Sein oder Leib und Seele thematisiert. Spinozas philosophische Überlegung gründet also in einer dialektischen Verschränkung von Körper und
Geist. Er „sucht den Schlüssel zum Psychischen nicht mehr in der Untersuchung der Prozesse der Körperbewegungen und auch nicht in Spekulationen über die Wirkweise einer
göttlichen Substanz" (Jantzen 1986a, 147). Demgemäß wird in Spinozas Philosophie die
„Einheit von Vernunft und Affekt nicht unterschiedlichen Erkenntnisdimensionen zugewiesen: naturwissenschaftlichem Erklären und geisteswissenschaftlichem Verstehen, sondern als dialektische Einheit betrachtet" (ebd.). Diesen Ansatz hat Vygotskij weiterverfolgt.
Die Einheit von ‚Vernunft und Affekt' hat darüber hinaus eine Bedeutung dahingehend,
dass Lehrkräfte sich auch als Person in Erziehungs- und Bildungsprozesse einbringen.

Wesentlich dabei war die Betrachtung des Psychischen aus seiner Historizität, also unter
Berücksichtigung von Prozessen des Werdens und damit der Veränderlichkeit. Hier tritt
klar eine der vielen Parallelen des Werkes von Vygotskij, bei durchaus feststellbaren Unterschieden, zu Jean Piaget (1896–1980) zu Tage. Beide sind sich persönlich nie begegnet, nahmen Arbeiten des jeweils anderen zur Kenntnis und setzten sich kritisch damit auseinander
(vgl. Burrmann 2002, 15).

Piaget ging im Verlaufe seiner erkenntnistheoretischen Fragestellungen stärker auf die
Entwicklungspsychologie zu, da er erkannt hatte, dass Fragen der Erkenntnis nicht beantwortet werden können über ein Ansetzen am fertigen Bewusstsein der Erwachsenen, also
wie sie die Welt so erkennen, wie sie ist. Piaget setzte ebenfalls am sich entwickelnden Denken von Kindern, am sich entwickelnden Bewusstsein an. Damit erkannte er die Historizität
des Bewusstseins und die Ebene des Psychischen an, allerdings ohne dabei historisch-phy-
logenetische Studien zu betreiben.

Zentral bei Piaget ist das handelnde Subjekt, das sich im Sinne der Äquilibration über
Prozesse der Assimilation und Akkommodation mit der Welt auseinandersetzt. Dabei haben Assimilation und Akkommodation gegenläufige Richtungen. Die Assimilation als Prozess der Einverleibung der Umwelt in den lebendigen Organismus ist nach innen gerichtet,
während die Akkommodation als Anpassungsleistung verstanden wird. „Aber wenn diese
beiden Funktionen in ihren Prinzipien antagonistisch sind, dann besteht gerade die Rolle
des geistigen Lebens im allgemeinen und der Intelligenz im besonderen in der Koordination
der beiden miteinander" (Piaget 1975, 339). Damit wird die Äquilibration zur zentralen
Entwicklungsinstanz. „Beeindruckend an dieser Modellvorstellung ist der Sachverhalt, dass
die Persönlichkeitsentwicklung nicht von den äußeren Instruktionen, sondern in erster Linie vom Erhalt der physischen und psychischen Strukturen angeregt wird" (Praschak 2013,
236). Somit geht Piaget im Gegensatz zu behavioristischen Ansätzen von einem aktiven und
sich in der Auseinandersetzung mit Welt selbstorganisierendem Subjekt aus. Damit wird

„erstmalig eine Theorie der Selbstorganisation der Intelligenz in der Ontogenese entwickelt" (Jantzen 2013, 31). Bei aller Kritik an Piagets Ansatz in vielen Details gilt es diesen Sachverhalt zu behalten.

„Trotz der unterschiedlichen Gewichtung von biologischen und sozialen Faktoren bei der Betrachtung der menschlichen Entwicklung sind sich beide Wissenschaftler der Bedeutung dieser Faktoren bewusst" (Burrmann 2002, 49). Allerdings setzte Vygotskij stärker auf soziale Prozesse, also auf die gemeinsame Tätigkeit, als Ausgangspunkt für die Entwicklung höherer psychischer Prozesse.

> „Jede Funktion in der kulturellen Entwicklung des Kindes erscheint zweimal, auf zwei Ebenen – zuerst auf der sozialen, dann auf der psychologischen Ebene, zuerst als Form der zwischenmenschlichen Zusammenarbeit, als kollektive, interpsychische Kategorie, dann als Mittel des individuellen Verhaltens, als intrapsychische Kategorie. Das ist ein allgemeines Gesetz, nach dem sich alle höheren psychischen Funktionen aufbauen" (Vygotskij 1987, 629).

Im Nachgriff spitzte Lurija diese Aussage zu auf gesellschaftlich-kulturelle Prozesse, die als solche historisch bedingt sind.

> „Alles zusammengenommen wird eine Tatsache ganz deutlich, die bisher von der Psychologie unterschätzt wurde: Gesellschaftlich-historische Wandlungen führen nicht nur zu einer inhaltlichen Bereicherung der psychischen Welt des Menschen, sondern sie führen zur Herausbildung neuer Formen der bewußten Tätigkeit und neuer Strukturen der Erkenntnisprozesse, sie heben das Bewußtsein des Menschen auf neue Stufen" (Lurija 1987, 184).

Damit stellt sich die Frage nach den Kriterien der Entwicklung des Psychischen. Vygotskij greift hierfür auf die Beantwortung einer der Grundfragen der Philosophie zurück, nämlich der Frage nach Materiellem und Ideellem oder Leiblichem und Seelischem. Er begreift beide Formen nicht parallelistisch, sondern dialektisch. Hierbei kommen die Kategorien der Widerspiegelung und der Tätigkeit zum Tragen. Durch menschliche Tätigkeit wird die vom Menschen vorgefundene Realität widergespiegelt, also in sein Bewusstsein eingebunden. Durch die Tätigkeit verändert der Mensch sich selbst und auch die von ihm vorgefundene und von der Menschheit produzierte Realität. Damit verändert das Subjekt aber auch die Gegebenheiten der Widerspiegelung. Somit wird ein kontinuierlicher Vorgang der selbstinitiierten Veränderung des Selbst und der Welt auf Grundlage der Auseinandersetzung des Subjektes mit der kulturellen Gewordenheit angestoßen.

Jantzen formuliert dies wie folgt:

> „Das Psychische ist Resultat der Entwicklung der lebendigen Materie, ist Resultat der Hirnprozesse und ist zugleich von diesen unterschieden. Allgemeine Lebensvoraussetzung und folglich Bestandteil des Begriffs von Subjektivität ist es, daß das Subjekt sich in der Tätigkeit auf das Objekt, also die objektiv-reale Welt der außerhalb seiner Psyche existenten Natur- und Lebenszusammenhänge bezieht. Dies geschieht durch seine Tätigkeit, deren Bestandteil das Abbild, die Widerspiegelung ist. Abbild, Widerspiegelung selbst müssen daher prozeßhaft begriffen werden: einerseits als Resultat der Hirnprozesse, der biologischen Form nach, andererseits dem

Inhalt nach als Resultat der Vermittlung von Subjekt und Objekt über die Tätigkeit
nach dem Pol des Subjekts hin" (Jantzen 1987, 83).

Widerspiegelung ist begrifflich irreführend. Es ist damit kein fotografisches Abbilden
und auch keine naturgetreue Wiedergabe der kulturell gewordenen Welt oder eines Objek-
tes gemeint. Widerspiegelung als Tätigkeit kann verstanden werden als Aktivität eines Subjektes, die in der außerhalb des Subjektes herrschenden Realität gründet und diese in seine
psychischen Strukturen einbindet. Widerspiegelung ist also ein Erkenntnisprozess, in dem
zwischen dem Objekt der Erkenntnis und seiner inneren, bewusstseinsfähigen Repräsentation die Ebene des Bewusstseins zwischengeschaltet ist. Widerspiegelung muss also abgegrenzt werden von einem empiristischen Verständnis der Abbildung von Realität. Gleichzeitig gilt es zu berücksichtigen, dass Widerspiegelungsprozesse nicht zu willkürlichen
inneren Repräsentationen führen. Geistiges oder Ideelles sind nicht hirnspezifisch. „Es ist
die Gesamtsumme der jeweils zugänglichen sozial und sprachlich vermittelten Bewusstseins-
prozesse der Menschheit als Ganzes, historisch, kulturell und regional spezifiziert, der geistige Inhalt einer Epoche" (Jantzen 2013, 25).

Die Tätigkeit ist demgemäß das zentrale Bindeglied zwischen dem Individuum, also
dem Subjekt, und der das Subjekt umgebenden Welt, der objektiven Realität, dem Objekt.
Dabei gilt es sich bewusst zu machen, dass das Subjekt sich auch selbst zum Objekt werden
kann in der Form reflexiven Nachdenkens. Jetzt wird auch deutlich, warum Vygotskij den
Bereich des Psychischen als eigene Ebene bestimmen wollte. Die Tätigkeit ist das Medium,
mit dem sich das Subjekt mit der Welt auseinandersetzt. Gleichzeitig entwickeln sich die
psychischen Funktionen über die Tätigkeit, über die sich das Psychische als eigener Bereich,
als eigene Ebene verstehen lässt, in der Subjekt und Objekt dialektisch verschränkt sind.

Tätigkeit ist gegenständliche Tätigkeit, d.h. auf einen Gegenstand bezogen. Gegenstand
ist hier als abstrakter Begriff zu verstehen, und nicht im Sinne des physikalischen Gegen-
standsbegriffes (vgl. Jantzen 1987, 125).

Gegenständliche Tätigkeit ist das Medium der Widerspiegelungsprozesse. Dies bedeutet, dass sich über die Tätigkeit innere Abbilder entwickeln. Die Tätigkeit ist somit von herausragender Bedeutung für die menschlichen Erkenntnisprozesse. „Alle *inneren Prozesse*
sind damit ihrer Form nach ebenfalls *Tätigkeit*. Zu dem psychischen Abbild darf die Tätigkeit nicht als etwas äußeres hinzugefügt werden, obwohl es sich zugleich von der Tätigkeit
unterscheidet" (ebd., 124. Hervorhebung im Originaltext. W.G.). Widerspiegelung ist selbst
Tätigkeit und damit der Motor der permanenten Umgestaltungen zwischen Subjekt und
Objekt.

> „Tätigkeit meint alle weitgehend bewussten Wechselwirkungen eines Menschen
> mit seiner Umwelt, seinen Lebensbedingungen und mit sich selbst, meint jede be-
> wusste kurzfristige Aktivität, aber auch ein komplexes längerfristiges bewusstes
> menschliches Verhalten" (Pitsch 2011, 67).

Über die Tätigkeit werden Bedeutungen beim Subjekt generiert. Bedeutungen repräsen-
tieren für uns also quasi die Welt. Die Welt ist für uns auch jenseits der jeweiligen sinnlichen
Wahrnehmbarkeit vorhanden. Dies hat Leont'ev als „fünfte Quasidimension" bezeichnet
(Leont'ev 1981, 17).

Die Welt in uns ist nicht ausschließlich in Bedeutungen repräsentiert. Dies hätte zur Konsequenz, dass wir der Welt völlig wertneutral begegnen würden. Das Individuum wäre eine Anhäufung von objektiven Bedeutungen, gleichsam ein laufendes Buch logischer Formeln oder eine Ansammlung von Algorithmen. Leont'ev war sich dessen bewusst. Er wies ausdrücklich auf die Kompliziertheit der Beziehung von Bedeutung und Sinn hin (vgl. Leont'ev 1982, 141). Auch Jantzen schreibt, dass es sich bei der Kategorie Sinn um die „bei weitem komplizierteste in dem Definitionsgefüge der Systemzusammenhänge des Psychischen" handelt (Jantzen 1986a, 130). Leont'ev geht davon aus, dass „die Bedeutungen ein doppeltes Leben führen" (Leont'ev 1982, 142). Dabei stellt er fest, dass Bedeutungen einerseits als objektive Bedeutungen vorhanden sind, andererseits treten diese zugleich immer in ihrer Beziehung zum Subjekt bzw. für das Subjekt auf. Beide Aspekte unterscheiden sich und der zweitgenannte wird von Leont'ev als „persönlicher Sinn" bezeichnet. Für Leont'ev stellt sich die „Notwendigkeit, die erfasste objektive Bedeutung und deren Bedeutung für das Subjekt zu unterscheiden. Um eine Verdopplung der Termini zu vermeiden, ziehe ich es vor, [...] von *persönlichem Sinn* zu sprechen" (ebd., 141. Hervorhebung im Originaltext. W.G.). Er verdeutlicht dies an einem Beispiel:

> „In ihrer Objektivität, das heißt als Erscheinungen des gesellschaftlichen Bewußt-
> seins, werden die Objekte für das Individuum unabhängig von ihrer Beziehung zu
> seinem Leben, zu seinen Bedürfnissen und Motiven durch die Bedeutungen gebro-
> chen. Sogar für das Bewußtsein eines Ertrinkenden bewahrt der Strohhalm, an den
> er sich klammert, dennoch seine Bedeutung als Strohhalm; etwas anderes ist es, daß
> dieser Strohhalm – sei es auch nur illusorisch – in diesem Moment für ihn den Sinn
> des Lebensretters erlangt" (ebd., 147).

In ihrem sinnbezogenen Aspekt

> „werden die Bedeutungen individualisiert und ‚subjektiviert', aber nur in dem
> Sinne, daß ihre Bewegung im System der gesellschaftlichen Beziehungen bereits
> nicht mehr *unmittelbar* enthalten ist; sie gehen in ein anderes System von Beziehun-
> gen, in eine andere Bewegung ein. Aber bemerkenswert ist, dabei verlieren sie kei-
> neswegs ihre gesellschaftshistorische Natur, ihre Objektivität" (ebd., 143. Hervor-
> hebung im Originaltext. W.G.).

Diesen Aspekt, dass die Bedeutungen zwar ihre Objektivität behalten, gleichzeitig aber durch den individualisierten Bezug relativiert werden, bezeichnet Leont'ev auch als die "Engagiertheit" der Bedeutungen.

Diese ‚engagierten' Bedeutungen bzw. der persönliche Sinn spielen eine wichtige Rolle für die Persönlichkeit. Der persönliche Sinn entsteht durch die Unterscheidbarkeit der erfassten objektiven Bedeutung von ihrer Bedeutung für das Subjekt. „Freilich existiert dieser Sinn damit nur seiner Möglichkeit nach. Er drückt sich im Prozeß des Lebens in den Tätigkeiten aus, offenbart sich also in den Bedeutungen der Tätigkeiten im gesellschaftlichen Kontext" (Jantzen 1986a, 130).

Über diesen Prozess wird es möglich, die daran „gekoppelten Emotionen, Gefühle, Motive, Bedürfnisse begreifend zu objektivieren, sich selbst anzueignen" (ebd.). Sinn ist also

stärker auf die bedürfnisrelevanten Eigenschaften des Gegenstandes bezogen, während Bedeutung an die objektiven Eigenschaften der Gegenstände gebunden ist. Hierüber erhält der
persönliche Sinn seine besondere Bedeutung als die „Gesamtheit der emotionalen Bewer-
tungsprozesse über das Leben hinweg und damit als psychische ‚Selbstreferenz' zur Gat-
tungsnormalität" (Jantzen 1986b, 295). An anderer Stelle formuliert Jantzen, dass sich die
Kategorie des persönlichen Sinns bezieht auf die „Selbstaneignung als Mensch in der Be-
spiegelung im je anderen Menschen und in der Menschheit, einer Selbstaneignung, die nur
in der gesellschaftlichen Tätigkeit möglich ist" (Jantzen 1986a, 134).

Die Unterscheidung von persönlichem Sinn und objektiver Bedeutung kennt zwei wesentliche Aspekte. Erstens ist Sinn kontextabhängig. „Eine Sache ergibt für eine Person nur
in bedeutungsvollen Zusammenhängen einen bestimmten Sinn" (Leont'ev, Dmitrij 2013,
196). Ändert sich dieser Zusammenhang oder geht er gar verloren oder kann der Zusammenhang nicht mehr zu sich selbst hergestellt werden, verändert sich damit auch der jeweilige Sinn eines Tuns. Der zweite Aspekt verweist den persönlichen Sinn auf die Welt und
auf die Verwobenheit des Subjektes mit dieser Welt. „Persönlicher Sinn verbindet die Person mit der Welt und die Welt mit der persönlichen Erfahrung des Individuums" (ebd.,
196f.). Damit begründet der persönliche Sinn ein ganzes Arsenal von Handlungsmöglichkeiten. Es kann gefolgert werden, „dass das Konzept des Sinns als eine intentionale Beziehung zwischen Handlungskomponenten und weitergefassten Kontexten als eine integrative
Basis zur Erklärung menschlicher Motivationsprozesse dienen kann" (ebd., 201). Prozesse
der Aneignung bzw. des Lernens benötigen so den jeweils individuellen Sinnbezug, damit
sie motivierend sein können. Das Ding an sich wird zum Ding für mich.

Zusammenfassend kann festgehalten werden, dass der Grundbaustein zum Verständnis
der Tätigkeitstheorie, der Name legt es nahe, in der Tätigkeit liegt. Die Tätigkeit ist das Bindeglied zwischen Subjekt und Objekt. In der Tätigkeit eignet sich das Subjekt über Bedeutungen die Welt an. Dabei kann es zwischen der objektiven Bedeutung und der jeweiligen
Bedeutung für das Subjekt unterscheiden. Dadurch entsteht Sinn. Sinn und Bedeutung ermöglichen Bewusstsein und damit Persönlichkeit. Realisiert wird Bewusstsein durch das
Gesamt der psychischen Prozesse. In den psychischen Prozessen sind Subjekt und Objekt
dialektisch miteinander verschränkt über Widerspiegelungsprozesse. Diese sind Erkenntnisprozesse, die durch die Tätigkeit ermöglicht werden. Über Widerspiegelungsprozesse
entstehen innere Abbilder. Abbilder existieren in der Form von Bedeutungen und Sinn. Das
Psychische ist somit als eigene Ebene bestimmbar.

Im folgenden Abschnitt werden zuerst der Aspekt der „dominierenden Tätigkeit" allgemein und dann die einzelnen Stufen der dominierenden Tätigkeiten vorgestellt. Dies ist
nötig, weil die entwicklungslogische Didaktik in wesentlichen Bereichen auf dem Konzept
der dominierenden Tätigkeit aufbaut. Damit der weitere Gedankengang nachvollziehbar
bleibt, ist ein Grundverständnis des Konzeptes hilfreich und kann außerhalb der Scientific
Community nicht automatisch vorausgesetzt werden. Deshalb sind die einzelnen Abschnitte auch durch einen beschreibenden Charakter geprägt.

2.3.5.1 Dominierende Tätigkeit

Wenn das Psychische als eigene Ebene bestimmbar ist, dann stellt sich die Frage nach der
Entwicklung und den Bedingungen der Entwicklung des Psychischen. Es geht also um die

Frage, wie es möglich ist, dass sich ein Kind von den ersten Saugreflexen dahin entwickelt, dass es später weiß, dass ein Ball zum Spielen noch da ist, auch wenn es ihn nicht mehr sieht, bis dahin, dass beispielsweise komplexe Aufgaben der Arithmetik gelöst werden können. Es geht dabei auch um die Frage, ob sich diese Entwicklung grundsätzlich nach bestimmten Gesetzmäßigkeiten vollzieht und ob dieser Verlauf grundsätzlich für alle Kinder und Jugendlichen ähnlich verläuft.

Den Verlauf individueller Entwicklung und damit die individuelle Entwicklung von verschiedenen Erkenntnismöglichkeiten fasst Leont'ev als Entwicklung der Tätigkeit mit dem Konzept der „dominierenden Tätigkeiten" (Leont'ev 1980, 402). Damit wird der Versuch unternommen, die individuelle Entwicklung in ihrer Vermitteltheit zum gesellschaftlichen Prozess zu periodisieren. Es handelt sich dabei um „aus ihrer Struktur zu begreifende *Perioden von Tätigkeit*, die für die Entwicklung der Persönlichkeit vorrangige Bedeutung haben" (Jantzen 1987, 198. Hervorhebung im Originaltext. W.G.). Es findet eine entwicklungspsychologische Reihung statt, die in der Entwicklung der Tätigkeit als Austauschprozess zwischen Subjekt und Objekt ihren Ausgangspunkt nimmt und im weiteren Verlauf des Austauschprozesses zur Periodisierung beiträgt. Das Konzept fasst „die Entwicklung der psychischen Prozesse und der psychischen Besonderheiten der kindlichen Persönlichkeit auf der jeweiligen Entwicklungsstufe" (Leont'ev 1980, 402).

Leont'ev beschreibt drei Merkmale einer dominierenden Tätigkeit:

- Im Verlauf deutet sich die nächste (nächst-höhere, nächst-komplexere) Tätigkeitsart an.
- Sie führt zur Umgestaltung der jeweiligen psychischen Prozesse und
- führt zu den in einer gegebenen Entwicklungsstufe beobachteten Veränderungen der kindlichen Persönlichkeit (vgl. Leont'ev 1980, 402).

Veränderungen in der kindlichen Persönlichkeit verweisen auf den qualitativen Charakter der Entwicklungsstufen oder dominierenden Tätigkeiten nach Leont'ev, „deren Entwicklung er durch Widersprüche und krisenhafte Übergänge begründet sieht" (Pitsch 2011, 68).

Die Entwicklungsstufen folgen einer bestimmten Reihenfolge, was aber nicht bedeutet, dass sie primär altersabhängig sind. Die Altersbereiche hängen vielmehr vom Inhalt der Tätigkeit ab. Dieser Inhalt steht in Bezug zu den konkret-kulturell-historischen Verhältnissen, unter denen sich das Kind entwickelt. Inhalt und Altersgrenzen verändern sich zusammen mit veränderten gesellschaftlich historischen Bedingungen (vgl. Leont'ev 1980, 403).

Warum sich in einer bestimmten Zeit die Tätigkeit weiterentwickelt, ergibt sich aus dem Verhältnis der jeweils dominierenden Tätigkeit eines bestimmten Kindes und der realen Stellung, die das Kind im jeweiligen kulturell-gesellschaftlichen Umfeld innehat. Wie kommt es zu einem Wandel dieser Stellung und zu einer Veränderung in der jeweils dominierenden Tätigkeit? Leont'ev beantwortet diese Frage folgendermaßen:

„Das Kind ist zu einem gewissen Zeitpunkt mit der Stellung, die es unter den Mitmenschen einnimmt, nicht mehr zufrieden; es wird sich bewußt, daß sie seinen Möglichkeiten nicht mehr entspricht, und es versucht sie zu verändern. Damit

kommt es zum offenen Widerspruch zwischen der Lebensweise des Kindes und seinen Möglichkeiten, die dieser Lebensweise bereits vorausgeeilt sind. Seine Tätigkeit
gestaltet sich um. Damit vollzieht sich der Übergang zum nächsthöheren Stadium
seines psychischen Lebens" (ebd., 403f.).

Im Verlauf der individuellen Entwicklung kann es zu sogenannten Entwicklungskrisen
kommen, die nach Leont'ev jedoch nicht notwendig bzw. unabwendbar sind. Er interpretiert solche Krisen als Anzeichen dafür, „daß sich der Umschwung und der Fortschritt nicht
rechtzeitig und nicht in der gewünschten Richtung vollziehen. Da die psychische Entwicklung des Kindes kein spontaner, sondern ein durch Erziehung gelenkter Prozeß ist, braucht
es zu keinen Krisen kommen" (ebd., 405).

Leont'ev unterscheidet sechs sich auseinander heraus entwickelnde dominierende Tätigkeitsebenen:

- Wahrnehmungstätigkeit
- manipulierende Tätigkeit
- gegenständliche Tätigkeit
- Spieltätigkeit
- schulisches Lernen
- Arbeit

Im Folgenden soll ein kurzer Überblick über den individuellen Entwicklungsverlauf aus
tätigkeitstheoretischer Sicht gegeben werden, da die jeweils dominierenden Tätigkeiten
Grundlage der Entwicklungsorientierung bei Feuser sind und ohne ihr Verständnis eine
kritische Auseinandersetzung damit nicht möglich ist. Dabei wird die jeweils dominierende
Tätigkeit in knapper Form beschrieben und auf das jeweils korrespondierende Abbildniveau verwiesen. Zum weiteren Verständnis wird die tätigkeitstheoretische Terminologie
verknüpft mit der Begrifflichkeit der Entwicklungsbeschreibung und -theorie Piagets. Vor-
geburtliche Aspekte werden bei dieser Übersicht nicht berücksichtigt. Wie in einem Leont'ev-Zitat bereits angedeutet, sei darauf verwiesen, dass die Altersangaben nur eine orientierende Rolle spielen und den tatsächlichen individuellen Entwicklungsverlauf nicht
festschreiben sollen.

2.3.5.2 Wahrnehmungstätigkeit (perzeptive Tätigkeit)

Bis zum Alter von ungefähr vier Monaten ist die dominierende Tätigkeit die Wahrnehmungstätigkeit. Erst formen sich die sensorischen Systeme aus. Über das zunehmende Interesse an Gegenständen realisiert das Kind eine zunehmende Koordination verschiedener
Sinnesmodalitäten, bis die Hand dem Auge folgt und nicht mehr nur zwingend notwendig
umgekehrt. Die Orientierungsleistung der Hand wird in der visuellen Wahrnehmung auf-
gehoben. „Sind Sensorik und Motorik miteinander koordiniert, kommt es zum Greifakt"
(Pitsch 2011, 68). Nach den Erbkoordinationen ist die psychische Widerspiegelung gekennzeichnet durch modale und intermodale Abbilder (vgl. Jantzen 1987, 199). Piaget bezeichnet dies als Betätigung und Übung der Reflexe und dann als primäre Zirkulärreaktionen.

2.3.5.3 Manipulierende oder manipulative Tätigkeit

Das Kind entwickelt stabile Beziehungen zur Umwelt. Gegenstände aus der Umwelt können Signalcharakter für die Bedürfnisbefriedigung erhalten. Im Hantieren mit Gegenständen, also gegenständlicher Manipulation, kommt das Kind vor Problemsituationen, die es zu lösen gilt. Folglich lernt es in der Handlung denken und ahmt fremde und eigene Bewegungen nach. Das Kind hantiert mit „Materialien und Objekten der Umwelt, ohne aber deren übliche Verwendung, deren gesellschaftliche Bedeutung zu kennen" (Pitsch 2011, 68). Als Abbildniveau entwickeln sich individuelle Gegenstandsbedeutungen. Dies bedeutet, dass das Kind über eine amodale, d.h. eine von Sinneseindrücken unabhängige, kognitive Repräsentanz von Gegenständen verfügt. Die Bedeutung bleibt für das Kind individuell und korrespondiert folglich mit der tatsächlichen Bedeutung nicht notwendigerweise. Piaget bezeichnet diese Entwicklungsetappe als sekundäre Zirkulärreaktionen und ihre Koordination.

2.3.5.4 Gegenständliche Tätigkeit

Die dritte Phase vom Ende des ersten Lebensjahres bis zu ungefähr drei Jahren ist durch die gegenständliche Tätigkeit gekennzeichnet. „Das Kind lernt vom Erwachsenen, sich auf eine konstante Bedeutung der Gegenstände zu orientieren, d.h. die funktionalen Eigenschaften der Gegenstände werden erschlossen" (Jantzen 1987, 199). Eine wichtige Rolle spielen dabei ältere oder erwachsene Personen, die die kulturell-gesellschaftliche Bedeutung der Gegenstände kennen und in gemeinsamer Tätigkeit mit dem Kind vermitteln können (vgl. Pitsch, 2011, 68). Gegen Ende dieser Phase beginnen sich mit dem Spielen und produktiven Tätigkeitsformen neue Tätigkeitsarten zu entwickeln. Aktive Sprache bildet sich aus und wird zur Grundlage der weiteren psychischen Entwicklung des Kindes. „Die Handlungen der Kinder werden dabei zunehmend zielgerichteter und bewusster und lassen mehr handlungsauslösende Bedürfnisse erkennen" (ebd.). Dieser Entwicklungsabschnitt ist bezüglich seiner Abbildniveaus zweigeteilt. Zuerst bilden sich individuelle Werkzeugbedeutungen. Das Kind versteht es, Gegenstände als Instrument, also als Werkzeug, zu gebrauchen. Es kann zwischen zwei Gegenständen und einzelnen ihrer Eigenschaften eine instrumentelle Beziehung herstellen. Piaget spricht von tertiären Zirkulärreaktionen bzw. Lernen durch Einsicht. Im Anschluss daran entwickelt das Kind individuelle Tätigkeitsbedeutungen. Es kann zwischen den verwendeten Werkzeugen und der jeweiligen Tätigkeitsform trennen. Es hat somit eine Vorstellung von der eigenen Tätigkeit. Das Kind ahmt Tätigkeiten anderer Menschen nach, und zwar unabhängig vom dazugehörigen Werkzeug. Dies sind die Anfänge sozialen Rollenspieles. Das Kind spielt diese Rollen allerdings noch fragmentarisch, „nicht durch die reflexive Ich-Funktion koordiniert, also z.B. nach dem Muster ‚Hansi baut' oder ‚Petra füttert' (die Puppe), nicht aber nach dem Muster ‚Ich baue' oder ‚Ich füttere'" (Jantzen 1986a, 77). In der Terminologie von Piaget korrespondiert hier das egozentrisch-präoperationale Denken in seiner vorbegrifflichen Form.

2.3.5.5 Spieltätigkeit

Ab etwa dem dritten Lebensjahr entwickelt sich die dominierende Tätigkeit des Spiels. Das personale Umfeld des Kindes verändert und erweitert sich beispielsweise durch den Eintritt in den Kindergarten. Gemeinsam mit anderen „erwirbt das Kind nun soziale Verhaltensweisen. Lernt miteinander umzugehen und zu kooperieren" (Pitsch 2011, 68). Es verfügt über eine symbolische Repräsentanz der Welt und kann im Spiel die Welt verändern. Es macht sich dabei auch mit der Tätigkeit und den Beziehungen der Erwachsenen vertraut. Beziehungen zu anderen Kindern werden über das Spiel ebenfalls aufgebaut. Durch die Widerspiegelungstätigkeit verfügt das Kind über eine individuelle Ich-Bedeutung und über soziale Gegenstandsbedeutungen und kann einen Vergleich anstellen zwischen eigenen Tätigkeitsformen und denen anderer. Somit differenziert sich ein Konzept der eigenen Tätigkeitsformen und der Tätigkeitsformen von anderen.

> „Wie die Gegenstandsbedeutungen zum Mittel werden, die Werkzeugbedeutungen
> zu erfassen, diese zum Mittel der Erfassung der Tätigkeitsbedeutungen, so werden
> nunmehr die veränderten Tätigkeitsbedeutungen zum Mittel, die Gesamtheit der
> Tätigkeit zu erfassen" (Jantzen 1986a, 78).

Damit kann sich Ich-Reflexivität ausbilden und es können Rollen anderer übernommen werden oder vorgefundene Tätigkeitsformen anderer nachgeahmt werden. Hierüber hat das Kind nicht mehr nur seinen eigenen Zugang zu den Bedeutungen. Die Bedeutungen entfalten für das Kind ihren Doppelcharakter subjektiver und objektiver Art. Persönliche Sinnbildungsprozesse werden möglich. Deshalb spricht Leont'ev auch von der „ersten Geburt der Persönlichkeit" (Leont'ev 1982, 197). Die dem Kind zur Verfügung stehenden Erkenntnismöglichkeiten weiten sich ungemein aus. „Das Lernen nimmt dabei immer mehr Platz ein und dient dem Erwerb der individuellen Voraussetzungen für späteres organisiertes Lernen" (Pitsch 2011, 68). In der Terminologie Piagets findet sich für diese Vorschulzeit die anschauliche Form des egozentrisch-präoperationalen Denkens.

2.3.5.6 Schulisches Lernen (organisiertes Lernen)

Ungefähr in die Zeit des Schuleintritts fällt das Lernen als dominierende Tätigkeit. Es handelt sich um die operative Aneignung der Welt.

> „Sozialhistorisch gewordene Mittel wie Beherrschung der Schriftsprache, mathema
> tische Fähigkeiten und Kenntnisse, Orientierung im Raum (Geographie) auf der
> Basis von Karten, in der Zeit (Uhr, Geschichtsunterricht), in den sozial gewordenen
> Strukturen von Ästhetik, Moral usw. werden für das Kind aneigenbar" (Jantzen
> 1987, 200).

Zum Motiv der Lerntätigkeit wird das positive Resultat des Lernprozesses. „Anzueignen sind Erfahrungen anderer Menschen, Fremderfahrungen, möglichst über Sprache und Schrift und in didaktischer Aufbereitung" (Pitsch 2011, 69). Ein Teil des Lernens hat einen gesellschaftsgebundenen Charakter und ist vorstrukturiert und vorgegeben. Soziale Werkzeugbedeutungen stellen das Abbildniveau dar. Piaget spricht vom konkret-operativen Denken.

Ebenfalls in die dominierende Tätigkeit des Lernens fällt die von Jantzen als frühes Jugendalter bezeichnete Etappe, die etwa ab dem fünften Schuljahr beginnt und vom jüngeren Schulalter unterschieden wird. Es entwickelt sich die Fähigkeit zu hypothetisch-deduktivem Denken auf der Grundlage allgemeiner Prämissen. Dies ermöglicht ein Denken in und über die Zukunft. Die Entwicklung des Selbstbewusstseins macht qualitative Fortschritte und es entsteht eine verallgemeinerte Moral. Dies korreliert mit sozialen Tätigkeitsbedeutungen. Piaget kennzeichnet diese Phase mit dem Begriff des formal-logischen Denkens (vgl. Jantzen 1987, 200).

2.3.5.7 Arbeit (Arbeitstätigkeit)

Als letztes Entwicklungsstadium wird die dominierende Tätigkeit der Arbeit angegeben. „Freundschaften, Beziehungen zu anderen, Herausbildung einer Weltanschauung, Entwicklung von Lebensplänen und Berufswahl verweisen auf tiefgreifende Umgestaltungen des Psychischen" (ebd., 201). Das Abbildniveau erreicht die soziale Ich-Bedeutung. Piaget gibt kein entsprechendes Entwicklungsstadium an (vgl. ebd., 198ff.). Diese Tätigkeitsstufe wird an dieser Stelle nicht weiter vertieft, da es für das Thema eines gemeinsamen Unterrichts wenig bzw. kaum Relevanz hat.

Von übergeordneter Bedeutung für die menschliche Entwicklung ist – kurz gefasst – der gesellschaftliche Unterschied. Die Gesetzmäßigkeiten, welche die Menschen im Laufe der Zeit gesammelt und erkannt haben, werden in vergegenständlichter Form an die folgenden Generationen weitergegeben. Hierüber haben sich im Laufe der Phylogenese grundlegend neue psychische Prozesse entwickelt. Diese Prozesse werden dem Menschen in seiner Ontogenese zugänglich durch die Auseinandersetzung mit Welt. Im Laufe seiner individuellen Entwicklung durchläuft der Mensch dabei unterschiedliche Stadien. Diese können nach dem vorherrschenden Tätigkeitstypus voneinander unterschieden werden. Dieses Konzept der dominierenden Tätigkeit beschreibt den individuellen Entwicklungsverlauf mit seinen Höherentwicklungen bzw. Umgestaltungen.

Feuser bezieht sich in seiner entwicklungslogischen Didaktik auf den Verlauf individueller Entwicklung im Sinne einer Tätigkeitsstrukturanalyse. Grundsätzlich sind alle Menschen erkennende Subjekte. Sie eignen sich die Welt über Tätigkeit auf den jeweils dominierenden Tätigkeiten an. Damit hat Leont'ev eine „grobe Orientierungshilfe" (Pitsch 2011, 69) vorgelegt, um das Tätigkeitsniveau von Kindern und Jugendlichen einschätzen und demgemäß die weiteren Lernmöglichkeiten und Lernschritte strukturieren zu können. „Diesem Zweck dient die Abfolge dominierender Tätigkeiten z.B. in Georg Feusers ‚Entwicklungslogischer Didaktik' [… W.G.] auch als Planungshilfe für Lehrer" (ebd.). Damit ist ein Rahmen gesetzt, aus dem sich die entwicklungslogische Dimension von Didaktik ableiten lässt. Feuser bezieht sich dabei nicht ausschließlich auf Leont'ev, sondern verweist auch auf die Arbeiten von Vygotskij, der Leont'ev in wesentlichem Maße beeinflusste. Eine ähnliche Bedeutung, wie sie der Tätigkeitsstrukturanalyse nach Leont'ev zukommt, gibt Feuser den Arbeiten von Piaget (vgl. Feuser 2011, 93). Hierzu verwendet Feuser das von ihm so benannte Baummodell.

Innerhalb der dreidimensionalen Struktur entwicklungslogischer Didaktik – die beiden anderen Dimensionen beziehen sich auf die fachliche Struktur der Sache und auf die Handlungsstrukturanalyse – sind im Baummodell unter Bezugnahme auf Piaget die verschiedenen Erkenntnismöglichkeiten verschiedener SchülerInnen bezogen auf ein bestimmtes Thema oder einen bestimmten Gegenstand entwicklungspsychologisch gekennzeichnet.

Abbildung 8: Das Baummodell nach Georg Feuser (2011, 95).

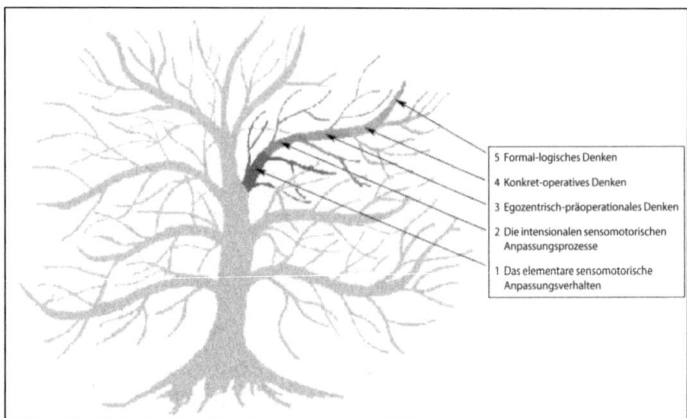

Aufgrund dieser doppelten Bezugnahme von Feuser auf Leont'ev und Piaget sei an dieser Stelle auf eine Gegenüberstellung des Entwicklungsverlaufes nach Leont'ev und nach Piaget verwiesen, wie sie Pitsch vorgestellt hat.

Das Verbindende an den Ansätzen von Piaget und Leont'ev bzw. Vygotskij ist die Sichtweise auf ein erkennendes Kind, das sich bei Piaget über Äquilibrationsvorgänge und bei Leont'ev über Prozesse der Tätigkeit, also über die kooperative Auseinandersetzung mit Welt, entwickelt, und sich so die Wirklichkeit aneignen kann.

Tabelle 10: Dominierende Tätigkeit nach Leont'ev und Entwicklungsniveau nach Piaget (Pitsch 2003, 163).

Dominierende Tätigkeit nach Leontjew und Elkonin	Entwicklungsniveau nach Piaget
Wahrnehmungstätigkeit (bis ca. 4 Monate)	**1. Die sensomotorischen Entwicklung** • Stadium 1: Betätigung und Übung der Reflexe (0 – ca. 1. Monat) • Stadium 2: Erworbenes Anpassungsverhalten und primäre Zirkulärreaktionen (einfache Gewohnheiten) (ca. 1. – ca. 4. Monat)
Manipulative Tätigkeit (bis ca. 1 Jahr)	• Stadium 3: Die sekundären Zirkulärreaktionen und das Andauernlassen interessanter Ereignisse (aktive Wiederholung) (ca. 4. – ca. 10. Monat) • Stadium 4: Koordination der sekundären Verhaltensschemata und ihre Anwendung auf neue Situationen (Verknüpfung von Mittel und Zweck) (ca. 7. Monat – ca. 1. Jahr)

Fortsetzung Tabelle 10.

Gegenständliche Tätigkeit (bis ca. 3 Jahre)	• Stadium 5: die tertiären Zirkulärreaktionen (aktives Experimentieren) (ca. 10. Monat – ca. 18 Monate) • Stadium 6: Erfindung neuer Mittel durch geistige Kombination (ca. 18. Monat – ca. 2. Jahr) **2. Die präoperativen Denkoperationen** • Das vorbegrifflich-anschauliche Denken) (ca. 2 – ca. 4 Jahre)
Spieltätigkeit (ca. 3 – ca. 6 Jahre)	• Das anschauliche Denken (ca. 4 – ca. 7 Jahre)
Schulisches Lernen (ca. 7 – ca. 13/14 Jahre)	**3. Die konkreten Denkoperationen (ca. 7 – ca. 11 Jahre)** **4. Die abstrakten Denkoperationen (ab ca. 11 Jahre)**
Arbeit (ab ca. 14/15 Jahre)	• Piaget gibt kein weiteres Niveau an.

2.3.5.8 Unterrichtsplanung unter Rückgriff auf ein Entwicklungsmodell der dominierenden Tätigkeiten

Das Entwicklungsverständnis von Vygotskij und die dominierenden Tätigkeitsebenen nach Leont'ev können ebenso wie die Entwicklungsniveaus nach Piaget zur Grundlage der Planung didaktischer Prozesse herangezogen werden, so wie von Feuser anvisiert. Er favorisiert für eine gemeinsame Tätigkeit am Gemeinsamen Gegenstand ein Arbeiten „im Rahmen von Projekten, Vorhaben und in Formen offenen Unterrichts" (Feuser 2005, 170). Dem Projektunterricht kommt dabei eine besondere Bedeutung zu: „Im Gemeinsamen Unterricht nimmt der Projektunterricht eine Mittelpunktstellung ein, auch wenn er durch weitere Unterrichtselemente wie Freie Arbeit, Wochenplan [… W.G.] ergänzt werden muss" (Heimlich 2012b, 125).

Dass eine Unterrichtsplanung von Projekten im Sinne der Entwicklungsorientierung grundsätzlich möglich ist, wurde u.a. von Goschler/Heyne (2011) exemplarisch aufgezeigt. Dazu wurden

> „anhand der Thematik ‚Angepasstheit des Maulwurfs an den Lebensraum Wiese' die entsprechenden biologiespezifischen fachdidaktischen Grundlagen herausgestellt und dann im Sinne einer integrativen Allgemeinen Pädagogik auf dem Hintergrund von Tätigkeitsniveaus für Kinder mit sonderpädagogischem Förderbedarf im Bereich der geistigen Entwicklung gewendet" (Goschler/Heyne 2011, 191).

So wurde auch das Maulwurf-Thema (Goschler/Heyne 2011) auf der Grundlage eines Bildungsangebotes für das Grundschulalter konzipiert, das in vielen Lehrplänen aufgeführt ist (vgl. Bayerisches Staatsministerium 2000, 104; Bayerisches Staatsministerium 2003, 183;

Bayerisches Staatsministerium 2014, 235). Eine Orientierung an Bildungsangeboten aus dem Regelschullehrplan sollte im Sinne der Hochwertigkeit der Angebote nicht aufgegeben werden, wenngleich das Thema auch im Lehrplan für den Förderschwerpunkt geistige Entwicklung in Bayern abgebildet ist (vgl. Bayerisches Staatsministerium 2003, 183). Für die Vermittlung des Themas werden drei wesentliche Zugänge vorgeschlagen:

- „Erlebnishafte Erfahrungen mit allen Sinnen" (ebd.)
- „Erkenntnis von Einzelphänomenen" (ebd.)
- „Einblick in ökologische Zusammenhänge" (ebd.)

Der Bogen an Zugangsweisen im Bayerischen Lehrplan für den Förderschwerpunkt geistige Entwicklung ist dabei weit gespannt und reicht von einfachen Sinneserfahrungen bis hin zu experimentellen Vorgehensweisen, um Erkenntnisse zu erwerben. „Die Zugangsweisen im Lernbereich Natur reichen von sensorischen Erfahrungen in und mit der Natur bis hin zu durch Beobachtung und Experiment erworbenen Kenntnissen über ökologische Systeme" (ebd., 181).

Grundsätzlich sollte ein Einblick in die Angepasstheit des Maulwurfs an den Lebensraum Boden anhand ausgewählter morphologischer Merkmale ermöglicht werden:

- Zusammenhang zwischen Bau und Funktion des Kopfes,

Abbildung 9: Maulwurf mit keilförmigem Kopf zur Angepasstheit bei Bohrvorgängen (Goschler/Heyne 2011, 198).

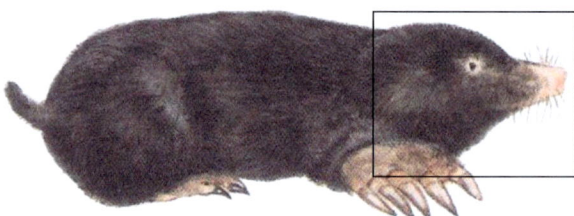

- des Körpers,
- des Fells

Abbildung 10: Maulwurf mit einem kurzhaarigen und dichten Fell ohne Strich (Goschler/Heyne 2011, 196).

- und der Vorderfüße.

Anhand von Experimenten und Forscheraufträgen sollte die Keilform des Kopfes als Angepasstheit im Sinne des Bohrens erkennbar werden. Der zylinderähnliche Bau des Körpers erleichtert das Rutschen. Das Fell, das keinen Strich hat, erleichtert das schnelle Vor- und Zurückbewegen, während die Vorderfüße das Graben erleichtern. Diese Themenzugänge haben keinen curricularen Charakter im Sinne einer Operationalisierbarkeit. So können über die Themenzugänge auf den unterschiedlichen Tätigkeitsniveaus Lernangebote gebildet werden.

Tabelle 11: Tätigkeitsebenen, mögliche Themenzugänge und biologiedidaktische Prinzipien zum Maulwurfsubthema Fell (vgl. Goschler/Heyne 2011, 212ff.).

Tätigkeitsebene	Themenzugänge	Biologiedidaktische Überlegungen
Wahrnehmungs tätigkeit	Sinneserfahrungen mit dem Fell. Berühren und Streicheln des Felles. Hinzunahme anderer Felle oder Materialien.	Ansprechen mehrerer Sinneskanäle. Arbeiten am originalen Naturobjekt.
Manipulierende Tätigkeit. Individuelle Gegenstandsbedeutungen.	Weichheit, Angenehmheit/ Unangenehmheit des Felles. Widerständigkeit des Felles beim Streicheln. Vergleich mit anderen Widerständigkeiten. Verschiedene Handlungsmöglichkeiten mit dem Fell.	Fachdidaktischer Dreierschritt: Tun – Beobachten, Betrachten – Deuten. Handelnde Auseinandersetzung mit den Materialien.
Gegenständliche Tätigkeit. Funktionale Eigenschaften.	Fell ohne Strich für Vorwärts- und Rückwärtsbewegungen geeignet. Vergleich mit anderen Fellen und Fellstrichen. Austausch über Versuchsaufbauten und Erfahrungen.	Kommunikation im Unterrichtsgespräch. Transfer der Funktion der Versuchsmaterialien auf das Originalobjekt und umgekehrt. Bedeutungszuweisung der Felleigenschaften.
Spieltätigkeit. Symbolische Repräsentanz.	Felleigenschaften in verschiedenen Darstellungsformen: zeichnerisch, grafisch. Modellierbarkeit, Konstruierbarkeit von verschiedenen Fellfunktionen. Nutzung sozialer Werkzeuge.	Unterscheidung von Medien nach Kodierungsarten und nach dem Grad der Abstraktion. Bezug von grafisch-modellhaften Modellierungen auf reale Merkmale.
Schulisches Lernen. Kulturtechniken.	Wortkarten, Versuchsbeschreibungen. Ergebnisdokumentationen.	Dreierschritt der Erkenntnisgewinnung.

Ausschnitthaft werden in Tab. 11 diese Angebote zum Themenbereich Aussehen und Funktion des Felles auf den verschiedenen Tätigkeitsebenen vorgestellt und auf biologiedidaktische Prinzipien bezogen. Das Fell des Maulwurfs besteht nur aus Wollhaaren ohne Strich, d.h. die Fellhaare sind nicht wie z.B. bei Katzen in eine bestimmte Richtung gelegt.

Das Fell ist sehr kurz und dicht, was ihm einen sehr weichen, samtenen oder seidigen Charakter verleiht. Durch die beschriebenen Felleigenschaften kann sich der Maulwurf in einer Erdröhre sehr geschickt und schnell sowohl vorwärts als auch rückwärts bewegen. Um von einem Zielpunkt B wieder zurück zum vorherigen Ausgangspunkt A zu gelangen, dreht der Maulwurf in der Regel nicht um, sondern läuft rückwärts.

So können Situationen geschaffen werden, die unterschiedliche Qualitäten des individuellen Erkenntnisprozesses anerkennen und dabei Möglichkeiten für ein gemeinsames Handeln schaffen, die an grundlegenden biologiedidaktischen Forderungen anknüpfen. Damit kann es gelingen, dass

> „sich jedes Kind wahrnehmend und handelnd in das Geschehen einbringen kann, das Tun des einen das des anderen beeinflusst und mit bedingt, wodurch jedes/r Kind/Schüler für jedes/n andere/n Bedeutung gewinnen kann und sich alle Kinder/Schüler subjektiv als kompetent und wichtig für die Gemeinschaft erfahren können" (Feuser 2001, 28).

Die exemplarisch hier kurz angerissenen Möglichkeiten bezüglich der funktionalen Felleigenschaften des Maulwurfs können Ausgangs- oder Erarbeitungspunkte für eine heterogene SchülerInnenschaft darstellen. Der Lerngegenstand wird anhand der Tätigkeitsebenen didaktisch aufgefächert. So ist ein gemeinsamer Ausgangspunkt für kooperative Handlungen herstellbar. Umgekehrt kann es ohne diesen für alle SchülerInnen möglichen gemeinsamen Ausgangspunkt zu keiner gemeinsamen Tätigkeit kommen. Diese basale Zugangsebene ist grundsätzlich für alle SchülerInnen möglich. Damit kann eine Zugangsweise geschaffen werden, die nicht nur für Kinder mit sonderpädagogischem Förderbedarf, sondern für alle Kinder als bedeutsam erfahren werden kann und damit kooperative Erfahrungen ermöglicht.

Das Unterrichtsbeispiel „Maulwurf" wurde anhand der dominierenden Tätigkeiten geplant. Mit diesem vorgestellten didaktischen Ansatz ist es möglich, sowohl die fachliche wie auch die entwicklungspsychologische Dimension von Unterricht anhand eines Gemeinsamen Gegenstandes zu berücksichtigen.

Ziel des Maulwurf-Beitrags ist die Weiterentwicklung des Unterrichts für SchülerInnen mit dem Förderschwerpunkt geistige Entwicklung, und zwar sowohl im Setting „inklusive Schule" als auch an einer Förderschule. „Der gemeinsame Ansatzpunkt ist dabei die Anknüpfung an die Fachdidaktiken" (Ratz 2011, 9). SchülerInnen mit dem Förderschwerpunkt geistige Entwicklung haben einen Anspruch auf qualitativ hochwertige Bildungsangebote sowohl in der inklusiven Beschulung als auch an Förderschulen. Dabei ist von einer doppelten Ambivalenz auszugehen. Bislang war der Unterricht für diese SchülerInnenschaft wenig an fachlichen Grundsätzen orientiert, andererseits haben die Fächer die Lern- und Lebenslagen und die pädagogisch-didaktischen Bedürfnisse von SchülerInnen mit sonderpädagogischem Förderbedarf kaum zur Kenntnis genommen (vgl. ebd.). Mit dem genannten Sammelband (Ratz 2011) soll ein Beitrag geleistet werden zur interdisziplinären Zusammenarbeit von Fachdidaktiken und Sonderpädagogik. Es kommt zu einer Verknüpfung der Fachorientierung mit der SchülerInnenorientierung. Dabei ist klar, dass

> „es differenzierter fachspezifischer, fachdidaktischer und entwicklungspsychologischer Kenntnisse bedarf, um Kindern Themenzugänge auf ihrem jeweiligen Ent-

wicklungsniveau zu ermöglichen. Fachorientierter Unterricht, der konsequent die Individualität der Schüler/innen mit und ohne Behinderung zu berücksichtigen sucht, wird komplexer" (Weiß 2011, 30).

2.3.6 Zur Auseinandersetzung um Entwicklungslogik

Das hier vorgeschlagene und nur kurz umrissene Konzept einer Didaktik für heterogene SchülerInnengruppen, das sowohl die Sach- wie auch die Subjektseite integriert, muss sich mit zwei Gegenargumenten auseinandersetzen. Ein erstes ist pragmatischer, aber damit nicht unerheblicher Natur. Zu einer bedarfsgerechten Planung von Unterricht ist es unerlässlich, über profunde entwicklungspsychologische Kenntnisse über den Ansatz von Piaget oder Kompetenzen in Bezug auf die dominierenden Tätigkeiten nach Leont'ev oder das Entwicklungsverständnis nach Vygotskij zu verfügen. Unterrichtsplanung mit gleichzeitiger Berücksichtigung entwicklungspsychologischer Zusammenhänge ist nicht einfach zu bewerkstelligen und dürfte diejenigen Lehrpersonen, die nicht aus der Sonderpädagogik kommen, vor erhebliche Probleme stellen.

Ein zweites Gegenargument ist theoretischer Art und bezieht sich direkt auf das Entwicklungsverständnis von Piaget, Leont'ev und Vygotskij, welches einen sehr grundlegenden Faktor in Feusers entwicklungslogischer Didaktik darstellt. Im Wesentlichen nährt sich dieses zweite Argument aus zwei Überlegungen:

- aus der Problematik der Sichtweise von kognitiver Beeinträchtigung als Entwicklungsverzögerung
- aus der Gegenüberstellung von Entwicklungsstadien und Domain-Spezifik

In weiten Teilen der Sonderpädagogik und speziell der Geistigbehindertenpädagogik wird eine kognitive Beeinträchtigung im Sinne einer geistigen Behinderung als Entwicklungsverzögerung oder Verzögerung in der Normalentwicklung interpretiert. Hierfür wird immer auch auf die Ansätze von Piaget oder der Kulturhistorischen Schule (Leont'ev, Vygotskij) verwiesen. Grundlage hierfür ist eine beobachtbare Differenz von Kognitionsentwicklung und Lebensalter. Piaget und die Kulturhistorische Schule haben Entwicklungsstadien beschrieben und diesen ungefähre Lebensaltersabschnitte zugewiesen. Auch wenn auf die Relativität dieser Altersangaben hingewiesen wurde, so haben sie sich als Richtschnur entwicklungspsychologischer Verläufe etabliert. Dies kann zur Konsequenz haben, dass für ein siebenjähriges Kind ein Entwicklungsalter von drei Jahren attestiert wird und es demnach eine geistige Behinderung attribuiert bekommt, was aus zwei Aspekten bedenklich erscheint. Zum einen hat dieses siebenjährige Kind eine siebenjährige Entwicklung hinter sich und keine dreijährige. Andererseits kommt der Feststellung einer entwicklungsgemäßen Abweichung kein ausreichend erklärender Charakter für die biografische Entwicklung eines bestimmten Kindes zu.

Die Orientierung am Entwicklungsalter hatte und hat auch Auswirkungen auf unterrichtliche Angebote v.a. im Förderschwerpunkt geistige Entwicklung, da sich demgemäß zu planende Unterrichtsvorhaben am Entwicklungsalter und nicht am tatsächlichen Alter orientieren.

„Die Sichtweise von geistiger Behinderung als verlangsamte Normalentwicklung
enthält in Bezug auf die Bedeutung von Fächern für das Lernen eine entscheidende
Aussage: Den Kindern mit geistiger Behinderung werden Angebote gemacht, die
für jüngere ‚normalentwickelte' Kinder gedacht sind" (Ratz 2011, 19).

Dies kann dazu führen, dass schulischer Unterricht für diese Kinder und Jugendlichen
sich an inadäquaten Prinzipien orientiert, die beispielsweise aus der Vorschulpädagogik
übernommen werden. Damit „wird die gesamte Didaktik dieses Förderschwerpunktes weniger fachlich, sie wird kindlicher" (ebd.).

Zu diesen didaktischen Implikationen werden in den letzten Jahren die Ansätze von Piaget und der Kulturhistorischen Schule bei aller Bedeutung für die Entwicklung von Unterricht, der sich an der Seite des Kindes orientiert, grundsätzlicher hinterfragt. Kritisiert wird
die Einteilung der Entwicklung in allgemeine Stufen oder dominierende Tätigkeitsebenen.
„Die Gültigkeit allgemeiner, d.h. von spezifischen Entwicklungsbereichen unabhängiger
Stufen- bzw. Stadientheorien wird jedoch heute infrage gestellt" (Weiß 2011, 22). Es wird
darauf verwiesen, dass Entwicklungsverläufe differenzierter gesehen werden müssen und
dass „kognitive Entwicklung heute nicht mehr global verstanden wird, sondern getrennt
nach Domänen" (Ratz 2016, 181). Damit ist eine (Lern-)Bereichsspezifität gemeint, wie z.B.
die Sprache oder das Zahlenverständnis. Von Bedeutung ist dabei, dass unterschiedliche
Domänen intrapersonell verschieden weit entwickelt sein können. Dies gilt für SchülerInnen der Regelschule mit immer wieder feststellbaren unterschiedlichen Begabungen ebenso
wie für SchülerInnen, die einem sonderpädagogischen Förderschwerpunkt zugeordnet werden. Auch wenn die jeweiligen Domänen isoliert betrachtet werden können und verschieden weit entwickelt sind, gibt es natürlich Interdependenzen, wenn in Betracht gezogen
wird, dass die Denkentwicklung eng mit Sprachentwicklung oder das Zahlverständnis ebenfalls mit der Sprachentwicklung verknüpft ist (vgl. ebd.).

Auf didaktischer Seite hat eine Hinwendung zur Domänenspezifität Konsequenzen, da sehr

„individuelle und subjektive Konstruktionen der Domänen entstehen. Es ist aus
didaktischer Sicht wichtig zu erkennen, dass diese Hintergründe immer mitbeein-
flussen, wie Lernerfahrungen, die äußerlich sehr einheitlich aussehen können, individuell sehr unterschiedlich in das bestehende kognitive System aufgenommen werden" (Ratz 2014, 31).

Demzufolge wäre es geboten, Bildungsangebote für SchülerInnen mit sonderpädagogischem Förderbedarf deutlich stärker als bisher an fachlich orientierten Prinzipien anzu-
docken.

Es gilt allerdings zu berücksichtigen, dass die Diskussion um Entwicklungsorientierung
und Domänenspezifität weitergeführt wird. Ursprünglich war bei der Entstehung von Domänen davon ausgegangen worden, dass diese epigenetischen Charakters und somit unver-
änderlich seien, d.h. Domänen wären bei der Geburt modular angelegt. Diese Sichtweise
würde bedeuten, dass der Mensch als ein „in unzählige Domains zersplitterter, unverbun-
dener Geist (in einem zersplitterten Körper)" gesehen würde (Prosetzky 2013, 107). Es
würde auch die Möglichkeit einer allgemeinen Entwicklung negiert. Sollten solche Ansätze
konstitutiv für die Erklärung von Behinderung werden, so könnte dies als Rückfall in das

medizinische Modell von Behinderung interpretiert werden, zumindest aber eine Sicht-weise vom Menschen als Einheit und Ganzheit in seinem Erleben und Handeln, in seiner tätigen Auseinandersetzung mit der Welt, in Frage stellen. Dies würde in Widerspruch zur von Deutschland ratifizierten Behindertenrechtskonvention stehen. Diese „manifestiert be-hindertenpolitisch den Paradigmenwechsel vom medizinischen zum menschenrechtlichen Modell von Behinderung" (Degener 2009, 219).

Die Möglichkeit einer Integration von Domainspezifik und einer allgemeinen Entwick-lung wird von Karmiloff-Smith eingebracht. Danach „sind zwar in geringem Umfang an-geborene Module vorhanden [… W.G.], die jedoch lediglich gewissermaßen als Starthilfe verstanden werden" (Ratz 2014, 31). Karmiloff-Smith verwendet hierfür den Begriff „re-presentational redescription" (Karmiloff-Smith 1995, 175). Mit dem Prozess der repräsen-tationalen Redeskription beschreibt sie einen Vorgang der permanenten Höherentwick-lung. Repräsentationsniveaus gestalten sich von Ebene zu Ebene in der Auseinandersetzung des Individuums um. Damit ist Behinderung kein subjektives Merkmal, sondern ein Ergeb-nis der Umgestaltungsprozesse. Dies kann dann bereichsspezifisch in einer Domain zu an-deren Strukturen führen. „Faktisch beschreibt sie [Karmiloff-Smith. W.G.] einen Prozess der Herausbildung funktioneller Systeme auf der Basis einer spezifischen Struktur epigene-tischer (‚angeborener') funktioneller Systeme" (Jantzen 2013b, 86). Karmiloff-Smith formu-liert dies folgendermaßen: „Development itself is the key to understanding developmental disorders" (Karmiloff-Smith 1998, 389).

Zusammenfassend kann an dieser Stelle festgehalten werden, dass

- eine reine Entwicklungsorientierung im klassischen Sinne nach Piaget oder Vygo-tskij bzw. Leont'ev in der Fachliteratur als nicht mehr umfassend adäquat erörtert wird,
- eine ausschließliche Orientierung am Entwicklungsalter einer fachlichen Orientie-rung von Unterricht nicht notwendigerweise förderlich ist,
- eine Orientierung am Entwicklungsalter zu unangemessen kindlichen Bildungsan-geboten auf schulischer Ebene führen kann,
- eine Orientierung am Entwicklungsalter den intraindividuell feststellbar sehr hete-rogenen Kompetenzen von SchülerInnen mit und ohne sonderpädagogischem För-derbedarf kein ausreichendes Interpretationsmodell entgegenbringen kann,
- eine ausschließliche Orientierung an Domainspezifität in der Gefahr steht, Ent-wicklungsrichtungen zu negieren,
- eine ausschließliche Orientierung an Domainspezifität zu einem Rückfall in medi-zinische Sichtweisen von Behinderung führen kann, weil der Zusammenhang zwi-schen epigenetischen und entwicklungsfördernden Bedingungen zu wenig geklärt ist und schließlich, dass
- eine fachgebundene Perspektive auf SchülerInnen mit sonderpädagogischem För-derbedarf bisher nur wenig stattgefunden hat.

Ein umfassendes System einer vereinheitlichten Theorie der Entwicklung psychologi-scher Strukturen, der es gelingt, „*entwicklungsbiologische, individuelle und kulturelle Pro-zesse*" zu integrieren (Mascolo/Fischer 2013, 97. Hervorhebung im Originaltext. W.G.), ist derzeit zur Planung von Unterricht für heterogene SchülerInnenzusammensetzungen nicht in ausreichendem Maße verfügbar.

Dies hat für den weiteren Fortgang der vorliegenden Arbeit zwei Konsequenzen. Zum einen wird über Modifikationen im Konzept von Feuser nachzudenken sein; zum anderen wird auf ein fachliches Modell mathematischer Entwicklung zurückgegriffen.

Vorher ist es jedoch nötig, sich mit dem Lernstrukturgitter von Reinhard Kutzer und dessen Rezeption bzw. Anwendung für Unterrichtsplanung in inklusiven Schulklassen auseinanderzusetzen, da hierüber weitere Anregungen für erforderliche Modifikationen gewonnen werden können.

2.3.7 Struktur- und niveauorientiertes Lernen nach Kutzer

Hilfreich für die Auseinandersetzung mit Feusers entwicklungslogischer Didaktik ist die Beschäftigung mit dem Konzept des struktur- und niveauorientierten Lernens nach Kutzer (1998). Begründen lässt sich dies anhand von vier Aspekten:

- Kutzer versucht in seinem Konzept eine Vermittlung von Sache und Subjekt.
- Dies bedeutet eine Orientierung an einer fachlichen Sichtweise für die Entwicklung von mathematischen Kompetenzen unter gleichzeitigem Einbezug einer entwicklungsgemäßen Sichtweise auf das Kind.
- Kutzer orientiert sich an Piaget.
- Das von Kutzer entwickelte Lernstrukturgitter findet in seiner originalen Fassung und in einer leicht abgewandelten Fassung Eingang in die Planung inklusiven Unterrichts in Thüringen, ist also für die Unterrichtspraxis konzipiert.

Schon an dieser Stelle sei darauf verwiesen, dass es hier nicht um eine Rezeption des Kutzer'schen Verständnisses der Entwicklung des Zahlbegriffs geht, das zu sehr verhaftet war am Piaget'schen Begriff der Invarianz als Voraussetzung für die Entwicklung arithmetischer Kompetenzen. Aktuell wird in der Fachliteratur der Begriff „pränumerische Konzepte" kritisiert, da den Zählkompetenzen für die Entwicklung arithmetischer Aufgabenlösungen ein deutlich stärkeres Gewicht beigemessen wird. Zählen wird als wesentliche Voraussetzung zum Aufbau numerischer Konzepte betrachtet.

Bedeutend für die vorliegende Arbeit ist der Zusammenhang, in den Kutzer Sachstruktur und individuelle Entwicklung bringt. Dies soll in seinen allgemeinen Prinzipien dargestellt werden und Ausgangspunkt für weitere Überlegungen sein. Kutzers Werk blieb aufgrund seines Todes 2001 unvollendet.

Ausgangspunkt für ein Lernen, das am Subjekt wie an der Sache orientiert ist, stellt für Kutzer das Lernstrukturgitter dar, das in Form einer x- und y-Achse zwischen den Dimensionen Komplexität und Niveau strukturiert ist. Die waagerechte Achse zielt auf die Komplexität der Inhalte. Damit werden innerhalb eines bestimmten Themas oder Teilthemas inhaltliche Ziele festgelegt, wie sie sich aus der Sachlogik ableiten lassen. So kann eine Folge von Strukturelementen festgelegt werden von einer einfachen zu einer komplexen Struktur. Die senkrechte Achse bezieht sich auf die Niveaustufen des Denkens, also auf unterschiedlich vorliegende Abstraktionen. Diese ordnet Kutzer an von konkreten Handlungen bis zu abstrakten Denkoperationen. Dazwischen findet ein zunehmender Prozess der Verinnerlichung statt. Eine Begründung für diesen Prozess formuliert Kutzer folgendermaßen:

> „Da manche Sachverhalte [... W.G.] nur durch verschiedene Generalisierungen zutage treten und somit nur theoretisch existent sind, wird deutlich, dass ein Lernen nicht nur durch den Umgang mit den Dingen provoziert werden kann, sondern zugleich auch die Loslösung von dem je Besonderen beinhalten muss" (Kutzer 1998, 5).

Diese Loslösung findet nach Kutzer über den Abstraktionsprozess in der Abfolge der Niveaustufen des Denkens statt. Die Dimension Niveau wird dabei verstanden als subjektbezogene Aneignung von bestimmten Sachverhalten. Wesentlich dabei ist eine Konstruktion von Zusammenhängen zwischen in Bezug stehenden Sachverhalten. Hierüber kann das Allgemeine der Sachverhalte abgeleitet werden. Hierzu sind Generalisierungen nötig, die verschiedene Abstraktionen darstellen, nämlich

- die Fähigkeit zur Übertragung von Erkenntnissen innerhalb eines Handlungsmodells,
- der Übertrag der gewonnenen Erkenntnisse auf andere Handlungsmodelle und schließlich
- die Verallgemeinerung der Erkenntnisse.

Diese Generalisierungen sind eingebettet in vier verschiedene Niveaustufen:

- konkretes, strukturiertes Handeln
- Handeln in der Vorstellung
- von Handlungssituationen losgelöste Erkenntnisse
- Verinnerlichung

Damit entsteht ein Rasterschema, das Lernstrukturgitter nach Kutzer (vgl. Abb. 11). Neben dem Versuch der Verbindung von Sache und Subjekt ist wesentlich am Lernstrukturgitter, dass damit mögliche Wege für je unterschiedliche SchülerInnen abgebildet werden können. Die SchülerInnen gehen also in Bezug auf mögliche Koordinaten innerhalb der Rasterstruktur unterschiedliche Lernwege.

Damit kommt dem Lernstrukturgitter eine vierfache Aufgabenstellung zu:

- eine strukturierende,
- eine diagnostische,
- eine abbildende und
- eine planende.

Über den *strukturierenden* Aspekt kann das gesamte Feld eines bestimmten Themas aufgeschlossen werden bezüglich der Komplexität der Inhalte und des Grads an Verinnerlichung bei den einzelnen SchülerInnen. Die *diagnostische* Aufgabenstellung verweist auf die Notwendigkeit, die SchülerInnen dort abzuholen, wo sie stehen. Der *abbildende* Effekt dokumentiert Lernwege und ist damit die Voraussetzung für die weitere *Planung* im Sinne von Angeboten in der Zone der nächsten Entwicklung.

Abbildung 11: Lernstrukturgitter nach Kutzer: Bezug zwischen Niveau und Komplexität (vgl. Kutzer 1998, 6).

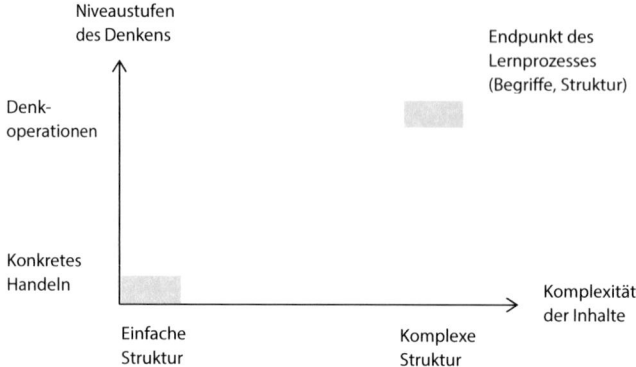

Damit kann das Lernstrukturgitter zu einem allgemeinen Planungsinstrument von Unterricht werden, und zwar nicht nur wie bei Kutzer für Mathematikunterricht, sondern auch in anderen Fächern. Das Grundprinzip des Lernstrukturgitters findet Anwendung in inklusiven Schulen in Thüringen. Dort werden im Zusammenhang mit der Novellierung des Thüringer Schulgesetzes und den zugehörigen Rechtsvorschriften seit dem Schuljahr 2003/04 SchülerInnen mit sonderpädagogischem Förderbedarf zieldifferent an Regelschulen unterrichtet (vgl. Sasse/Schulzeck 2013, 13). Damit sind seit diesem Zeitpunkt „Grund- und Regelschulen sowie Gymnasien der bevorzugte Lernort auch für Schülerinnen und Schüler mit Behinderungen" (Thüringer Forschungs- und Arbeitsstelle für den Gemeinsamen Unterricht / Inklusion o.J. a). In diesem Zusammenhang begann im Jahr 2009 in Thüringen der Schulversuch „Unterrichtung von Schülern mit sonderpädagogischem Förderbedarf im Lernen im gemeinsamen Unterricht nach den Lehrplänen der Grund- und Regelschule" (ebd.). In der Konzipierung dieses Schulversuchs wurde nach einem „Modell der Planung und Reflexion von Unterricht" gesucht (ebd., 18). Die beteiligten Lehrkräfte, die pädagogische Leitung und die wissenschaftliche Begleitung haben sich

> „hierfür von der Anlage der Lernstrukturgitter inspirieren lassen: Diese Gitterstruktur kann nicht nur als Beschreibungsform für empirisch belegte Entwicklungsschritte genutzt werden, sondern auch als Orientierungsrahmen, um Bildungsinhalte so zu analysieren, dass für alle Lernenden innerhalb einer heterogenen Gruppe passende Lerngelegenheiten vorbereitet werden können" (ebd., 19).

Im Sinne des Kutzer'schen Lernstrukturgitters wurde dieses als Differenzierungsmatrix für unterschiedlichste unterrichtliche Themen angelegt. Auf den Webseiten der Thüringer Forschungs- und Arbeitsstelle für den gemeinsamen Unterricht / Inklusion sind ausgearbeitete Differenzierungsmatrizen zu unterschiedlichen Fächern und Lernbereichen aus unterschiedlichen Schulstufen dokumentiert und abrufbar (vgl. Thüringer Forschungs- und Arbeitsstelle für den Gemeinsamen Unterricht / Inklusion o.J. b). Kutzers Begrifflichkeit „Niveaustufen des Denkens" wurde dabei teilweise durch „kognitive Komplexität" ersetzt. In Bezug auf die Begrifflichkeiten zur Unterteilung der kognitiven Komplexität gibt es, eng an Kutzer orientiert, folgende Unterscheidung:

- anschaulich/praktisch
- teilweise vorstellende Handlung
- vollständig vorstellende Handlung
- symbolische Ebene/Darstellung
- abstrakt (vgl. ebd.)

Es gibt eine weitere Vorlage für eine Differenzierungsmatrix, in der die Begriffe der Dimension kognitive Komplexität fehlen (vgl. ebd. Differenzierungsmatrix) und auch Matrizen, in denen die Begrifflichkeiten verändert wurden, wie z.B.:

- anschaulich-praktisch handeln
- erworbenes Wissen reproduzieren
- erworbenes Wissen anwenden
- erworbenes Wissen ausdifferenzieren und erweitern (vgl. ebd. Ronja Räubertochter). Bei letztgenanntem Beispiel ist die Kutzer'sche Grundvariante trotz anderer Begriffe wiedererkennbar.

Im Folgenden wird exemplarisch auf die Matrix zurückgegriffen, die sowohl im Zwischenbericht (Sasse/Schulzeck 2013, 20) wie auch bei den Online-Matrizen (vgl. Thüringer Forschungs- und Arbeitsstelle für den Gemeinsamen Unterricht / Inklusion o.J. b: Planeten) wiedergegeben ist (vgl. Tab. 12). In der linken Spalte sind rot gedruckt die Begrifflichkeiten der Dimension kognitive Entwicklung, in der untersten Zeile ebenfalls rot die Komplexität der Inhalte:

Tabelle 12: Differenzierungsmatrix zum Thema Planeten (Thüringer Forschungs- und Arbeitsstelle für den Gemeinsamen Unterricht / Inklusion o.J. b: Planeten).

	Planet Erde	Sonne / Erde	Mond / Erde	ausgewählte Planeten	Planetensystem / Milchstraße
abstrakt	Zeitzonen Gradnetz Kontinente Ozeane	Ozonloch Atmosphäre Luftschichten Sonnenfinsternis	Satelliten Mondlandung Raumfahrt	Infos über Planeten Missionen im All Raumfahrt ISS	Galaxien Milchstraße
symbolische Ebene/ Darstellung	ein Abbild der Erde ausmalen / Karte / Ozeane	Schaltjahr Sonne und Zeit (Beziehungen herstellen) Erdumlauf um die Sonne	Gezeiten Ebbe und Flut Einfluss des Mondes auf das Wasser erklären	Kenntnisse über andere Planeten gewinnen	Sternschnuppen Meteoriten Kometen
vollst. vorstellende Handlung	Erde basteln Styroporkugel	Sonne = Leben auf der Erde Beziehungen zwischen Sonne und Natur (Wachstum...)	Mondphasen: Warum Einzelne Phasen kennen Ein Daumenkino bauen	Größe und Abhängigkeiten von einzelnen Planeten kennen	Sternenbilder am Himmel
teilw. vorstellende Handlung	den Globus als Modell der Erde kennen lernen	Die Beziehungen zwischen Sonne, Jahreszeiten, Wärme und Veränderung wahrnehmen (erklären)	Mond Modell (Krater und Meere) Warum leuchtet der Mond?	Modell des Sonnensystems kennen lernen	Polarstern / Kreuz des Südens Bedeutung Wo und wie finde ich sie?
anschaulich/prak-tisch	Was der Planet kann: • Naturbeobachtung • Wetter • Wachstum • Leben auf der Erde	Tag und Nacht beobachten Sonnenaufgang / Sonnenuntergang Planetarium	den Mond beobachten am Tag und in der Nacht	andere Planeten kennen und beobachten	Das Planetensystem (Sonnensystem) kennen

In der untersten Zeile sind die jeweils einzelnen Themen des Themenfortgangs abgebildet. Demgemäß müssten in den jeweiligen Spalten darüber sich die Themen in den unterschiedlichen Dimensionen der kognitiven Komplexität wiederfinden. Dann könnten die einzelnen Themen der Dimension Inhalte als gemeinsamer Lerngegenstand gesehen werden.

Bei näherer Betrachtung fällt allerdings auf, dass die thematische Konsistenz innerhalb der einzelnen Spalten nicht konsequent durchgehalten wird. Dies soll an zwei Beispielen verdeutlicht werden, nämlich an den Themen „Sonne / Erde" und „Mond / Erde".

Bei der folgenden Tabelle sind nur mehr diese beiden inhaltlichen Themen dargestellt. In der Spalte „Sonne / Erde" wie auch in der Spalte „Mond / Erde" insgesamt wie auch in den markierten Feldern ist zwischen der „anschaulich/praktischen Handlung" und der Zeile „abstrakt" ein inhaltlicher Bruch festzustellen. Der abstrakte Themenunterpunkt „Ozonloch …" beispielsweise steht in keinem inhaltlichen Zusammenhang zu „Tag und Nacht beobachten". Ähnlich verhält es sich bei den weiteren markierten Feldern und bezugnehmend auf die obere Tabelle auf weitere Zusammenhänge innerhalb einer thematischen Spalte.

Tabelle 13: Ausgewählte Elemente der Differenzierungsmatrix zum Thema Planeten (vgl. Sasse/Schulzeck 2013, 20; Thüringer Forschungs- und Arbeitsstelle für den Gemeinsamen Unterricht / Inklusion o.J. b: Planeten).

abstrakt	Ozonloch Atmosphäre Luftschichten Sonnenfinsternis	Satelliten Mondlandung Raumfahrt
symbolische Ebene / Darstellung	Schaltjahr Sonne und Zeit (Beziehungen herstellen) Erdumlauf um die Sonne	Gezeiten Ebbe und Flut Einfluss des Mondes auf das Wasser erklären
vollständig vorstellende Handlung	Sonne = Leben auf der Erde Beziehungen zwischen Sonne und Natur (Wachstum…)	Mondphasen: warum einzelne Phasen kennen ein Daumenkino bauen
teilweise vorstellende Handlung	die Beziehungen zwischen Sonne, Jahreszeiten, Wärme und Veränderung wahrnehmen (erklären)	Mond Modell (Krater und Meere) Warum leuchtet der Mond?
anschaulich / praktische Handlung	Tag und Nacht beobachten Sonnenaufgang/ Sonnenuntergang Planetarium	den Mond beobachten am Tag in der Nacht
	Sonne / Erde	Mond / Erde

Es kann ein inhaltlicher Bruch innerhalb einer thematischen Spalte festgestellt werden von „anschaulich/praktisch" zu „abstrakt", obwohl sich nur die kognitive Dimension der Verarbeitung ändern sollte. Der gemeinsame Gegenstand ist daher nicht mehr gegeben.

Nach der vertikalen Betrachtung der Matrix soll jetzt auf die horizontale Ausrichtung eingegangen werden. Hierzu wird in der folgenden Tabelle der Ausschnitt verengt auf „teilweise vorstellende Handlung".

Tabelle 14: Ausgewählte Elemente der Differenzierungsmatrix zum Thema Planeten (vgl. Sasse/Schulzeck 2013, 20; Thüringer Forschungs- und Arbeitsstelle für den Gemeinsamen Unterricht / Inklusion o.J. b: Planeten).

| teilweise vorstellende Handlung | den Globus als Modell der Erde kennen lernen | die Beziehungen zwischen Sonne Jahreszeiten, Wärme und Veränderung wahrnehmen (erklären) | Mond Modell (Krater und Meere) Warum leuchtet der Mond? | Modell des Sonnensystems kennen lernen | Polarstern / Kreuz des Südens Bedeutung

Wo und wie finde ich sie? |
|---|---|---|---|---|---|
| | Planet Erde | Sonne / Erde | Mond / Erde | ausgewählte Planeten | Planetensystem / Milchstraße |

Tatsächlich wird das Thema von links nach rechts gelesen zunehmend komplexer. Unklar bleibt dagegen an manchen Stellen der Bezug zu „teilweise vorstellende Handlung", denn ein „Modell des Sonnensystems kennen lernen" oder der „Polarstern" sind keine „teilweise vorstellende Handlungen". Dies legt den Verdacht nahe, dass die Matrix zumindest in Teilen von links nach rechts und nicht von unten nach oben konstruiert wurde. Dies läuft dem Konzept des gemeinsamen Gegenstandes als Voraussetzung für kooperative Möglichkeiten entgegen. Wenn also das Lernstrukturgitter von Kutzer fruchtbar genutzt werden soll für ein Lernen am gemeinsamen Gegenstand, so ist strikt darauf zu achten, dass innerhalb einer thematischen Spalte kein inhaltlicher Bruch entsteht, sondern dass eine inhaltliche Konsistenz erreicht wird, die eine Kooperation am Gemeinsamen Gegenstand ermöglicht; d.h., die Erstellungsrichtung und Leserichtung einer Differenzierungsmatrix muss vertikal verlaufen.

Ein weiterer Punkt der Relativierung des Schemas von Kutzer betrifft die Dimension der kognitiven Komplexität bzw. der Niveaustufen des Denkens. Hier hat sich Kutzer an Vygotskij und dessen Konzept der „Zone der nächsten Entwicklung" orientiert (vgl. Kutzer 1986, 148; Kutzer 2000, 5). Auf das damit bereits thematisierte Problem der Entwicklungsorientierung wird zurückzukommen sein.

2.4 Didaktik des gemeinsamen Lernens in heterogenen Gruppen am Gemeinsamen Bildungsgegenstand

Um einer „Vertagungsprogrammatik" (Kahlert/Heimlich 2014, 155), nach der die Konzepte und Bedingungen für eine inklusive Schule noch nicht hinreichend genug erscheinen,

zu entgehen, stellt sich nunmehr die Frage: „Was ist schon heute an Verbesserungen möglich?" (ebd.). Es liegen wesentliche Bestimmungsstücke für eine Didaktik für heterogene
Lerngruppen vor, die im Folgenden teilweise relativiert, an manchen Stellen ergänzt, insgesamt neu komponiert und in ein gemeinsames Ganzes überführt werden.

2.4.1 Lernwerkstattarbeit und Didaktik des gemeinsamen Lernens

Das Konzept von Lernwerkstattarbeit bietet eine didaktische Grundlage, die aus dem Re-
gelschulbereich stammt und die von ihrer Grundausrichtung her auf einen so offenen Unterricht abzielt, dass sie Raum und Rahmen für einen Unterricht mit sehr heterogenen
SchülerInnen mit ganz unterschiedlichen Bedarfs- und Bedürfnislagen ermöglicht. Das
Konzept einer reformorientierten Lernwerkstattarbeit ist in der Lage, sich auf solche Änderungen einzulassen, die für ein Lernen in heterogenen Gruppen nötig sind.

Zumindest in Teilen wird das Verhältnis von Konstruktion und Instruktion (vgl. Hilde-
brandt/Peschel/Weißhaupt 2014) in bisheriger Lernwerkstattarbeit neu auszutarieren sein.
Der Forderung nach einer möglichst weitgehenden Orientierung an Vorgehensweisen, die
beim Lernen die individuelle Konstruktion durch die jeweiligen SchülerInnen favorisieren,
sind drei Aspekte hinzuzufügen:

Erstens sollte es im Sinne maximaler Heterogenität möglich, wenn nicht gar notwendig,
sein, Aspekte direkter Instruktion oder Aspekte des Scaffolding miteinzubeziehen. Auf ein
ausgewogenes Verhältnis von Konstruktionsprozessen im offenen Unterricht und Aspekte
der LehrerInnenstrukturierung weist Heimlich hin:

> „Im Gemeinsamen Unterricht werden Lehr-Lernsituationen konstruiert, in denen
> neben den Grundelementen des offenen Unterrichts auch strukturiert-lehrer-
> zentrierte Elemente ihren Platz haben, mehr Lehrer- und Schülerhilfe möglich ist
> und die Selbsttätigkeit sowie das kooperative Lernen der Schülerinnen und Schüler
> gezielt gefördert wird" (Heimlich 2012a, 75).

Zweitens muss der Betonung auf jeweils individuelle Entwicklung eine stärkere Orientierung auf Prozesse eines gemeinsamen Handelns entgegengesetzt werden. Dies bedeutet
nicht, dass gemeinsame Lernsituationen im Lernwerkstattkonzept nicht intendiert seien.
Schon Lillian Weber (1917–1994), die Begründerin des „Workshop Center" in New York,
antwortete auf eine Frage von Karin Ernst, Mitbegründerin der Lernwerkstatt an der Technischen Universität Berlin, nach Öffnung des Unterrichts Folgendes:

> „Natürlich wollte ich so etwas wie eine ,Öffnung'. Eine bessere Bezeichnung wäre
> vielleicht ,Zugänglichkeit'. [… W.G.] Ich wollte, daß die Klassenräume sich ein we-
> nig zur Welt hin öffnen, zur Realität der vielen Dinge in ihr. Ich wollte ein Höchst-
> maß an Interaktion der Kinder untereinander als Motor des Denkens" (Weber in
> Ernst 1996a, 40).

Schließlich und drittens findet der Aspekt Inklusion seit dem Jahr 2010 zunehmend Eingang in die Lernwerkstattliteratur und entsprechende Konzepte. Wedekind definiert Lernwerkstätten als „Lernorte für eine inklusive Pädagogik" (Wedekind 2011, 10). In Bezug auf

veränderte Lernarrangements des Index für Inklusion sieht Wedekind enorme Anknüpfungspotentiale für inklusive Lernsettings innerhalb der Lernwerkstättenbewegung. „Lernwerkstätten bieten aufgrund ihrer auf Individualisierung von Lernwegen ausgerichteten Konzeption hervorragende Bedingungen dafür, Heterogenität als Chance und nicht als Behinderung für Lernprozesse zu sehen" (ebd.).

Der Fokus liegt auf der Individualisierung von Lernprozessen unabhängig von der Frage nach einem Gemeinsamen Gegenstand. Den Zusammenhang von Lernwerkstätten und Inklusion unter Berücksichtigung des Gemeinsamen Gegenstandes lotet Goschler aus „im Hinblick auf Realisierungsmöglichkeiten eines gemeinsamen Unterrichts in heterogenen Gruppen" (Goschler 2012, 227) und weist auf Parallelen im Lernwerkstattkonzept und einem Konzept des gemeinsamen Lernens an einem Gemeinsamen Gegenstand hin. Ausgangspunkt didaktischer Überlegungen in beiden Konzepten ist das jeweilige Subjekt mit seinen biografischen Lernerfahrungen:

- Lernen und Entwicklung eines Menschen wird als Prozess gesehen, der anderer Subjekte bedarf und sozial bestimmt ist.
- Die Auseinandersetzung mit einem Bildungsgegenstand trägt zur weiteren Entfaltung der Persönlichkeit bei.
- Es erfolgt eine Abkehr von einem einseitigen Lernen von operationalisierbarem Wissen.
- Unterschiedliche, individuelle Zugangsweisen und unterschiedliche Lernbiografien können verzahnt werden (vgl. Goschler 2012, 238).

Im Februar 2014 stand die 7. Internationale Tagung der Hochschullernwerkstätten in Berlin unter dem thematischen Aspekt „Hochschullernwerkstätten – Räume einer inklusiven Pädagogik". Das Thema wurde unter zwei Perspektiven bearbeitet: einerseits als „Lernwerkstattarbeit als hochschuldidaktisches Konzept für die diversitätsbewusste und diskriminierungskritische Gestaltung von Lehr-Lern-Formaten" (Schmude/Wedekind 2016, 9), andererseits als Beitrag von Lernwerkstätten an Hochschulen für die Entwicklung inklusiver Kompetenzen im Qualifizierungs- und Professionalisierungsprozess der Studierenden (vgl. ebd.).

Für inklusive Formate in Bildungseinrichtungen wird in pädagogisch-didaktischer Hinsicht unter Rückgriff auf Konzepte einer Pädagogik der Vielfalt das Verhältnis von Individuum und Gruppe als „Balance von Individualität und Gemeinschaftsbezug" thematisiert (Schmude 2016, 26). Interessant ist dabei, dass hier Konzepte der Individualisierung von Lernprozessen gleichwertig zur Frage nach der Gruppe thematisiert werden. Allerdings fehlt die Orientierung am Gemeinsamen Gegenstand als Voraussetzung für kooperative Prozesse.

Es wurde deutlich, „dass für die Realisierung einer inklusiven Pädagogik in pädagogischen Einrichtungen eine bereits in der Ausbildung künftiger Pädagog*innen erlebte und sowohl praktisch als auch theoretisch hinterfragte und reflektierte Praxis einer inklusiven Pädagogik eine notwendige Voraussetzung ist" (Schmude/Wedekind 2016, 10). Somit können Lernwerkstätten an Hochschulen einen Beitrag zur weiteren Ausbildung inklusiver Konzepte leisten.

Aus der Betrachtung der unter Punkt 2.1.1 bearbeiteten Monografien zur Lernwerkstattarbeit ist eine hochschuldidaktische Komponente ersichtlich. Keine dieser Arbeiten bezieht sich auf inklusive Prozesse. Dennoch konnte deutlich gemacht werden, welches Potential grundsätzlich in Lernwerkstattarbeit an Hochschulen als Beitrag zu einer Veränderung der Praxis steckt.

Lernwerkstattarbeit an Hochschulen soll einen Transfer auf reformorientiertes schulisches Lernen im Sinne der Öffnung des Unterrichts ermöglichen (vgl. Pallasch/Reimers 1990). Dies ist die Voraussetzung für einen gemeinsamen Unterricht von SchülerInnen mit und ohne sonderpädagogischem Förderbedarf. Lernwerkstattarbeit an Hochschulen ist zu verstehen als Ergänzung, nicht Ersetzung, traditioneller Angebote und will individuelle und Gruppenkompetenzen stärken und Studierende bei der Ausbildung einer kritischen beruflichen Handlungsfähigkeit unterstützen (vgl. ebd.). Dabei können Lernwerkstätten an Hochschulen Lernorte für Erwachsene, für Kinder oder für beides sein und können dabei zu reformunterstützenden Elementen in der LehrerInnenbildung werden (vgl. Müller-Naendrup 1997). Es wurden Wirkfaktoren benannt, die eine potentielle Veränderung des Unterrichts im Vergleich zu traditionellen Konzepten positiv beeinflussen. Hierzu müssen sich Lehrkräfte auf subjektive Veränderungsprozesse einlassen. Dazu muss das jeweils eigene entdeckende Lernen konstruktiv unterstützt werden, so dass es subjektiv bedeutsam und damit handlungsleitend werden kann (vgl. Zocher 2000). Durch einen reflexiven Praxisbezug und hochschuldidaktische Innovation entstehen vielfältige Potentiale des Praxisimports in die LehrerInnenbildung und der Praxisinitiation durch die LehrerInnenbildung (vgl. Schubert 2003). Dabei kann forschendes und biografisches Lernen in der LehrerInnenbildung zu einer weitergehenden Professionalisierung führen, die die Vorstellungen zur LehrerInnenrolle betreffen (vgl. Bolland 2011). Die Planung von und Auseinandersetzung mit vorbereiteten Lernumgebungen im Zusammenhang mit persönlicher Beratung und Lernbegleitung können dabei die berufliche Handlungskompetenz stärken (vgl. Franz 2012).

Für die Ausformulierung einer inklusiven Didaktik kann und soll auch auf die historischen Orientierungspunkte von Lernwerkstattarbeit zurückgegriffen werden. Ein grundlegender Punkt ist die Sicht auf und die Positionierung von Schule. Freinet hat deutlich darauf hingewiesen, dass Schule ein Ort von Bildung sein soll (vgl. Freinet 1980, 25). Dieses Verständnis geht über Schule als Institution der Vermittlung von operationalisierbarem Wissen deutlich hinaus. Eine inhaltliche Korrelation kann hier trotz des großen zeitlichen Unterschiedes mit der UN-Behindertenrechtskonvention hergestellt werden, in der in Bezug auf die Realisierung eines eingliedernden, inklusiven Bildungssystems im Art. 24 von „hochwertigen" Bildungs- und Unterrichtsangeboten gesprochen wird (Bundesgesetzblatt 2008, Art. 24).

Auch Freinet weist darauf hin, dass hierzu eine deutliche SchülerInnenorientierung vonnöten ist und dass dies durch eine Veränderung des LehrerInnen-SchülerInnenverhältnisses zu erreichen sei. Die Lernwerkstattbewegung spricht in diesem Zusammenhang nicht von Lehrkräften oder Lehrpersonen, sondern von LernbegleiterInnen, die im Sinne von Freinet für die Bereitstellung einer Lernumgebung zuständig sind. Didaktische Aufgabe von LernbegleiterInnen ist die Strukturierung und Gestaltung eines Angebotes, an dem die SchülerInnen eigenaktiv handlungsfähig werden können.

Aus meiner Sicht ist die Begrifflichkeit „Lernbegleitung" für einen inklusiven Unterricht nicht weit genug gefasst oder bedarf einer Präzisierung. Der Zuständigkeit für Strukturierung und Gestaltung muss die Bedeutung der Beziehung zwischen Lehrperson und SchülerIn dringend angefügt werden. Für Prozesse direkter Instruktion oder Scaffolding-Angebote ist eine tragfähige Beziehung im Sinne erzieherischer Prozesse eine wesentliche soziale Ressource für Lernen und Entwicklung, v.a. dann, wenn es um gemeinsame Bildungsprozesse an einem potentiellen Gemeinsamen Gegenstand geht. Mit Blick auf Kinder und Jugendliche mit schwereren Beeinträchtigungen gilt es den Hinweis des früh verstorbenen Wilhelm Pfeffer (1937–1987) zu berücksichtigen: „Der Bezug schwer geistig behinderter Kinder und Jugendlicher zur dinglichen Welt ist durch und durch sozial bestimmt" (Pfeffer 1988, 321). Diese soziale Vermitteltheit macht es notwendig, den Beziehungsaspekt von Kindern und Jugendlichen zu Bezugspersonen, und über diese vermittelt, zu den Dingen der Welt, in die Rolle von Lehrpersonen miteinzubeziehen. „Dinge werden durch interessante Menschen interessant" (ebd.). Der Begriff „LernbegleiterIn" könnte suggerieren, dass es nur um die Unterstützung von Konstuktionsprozessen der Kinder geht. Die Begrifflichkeit Lehrperson ist durch den Personbegriff auf soziale Beziehung ausgerichtet.

Die SchülerInnen tragen eine jeweils individuelle Mitverantwortung für das Gesamtvorhaben. Damit Mitverantwortung und Kooperation tragfähig werden können, braucht es in der gestalteten Lernumgebung einen Verbindungspunkt, der im gemeinsamen Thema oder im Gemeinsamen Gegenstand gefunden werden kann. Die Auseinandersetzung mit Kooperation und Mitverantwortung ist nach Freinet ein Mittel zur Entwicklung von Kritikfähigkeit der SchülerInnen als übergeordnetes Bildungsziel.

Der Themenkomplex „Kooperation – Mitverantwortung – Kritikfähigkeit" wird von Dewey sehr stark fokussiert, indem er davon ausgeht, dass die jeweiligen SchülerInnen teilhaben an einer sozialen Gruppe. Diese Teilhabe kann sich nach Dewey nicht allein durch einen Zuschreibungsprozess verwirklichen, sondern benötigt die Qualität der Auseinandersetzung mit einem bestimmten Bildungsgegenstand innerhalb der sozialen Gruppe. Auch hier wird der Bildungsgegenstand zum verbindenden Element in einem doppelten Sinne, einerseits einer möglichen Kooperation von SchülerInnen untereinander und andererseits als Vermittlung zwischen Sache und Subjekt oder in der Argumentationsfigur von Freinet zwischen Lernumgebung und SchülerInnenorientierung.

Der Begriff der Lernumgebung erhält bei Montessori eine Spezifizierung durch die konkrete Materialorientierung. So stellte Montessori definierte Materialien zur Verfügung für bestimmte didaktische Fragestellungen. Damit wird Lernumgebung etwas konkret Greifbares. Durch die Auseinandersetzung von SchülerInnen mit den konkreten Materialien der jeweiligen Lernumgebung können die SchülerInnen den von Montessori wiederholt betonten Aspekt der Eigenaktivität einbringen. Allerdings müssen in Bezug auf Montessori und Lernwerkstattarbeit oder eine inklusive Didaktik zwei kritische Punkte benannt werden:

- Im Sinne einer konstruktivistischen Sichtweise der individuellen Auseinandersetzung mit einem Lerngegenstand im Lernwerkstattkonzept ist eine definierte und verbindlich vorgegebene Umgangsweise mit Lernmaterialien, wie sie bei Montessori vorgesehen ist, nicht hilfreich, sondern muss geöffnet werden in Richtung auf vielfältig mögliche, sinnstiftende Anwendungsstrategien der SchülerInnen als Akteure ihrer Entwicklung.

- Montessori setzt sehr stark auf Prozesse der individuellen Entwicklung und vernachlässigt hierbei den Blick auf eine soziale Gesamtgruppe. Dies kann in Teilbereichen auch bei Lernwerkstattkonzepten angemahnt werden. Mit Blick auf eine inklusive Didaktik ist die Sozialität von Lern- und Entwicklungsprozessen innerhalb einer sozialen Gruppe zumindest in Teilbereichen auf die Ermöglichung von mehr Kooperation und damit auch auf einen Gemeinsamen Bildungsgegenstand zu richten.

Die herausgearbeiteten Aspekte der historischen Orientierungspunkte bei Freinet, Dewey und Montessori können verdichtet werden dahingehend, dass

- Lernprozesse individuell gefasst werden,
- Lernen einer Selbstaktivität, -regulierung und -bestimmung folgen soll,
- Lernen eine soziale Komponente beinhaltet und
- Lernen an Situationen oder soziale Kontexte gebunden ist.

Damit sind wesentliche Punkte eines Lernens in Lernwerkstattarbeitskonzepten erfasst. Im Positionspapier des „Verbund europäischer Lernwerkstätten e.V." werden folgende Kennzeichen benannt, die nach wie vor als grundlegend für Lernwerkstattarbeit angesehen werden können:

- „Lernen ist immer eine Neukonstruktion der Welt.
- Lernen ist ein individueller Prozess.
- Lernen ist ein kumulativer Prozess.
- Lernen findet in sozialen Kontexten statt.
- Lernen findet in situativen Kontexten statt.
- Lernen erfolgt selbstreguliert" (Verbund europäischer Lernwerkstätten VeLW 2009, 6).

Erweitert wird dabei der Rahmen der historischen Orientierungspunkte um eine moderat konstruktivistische Sichtweise von Lernen. Damit liegt ein didaktisches Verständnis vor, das grundsätzlich in der Lage sein sollte, eine Basis zu legen für Lernen in heterogenen Zusammensetzungen. Allerdings sind die genannten Punkte noch nicht hinreichend genug, um ein Lernen in heterogenen Gruppen unter explizitem Einschluss von Kindern und Jugendlichen mit sonderpädagogischem Förderbedarf, wie umfangreich er auch sein mag, zu begründen.

Vor diesem Schritt der Erweiterung des Lernwerkstattarbeitskonzeptes in Richtung umfassender Heterogenität und unter dem Aspekt der Diversität werden die wesentlichen Punkte in Bezug zu Klafkis kritisch-konstruktiver Didaktik dargelegt. Dies ist nötig, damit die bisherigen Kernpunkte orientiert werden an einem Konzept aus der Allgemeinen Didaktik. Eine zweite Begründung ergibt sich daraus, dass sich Feuser in wesentlichen Punkten auf Klafki bezieht. Dies wird nicht nur von Feuser selbst formuliert, sondern z.B. auch von Heimlich bestätigt, wenn er schreibt, „dass Feuser sein Konzept einer integrativen Didaktik im Anschluss an das kritisch-konstruktive Modell einer Allgemeinen Bildung von Klafki" entwickelt (Heimlich 2012a, 76). So betrachtet kann Klafki als Bindeglied zwischen

Lernwerkstattarbeit als Regelschulkonzept und sonderpädagogischen Sichtweisen zum Lernen in heterogenen Gruppen verortet werden.

2.4.2 Klafkis kritisch-konstruktive Didaktik als Bindeglied zwischen Lernwerkstattarbeit und sonderpädagogischen Ansätzen für ein gemeinsames Lernen

Klafkis Hauptaugenmerk liegt auf dem Begriff der Bildung, präziser formuliert, auf dem Bildungsbegriff der deutschen Klassik. Bildungsinhalte verändern sich mit gesellschaftlichen und kulturellen Entwicklungen bezüglich zentraler gesellschaftlicher Fragestellungen (vgl. Klafki 2007, 252). Klafki sind jedoch nicht fertige Lösungen zu auftretenden Entwicklungen wichtig, sondern die Auseinandersetzung mit verschiedenen Lösungswegen, da so die Möglichkeit der reflexiven Beteiligung der SchülerInnen am Bildungsprozess entsteht. Die SchülerInnen können Fähigkeiten zur Selbstbestimmung und Solidarität aufbauen, folglich mitbestimmend am Unterrichtsgeschehen teilnehmen und werden so zu AkteurInnen des eigenen entdeckenden Lernens (vgl. ebd., 61).

Klafkis Didaktik weist keinen exklusiven Charakter auf, folglich werden keine Einschränkungen in Bezug auf die SchülerInnenschaft gemacht. Schwerpunkt ist für ihn das Prinzip innerer Differenzierung als ein Mittel zur optimalen Förderung aller SchülerInnen, wobei unklar bleibt, ob auch die Teilnahme von Kindern und Jugendlichen mit schweren Beeinträchtigungen von Klafki intendiert ist. Klafki betont, dass innere Differenzierung als Antwort auf Heterogenität nicht zu einer Reduzierung von Bildungsangeboten führen darf.

Mit der Auseinandersetzung mit Lernwerkstattarbeit und ihren historischen ProtagonistInnen (Freinet, Dewey, Montessori) und ebenso mit der kritisch-konstruktiven Didaktik nach Klafki ist ein Bezugsrahmen gesetzt, der innerhalb einer Allgemeinen Pädagogik verortet werden kann, oder anders formuliert: Es handelt sich um Konzepte, die nicht innerhalb sonderpädagogischer Denktraditionen entstanden sind, wenngleich herausgearbeitet werden konnte, dass diese Ansätze so konzipiert sind, dass sie für eine inklusive Didaktik tauglich sind durch folgende Kennzeichnungen:

- Schule als Ort für Bildung (Freinet)
- Orientierung an den Interessen und Bedürfnissen der SchülerInnen (Freinet, Dewey)
- Gestaltung einer Lernumgebung (Freinet, Montessori)
- Verknüpfung von Sache und Subjekt (Dewey)
- Bedeutung der sozialen Gruppe (Freinet, Dewey)
- Anerkenntnis der Bedeutung der Eigenaktivität des Subjektes (Montessori)

Aus diesen Grundlagen hat sich ein Konzept von Lernwerkstattarbeit herausgebildet, das im Sinne konstruktivistischen Denkens den Blick auf die Lernenden richtet, dabei aber auch Gruppenprozesse ermöglicht. In allgemeindidaktischer Hinsicht werden die genannten Aspekte abgedeckt durch Klafki, seinen Bildungsbegriff und seine Überlegungen zur inneren Differenzierung als Ansatz, adäquate Angebote auch für heterogene SchülerInnengruppen zu generieren.

2.4.3 Gemeinsames Lernen in heil- und sonderpädagogischer Perspektive

Aus heilpädagogischer Perspektive und Literatur ist die Frage nach Integration/Inklusion keine neue. Das Begriffspaar Integration/Inklusion wird hier verwendet, weil in historischer Hinsicht der Inklusionsbegriff nicht zugänglich war.

Auch in internationaler Perspektive liegen inklusionspädagogische Erfahrungen vor.

> „In vielen europäischen Nachbarländern wird derzeit nicht mehr darüber disku-
> tiert, ob die inklusive Bildung im gesamten Bildungssystem realisiert werden soll,
> sondern vielmehr über die Frage, wie dieses allgemein akzeptierte Ziel realisiert
> werden kann" (Heimlich 2014b, 10).

In historischer Hinsicht widmete sich die Heilpädagogik nach Georgens, Deinhardt und Gayette der Integration Behinderter in die Gesellschaft, da von den Begründern der Heilpädagogik Behinderung nicht als individuelle Kategorie, sondern als soziale betrachtet wird. Ziele heilpädagogischen Handelns sind demnach immer auch Ziele Allgemeiner Pädagogik. Erreicht werden diese durch die Individualisierung von Angeboten für Kinder und Jugendliche mit sonderpädagogischem Förderbedarf unter Modifizierung der Mittel der Erziehung.

Im Verhältnis zur Pädagogik kommt der Heilpädagogik ein Reformcharakter zu, da sie nach Georgens und Deinhardt für eine kritische Reflexion der Allgemeinen Pädagogik verantwortlich ist, um deren Vernachlässigungen in Bezug auf Kinder und Jugendliche mit sonderpädagogischem Förderbedarf entgegenzuwirken und somit in die Allgemeine Pädagogik hineinzuwirken. Diese Positionierung der Heilpädagogik als eine die Allgemeine Pädagogik bereichernde hat für die gegenwärtige Situation wegweisenden Charakter. „Insofern sollte die Inklusionsdebatte auch in Deutschland Anlass für eine selbstbewusste Weiterentwicklung der Sonderpädagogik in der allgemeinen Schule sein" (Heimlich 2014b, 23).

Heilpädagogik bei Georgens und Deinhardt bezieht sich nicht nur auf Menschen mit Behinderungen, sondern auch auf gesellschaftliche Missstände; Behinderung wird verortet im Verhältnis Subjekt – Gesellschaft und damit nicht ontologisiert.

Damit ist ein frühes Verständnis von Integration/Inklusion begründet, das im Konzept der Heilpädagogik eine theoretische Fundierung und mit der Heilerziehungsanstalt „Levana" den Versuch einer praktischen Umsetzung erfahren hat.

Mit Blick auf didaktische Erfordernisse und Möglichkeiten stellt Markowetz mit der „Triangulation theoretischer Vorstellungen über Gemeinsamen Unterricht" (Markowetz 2007, 832) einen weiten und umfassenden Zugriff auf Unterricht in einer inklusiven Schule vor. Dabei erweitert er die Konzeption von Wocken (Gemeinsame Lernsituationen) und von Feuser (Lernen am Gemeinsamen Gegenstand) um den Aspekt der „exklusiv-individuellen Lernsituationen" (Markowetz 2004, 178). Damit wird eine Grundlage dafür geliefert, dass es in einem inklusiven Unterricht möglich sein muss, die unterschiedlichen Gestaltungs- und Durchführungsfacetten von „Einzelförderung", „individueller Förderung" oder „Eins-zu-Eins-Zuordnung" einzubringen. Diese exklusiv-individuellen Lernsituationen müssen nach Markowetz weder an ein gemeinsames Thema noch an eine gemeinsame Situation gebunden sein. Damit muss die Frage aufgeworfen werden, warum diese Lern- oder

Fördersituationen gleichsam von vornherein nicht auf ein gemeinsames Thema oder eine gemeinsame Situation bezogen werden können, sondern als partielle Unterrichtsanteile per se legitimiert sein sollen, fordert doch im Gegenteil Heimlich eine „konsequente Individualisierung des Bildungsangebotes bei gleichzeitiger Wahrung der gemeinsamen thematischen und inhaltlichen Schwerpunktsetzung" (Heimlich 2014b, 16). In Umkehrung der Fragestellung wird aufzuzeigen sein, wie das, was Markowetz mit exklusiv-individueller Förderung bezeichnet, über Maßnahmen direkter Instruktion in ein gemeinsames Lernen eingebunden werden kann. In der Auseinandersetzung mit Markowetz, Wocken und Feuser wird ein Konzept entwickelt, das seinen Ausgangspunkt im Gemeinsamen Gegenstand und damit in der Möglichkeit der Kooperation hat.

Wocken will mit seinem Konzept der „gemeinsamen Lernsituationen" (vgl. Wocken 1998, 41ff.; Wocken 2014, 62ff.) ein ausbalanciertes Verhältnis zwischen Differenzierung und Integrierung (vgl. Wocken 2014, 72) schaffen. In Bezug auf den Ansatz von Markowetz und denjenigen von Wocken kann angemerkt werden, dass exklusiv-individuelle Lernsituationen in koexistenten Lernsituationen mitgedacht werden können.

Ziel der vorliegenden Dissertationsarbeit ist u.a. die Möglichkeit einer deutlichen Ausweitung des Anteils an kooperativ-solidarischen Lernsituationen, die Wocken bei einem Anteil von unter 10% quantifiziert. Auch in der Konzeption von Wocken sind die kooperativ-solidarischen Lernsituationen nur eine Möglichkeit neben anderen, die der Ausbalancierung bedürfen.

Feuser intendiert und thematisiert mit seinem Konzept der gemeinsamen Tätigkeit am Gemeinsamen Gegenstand in Kooperation von SchülerInnen mit unterschiedlichsten Lernbedürfnissen und Lernniveaus (vgl. Feuser 1984a, 18) jedoch ausschließlich – jetzt in der Begrifflichkeit von Wocken – kooperativ-solidarische Lernsituationen. Auf die Problematik der Positivformulierung in Feusers Definition von Integration/Inklusion wurde bereits hingewiesen. Eine Alternativformulierung kann dahin gehen, dass gemeinsamer Unterricht es sich zur Aufgabe macht, Möglichkeiten zu gemeinsamer, kooperativer Tätigkeit zu schaffen. Diese Möglichkeiten müssen nicht in jeder Situation von den SchülerInnen angenommen werden. Andererseits ist mit der Ermöglichung eines gemeinsamen Tuns eine Perspektivverschiebung weg von exklusiv-individuellen Lernsituationen oder koexistenten Lernsituationen in Richtung gemeinsamen Lernens und Arbeitens vorgenommen. Eine Voraussetzung für eine gemeinsame Tätigkeit ist der Gemeinsame Gegenstand.

Wie bereits aufgezeigt wurde, sind die Bezüge, die Feuser in seiner entwicklungslogischen Didaktik zu Piaget oder Leont'ev und Vygotskij aufmacht, im Zusammenhang mit der Frage nach Entwicklungsorientierung oder Domänenspezifität in eine derzeit weitergeführte Diskussion gekommen. Aus diesem Grund wird nach möglichen Alternativen gesucht.

Hierfür wird eine doppelte Orientierung vorgenommen. In einem ersten Schritt wird eine Alternative zur Entwicklungsorientierung als Grundlage zur Planung von Unterrichtsangeboten vorgestellt und in das Konzept von Feuser und Kutzer eingearbeitet (Kap. 2.4.4). Weiter wird mit dem „Zahl-Größen-Verknüpfungsmodell" von Krajewski (Krajewski/Ennemoser 2013, 43) eine fachliche Sicht auf frühe mathematische Bildungsprozesse vorgestellt (Kap. 3.1.3), die „Aufschluss über die Entwicklung und das Verständnis von heterogenen mathematischen Profilen geben kann" (Ratz 2014, 35).

2.4.4 Ermöglichung von Bildungsprozessen an einem Gemeinsamen Lerngegenstand in heterogenen Gruppen

Wesentlich bei der Planung von inklusivem Unterricht an einem Gemeinsamen Lerngegenstand ist bei Feuser die Beachtung der Subjektseite bzw. die Orientierung am für das Subjekt jeweils bestimmenden Tätigkeitsniveau. Das zu bestimmende dominierende Tätigkeitsniveau einer Person ergibt sich über die Entwicklungsorientierung, wie sie bei Piaget oder Leont'ev grundgelegt wurde. Aus den diskutierten Überlegungen zur Entwicklungsorientierung wird nunmehr eine Alternative entwickelt.

Ausgehend von einer grundsätzlichen Annahme von Heterogenität bzw. Diversität der SchülerInnenschaften (unabhängig vom Setting der jeweiligen Gruppe – also inklusiv oder Regel- bzw. Förderschule) müssen die jeweiligen Differenzierungsmaßgaben nicht mehr über die für die jeweiligen SchülerInnen zu bestimmenden dominierenden Tätigkeiten, also über das jeweilige Subjekt bzw. die jeweiligen SchülerInnen, abgeleitet werden. Ausgangspunkt für die Planung von unterrichtlichen Elementen der Differenzierung ist damit nicht mehr die jeweils dominierende Tätigkeit der einzelnen SchülerInnen. Der Bezugspunkt wird von der Subjektseite, den jeweils dominierenden Tätigkeiten, auf die Objektseite, den Gegenstand, verlagert. Alle SchülerInnen verfügen über jeweils individuelle Zugänge zu einem bestimmten Lerngegenstand. Damit wird es möglich, die Öffnung der verschiedenen Zugänge an den jeweiligen Gegenstand anzuknüpfen. Er muss also so aufbereitet werden, dass die SchülerInnen an ihm handlungs- und arbeitsfähig werden können. Der Gegenstand wird damit erschlossen für die verschiedenen Potentialitäten der jeweils individuellen Zugangsmöglichkeiten seitens der SchülerInnen in Bezug auf einen bestimmten Gegenstand. Wie aber können Potentialitäten der jeweiligen Zugänge gefasst werden?

Kutzer beschreibt in seinem Lernstrukturgitter die Subjektseite auf der vertikalen Achse mit den verschiedenen Niveaustufen des Denkens. Diese Niveaustufen können ebenfalls über die Beschreibung entwicklungspsychologischer Prozesse bei einem bestimmten Kind, also über Entwicklungsorientierung, gewonnen werden. In Abwandlung der Niveaustufen des Denkens im Lernstrukturgitter von Kutzer (vgl. Kutzer 1998, 6) werden für die Subjektseite Zugangsweisen vorgeschlagen, die von basal bis abstrakt reichen und somit die jeweils individuellen Herangehensweisen an Aufgabenstellungen abdecken können. Kutzer hat mit seinem Konzept eines „struktur- und niveauorientierten Lernens" (Kutzer 1986, 146) den Versuch unternommen, dem mit der „Forderung nach einer dem Kind und der Sache gemäßerem Lernen" (ebd., 144) Nachdruck zu verleihen. Er unterteilt dabei die Dimension Niveau aufseiten des Subjektes vom Bereich „konkreter Handlungen" über Zwischenschritte bis hin zum Bereich „Denkoperationen". Dieses Grundmuster wird hier aufgegriffen und abgewandelt. Dabei kommen folgende Ebenen von möglichen Zugängen, also Zugangspotentialitäten, durch die SchülerInnen zum Tragen:

Tabelle 15: Übersicht über grundlegende Zugangspotentialitäten und zugehörige Zugangsebenen.

Zugangspotentialität	Zugriffsebene
Wahrnehmungsprozesse	basal-perzeptive Ebene
Gegenständlichkeit, Handlung	konkret-gegenständliche Ebene
Veranschaulichung, Symbolisierung	anschaulich-symbolische Ebene
Abstraktion	abstrakt-begriffliche Ebene

Unter Zugangspotentialität werden die Prozesse der SchülerInnen gefasst, über die sie sich einem Lerngegenstand nähern oder sich mit diesem auseinandersetzen können. Damit angemessene Aneignungsprozesse stattfinden können, ist es nötig, dass über Planungs- und Vorbereitungsarbeiten durch die Lehrkräfte ein Gegenstand so aufbereitet oder aufgeschlossen wird, dass die jeweiligen Zugangspotentialitäten der SchülerInnen wirksam werden können. Über die planenden Lehrkräfte werden die Zugangsebenen also eröffnet. Ist eine der Zugriffsebenen in der Vorbereitung unberücksichtigt geblieben, können die SchülerInnen sich dem Gegenstand nicht nähern oder sich mit ihm nicht auseinandersetzen, da vorher die „Zugangstür" nicht aufgesperrt wurde.

Riegert/Sansour/Musenberg (2015) kennzeichnen Feusers entwicklungslogische Didaktik in Abgrenzung beispielsweise von Kompetenzmodellen, die ihre didaktischen Zielsetzungen über erwünschte Ergebnisse definieren, als ein Konzept, das „die Persönlichkeitsentwicklung der Schüler/innen in einem fächerübergreifenden Projektunterricht in den Mittelpunkt [stellt W.G.], ohne den Bezug zum Unterrichtsinhalt gänzlich aufzugeben" (ebd., 19). Damit ist die Beachtung sowohl der Subjekt- wie der Objektseite bei Feuser intendiert. Es geht also einerseits um die Kenntnisnahme der Ausgangslagen der verschiedenen SchülerInnen und andererseits um die Beachtung des jeweiligen Inhaltes, der dann eine fachliche Orientierung erfahren kann. Der didaktische Bezugspunkt in einem entwicklungslogischen Kontext wäre dann gegeben „in Form eines Gemeinsamen Gegenstands, als gemeinsames *Allgemeines*, das entlang einer entwicklungspsychologischen Stufensystematik auf Subjektseite aufgefächert wird" (ebd. Hervorhebung im Originaltext. W.G.). Im hier entwickelten Verständnis von Zugriffspotentialitäten und Zugriffsebenen wird die Auffächerung nicht mehr über eine entwicklungspsychologische Stufensystematik in Bezug auf jeweils bestimmte SchülerInnen vorgenommen, sondern über eine veränderte Schnittstellenbestimmung an den Gegenstand angekoppelt. Bezugspunkt bleibt dabei wie bei Feuser sowohl die Subjekt- wie auch die Gegenstandsseite. Damit aber die SchülerInnen in ihrer Bandbreite an möglicher Heterogenität bzw. Diversität an diesem Gemeinsamen Gegenstand handlungsfähig werden können, wird die Auffächerung zwar aus der Sicht unterschiedlicher, heterogener Gruppenzusammensetzungen begründet, aber realisiert über die Objektseite.

Damit wird eine Bandbreite an Zugangsmöglichkeiten zu einem Lerngegenstand geschaffen, die es ermöglicht, für alle Kinder einen Schlüssel zum Lerngegenstand bereitzustellen. Drei Aspekte müssen dabei sorgfältig berücksichtigt werden:

2.4.4.1 Wechselseitige Rekursion und bidirektionale Durchlässigkeit

Von wesentlicher Bedeutung dabei ist die Beachtung der wechselseitigen Rekursion der unterschiedlichen Zugangsweisen und ihre vertikale bidirektionale Durchlässigkeit, worüber die Beibehaltung des Gemeinsamen Gegenstandes abgesichert wird. Über die herausgearbeiteten Schwierigkeiten in der Leserichtung am Beispiel der an Kutzer orientierten Matrix in Thüringen sollte klar geworden sein, dass die Leserichtung jeweils vertikal und nicht horizontal sein muss, da sonst der Gemeinsame Gegenstand durchbrochen wird und im Gefolge eine Kooperation am Gemeinsamen Gegenstand nicht mehr möglich ist, da dieser die Voraussetzung für ein gemeinsames Agieren im Sinne Feusers darstellt.

2.4.4.2 Offenheit des Zusammenhangs zwischen Zugriffsebene und SchülerInnenkompetenzen

Die abstrakt-begriffliche Ebene ist nicht den RegelschülerInnen oder den Hochbegabten vorbehalten und die SchülerInnen mit Beeinträchtigungen sind nicht an die basal-perzeptive oder konkret-gegenständliche Ebene gebunden. Die Angebote auf den vier Zugriffsebenen sind für alle SchülerInnen konzipiert. Dies eröffnet einen doppelten Vorteil. Für SchülerInnen mit Förderbedarf ist eine Offenheit in Richtung Abstraktion erreicht, die ein Lernen in der Zone der nächsten Entwicklung ermöglicht. Überdies ist damit eine Prophylaxe gegen eine unzulässige Reduzierung bzw. Vereinfachung des Themas und gegen eine unnötige „Verkindlichung" (vgl. Ratz 2011, 19) des Themas geschaffen, da schulische Angebote für SchülerInnen mit einem vorschulischen Entwicklungsalter nicht mehr an vorschulischen Themen und Vorgehensweisen orientiert werden müssen. Gleichzeitig wird darüber ein Beitrag geleistet zu einer dringend nötigen Reform standardmäßiger Realisierung pädagogisch-didaktischer Ansätze der weiterführenden Schulen. Durch die Anbindung der basal-perzeptiven und konkret-gegenständlichen Ebenen in das Komplettangebot zu einem bestimmten Lerngegenstand können Unterrichtsvorhaben an weiterführenden Schulen vom Kopf auf die Füße gestellt werden. Oder anders formuliert: Hierüber wird die Möglichkeit geschaffen, einen subjektrelevanten Blick auf einen beliebigen Gegenstand jenseits ausschließlich abstrakten Wissens im Sinne einer Bedeutung für das Subjekt wie auch für den Gegenstand mit seinen verschiedenen Realitäts- und Alltagsbezügen zu sichern.

2.4.4.3 Dynamik der Lernprozesse durch Abhängigkeit der aufeinander bezogenen Ebenen

Die notwendige Dynamik von individuellen Lernprozessen aufseiten des Subjektes ergibt sich aus der gegenseitigen Abhängigkeit der verschiedenen Zugangsweisen und den jeweils aufeinander bezogenen Ebenen. Es können permanente Übergänge von einer Ebene zu einer anderen in unterschiedlichen Richtungen vollzogen werden. Zudem kann die jeweilige Ebene, die von anderen SchülerInnen aktuell genutzt wird, zum Ausgangspunkt für eigene Lernprozesse werden, da über den über alle Ebenen begründeten gemeinsamen Lerngegenstand Kooperation und Kommunikation einsetzen können, bzw. weil ein jeweils anderes Subjekt mit seinen Auseinandersetzungsmöglichkeiten zum Gegenstand oder „Motor des Denkens" werden kann (Weber in Ernst 1996a, 40).

Wie schon angedeutet wird hierüber ein Lernen in der „Zone der nächsten Entwicklung" ermöglicht (vgl. Vygotskij 1987, 83). Beim Lernen in der Zone der nächsten Entwicklung handelt es sich zusammenfassend um:

- ein Lernen in jenem Bereich, der vom Kind aktuell nicht mehr allein strukturiert und gelöst werden kann,
- einen Lernbereich jenseits der Zone der aktuellen Leistung und
- einen Lernbereich, der kooperativ durch andere Menschen erschlossen werden kann.

Durch das Angebot der verschiedenen Zugriffsebenen werden Orientierungen von der jeweils aktuellen Zone der Leistung auf eine nachfolgende Zone der nächsten Entwicklung ermöglicht. Dafür ist eine Neustrukturierung der Ebene der Auseinandersetzung nötig. Diese kann angeregt werden durch einerseits aktiv-entdeckende Formen der Bearbeitung durch die SchülerInnen, andererseits auch durch Prozesse direkter Instruktion. Hier zeigt sich die Bedeutung des gemeinsamen Gegenstandes für die Kooperation (vgl. Goschler 2016, 132).

Die Bedeutung der Kooperation liegt dabei nicht nur auf der Erschließung der Zone der nächsten Entwicklung, sondern ist grundsätzlicher Natur. Lernen wird hierbei als sozialer Prozess gesehen, als kooperative Aneignung der Kultur. „Menschen sind auf Kooperation angelegt und angewiesen" (Benkmann 2010, 125). Benkmann füllt den Kooperationsbegriff, indem er ihn bestimmt als „Interaktionsprozess, in dem wechselseitige Hilfe mindestens zweier Personen darauf zielt, etwas Erwünschtes zu erreichen. Personen investieren etwas und profitieren davon" (ebd.). Indem er die Kooperation bestimmten Bereichen zuordnet, etwa Kooperation als Existenzvoraussetzung oder Kooperation aufgrund der Gruppenzugehörigkeit, wird der Kooperationsbegriff allgemein gefasst. Preuss-Lausitz führt in diesem Zusammenhang aus, dass „die Tätigkeit des Individuums, die als menschliche Tätigkeit immer zugleich mit den Tätigkeiten anderer verbunden ist, die Umwelt bearbeitet, d.h. neue Produkte schafft, und [dass W.G.] in diesem Vollzug das gesellschaftliche Bewußtsein entsteht und verankert ist" (Preuss-Lausitz 1981, 146).

In diesem Zusammenhang kann auf drei Grundtypen von Kooperation nach Tomasello verwiesen werden:

- Imitationslernen
- Lernen durch Unterricht
- Lernen durch Zusammenarbeit (vgl. Tomasello 2006, 16f.)

Er fokussiert dies in Bezug auf Lernen durch Zusammenarbeit folgendermaßen:

> „Menschen haben jedoch durch ihre Zusammenarbeit über einen historischen Zeitraum eine unglaubliche Menge kategorieller Perspektiven und Auffassungen von Gegenständen, Ereignissen und Beziehungen geschaffen und diese dann in ihren Systemen symbolischer Kommunikation, d.h. in natürlichen Sprachen, inkorporiert. Während ihrer ontogenetischen Entwicklung verwenden Kinder grundlegende Fertigkeiten zur Kategorisierung, Perspektivenübernahme und zum relationalen Denken zusammen mit ihrer Fähigkeit, die kommunikativen Absichten Er-

wachsener zu verstehen, um den Gebrauch der relevanten symbolischen Formen zu lernen. Das ermöglicht ihnen, eine riesige Zahl von Kategorien und Analogien zu nutzen, die andere Mitglieder ihrer Kultur erzeugt und symbolisiert haben und die sie sehr wahrscheinlich nicht alleine geschaffen hätten" (ebd., 215).

Hieraus wird ersichtlich, dass der Gemeinsame Gegenstand nicht nur eine Voraussetzung für ein gemeinsames Tun von unterschiedlichen Kindern oder Jugendlichen darstellt, sondern allgemein für Kooperationsmöglichkeiten. Damit wird im Sinne von Tomasello ein Bereich eingelöst, der über die Kooperation zur Erschließung der Welt um die Subjekte herum dient und damit jenseits des gemeinsamkeitsstiftenden gemeinsamen Tuns der grundsätzlichen Initiierung und Unterstützung von Lernprozessen im Sinne der Aneignung von Welt dient.

> „Entwicklung und menschliches Lernen sind grundsätzlich gegenstands- und beziehungsorientiert, d.h. sie finden statt in der kooperativen Auseinandersetzung des Menschen mit Gegenständen, wobei der Mensch dem Menschen selbst in besonderer Weise ‚Gegenstand‘, sprich: Partner sein kann und muß" (Feuser/Meyer 1987, 81).

Kooperation wird damit zu einem gemeinschaftsstiftenden Moment, in den sich jede/r SchülerIn einbringen kann (vgl. Feuser 2001, 28). Der Gemeinsame Gegenstand ist in der didaktischen Planung Voraussetzung dafür, dass Kooperationsprozesse entstehen können. Darüber wird die soziale Verflochtenheit von Lernprozessen realisiert. Lerninhalte werden nicht aus der Sachstruktur abgeleitet, sondern berücksichtigen die individuellen Lern- und Entwicklungsmöglichkeiten. Es ergibt sich eine individualisierende und kompetenzorientierte Sicht auf vielfältige Lernweisen der SchülerInnen, wobei die Inhalte nicht statisch festgelegt sind und sowohl affektive als auch kognitive Zugangsweisen des Subjekts berücksichtigt werden. „Denn das Kind lernt nicht ohne seinen Kontext, aber die Inhalte von Bildung sind nur dann relevant, wenn sie sich positiv mit den Interessen, Motiven, Wünschen und Fragen der Kinder verschränken können" (Kaiser/Seitz 2007, 692).

Somit sind wesentliche Bestimmungsmerkmale für ein gemeinsames Lernen in heterogenen Gruppen hergeleitet und entwickelt. Dabei handelt es sich um einen didaktischen Beitrag für inklusive Lehr-, Lern- und Bildungsprozesse, der in besonderer Weise der Heterogenitätsdimension Behinderung gerecht werden kann. Er gründet in einem Gemeinsamen Gegenstand, der als Voraussetzung für mögliche Kooperationsprozesse nötig ist. Das Konzept des Gemeinsamen Gegenstandes kann auf verschiedene Bildungsgehalte angewendet werden, wenn diese so aufbereitet werden, dass alle SchülerInnen einen für sie jeweils subjektiv bedeutsamen und für sie realisierbaren Zugang angeboten bekommen. Diese Zugangsweisen reichen von basal bis abstrakt und sind in sich rekursiv. Damit werden Kooperationsmöglichkeiten eröffnet, die ein Lernen in der Zone der nächsten Entwicklung ermöglichen und den sozialen Aspekt von Lernen und Entwicklung einlösen können.

„Das gründlichste, wenn auch langsam wirkende Mittel, um die physisch-geistige Entartung einer Bevölkerung aufzuheben, bleibt die öffentliche Erziehung, die allerdings ein blosses Correctiv gegen die ausgeprägte Entartung ihrem Begriff nach nicht sein darf, aber nach der einen Seite als ein überall nothwendiges Correctiv gegen die Ausartungen der Civilisation begriffen werden muss, wie sie nach der andern ein nothwendiges Mittel für die Verwirklichung der Cultur ist."

Jan Daniel Georgens im Vereine mit Jeanne Marie von Gayette und Heinrich Deinhardt (1858): Medicinisch-pädagogisches Jahrbuch der Levana für das Jahr 1858. Wien: Verlag der typografisch-literarisch-artistischen Anstalt. S. 16f.

3 Unterricht in heterogenen Lerngruppen am Gemeinsamen Bildungsgegenstand Pascalsches Dreieck

Nachdem im zweiten Kapitel in einem diskursiven Verfahren der zunehmenden Verengung des Themas gemeinsamer Unterricht Kristallisationspunkte erarbeitet und im Abschnitt 2.4 als Bestimmungsstücke für eine Didaktik für heterogene Lerngruppen teilweise relativiert, an manchen Stellen ergänzt, insgesamt neu komponiert und in ein gemeinsames Ganzes überführt worden sind und dabei die verschiedenen Zugangspotentialitäten auf den verschiedenen Zugriffsebenen vorgestellt worden sind, wird in diesem Kapitel dieses Verfahren konkretisiert und exemplifiziert anhand mathematischer Lernumgebungen rund um das Pascalsche Dreieck.

> „Wenn die Theorie die Praxis vor ihren eigenen Befangenheiten […ˑW.G.] und die Praxis die Theorie vor dem Abdriften in den reinen Ideenhimmel schützen soll, dann müssen beide Seiten in einen hermeneutischen Diskurs treten, der zwar eigene Erkenntnis- und Handlungsinteressen verfolgt, aber sich um das Verstehen der jeweils anderen Seite bemüht" (Kahlert 2007, 34).

Dieser Verstehensprozess wird durch das dritte Kapitel unterstützt, das auf dem Theoriegebäude des zweiten Kapitels aufbaut. In wissenschaftstheoretischer Hinsicht gründet dieses gesamte Kapitel auf der doppelten Kompetenz der Phronesis. Es handelt sich dabei „um ein sachlich fundiertes Begründungswissen und eine auf Erfahrung beruhende Kenntnis von den Kontingenzen der empirischen Welt und der Welt des Handelns in der Gemeinschaft" (Radke-Uhlmann 2012, 28). Wurde im Kapitel 2 Begründungswissen neu komponiert, wird es im Kapitel 3 in doppelter Hinsicht auf den Aspekt der Erfahrung bezogen, einerseits im Entwickeln der verschiedenen Angebote rund um das Pascalsche Dreieck und andererseits in der erfahrungsbasierten Einschätzung der grundsätzlichen Realisierbarkeit dieser Angebote auf der theoretischen Fundierung durch das zweite Kapitel und auf der Grundlage der Durchführung der Angebote mit verschiedenen Schulklassen.

Ein wichtiger Aspekt für das dritte Kapitel ist ein Zusammenwirken von fachlichen bzw. fachdidaktischen Überlegungen mit pädagogisch-didaktischen Herangehensweisen. Im Abschnitt 2.3.6 wurde die Diskussion um Entwicklungsspezifität oder Domainorientierung geführt. Aus diesem Grund wird den Zugangsebenen ein aus dem Fach Mathematik begründetes Modell zur Seite gestellt, das „Entwicklungsmodell der Zahl-Größen-Verknüpfung" nach Krajewski (Krajewski/Ennemoser 2013, 43). Die verschiedenen Lernumgebungen zum Pascalschen Dreieck werden also in didaktischer Form doppelt abgesichert, einmal über die Zugangsebenen und ein zweites Mal über Krajewskis Entwicklungsmodell.

Vorher ist es nötig, sich dem Thema Mathematik zu nähern und zu klären, was unter Mathematik verstanden werden kann und welche fachdidaktischen Grundzüge verwendet werden sollen. Wiederum werden dabei nur die Aspekte herangezogen, die für den weiteren Fortgang der Arbeit von Bedeutung sind. So geht es in den historischen Aussagen nicht um eine Gesamtinterpretation der Geschichte der Mathematik.

Es könnte der Eindruck entstehen, dass die Frage, was denn Mathematik sei, eigentlich ganz einfach zu beantworten ist, wird doch Mathematik als exakte Wissenschaft betrachtet.

Dennoch ist die Frage nach der Mathematik „schon seit dem Altertum Gegenstand philosophischer Überlegungen" (Ratz/Wittmann 2011, 130). In verkürzender Weise wird unter Mathematik oft einfach „Rechnen" verstanden. Hinzu kommt, dass die allermeisten Erwachsenen sich zwar mit unterschiedlich vielen, aber dennoch einigen Jahren mit Mathematik als Unterrichtsfach während der eigenen Schulzeit auseinandersetzen mussten. Dies legt nahe, dass die Beantwortung der Frage nach der Mathematik sehr eng mit eigenen schulischen Erfahrungen in Mathematik in Zusammenhang stehen kann. Es sind nicht nur die eigenen Erfahrungen, sondern auch die Art und Weise, wie der eigene Mathematikunterricht rezipiert wurde bzw. nach welchen Methoden und didaktischen Ansätzen die Lehrkräfte Mathematik vermittelt haben, die zur Beantwortung der Frage beitragen. Eine weit verbreitete Erinnerung an Situationen aus dem Mathematikunterricht wird sicherlich die folgende Anweisung von Lehrkräften sein: Buch, Seite x, Aufgabe n, Päckchen a bis d, die schnelleren SchülerInnen auch noch e und f. Der Einfluss der jeweils eigenen schulischen Sozialisationserfahrungen in Bezug auf Mathematik kann bei der Beantwortung der Frage nach der Mathematik hinderlich sein. Dies gilt ebenso für mathematikdidaktische Konzepte. Deshalb ist es nötig, Aussagen über das Wesen der Mathematik zu treffen und bezüglich fachdidaktischer Fragestellungen gegebenenfalls einen Anlass zur Brechung mit verinnerlichten Traditionen anzustoßen.

Aus der menschlichen Kulturgeschichte können verschiedene Antworten auf die Entstehung von Mathematik und den Nutzen von Mathematik gegeben werden. Die Anfänge von Mathematik können bis zu den Altsteinzeitmenschen der Eiszeit zurückverfolgt werden. Dies belegen etwa 30.000 Jahre alte Wolfsknochen mit 55 Kerben, bei denen sich „jeweils die fünfte Kerbe als tiefer und länger" erweist (Zimpel 2008, 29). Zimpel interpretiert dies als Hinweis für die Verwendung der Finger zum Zählen.

Für lange Zeiten war Mathematik eine Auseinandersetzung mit Zahlen. Erste arithmetische Theoriebildungen gehen vermutlich auf die alten Griechen zurück. Die Ionische Schule von Thales um 600 v. Chr. entwickelte Theorien der Geometrie und der Arithmetik; letztere war eine Spezialdisziplin der Pythagoräer etwa 50 Jahre später. „Sie erkannten als erste, daß die *natürlichen Zahlen* 1, 2, 3, … eine unendliche Menge von Zahlen bilden, in der die grundlegenden arithmetischen Operationen Addition und Multiplikation durchgeführt werden können" (Devlin 1990, 73. Hervorhebung im Originaltext. W.G.). Für Pythagoras hatten die Zahlen neben ihrer mathematischen Bedeutung zudem eine numerologische. Die Tetraktys (Vierheit) (vgl. Abb. 12) wurde als vollkommene Zahl verstanden, als Sinnbild der Weltharmonie (vgl. Werner o.J., 146).

Abbildung 12: Tetraktys (Vierheit) der Pythagoräer (Werner o.J., 146).

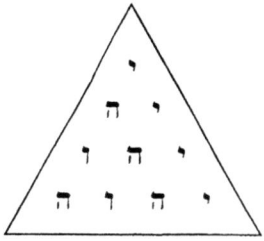

Bei der Tetraktys handelt es sich um die Dreieckszahl 10, die gebildet wird aus der Summe 1+2+3+4=10. Der Tetraktys ist auch das Logo von mathe 2000 nachempfunden. Für die frühe griechische Mathematik (500–300 v. Chr.) ging es nicht nur um Nutzanwendungen des Messens, Zählens und Rechnens, für sie „war die Mathematik auch eine rein gedankliche Unternehmung mit ästhetischen und religiösen Elementen" (Devlin 1994, 2). Mathematik sollte auch „rein logisch durch formale Argumente bewiesen" werden können (ebd.).

Im 17. Jahrhundert fanden in Europa tiefgreifende Veränderungen in der Mathematik statt. Über Gottfried Wilhelm Leibniz (1646–1716) und unabhängig davon über Isaac Newton (1643–1727) wurden Grundlagen der Analysis geschaffen. „Sie handelt im Wesentlichen von der Bewegung, der Änderung von Größen" (ebd.).

Zu dieser Zeit entwickelte Blaise Pascal (1623–1662) das nach ihm benannte Pascalsche Dreieck. Es handelt sich um eine unabhängige Wiedererfindung, denn es ist bekannt, dass das mathematische Prinzip schon sehr viel früher in Persien und China Verwendung fand (vgl. Hellweg 2010, 60ff. und 68f.; Attali 2006, 177).

Etwas später datiert das Wirken von Carl Friedrich Gauß (1777–1855), der in seiner Schulzeit unter dem Rückgriff auf Dreieckszahlen die von seinem Lehrer gestellte Aufgabe, alle Zahlen von 1 bis 100 zu addieren, innerhalb kürzester Zeit erledigt haben soll. Um seinen Gedankengang nachzuvollziehen, müssen die Zahlen von 1 bis 100 einmal in einer Querfolge in aufsteigender und einmal in absteigender Reihenfolge aufgeschrieben werden. Dann können die untereinanderliegenden Zahlen addiert werden (1+100, 2+99, 3+98 usw.). Die Summe ergibt immer 101. Diese Summe muss „mal 100" gerechnet werden, da es 100 Zahlen sind und schließlich „durch 2" geteilt werden, da die Zahlen doppelt aufgeschrieben worden sind. Das Ergebnis ist 5050. Diese Variante funktioniert für alle natürlichen Zahlen (vgl. Devlin 1994, 24f.).

Im 20. Jahrhundert fand eine enorme Ausdifferenzierung der Mathematik statt, welche die Frage nach der Mathematik erschwerte. Dennoch kann in den letzten wenigen Jahrzehnten darauf eine Antwort gegeben werden.

3.1 Mathematik und Mathematikdidaktik

3.1.1 Die Frage nach der Mathematik und dem Zahlbegriff

Die Frage nach der Mathematik kann mit einer mittlerweile vielzitierten Aussage beantwortet werden. Devlin formuliert:

> „Mathematik *ist die Wissenschaft von den Mustern*. Der Mathematiker untersucht abstrakte ‚Muster' – Zahlenmuster, Formenmuster, Bewegungsmuster, Verhaltensmuster und so weiter. Solche Muster sind entweder wirkliche oder vorgestellte, sichtbare oder gedachte, statische oder dynamische, qualitative oder quantitative, auf Nutzen ausgerichtete oder bloß spielerischem Interesse entspringende. Sie können aus unserer Umgebung an uns herantreten oder aus den Tiefen des Raumes und der Zeit oder aus unserem eigenen Innern" (ebd., 3f. Hervorhebung im Originaltext. W.G.).

Wittmann und Müller konkretisieren dies mit den Begrifflichkeiten „Muster und Strukturen". Sie schreiben:

> *„Mathematische Muster und Strukturen sind theoretische Konstrukte, selbst dann, wenn sie durch Anwendungen angeregt wurden. Sie kommen in der Realität gar nicht vor und können daher prinzipiell gar nicht aus ihr herausgelöst werden.* Man kann zwar z.B. einzelne Zahlen, einzelne Einmaleins-Aufgaben, einzelne Rechnungen real interpretieren, aber nicht die gesamte Zahlengerade, nicht das Einmaleins und nicht die arithmetische Struktur der natürlichen Zahlen als Ganzes" (Wittmann/Müller 2012, 67f. Hervorhebung im Originaltext. W.G.).

Dies hat grundsätzliche Auswirkungen auf ein Verständnis von Mathematikdidaktik.

In der Beschreibung der einzelnen Subthemen des Pascalschen Dreiecks werden immer wieder Muster und Strukturen kreiert, die an einzelnen Aufgaben festgemacht werden können und dennoch auf die übergeordneten Theoriekonstrukte verweisen. Dies liegt zum einen an der zahlenraumunabhängigen Darbietung des Pascalschen Dreiecks und zum anderen an den Zugangsebenen, die über die vier aufzuschließenden Potentialitäten eine permanente Verknüpfungsmöglichkeit von Konkretheit und Abstraktion gewährleisten. Bei den einzelnen Subthemen wird der grundlegende fachdidaktische Hintergrund nicht mehr thematisiert, deshalb erfolgt an dieser Stelle eine Orientierung.

Lange Zeit war Jean Piaget für die Entwicklung von didaktischen Materialien und Ansätzen für den Mathematikunterricht von besonderer Bedeutung. Zentral dabei ist das Verständnis von Piaget für den Zahlbegriff. Dieser konstituiert sich nach Piaget aus dem Zusammenwirken von drei Operationen:

- „Die Erhaltung der Quantitäten und die Invarianz der Mengen" (Piaget/Szeminska 1975, 13).
- „Kardinale und ordinale Stück-für-Stück-Korrespondenz" (ebd., 60).
- „Additive und multiplikative Kompositionen" (ebd., 209).

Piaget selbst sah die Entwicklung des Zahlbegriffs eingebettet in die kognitive Entwicklung. Dies bedeutet, dass die Entwicklung des Zahlbegriffs „mit der Entwicklung der Logik selbst in Korrelation steht und daß dem vorlogischen Niveau ein vornumerischer Zeitabschnitt entspricht" (ebd., 10). In der Konsequenz würde dies bedeuten, dass sich ein Verständnis von Kardinalität und Ordinalität zeitgleich und in einem noch nicht definierten Wechselgefüge entwickelt. Dann wäre es egal, ob auf dem Weg zur Entwicklung des Zahlbegriffs im Sinne von Piaget ordinale oder kardinale Kompetenzen gefördert werden (vgl. Wember 1998, 49).

Die Problematik einer allgemeinen Stadientheorie in Verbindung mit domainspezifischen Ansätzen wurde im Zusammenhang mit Entwicklungsorientierung diskutiert. Die Einbettung der Entwicklung des Zahlbegriffs bei Piaget in seine Theorie der allgemeinen Entwicklung wirft in diesem Abschnitt nicht die Frage nach einer allgemeinen Entwicklungsorientierung auf, sondern hat insofern Konsequenzen, als das Vorhandensein des Zahlbegriffs beim Kind als das bestimmende Kriterium für das Anbieten von arithmetischen Aufgabenstellungen gehandelt wird. Damit werden „die Mengen- und die Reihenbildung als DIE logischen Vorläuferfertigkeiten bezeichnet" (Ratz/Wittmann 2011, 136. Hervorhebung im Originaltext. W.G.). Demgemäß werden in strenger Piaget-Tradition zeitlich vorher eher Angebote aus der Pränumerik durchgeführt. Hierunter werden u.a. Aufgaben des Sortierens, Ordnens und Diskriminierens gefasst. Dies kann beispielsweise zu Aufgabenstellungen führen, in denen

- Elemente unterschiedlicher Farbe (2 Farben, 3 Farben, 4 Farben),
- Elemente unterschiedlicher Form (Dreiecke, Vierecke, Kreise …),
- Elemente unterschiedlicher Größe (groß, klein …)

entweder jeweils für sich oder unter Kombination verschiedener Kriterien geordnet und sortiert werden („das kleine rote Dreieck" im Gegensatz zum „kleinen blauen Dreieck" im Gegensatz zum „großen roten Kreis" usw.).

Der niederländische, in Deutschland geborene, Mathematiker Hans Freudenthal (1905–1990) lenkt in Abgrenzung zum Zahlbegriff nach Piaget die Aufmerksamkeit auf die Zählzahlen. „Die Zahlenreihe ist die Grundlage der Mathematik" (Freudenthal 1973, 160). Im Vergleich der Bedeutung des Zählzahlaspektes mit dem Mächtigkeitsaspekt, also den Anzahlen, folgert Freudenthal, dass der „Anzahlaspekt der ganzen Zahlen unwichtig ist, verglichen mit dem Zählzahlaspekt" (ebd., 168). Dies hat Konsequenzen für die Didaktik der Mathematik. Freudenthal hält den Anzahlaspekt „für die Didaktik der natürlichen Zahlen unzureichend" (ebd.). Moser Opitz weist unter Bezugnahme auf Freudenthal darauf hin, dass der Anzahlbegriff bei Piaget sowohl mathematisch als auch didaktisch nicht adäquat gefasst ist (vgl. Moser Opitz 2001, 61).

Wember will Kardinalzahltheorie und Ordinalzahltheorie nicht gegeneinander ausspielen. „Beide Ansätze widersprechen sich nicht, sondern ergänzen einander in komplementärer Weise" (Wember 1998, 70). Wember weist auf fünf Folgerungen hin, die aus der Auseinandersetzung mit Piaget abgeleitet werden können:

Erstens: „Der Förderunterricht im mathematischen Lernbereich kann nicht entweder Kardinal- oder Ordinalzahlen behandeln, er muß beide Zahlaspekte thematisieren und beide zentralen Verwendungsmöglichkeiten als Anzahlen und als Ordnungszahlen aufgreifen" (ebd.).

Für die Methodik des Unterrichts folgt daraus: „Der Förderunterricht sollte die Eins-zu-Eins-Zuordnung und das Zählen als elementare Methode der Zahlbestimmung thematisieren und kultivieren" (ebd.). In mathematischer Hinsicht gibt es Argumente, die für eine Fokussierung auf die Ordinalzahlen sprechen. Eine beliebige Zahl in einer Zählreihe schließt die kleineren Zahlen vorher in der Zählreihe mit ein. Über das Zählen der Zählreihe wird jeder Zahl der kardinale Aspekt zugeordnet. Der mathematischen Priorisierung der Zählzahlen folgt die entwicklungsgemäße.

Daraus ergibt sich für Wember die dritte Folgerung: „Im Förderunterricht sollte die Ordinalzahl als kindgemäße Zählzahl der Kardinalzahl vorangehen" (ebd., 71).

Dies verlangt ein Aufgreifen und Fördern der Zählstrategien der Kinder und führt zu Folgerung vier: „Der Förderunterricht muß das Zählen als mathematisch zentrale und als kindgemäße Methode der Zahlbestimmung thematisieren und kultivieren" (ebd., 72).

Die fünfte Folgerung zielt auf das Verständnis von Piaget bezüglich des Zahlbegriffs und die Konsequenzen, die über längere Zeit in mathematikdidaktischer Hinsicht daraus gezogen worden sind, nämlich arithmetische Aufgabenstellungen erst nach dem Erwerb eines vollständigen Zahlbegriffs anzubieten und vorher Aufgabenstellungen des Sortierens, Ordnens usw. zu favorisieren. „Im Förderunterricht darf man nicht mit dem Zahlenrechnen warten, bis die Zahlbegriffsbildung abgeschlossen ist, sondern man muß durch den rechnenden Umgang mit Zahlen die Zahlbegriffsentwicklung fördern und unterstützen" (ebd.).

In den letzten Jahren haben sich die Hinweise verdichtet, „dass pränummerischem [sic! W.G.] Arbeiten nicht die Bedeutung für arithmetisches Lernen zukommt, die ihr während langer Zeit zugeschrieben wurde" (Moser Opitz 2002, 29). Wenig berücksichtigt werden beim Ansatz von Piaget die Aspekte des Zählens bzw. der Zählzahlen. Moser Opitz fasst unter Verweis auf Wember ihre Auseinandersetzung mit Piaget in acht Punkten zusammen, von denen zwei hier von besonderer Bedeutung sind. Die Aussage, „die Zähl- oder Ordinalzahl ist für den Erwerb von Zahlbegriffen wichtiger als die Anzahl" (Moser Opitz 2001, 62), kann als klarer Hinweis darauf verstanden werden, dass Piaget den Aspekten der Zählzahlen zu wenig Aufmerksamkeit widmete. Als Beleg für die Abwendung von Konzepten der Pränumerik oder von Konzepten des Sortierens, Diskriminierens usw. kann folgendes Zitat gewertet werden: „Für den Erwerb von Zahlbegriffen brauchen Kinder nicht in erster Linie ein Umgehen mit logisch-mathematischen Aufgabenstellungen, sondern eine Welt mit Zahlen, in der sie ihre Denkwerkzeuge anwenden und weiterentwickeln können" (ebd.). Abschließend sei darauf hingewiesen, dass diese Kritik an Piagets Folgerungen zum Zahlbegriffserwerb ansetzt und nicht an seiner genetischen Epistemologie (vgl. ebd.).

Unabhängig vom Fokus Piaget weist Peter-Koop mit Blickrichtung auf Lehrpläne im Förderschwerpunkt geistige Entwicklung darauf hin, dass es „bislang keine Forschungsergebnisse [gibt W.G.], die darauf hindeuten, dass die ausführliche Befassung mit pränumerischen Inhalten für irgendeine Gruppe von Lernenden zielführend im Hinblick auf die Entwicklung von Zahlbegriff und Operationsverständnis ist" (Peter-Koop 2016, 7). Die Autorin schließt daraus, dass durch die mangelnde Berücksichtigung numerischer Kompetenzen vielen SchülerInnen keine adäquaten Angebote in Richtung arithmetischer Aufgabenstellungen gemacht werden und dadurch der Aufbau mathematischer Konzepte bei diesen SchülerInnen zusätzlich erschwert wird (vgl. ebd.).

Von Zählkompetenz kann vereinfacht dann gesprochen werden, wenn es zu einem Zusammenwirken folgender drei Aspekte kommt:

- Aufsagen der Zahlwortreihe
- Zählen mit Eins-zu-Eins-Zuordnung
- Verschiedene Zahlaspekte berücksichtigen (Ordinalität, Kardinalität, Maßzahl, Operatorzahl, Rechenzahl)

Eine differenziertere Sichtweise auf den Erwerb der Zahlwortreihe, also die Entwicklung von Zählkompetenzen, geht auf Fuson zurück. Sie unterscheidet dabei fünf verschiedene Levels (vgl. Fuson 1988, 33):

- Niveau 1 (String Level): Zahlwortreihe als Ganzes und unstrukturiert; Beginn der Aufsagereihe bei 1; Eindeutigkeitsprinzip nicht gesichert; keine Eins-zu-Eins-Zuordnung; dies erinnert eher an ein mechanisches Aufsagen der Zahlwortreihe „einszweidreivierfünf…". „The number words can be produced only by reciting the whole sequence" (ebd., 50).

- Niveau 2 (Unbreakable List Level): Unterscheidung der einzelnen Zahlwörter; Beginn von vorne bei 1; erste Berücksichtigung von Kardinalität, Ordinalität, Maßzahlaspekt; keine Reversibilität der Richtung der Zahlwortreihe. „At the unbreakable list level, however, a child cannot begin from seven and move up or down the sequence. The child must use the sequence skill of counting up from one to seven to find Just After and Just Before relations" (ebd., 51).
- Niveau 3 (Breakable Chain Level): Beginn auch innerhalb der Zahlreihe; Größer-kleiner-Beziehungen; einfache Additions- und Subtraktionsaufgaben; Unterstützung durch konkrete Gegenstände. „Children can start counting up from an arbitrary number in the sequence. They can break into the sequence of number words and can continue to say it without the running start of having multiple words said" (ebd.).
- Niveau 4 (Numerable Chain Level): Zählen der Zahlwörter unabhängig von Objekten; weiterzählen; rückwärts zählen. „Each word in the sequence can be taken as an equivalent single word, that is, as a unit" (ebd., 54).
- Niveau 5 (Bidirectional Chain Level): schnelles Vorwärts- und Rückwärts-Zählen von jeder bekannten Zahl aus. „The difference in difficulty between proceeding forward in the sequence and backward in the sequence is greatly reduced" (ebd., 55; vgl. Moser Opitz 2001, 86f.).

Fuson gibt mit „More Advanced Levels" (Fuson 1988, 55) weitere Niveaus an, die sich auf höhere Zahlenräume beziehen. „Children can then count up or down by tens as well as by ones" (ebd.). So kann nach Fuson ein Kind die Aufgabe 48+36 lösen, indem es die Zehner und Einer zählt oder auch erst die ganzen Zehner und dann die Einer.

3.1.2 Fachlichkeit und Didaktik

Dieses Verständnis der Bedeutung von Zählkompetenzen wird auch für das Konzept mathe 2000, ein im Jahr 1987 an der Universität Dortmund begründetes wissenschaftliches Projekt zur Entwicklung und Erforschung des Mathematikunterrichts mit den Zielen Design von Lernumgebungen, empirische Forschung, LehrerInnenbildung, Bildungsberatung und Öffentlichkeitsarbeit als Gesamtaufgabe, aufgegriffen und bearbeitet:

- „Beim Zählen werden die Zahlwörter der Reihe nach den Objekten einer zählbaren Menge zugeordnet. Kein Zahlwort darf dabei doppelt verwendet, kein Objekt mehrmals gezählt oder ausgelassen werden" (Walther/Wittmann 2004, 369).
- „Das zuletzt genannte Zahlwort gibt die Anzahl der Objekte an" (ebd.).
- „Die Anzahl ist unabhängig von der räumlichen Verteilung der Objekte und der Reihenfolge beim Zählen" (ebd.).

Bei mathe 2000 handelt es sich um eine Sichtweise vom Fach aus. Lehren wird als Organisation von Lernprozessen gesehen. Dabei wird eine Abkehr vorgenommen von der Vermittlung des Stoffes hin zur Vermittlung zwischen Lernenden und Stoff. Das Kind wird als

AkteurIn seines/ihres Lernens betrachtet. Mathematische Erkenntnisgewinnung bei den SchülerInnen ist kein geradliniger Prozess, sondern oft „fehlerhaft oder gar falsch" (Müller/Steinbring/Wittmann 2004, 12). Ein Konzept von Mathematikdidaktik muss sich dessen bewusst sein, kann also nicht am fertigen Produkt ansetzen. „Das Lernen von Mathematik besteht also seinem Wesen nach im produktiven Umgang mit diesen Schwierigkeiten, nicht in der Reproduktion fix und fertig vorgegebener fehlerloser Routinen" (ebd., 13). In der Konsequenz wird damit eigenaktives Lernen betont.

Die vorliegende Struktur der Zahlen ist nicht logisch, sondern aus der Erkenntnis begründet. Damit muss auf die Genese dieser Erkenntnis geachtet werden (vgl. Walther/Wittmann 2004, 366). Die Grundlage für aktiv-entdeckendes Erforschen der Mathematik liegt in der Mathematik begründet. „Die Objekte der Mathematik existieren unabhängig von uns und unserem Bewusstsein" (Krey 2012, 28). Deshalb sollen mathematische Inhalte von den Kindern entdeckt werden.

> „Anders als in der Naturwissenschaft, wo die untersuchten Objekte gegeben sind, werden die mathematischen Objekte aber konstruiert und bilden daher eine künstliche Welt, eine ‚Quasi-Realität'. Bei der Konstruktion werden den Objekten Eigenschaften und Beziehungen (Muster) aufgeprägt. Durch Operationen können die Objekte bearbeitet und verändert werden und man kann untersuchen, inwieweit dabei Eigenschaften und Beziehungen invariant bleiben bzw. sich in systematischer Weise verändern" (Wittmann 2005, 17).

Auf dieser Grundlage können mathematische Lernumgebungen, die auch als produktive Lernumgebungen oder substantielle Lernumgebungen bezeichnet werden, designt werden.

> „In Lernumgebungen können langsam und schnell Lernende innerhalb des gleichen fachlichen Rahmens integriert gefördert werden. Dank der Offenheit und der Reichhaltigkeit der Aufgaben und Arbeitsanweisungen regen sie zum eigentätigen ‚Mathematik-Treiben' an und lösen Fachgespräche aus" (Hirt/Wälti 2008, 12).

Lernumgebungen können Möglichkeiten der natürlichen Differenzierung nutzen. Die Begrifflichkeit „natürliche Differenzierung" (Wittmann 1994, 164) ist auf den ersten Blick missverständlich, da „natürlich" ein Verweis darauf sein könnte, dass es sich hier um eine Differenzierung handelt, die gewissermaßen naturgemäß, von sich aus eintreten würde, ohne dass die Lehrpersonen etwas dazu tun müssten. Eine „natürliche Differenzierung" kann dort entstehen, wo ein hinreichend großes Thema ganzheitlich erarbeitet wird und sich so „Aufgaben unterschiedlichen Schwierigkeitsniveaus in natürlicher Weise ergeben" (Krauthausen/Scherer 2014, 49). SchülerIn A bekommt nicht im Vorhinein definierte Aufgabenanforderungen auf dem Niveau x_a, SchülerIn B nicht auf dem Niveau x_b und SchülerIn C nicht auf dem Niveau x_c. Es gibt eine gemeinsame Einführung, auf die eine Erarbeitung folgt, die sich dann in unterschiedliche Schwierigkeitsgrade, Zahlenräume usw. auffächern lässt. Bei den einzelnen Stationen zum Pascalschen Dreieck werde ich zeigen, dass über den Gemeinsamen Gegenstand gemeinsame Situationen der Auseinandersetzung mit einem Thema geschaffen werden können, die sich beispielsweise in unterschiedliche Zahlenräume entwickeln.

Mit Lernumgebungen ist es möglich,

- Heterogenität zu berücksichtigen,
- individuelle Zugangsweisen zuzulassen und zu fördern,
- mathematische Muster und Strukturen zu erforschen, fortzusetzen, fortzugestalten und selbst zu erzeugen.

„Es entfällt der Zwang zu einem *gleichschrittigen* Vorgehen auf einem mittleren Niveau, mit der Gefahr, schwache Schüler zu *über-* und leistungsstarke zu *unter*fordern" (Wittmann 1994, 164. Hervorhebung im Originaltext. W.G.). Wittmann schreibt, dass sich dies auf „*alle* Schüler, von lernschwachen bis leistungsstarken" beziehe (ebd. Hervorhebung im Originaltext. W.G.). Unklar bleibt dabei, ob (zu diesem Zeitpunkt) mit alle tatsächlich alle oder nur ein etwas erweiterter Kreis bestehend aus Grundschulkindern unter Hinzunahme der Förderschwerpunkte Lernen, Sprache, sozial-emotionales Verhalten gemeint ist. Ich werde im weiteren Verlauf bei den Subthemen des Pascalschen Dreiecks aufzeigen, dass unter Berücksichtigung der Zugangspotentialitäten tatsächlich alle gemeint sind.

Die Berücksichtigung von Heterogenität und die damit geschaffene Angebotspalette ermöglicht es den SchülerInnen, „über Ansatzpunkt und Tiefe einer Bearbeitung, die Verwendung von Hilfs- oder Arbeitsmitteln, die Art und Weise der Notation/ Dokumentation/Darstellung ihres Vorgehens, ihre Bearbeitungswege und gegebenenfalls über variierte Problemstellungen" zu entscheiden (Krauthausen/Scherer 2014, 51). Die wechselseitige Rekursion und bidirektionale Durchlässigkeit der Zugangsebenen erweitert diese Entscheidungsmöglichkeiten dahingehend, dass den SchülerInnen alle unterschiedlichen Zugangsweisen aufgeschlossen werden.

Lernumgebungen sind nicht nur methodisch-organisatorisch geöffnet, sondern ermöglichen es durch die fachliche Rahmung, sich mit mathematischen Themen aktiv-entdeckend auseinanderzusetzen mit folgenden Zielen: „eigenständiges Denken statt Lösen nach vorgegebener Strategie, Lernen in Sinnzusammenhängen statt Lernen in kleinen Schritten, argumentative Auseinandersetzung mit anderen Sicht- und Vorgehensweisen statt Vergleiche mit Musterlösungen" (Wälti/Hirt 2007, 17). In allen Subthemen des Pascalschen Dreiecks sind die Angebote so gestaltet, dass sich die SchülerInnen anhand perzeptiver, konkrethandelnder Angebote mit den dahinterliegenden mathematischen Strukturen und Mustern auseinandersetzen können. Die zugehörigen Grundmuster können erkannt und fortgeführt oder auch auf andere Muster übertragen und ausgeweitet werden.

3.1.3 Fachlicher Rahmen für numerisches Wissen

Nachdem die mathematischen Rahmenbedingungen formuliert sind und auf die Bedeutung der Zählzahlen für den Erwerb von mathematischen Kompetenzen verwiesen worden ist, gilt es jetzt zu klären, wie der Erwerb dieser Kompetenzen fachlich verstanden werden kann. Hier wird auf das Entwicklungsmodell der Zahl-Größen-Verknüpfung (ZGV) nach Krajewski zurückgegriffen (Krajewski/Ennemoser 2013, 43).

Dies passiert aus zwei Gründen:

- Es wird in fachlicher Hinsicht eine anschauliche Beschreibung vorgenommen, welche ihren Ansatzpunkt durch die Betonung der numerischen Kompetenzen bekommt. „Es handelt sich um ein Entwicklungsmodell, das die Einsicht in das kardinale Zahlverständnis als einen fortschreitenden Prozess versteht, der zuerst in einem kleineren Zahlenraum stattfindet und dann auf höhere Zahlenräume übertragen wird" (Garrote/Moser Opitz/Ratz 2015, 25).
- Das Wissen über den Erwerb numerischer Kompetenzen hat sich in den letzten Jahren stark erweitert (vgl. Ratz/Moser Opitz 2016, 401). Viele „Forschungsergebnisse zum Zahlbegriffserwerb beziehen sich allerdings auf Stichproben aus dem Regelbereich" (Garrote/Moser Opitz/Ratz 2015, 25). Das Zahlen-Größen-Verknüpfungsmodell „eignet sich auch, um die mathematischen Fähigkeiten von Kindern und Jugendlichen mit einer intellektuellen Beeinträchtigung zu beschreiben" (Ratz/Moser Opitz 2016, 401).

Mit dem vorliegenden ZGV-Modell (vgl. Abb. 13) wurde eine begriffliche Weiterentwicklung vollzogen. Die ursprünglichen Begriffe „Mengen- und Zahlenwissen" wurden zuerst abgelöst durch „Mengen-Zahlen-Kompetenzen" und schließlich als „Zahl-Größen-Kompetenzen" gefasst (vgl. Krajewski/Ennemoser 2013, 42). Unter den Größenbegriff werden nunmehr neben Mengen auch Flächen und Volumen und schließlich auch Größen wie Gewicht oder Zeit subsumiert (vgl. ebd.).

Das ZGV-Modell ist unterteilt in drei Ebenen:

- Basisfertigkeiten
- einfaches Zahlenverständnis
- tiefes Zahlenverständnis

Auf der ersten Ebene, den Basisfertigkeiten, werden zunächst unabhängig voneinander Größenunterscheidungen möglich und die Verwendung von Ziffern und Zahlen. Die Zählwortreihe existiert noch nicht im Sinne der Eins-zu-Eins-Zuordnung zur Bestimmung von kardinalen Mengen, sondern als sprachmotorische Einheit, bei der die Zahlen der mehr oder weniger korrekten Zahlenfolge wie in einem auswendig gelernten Gedicht aufgesagt werden können (einszweidreivier…). Es werden noch keine Dinge abgezählt (vgl. Ratz/Moser Opitz 2016, 402). Die einzelnen Fähigkeiten sind noch nicht aufeinander bezogen. Eine präzise Zahl-Größen-Zuordnung ist noch nicht verfügbar (vgl. Krajewski/Ennemoser 2013, 43).

Auf der zweiten Ebene „erfolgt die Verknüpfung von Zahlen und Anzahlen" (Ratz/Moser Opitz 2016, 402). Die Basisfertigkeiten der Ebene 1 werden miteinander in Beziehung gesetzt. „Diese Verknüpfung von Zahlwörtern mit Mengen bzw. Größen hin zu einer ‚Mengen- bzw. Größenbewusstheit von Zahlen'" (Krajewski/Ennemoser 2013, 43) vollzieht sich in zwei Phasen, als unpräzise und als präzise Größenrepräsentation. Zuerst wird die Unterscheidung von viel und wenig oder dass „fünfzig" viel und „zwei" wenig ist, möglich.

Abbildung 13: Entwicklungsmodell der Zahl-Größen-Verknüpfung (ZGV) nach Krajewski (Krajewski/Ennemoser 2013, 43).

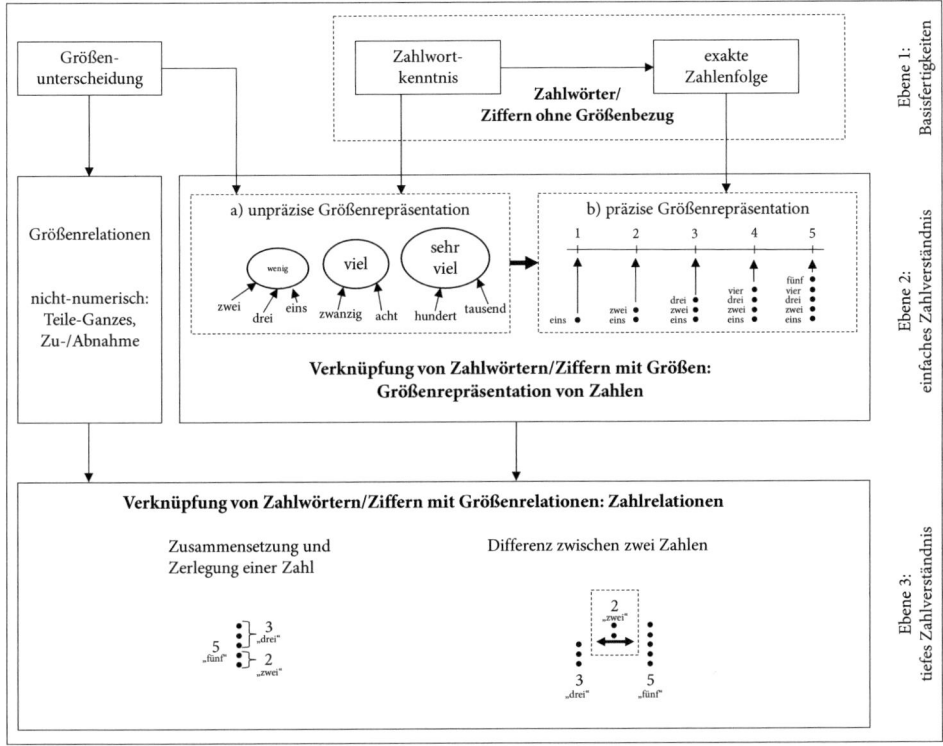

„Erst im Anschluss daran entwickelt sich die eigentliche Zählkompetenz (Bestimmen von Anzahlen durch Zählen) und damit verbunden die präzise Größenrepräsentation bzw. der Anzahlbegriff" (Ratz/Moser Opitz 2016, 402). Es existiert die korrekte Zählreihenfolge in der Eins-zu-Eins-Zuordnung mit dem Wissen, dass „fünf" um „eins" größer ist als „vier".

Die dritte Ebene, die gekennzeichnet ist durch ein „tiefes Zahlverständnis", dient dem „Verständnis für die Relationen zwischen Zahlen" (Krajewski/Ennemoser 2013, 45). Es können Mengen verglichen und zerlegt werden bzw. Differenzen zwischen zwei Zahlen abgeleitet werden. „Diese dritte Ebene beinhaltet wiederum einen qualitativen Sprung im Sinn einer neuen Erkenntnis, die Voraussetzung für den Erwerb der Grundoperationen ist" (Ratz/Moser Opitz 2016, 402). Ein umfassendes Teil-Ganzes-Verständnis ist grundgelegt.

Neben der Kenntnis der drei Ebenen ist der Hinweis zu „Verschiebungen in der individuellen Entwicklung" unerlässlich (Krajewski/Ennemoser 2013, 45). Das Modell darf nicht als „starre Hierarchie verstanden werden" (Franz/Goschler/Ratz 2017, 203). Dies bedeutet, dass die einzelnen Ebenen und Module nicht im Sinne einer geradlinigen Entwicklung nacheinander durchlaufen werden. In Abhängigkeit von Zahlenraum und/oder Repräsentationsform kann es zu unterschiedlichen Ausprägungsformen kommen. Es lässt sich feststellen, dass „auch mehrere Entwicklungen parallel ablaufen und dabei deutlich gegeneinander verschoben sein können" (Krajewski/Ennemoser 2013, 45).

In den Abschnitten zu den Teilthemen des Pascalschen Dreiecks wird die ZGV als Kriterium der fachdidaktischen Abbildung neben einer allgemeinen Art und Weise über die in Abschnitt 2.4 beschriebenen Zugangsebenen dienen.

3.2 Blaise Pascal und das Pascalsche Dreieck

Kenntnisse über den Entwickler des Pascalschen Dreiecks und über die Entstehungsgeschichte sind zur Durchführung der Angebote rund um den Gemeinsamen Bildungsgegenstand für Lehrpersonen sinnvoll, wenn nicht gar notwendig. Durch den anwendungsorientierten Charakter des dritten Kapitels wird die Aufnahme biografischer und weiterer Erkenntnisse begründet. „Wer unterrichtsbezogene Materialien entwickelt und publiziert, erschließt für Lehrkräfte und somit für Schule und Unterricht zusätzliche Wissensressourcen" (Kahlert 2007, 30) und in diesem Sinne hat das Kapitel 3.2 seine weitere Berechtigung. Ausgewählt wurden Aspekte, die in einem Zusammenhang mit dem Pascalschen Dreieck stehen. Philosophische oder theologische Schriften von Pascal bleiben unberücksichtigt.

3.2.1 Ausgewählte biografische und mathematische Aspekte zu Blaise Pascal

Blaise Pascal (1623–1662) wurde am 19. Juni 1623 als drittes von vier Kindern im heutigen Clermont-Ferrand, einer damals eher kargen, bergigen Gegend, geboren.

Seine Mutter Antoinette Pascal, geb. Begon, stammte aus einer für die Provinz wohlhabenden Kaufmannsfamilie (vgl. Hellweg 2010, 137). Sein Vater Étienne Pascal hatte in Paris Jura studiert (vgl. Attali 2006, 23f.) und war im Stande des Beamtenadels an einem Steuergericht der Finanzverwaltung in Clermont tätig (vgl. Loeffel 1987, 11). Blaise Pascal hatte eine drei Jahre ältere Schwester, Gilberte, die wiederum mit zweien ihrer Kinder die spätere Nachlassverwalterin von Blaise Pascal wurde. Gilberte verfasste auch eine Lebensbeschreibung von Blaise, „die allerdings von einigen Historikern mit Vorbehalt aufgenommen wird" (ebd., 13). Eine noch ältere Schwester, Antonia, starb kurz nach der Geburt. Blaise Pascal hat noch eine zwei Jahre jüngere Schwester, Jacqueline, von deren Geburt sich die Mutter Antoinette nicht mehr erholte, so dass Blaise mit zweieinhalb Jahren die Mutter verlor (vgl. Attali 2006, 28).

Nach dem Tod der Mutter übernahm der Vater Étienne die Erziehungs- und Bildungsarbeit der Kinder. „Vor allem wurde im Ausbildungsprozeß die gedankliche Verarbeitung des neuen Wissensstoffes zugunsten des drillmäßigen Einübens in den Vordergrund gestellt" (Loeffel 1987, 13). Die „Kinder besuchten keine Schule, weder die Töchter, was üblich war, noch der Sohn, was schon seltener vorkam" (Attali 2006, 28). So wurde der Vater zum Lehrer seiner Kinder und erkannte früh die Talente seines Sohnes Blaise. 1631 verkaufte der Vater Étienne sein Richteramt und siedelte mit der Familie nach Paris um, „um dem hochbegabten Blaise mehr Anregung zu bieten als in Clermont-Ferrand möglich war" (Hellweg 2010, 137).

Abbildung 14: Portrait von Blaise Pascal (Public domain).

Abbildung 15: Blaise Pascal mit seiner Rechenmaschine Pascaline (Attali 2006, III).

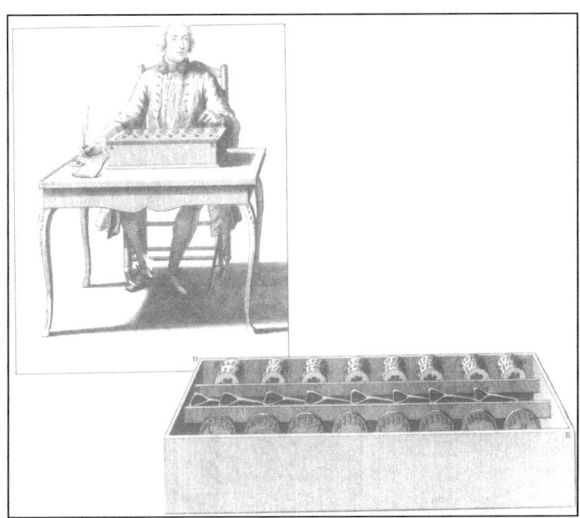

Der Umzug nach Paris diente nicht dem Ziel, „ein elegantes Leben zu führen oder eine neue Gattin zu suchen, sondern um Einlaß in die höchsten wissenschaftlichen und philosophischen Kreise der Hauptstadt zu finden" (Attali 2006, 31). Étienne Pascal und bald auch sein Sohn fanden Anschluss an die „Freie Akademie" des Minoriten-Paters Marin Mersenne, der den Briefwechsel mit berühmten Vertretern aus Wissenschaft und Kultur organisierte, darunter Personen wie Galilei, Fermat, Descartes (vgl. Loeffel 1987, 14).

Blaise Pascal wurde zur Zeit des Dreißigjährigen Krieges geboren. Das bis dato prägende Weltbild der katholischen Kirche wurde zunehmend angezweifelt. Naturwissenschaften und Mathematik machten neue Entdeckungen. Blaise war von Beginn an ein eher kränkliches Kind und wurde vom Vater überwiegend in Griechisch und Latein unterrichtet. Sein Vater Étienne war der merkwürdigen Ansicht, „dass sein Sohn frühestens mit 15 Jahren mit Mathematik in Berührung kommen sollte, und verbannte alle mathematischen Schriften aus dem Haus" (Devlin 2012, 27). Lediglich in seinen „Erholungsstunden" (Meschkowski 1990, 65) konnte sich Blaise Pascal der Mathematik zuwenden. Damit war die Neugierde von Blaise geweckt und er beschäftigte sich heimlich mit Geometrie. „Er war so aus eigenen Stücken durch Bildung von Definitionen und Axiomen sowie mit Hilfe logischer Folgerungen bis zum 32. Lehrsatz der *Elemente* Euklids vorgestoßen" (Loeffel 1987, 14. Hervorhebung im Originaltext. W.G.). In der Zuarbeit für seines Vaters Tätigkeit als Steuerbeamter entwickelte Blaise Pascal eine patentierte Rechenmaschine, die Pascaline, mit der Additionen und Subtraktionen unter Berücksichtigung der Stellenwertproblematik bei Übergängen möglich waren. Zu dieser Zeit war der Nutzen von Rechenmaschinen noch kaum verbreitet; es wurden nur etwa 50 Maschinen von Hand gefertigt, so dass sich kein wirtschaftlicher Erfolg einstellte (vgl. Hellweg 2010, 138).

Blaise Pascal hat sich in seinem kurzen Leben mit damals bedeutenden Themen der Philosophie und der Religion, aber auch der Physik auseinandergesetzt. In mathematischer

Hinsicht gilt die Erfindung des Pascalschen Dreiecks als seine größte Leistung – diese steht auch im Fokus der vorliegenden Arbeit. Dabei handelt es sich um eine Darstellung der Binomialkoeffizienten. Diese zählen zu den Grundaufgaben der Kombinatorik und geben an, auf wie viele verschiedene Weisen man k Objekte aus einer Menge von n verschiedenen Elementen auswählen kann, ohne Dopplungen (zurücklegen, reihenfolgenunabhängig) vorzunehmen. In historischer Hinsicht können grafische Darstellungen der Binomialkoeffizienten schon lange vor Blaise Pascal nachgewiesen werden. Allerdings waren diese früheren Arbeiten im Europa der Schaffenszeit von Blaise Pascal nicht zugänglich.

3.2.2 Das Pascalsche Dreieck als Wiedererfindung in seiner mathematisch-kulturellen Bedeutung der Zeit

Der persische Mathematiker Muhammad Al-Karaji (ca. 953–1029), dessen Originalschriften verloren sind und dessen Herkunftsname nur aus lateinischen Umschriften belegt ist, beschäftigte sich mit Binomen. Das sind zweigliedrige Summen oder Differenzen. „Tatsache ist, dass Al-Karaji unbekannte Größen und ihre Potenzen benutzt" (Hellweg 2010, 60). Über das Prinzip der vollständigen Induktion kann er Potenzen von beliebigen Binomen darstellen. Die vollständige Induktion ist eine Beweismethode, die im Zusammenhang mit natürlichen Zahlen angewendet wird. Die natürlichen Zahlen sind unendlich. Also können nicht unendlich viele Beweisverfahren durchgeführt werden. Wenn das Verfahren für n=1 durchgeführt werden kann und ebenso für n=2, dann gilt dies auch für eine beliebige natürliche Zahl n. Dies kann verglichen werden mit einem Dominoeffekt. Der erste Stein wirft den folgenden um und dann auch einen beliebigen (n+1)-ten Stein. So gelang es Al-Karaji Potenzen für das Binom a+b darzustellen. Damit waren ihm die Koeffizienten der Potenzen dieses Binoms und damit die Anordnung der Zahlen des Pascalschen Dreiecks zugänglich (vgl. ebd.). Fast zeitgleich beschäftigte sich der ebenfalls persische Mathematiker Omar Chayyam mit Gleichungen dritten Grades und konnte zu geometrischen Lösungsansätzen kommen. Deshalb wird in diesen heutigen geografischen Verbreitungen vom Chayyam-Dreieck gesprochen (vgl. Attali 2006, 177). Auch in China gibt es unabhängig davon Aufzeichnungen über eine grafische Darstellung der Zahlen des Pascalschen Dreiecks, die sich bis auf den Beginn des 14. Jahrhunderts zurückführen lassen (vgl. ebd.).

Beim Pascalschen Dreieck handelt es sich um eine grafische Darstellung der Binomialkoeffizienten $\binom{n}{k}$. Blaise Pascal selbst bezeichnete es als „arithmetisches Dreieck" (Triangle Arithmetique).

Die Originalversion von Blaise Pascal (vgl. Abb. 16) zeigt das Dreieck in der Orientierung von links oben nach rechts unten. Wenn die Darstellung um 45° nach rechts gedreht wird, erhält man die heute übliche Form der Notation (vgl. Abb. 17). Klar erkennbar sind die zugehörigen Zahlenwerte.

Das Pascalsche Dreieck kann auf zweierlei Weise gebildet werden. In einer sukzessiven Vorgehensweise werden beginnend von drei Einsen an der Spitze immer zwei nebeneinanderliegende Zahlen addiert. Die Summe stellt den Zahlenwert des darunterliegenden Feldes dar. So kann das Dreieck nach unten in höhere Zahlenräume beliebig erweitert werden.

Abbildung 16: Blaise Pascals Version des Triangle Arithmetique (Public domain).

Abbildung 17: Pascalsches Dreieck mit Zahlenwerten. Die letzte Zeile ohne Zahlen dient als Hinweis, dass die Zahlenwerte nach unten bis zu beliebigen Zahlenräumen fortgesetzt werden können.

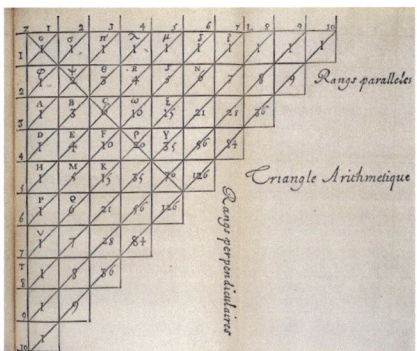

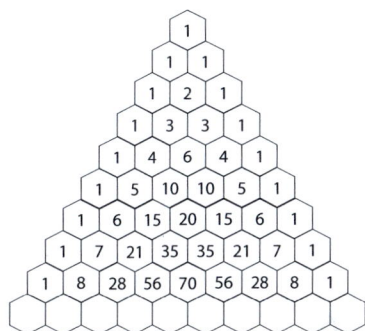

Neben dieser sukzessiven Darstellungsweise können die Zahlenfelder unabhängig voneinander als Binomialkoeffizienten berechnet werden. Die Formel hierzu lautet:

$$\binom{n}{k} = \frac{n!}{k! \cdot (n\text{-}k)!}$$

Um diese veranschaulichen zu können, werden die Felder des Pascalschen Dreiecks in Form von Koordinaten notiert. Es wird also die Zeilen- und Spaltennummer eingetragen. Für die 5. Spalte und 7. Zeile ergibt sich folgende Rechnung:

$$\binom{7}{5} = \frac{7!}{5! \cdot (7\text{-}5)!} = \frac{1 \cdot 2 \cdot 3 \cdot 4 \cdot 5 \cdot 6 \cdot 7}{1 \cdot 2 \cdot 3 \cdot 4 \cdot 5 \cdot 1 \cdot 2} = \frac{5040}{120 \cdot 2} = \frac{5040}{240} = 21$$

In Abb. 19 werden die Binomialkoeffizienten beispielhaft grafisch veranschaulicht. Damit ist der mathematische Zusammenhang geklärt, der bis zur Wiederentdeckung des Pascalschen Dreiecks durch Blaise Pascal in Europa nicht verfügbar war.

Nachdem Pascal seine mathematischen Theorien immer anwendungsbezogen verstanden hat, wie aus dem Beispiel seiner Rechenmaschine Pascaline ersichtlich wird, gilt es den Kontext zu klären, in dem Pascal sich mit dieser mathematischen Fragestellung auseinandersetzte. Es sollte Pascals zweiter Anlass sein, der die Mathematik tiefgründig veränderte, nachdem er „die projektive Geometrie entwickelt hatte und somit den Ingenieuren des 19. und 20. Jahrhunderts ermöglichte, Rauminhalte von Maschinen auf eine Fläche zu zeichnen" (Attali 2006, 169).

Zu Lebzeiten Pascals waren Glücksspiele mit Karten, Würfeln und Münzen sehr beliebt. In den Pariser Salons wurden Diskussionen über Glücksspiele geführt (vgl. Hellweg 2010, 138). „Sogar Ludwig XIV. konnte es passieren, daß er bis zu 100.000 Livres im Monat beim Tricktrack, beim Kartenspiel, beim Reversi oder beim Würfeln verlor" (Attali 2006, 170).

Abbildung 18: Bildung der Zahlenwerte im Pascalschen Dreieck durch Addition zweier nebeneinanderliegender Felder. Aus der 1 und der 4 kann die darunterliegende 5 addiert werden; aus der 15 und 6 kann die 21 addiert werden.

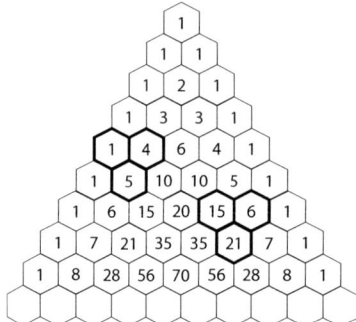

Abbildung 19: Zeilen- und Spaltennummern und Binominalkoeffizientenschreibweise im Pascalschen Dreieck unter Hervorhebung der 7. Zeile, der 5. Spalte und dem Schnittpunkt im Zahlenwert 21.

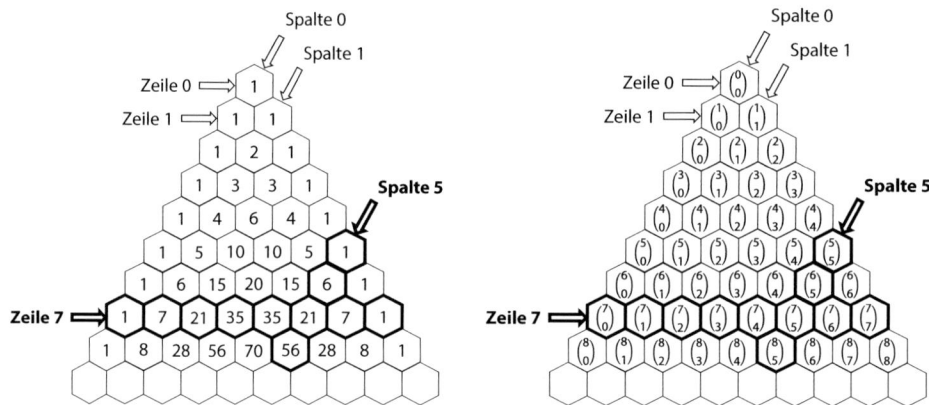

Es waren meist einfache Würfelspiele, bei denen die Spieler auf bestimmte Augenzahlen oder Würfelkombinationen wetteten. Die Zuschauer konnten zudem auf den jeweils nächsten Wurf wetten. Dabei waren es je nach Anzahl der vereinbarten Runden auch langwierige Spiele.

1654 wandte sich Chevalier de Méré „mit einigen Fragen zu Glücksspielen, darunter zum Problem des Spielabbruchs, an seinen Freund Blaise Pascal" (Devlin 2012, 33). Mit dem Spielabbruch, bedingt durch die Länge der Spiele, stellt sich das „Problem der Gewinnaufteilung" (Attali 2006, 171). Gesucht wurde also ein Verfahren, mit dem bei einem aktuellen Spielstand, der nicht unentschieden war, auf die Wahrscheinlichkeit des Gewinnens geschlossen werden konnte. Zu dieser Zeit allerdings „galt die Zukunft als reine Schicksalssache, die sich jeder menschlichen Kontrolle entzog" (Devlin 2012, 59). Der Begriff der Wahrscheinlichkeit und die Wahrscheinlichkeitsrechnung waren noch nicht erfunden. Pascal stellte sich dem völlig neuartigen Problem.

Dies war der Anlass für den berühmten Briefwechsel zwischen Pierre de Fermat (1607–1665) mit Blaise Pascal, an dessen Ende die Wahrscheinlichkeitsrechnung durch die rekursive Methode durch Pascal begründet war. Fermat, der oft als „großer Amateur" der Mathematik bezeichnet wird, was allerdings nur daran lag, dass er als Jurist Mathematik nicht zum Broterwerb betrieb (vgl. ebd., 76), hatte sich ohne Pascals Wissen schon seit 18 Jahren mit dem Problem beschäftigt, ohne es zu einem abschließenden Ergebnis gebracht zu haben (vgl. Attali 2006, 174). Pascal war sich ob seines Lösungsansatzes so unsicher, dass dieser Briefwechsel mit Fermat zustande kam. Mathematische Grundlage war das Triangle Arithmetique.

> „Für ein Spiel mit einer unbegrenzten Anzahl zu spielender Runden ist der Anteil vom ursprünglichen Einsatz, der einem Spieler ausgezahlt werden muß, damit der die Partie nach dem n-ten Wurf und m gewonnenen Runden abbricht, gleich der m-ten Zahl auf der n-ten Zeile des arithmetischen Dreiecks. [… W.G.]. Man kann aus dem Dreieck die Höhe der Wahrscheinlichkeit ableiten, mit der jeder Spieler zu jedem Zeitpunkt des Spieles einen Sieg in Aussicht hat. [… W.G.]. Niemand hatte auch nur im entferntesten an eine solche Lösung gedacht" (Attali 2006, 178).

Ein Zugriff auf eine nicht schicksalhafte Zukunft war in mathematischer Hinsicht erbracht. Ein damit, bezogen auf die heutige Zeit, grundgelegtes „Risikomanagement spielt inzwischen in fast jedem Bereich unseres Daseins eine wichtige Rolle und bildet einen festen Teil unserer Lebensgestaltung" (Devlin 2012, 11). Für die damalige Menschheit war das so noch nicht denkbar.

3.3 Das Pascalsche Dreieck als Gemeinsamer Bildungsgegenstand

In den folgenden Abschnitten werden die Möglichkeiten des Pascalschen Dreiecks als Gemeinsamer Bildungsgegenstand für heterogene Gruppen aufgefächert. Hierzu wird einerseits auf unterschiedliche mathematische Möglichkeiten des Pascalschen Dreiecks und andererseits auf darauf aufbauende didaktische Angebote eingegangen. Folgende einzelne Subthemen oder Stationsangebote des Pascalschen Dreiecks werden dabei vorgestellt:

- Zwei- und Dreidimensionalität im Pascalschen Dreieck – die Materialien des dreidimensionalen Pascalschen Dreiecks (3.4)
- Aufbau des Pascalschen Dreiecks (3.5)
- Reihe der natürlichen Zahlen im Pascalschen Dreieck (3.6)
- Symmetrie (3.7)
- Dreieckszahlen (3.8)
- Tetraederzahlen (3.9)
- Zeilensummen (3.10)
- Muster der Teilbarkeit (3.11)

Die einzelnen Themen, mit Ausnahme des Abschnittes zur Zwei- und Dreidimensionalität, werden strukturidentisch vorgestellt und sind so konzipiert, dass ein fachlich und didaktisch begründetes Angebot in heterogenen Zusammensetzungen geplant und durchgeführt werden kann. „Die explizierte Theorieorientierung beim entwerfenden Publizieren [ist W.G.] unverzichtbar" (Kahlert 2007, 37). An dieser Stelle sei nochmals auf die Erkenntnisform der Phronesis verwiesen. Es handelt sich nicht um die Darstellung bloßer Anschauung,

> „sondern um eine erkenntnisgeleitete Anschauung, die im Augenblick der Wahrnehmung ein potentielles Wissen so aktualisiert, dass das Vorliegen einer in der Wahrnehmung selbst gar nicht sichtbaren Einheit unmittelbar erfasst wird. [… W.G.]. Bei der Phronesis geht es ja nicht nur um eine für menschliches Handeln relevante Erkenntnisweise, es geht auch [… W.G.] um eine höhere und freiere Erkenntnisweise" (Schmitt 2012, 69).

Bisher entwickelte Aspekte zu einem gemeinsamen Lernen an einem Gemeinsamen Gegenstand und entsprechende mathematische und mathematikdidaktische Vorgehensweisen werden dabei aufgegriffen und in Richtung der Realisationsmöglichkeiten am Pascalschen Dreieck als Gemeinsamen Bildungsgegenstand formuliert. Dabei ergibt sich folgende Binnenstruktur:

- Mathematische Muster im jeweiligen Subthema (vgl. Kapitel 3.1.1)
- Mathematischer Hintergrund der jeweiligen Station (vgl. Kapitel 3.1.2)
- Didaktische Planung sowohl unter Berücksichtigung der verschiedenen Zugangspotentialitäten auf den verschiedenen Zugriffsebenen (vgl. Kapitel 2.4.4) als auch unter Berücksichtigung des „Entwicklungsmodells der Zahl-Größen-Verknüpfung" (Krajewski/Ennemoser 2013, 43) nach Krajewski (vgl. Kapitel 3.1.3)
- Diagnostische Aspekte
- Aspekte der Kommunikation und Kooperation (vgl. Kapitel 2.4.2)

Wenn in den inhaltlichen Ausführungen zum letztgenannten Spiegelstrich Bezug genommen wird auf Kinder und Jugendliche mit z. T. auch schwereren Beeinträchtigungen, so durchkreuzt dies nicht die Bemühungen um Inklusion oder um Dekategorisierung im Sinne einer grundsätzlichen Anerkennung von Heterogenität, sondern ist als derzeit notwendiger Hinweis zu verstehen, dass Inklusion unteilbar sein soll, und dass es leider nicht selbstverständlich geworden ist, dass alle SchülerInnen tatsächlich *alle* meint. Der Gemeinsame Gegenstand darf ebenso wenig wie inklusive Bestrebungen, die sich nicht auf alle SchülerInnen beziehen, dazu beitragen, dass sich eine Unterscheidung in inkludierbar – nicht inkludierbar entwickelt oder manifestiert.

3.4 Zwei- und Dreidimensionalität im Pascalschen Dreieck

Bevor die einzelnen Subthemen vorgestellt werden, ist es nötig, auf den Zusammenhang von Zwei- und Dreidimensionalität im Pascalschen Dreieck einzugehen. Thematisiert wird an dieser Stelle der mathematische Zusammenhang zwischen den Zahlenwerten in der Papierform und den Größen der Holzstäbe der dreidimensionalen Version. Der mathematische Zusammenhang von Ziffer und Anzahl in der Zweidimensionalität und Größe in den dreidimensionalen Darstellungen kann/muss zugänglich gemacht werden.

Abbildung 20: Pascalsches Dreieck in Normalnotation (Papierform, Anordnung von oben nach unten); dreidimensionales Pascalsches Dreieck in der Frontansicht (Anordnung von vorne nach hinten).

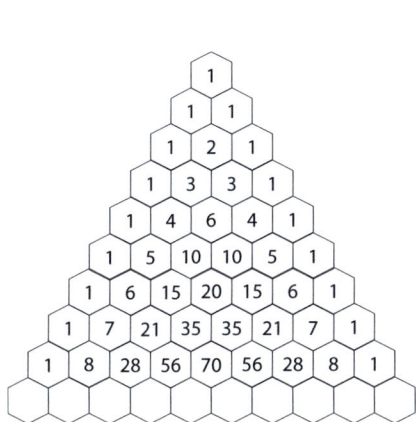

Für die potentielle Arbeit mit Papierform und dreidimensionaler Veranschaulichung ist der Zusammenhang zwischen Zahl und Größe notwendig. Die Holzstäbe sind so konstruiert, dass ihre jeweilige Höhe in cm dem Zahlenwert des entsprechenden Feldes der Papierform oder der hölzernen Grundplatte entspricht. Den Einserfeldern in der Papierform entsprechen also Holzelemente in der Höhe, bzw. mathematisch formuliert, in der Größe von 1 cm; dem Zahlenwert 2 entsprechen Holzteile mit 2 cm usw., dem Zahlenwert 70 entsprechend ein Holzstab mit 70 cm.

Dieser Zusammenhang muss sich nicht notwendigerweise automatisch erschließen, denn der Stab mit beispielsweise 7 cm, der mit dem Zahlenwert 7 korreliert, ist ein einzelner Stab im Ganzen. Er besteht in der Grundform auch nicht aus 7 Einzelteilen mit jeweils einem cm, denn es soll die zusammengehörige Einheit der Stäbe betont werden. Üblicherweise wird der Zusammenhang in der Arbeit mit SchülerInnen, je nach Bedarf, in den Aufbau des dreidimensionalen Pascalschen Dreiecks eingebettet. Aus analytischen Gründen wird dies hier vorneweg thematisiert, damit die unterschiedlichen Konstellationen der dreidimensionalen Anordnung klar werden.

Hilfreich kann in diesem Zusammenhang die Auseinandersetzung mit Einer-, Fünfer- und Zehnerteilen sowie mit verschiedenen Skalierungen sein, die aber alle auf cm-Basis vorgenommen sind.

Abbildung 21: Einer-, Fünfer- und Zehnerstangen. Links mit 5er-Skalierung, rechts mit Einerskalierung unter Betonung der 5.

Abb. 21 zeigt verschiedene Skalierungsangebote bei Einer-, Fünfer- und Zehnerstangen. Diese können für den Zusammenhang von Zahl und Größe weiter vereinfacht werden unter Hinzunahme mehrerer Einerteile, so dass der Zusammenhang der Zahl 3 und der Größe 3 nicht in einem Fall die Zahl und im anderen Fall die absolute Größe in Form eines 3 cm-Stabes, sondern in Form von drei Einerteilen, also drei einzelnen Einerteilen mit der Gesamtgröße 3 cm gegeben ist.

Abbildung 22: Vergleich von mehreren Einerteilen mit gleichen Größen bezüglich der Zahlenwerte 4 und 6.

Eine weitere Hilfestellung kann angeboten werden, indem die Größen von Zahlen aufgebaut werden im Sinne einer abzuzählenden Treppe oder weiterer Skalierungsmöglichkeiten.

Abbildung 23: Bildung von Zahlentreppen und Vergleich mit skalierten Holzstäben.

Die aufgezeigten Möglichkeiten können in den Aufbau des dreidimensionalen Pascalschen Dreiecks eingebaut oder auch isoliert vorgenommen werden. Alle Aufgabenstellungen können mittels der Anwendung von Zählkompetenzen oder auch über Teil-Ganzes-Beziehungen oder über Mengenvergleiche durchgeführt werden. Sie bieten ob dieser Unterschiedlichkeiten in der Bearbeitung vielfältige Anlässe zur Kooperation und Kommunikation.

3.5 Zum Aufbau des Pascalschen Dreiecks als Gemeinsamer Bildungsgegenstand

Der Begriff Aufbau ist hier in einem doppelten Sinn zu verstehen, denn einerseits geht es um eine primäre Begegnung mit dem Pascalschen Dreieck, in dem das grundlegende mathematische Prinzip des sukzessiven Aufbaus des Pascalschen Dreiecks thematisiert wird. Andererseits ist hierzu eine Auseinandersetzung mit den dreidimensionalen „Bauteilen" des Pascalschen Dreiecks (vgl. Kap 3.4) ebenso nötig wie eine Beschäftigung mit dem Zusammenhang zwischen dreidimensionalem Pascalschen Dreieck und der zugrundeliegenden Papierform, wie sie schon Blaise Pascal notiert hat.

3.5.1 Mathematische Muster

Bei der Betrachtung des Pascalschen Dreiecks in Papierform und in der dreidimensionalen Ausführung und beim Vergleich der beiden Darstellungsvarianten fällt die musterförmige Anordnung auf.

Abbildung 24: Pascalsches Dreieck in Papierform, aufgebaut in dreidimensionaler Form in der Frontansicht und teilaufgebaut in der Draufsicht.

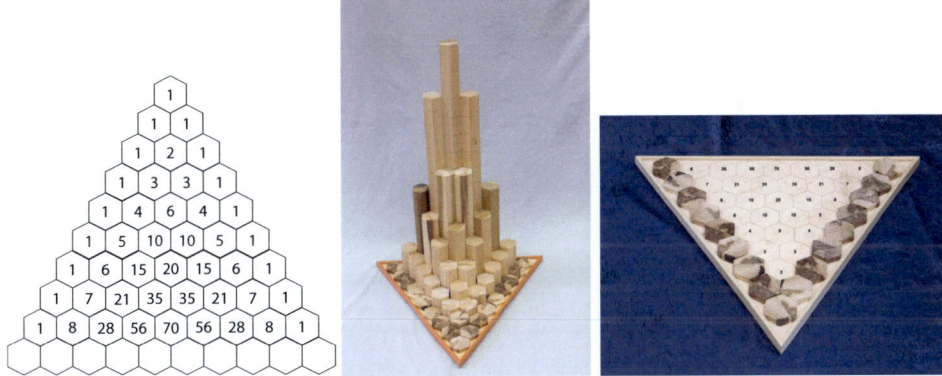

Bei der Papierform (vgl. Abb. 24 links) fällt die Regelmäßigkeit und die dreieckige Grundform auf. Der linke und rechte Rand besteht jeweils aus Einsen. Natürlich können je nach Kompetenzstand auch die Reihe der natürlichen Zahlen und die Symmetrie entdeckt werden. Beiden Varianten sind eigene Abschnitte gewidmet.

Bei der dreidimensionalen Variante in der Frontansicht (vgl. Abb. 24 Mitte) fallen die dreieckige Grundstruktur und die gleich großen Holzelemente jeweils am linken und rechten Rand auf. Durch die Möglichkeit der Realgrößenvergleiche ist die symmetrische Grundstruktur gut erkennbar, auch wenn hierfür nicht der Symmetriebegriff nötig ist, sondern der Zusammenhang von gleich großen Elementen. Deutlich sichtbar ist die Dynamik, mit der die Holzstangen größer werden. Ebenfalls gut sichtbar ist die Richtung der Größenentwicklung; in diesem Fall von vorne nach hinten.

In der Draufsicht (vgl. Abb. 24 rechts) werden die dreieckige Grundstruktur und die Rahmenlinien für die einzelnen Holzteile samt zugehöriger Zahlenwerte deutlich. Die Holzplatte ohne die Holzteile kann gut mit der Papierform verglichen werden. Es können Gemeinsamkeiten bzgl. der Dreiecksform und der Zahlenwerte festgestellt werden.

3.5.2 Mathematischer Hintergrund

Zur Durchführung des Aufbaus des dreidimensionalen Pascalschen Dreiecks und zur Bildung und Erweiterung der Papierform ist das rekursive Muster des Pascalschen Dreiecks hilfreich. Zwei nebeneinanderliegende Elemente ergeben in der Summe das darunterliegende.

In Abb. 25 ist das Prinzip des sukzessiven Aufbaus des Pascalschen Dreiecks veranschaulicht. Die Felder 1 und 4 bilden in der Summe das darunterliegende Feld 5. Das gleiche Prinzip gilt für die Felder 15 und 6 sowie für grundsätzlich alle Felder des Pascalschen Dreiecks.

Abbildung 25: Rekursive Bildungsgesetzmäßigkeit des Pascalschen Dreiecks.

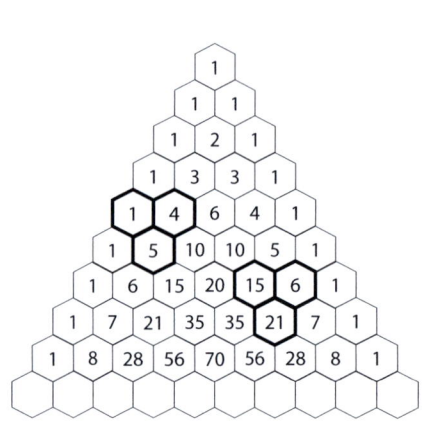 

3.5.3 Didaktische Planung

Beim Aufbau des Pascalschen Dreiecks geht es darum, die grundsätzliche Bildungsgesetzmäßigkeit des Pascalschen Dreiecks zu erkennen und darüber das Aufbauen des Dreiecks in der dreidimensionalen Form vorzunehmen. Die dabei zu leistenden Teilschritte können dreifach untergliedert werden:

- Zusammenhang von Zahlenwert und Größe der Holzelemente (vgl. Kap. 3.4).
- Addition von zwei nebeneinanderliegenden Elementen zum darunterliegenden Element.

- Aufbau des dreidimensionalen Pascalschen Dreiecks und Ergänzung eines teilaus-gefüllten Pascalschen Dreiecks in Papierform.

Ausgangspunkt ist die Erkundung der leeren, unaufgebauten dreieckigen Holzplatte. Dabei können Grundplatten mit oder ohne Zahlenwerte verwendet werden.

Abbildung 26: Größenvergleiche und Belegen der Einser-Reihe.

In einem ersten Schritt können die Einser-Felder mit einem entsprechenden Holzele-ment belegt werden. Daran anschließend können aufgrund der Rekursivität die Additionen vorgenommen werden. Hierfür gibt es unterschiedliche Varianten. Die Steine von zwei ne-beneinanderliegenden Feldern können herausgenommen werden und übereinander als Summe aufgetürmt werden. Danach wird ein der Summe entsprechend großer Stein ausge-wählt. Dieses isolierte Verfahren kann auch in den Aufbau integriert werden. Hierüber wird der Vorgang der Addition betont, das Summenfeld wird nicht mehr durch einen über die Größenegalität zu diskriminierenden Stein hergestellt, sondern durch einen aktiven Addi-tionsvorgang. Die Addition kann handelnd oder arithmetisch vollzogen werden.

Tabelle 16: Zugangsebenen zum Aufbau des dreidimensionalen Pascalschen Dreiecks.

basal-perzeptiv	Wahrnehmen und Herstellen von gleich großen Holzstäben.
	Diskriminierung von größeren und kleineren Holzstäben.
konkret-gegenständlich	Handelnde Durchführung der Addition der Holzstangen von zwei nebeneinanderlie-genden Feldern durch Übereinandertürmen mit oder ohne Bestimmung der Summen-zahl.
anschaulich-symbolisch	Übertrag des Ergebnisses auf die hölzerne Grundplatte oder in ein Pascalsches Dreieck in Papierform.
abstrakt-begrifflich	Additionsaufgaben in den Zahlenräumen 10, 20 oder noch höher.
	Durch die Dynamik der Entwicklung unterschiedlicher Zahlenräume im Pascalschen Dreieck können sehr schnell höhere Zahlenräume angestrebt werden.

Tabelle 17: Aufbau des dreidimensionalen Pascalschen Dreiecks im Entwicklungsmodell der Zahl-Größen-Verknüpfung nach Krajewski (Krajewski/Ennemoser 2013, 43).

Basisfertigkeiten	Unterscheidung von verschieden großen Stangen. Veränderungen der Größe durch die handelnde Addition des Übereinandertürmens von zwei Stangen.
einfaches Zahlenverständnis	Größenrelationen in Beziehung setzen. Größenveränderung durch Addition. Größen mit Zahlen in Beziehung setzen.
tiefes Zahlenverständnis	Zusammensetzungen und Zerlegungen von Zahlen bzw. korrespondierenden Größen bei den Holzstäben in unterschiedlichen Varianten der Addition oder der Zahlzerlegung.

Je nach Zusammensetzung der Gruppe der SchülerInnen können unterschiedliche Zeitpunkte gewählt werden, wann dem dreidimensionalen Modell die Papiervariante hinzugefügt werden soll. Voraussetzung ist das rekursive Grundverständnis der Bildung der weiteren Zahlenfelder im Pascalschen Dreieck. Durch die Verknüpfung von basal-perzeptiven, konkret-gegenständlichen und anschaulich-symbolischen Angeboten kann der anschauungsgebundene Aspekt der Bildung der Additionsaufgaben länger oder kürzer beibehalten werden. Eine weitere Variationsform entsteht durch die Wahl des Zahlenraumes, in dem anschaulich-symbolische und abstrakt-begriffliche Aufgabenstellungen angeboten werden.

Abbildung 27: Teilausgefülltes Pascalsches Dreieck in Papierform zur rekursiven Fortführung des Aufbaus des Pascalschen Dreiecks.

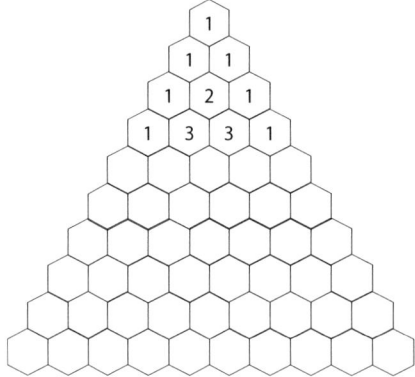

Abb. 28 zeigt einen Vorschlag für ein Arbeitsblatt, bei dem die fehlenden Zahlenwerte sukzessive errechnet werden sollen. Eine parallele Anbindung an das dreidimensionale Modell ist möglich. Die Aufgabenstellungen bewegen sich im Zahlenraum bis 100. Lediglich die Addition 56+70 bzw. 70+56 übersteigt die Hundertergrenze. Das starre Einhalten von Zahlenräumen für die entsprechenden Additionen kann schuljahresübergreifend aufgebrochen werden im Sinne von offenen Aufgabenstellungen.

Abbildung 28: Vorlage zum Ausfüllen eines Pascalschen Dreiecks. Bearbeitet werden kann der sukzessive Aufbau, aber auch im Sinne der Umkehrung die Bearbeitung von unten nach oben, wenn unten wenige Zahlen vorgegeben sind.

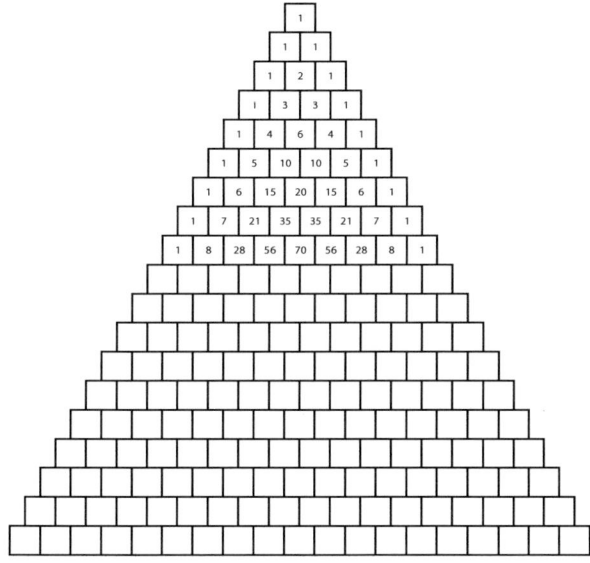

Abbildung 29: Mit Zahlenwerten ausgefülltes Pascalsches Dreieck bis zur Zeile 16.

Durch Hinzufügen oder Weglassen von Zeilen können die Zahlenräume variiert werden. Inklusive der Zeile 8 wird der Zahlenraum bis 100 gefordert; Zeile 12 deckt den Zahlenraum bis 1.000 ab, Zeile 15 bis 10.000. Zur Abschätzung der geforderten Zahlenräume ist ein ausgefülltes Pascalsches Dreieck hilfreich, wie es in Abb. 29 dargestellt ist.

3.5.4 Diagnostische Aspekte

Die konkrete Durchführung der Additionsaufgaben zum rekursiven Aufbau des dreidimensionalen Pascalschen Dreiecks – auch in Verbindung mit der Papierform – bietet zahlreiche diagnostische Erkenntnismöglichkeiten.

- Zählkompetenzen: Beim Feststellen der Größenverhältnisse der Holzstangen können die SchülerInnen verschiedene Strategien zur Anwendung bringen. Ist die Zählreihe samt Eins-zu-Eins-Zuordnung gesichert? Benötigen die SchülerInnen Vergleichsobjekte, die aus Einerteilen zusammengesetzt sind? Können Sie Skalierungen nutzen und wenn ja, welche?
- Zahlen lesen: Welche Zahlen können gelesen werden? Ist das Zahlen lesen von der Zahlenreihe abhängig? Ist ein Verständnis für zweistellige Zahlen vorhanden?
- Anzahlverständnis: Hierbei geht es um den Zusammenhang von Größen und Anzahlen. Der Zahlenwert 3 im Pascalschen Dreieck wird in der dreidimensionalen Variante durch einen Stab der Größe 3 cm repräsentiert. Sehr schnell wird ersichtlich, ob die SchülerInnen dabei die Größe und den Zahlenwert 3 erkennen können oder ob sie die Menge 1 zuordnen, da es ja nur ein Stab ist.
- Addition: Verfügen die SchülerInnen über ein Verständnis der Addition im konkreten Handeln durch das Übereinandertürmen von zwei Stäben? Können die SchülerInnen Additionsaufgaben ohne die Unterstützung der Holzstäbe lösen?
- Teil-Ganzes-Beziehungen: Können die SchülerInnen Größenstäbe unterteilen, beispielsweise die 6 als 5+1 erkennen? Werden die unterschiedlichen Skalierungsvarianten genutzt, beispielsweise die Kraft der Fünf?
- Zahlzerlegungen: Ist der Vorgang der Addition reversibel, mit konkreter Unterstützung oder auch ohne? Ist der Zusammenhang der Aufgabe 4+6=10 vorhanden zu Tausch-, Umkehr- oder Zerlegevarianten?
- Zahlenraum: Bis zu welchem Zahlenraum können die SchülerInnen das Pascalsche Dreieck aufbauen?

In der Beobachtung der Handlungsstrategien der SchülerInnen können wertvolle Informationen über die mathematischen Kompetenzen gesammelt werden. Auch aus der Beobachtung von Kommunikation und Kooperation können Schlussfolgerungen gezogen werden, inwieweit die SchülerInnen in der Lage sind, ihr mathematisches Handeln zu verbalisieren, also zu mathematisieren.

3.5.5 Aspekte der Kommunikation und Kooperation

Der gemeinsame Aufbau des dreidimensionalen Modells bietet vielfältige Kommunikations- und Kooperationsanlässe. Die SchülerInnen können sich über den Zusammenhang von Anzahlen und Größen austauschen. Unterschiedliche Strategien können ausgetauscht werden. Die verschiedenen Skalierungen können Anlass zum Austausch bieten. Die Nutzung der Kraft der Fünf ist ein häufiges Thema, da darüber die Anzahl- bzw. Größenbestimmung beschleunigt werden kann.

Die Bildung von Reihen mit gleich großen Holzelementen kann hier ebenso zum Tragen kommen wie die Diskriminierung von verschieden großen Elementen. Es können Reihungen gebildet werden mit den absoluten Größen der Stangen oder durch die Hinzufügung von „plus 1".

Einfache Mengen- und Größenvergleiche sollten möglich sein, wie z.B. ein Einer-Element und ein weiteres Einer-Element.

Das Zusammenfügen von zwei entsprechenden Holzstäben zu einer neuen Größe und damit verbunden die Diskriminierung der jeweiligen Summanden-Stäbe als kleinere Einheiten kann durchgeführt werden.

Die Additionsaufgaben können mit und ohne Veranschaulichung erledigt werden. Die einfachste Form ist das Zusammenfügen von zwei entsprechenden Holzstäben. Der Zusammenhang von arithmetischer Addition und der Addition anhand der Holzstäbe kann gemeinsam bearbeitet werden.

Ein weiterer Aspekt ist die Bildungsgesetzmäßigkeit des Pascalschen Dreiecks. Ab wann und gegebenenfalls mit welchen Hilfsmitteln kann das Grundprinzip des Aufbaus durchgeführt werden? Dies gilt sowohl für die Papier- als auch für die Holzvariante.

In entsprechend heterogenen SchülerInnengruppen wird der Umgang mit unterschiedlichen Zahlenräumen thematisiert werden können. Es ergeben sich Möglichkeiten der gemeinsamen Zahlenraumerweiterung.

Schließlich müssen die Ergebnisse der Bildung der Zahlenwerte der verschiedenen Felder des Pascalschen Dreiecks überprüft werden, da sich ein einzelner Additionsfehler sukzessive auswirken wird.

3.6 Die Reihe der natürlichen Zahlen im Pascalschen Dreieck

3.6.1 Mathematische Muster

Die Reihe der natürlichen Zahlen ist sowohl in der Papierform, als auch in der dreidimensionalen Ausführung gut erkennbar, allerdings in unterschiedlicher Weise. In beiden Fassungen finden sie sich nacheinander in der 1. Spalte. Aufgrund der achsensymmetrischen Anordnung des Pascalschen Dreiecks lässt sich die Reihe der natürlichen Zahlen zweimal auffinden, einmal von rechts oben nach links unten (vgl. Abb. 30) und einmal von links oben nach rechts unten.

Um die Reihe der natürlichen Zahlen in der Papierform erkennen zu können, müssen die Ziffern und die Zahlenfolge der natürlichen Zahlen bekannt sein. Im dreidimensionalen Pascalschen Dreieck sind die Voraussetzungen basaler und nicht an Zahlen- und Ziffernkenntnis gebunden. Möglich wird hier die Orientierung an der Treppenstruktur der Reihe der natürlichen Zahlen.

Abbildung 30: Die Reihe der natürlichen Zahlen im Pascalschen Dreieck.

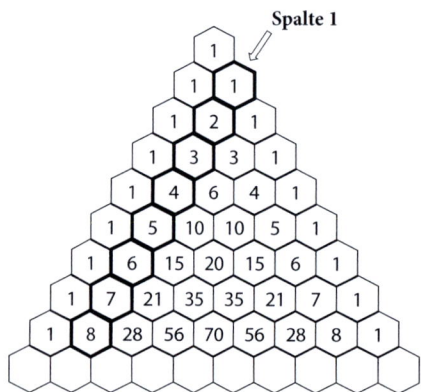

Abbildung 31: Die Reihe der natürlichen Zahlen als Treppenstruktur im dreidimensionalen Pascalschen Dreieck und in isolierter Form.

Abbildung 32: Rot markierte Elemente der natürlichen Zahlen in einem teilweise aufgebauten Pascalschen Dreieck.

In Abb. 31 lässt sich die Treppenstruktur der natürlichen Zahlen gut erkennen. Unter Zuhilfenahme von Einer-Teilen oder der Einser-Elemente ganz rechts auf der Abbildung lässt sich das Anwachsen der Reihe um jeweils „plus 1" verdeutlichen. Ebenfalls gut erkennbar bleibt die Treppenstruktur in einem aufgebauten dreidimensionalen Pascalschen Dreieck.

Die Reihe der natürlichen Zahlen ist in Abb. 32 mit roten Plättchen markiert. Auch hier ist die Zunahme um „plus 1" anhand von Einer-Teilen oder den Einser-Elementen am rechten Rand möglich.

Die Treppenstruktur bleibt unabhängig vom konkreten Aufbau in einem Pascalschen Dreieck erhalten, indem die einzelnen Holzelemente isoliert dargeboten und in eine Reihung gebracht werden können. Die vorzunehmende Reihung einer ungeordneten Anordnung der Reihe der natürlichen Zahlen kann einerseits über die „plus 1"-Strategie vorgenommen werden. Dem Holzteil, das dem Zahlenwert 1 entspricht, wird ein weiteres Einer-Teil aufgesetzt. So entsteht das nächste Element, das dem Zahlenwert 2 entspricht. Im Sinne der Rekursivität des Pascalschen Dreiecks kann dieser Vorgang beliebig erweitert werden. Eine zweite Möglichkeit stellt die Reihung innerhalb der Reihe vom kleinsten Teil zum größten dar. Handlungsleitend ist dabei die Anordnung nach der Größe und nicht nach der „plus 1"-Strategie.

Erweitert werden können die bisherigen Muster sowohl in der Papierform wie auch in der dreidimensionalen Ausführung nach unterschiedlichen Kriterien, wie z.B. logischen Reihen. Entstehen können dabei Reihungen wie:

- 2, 4, 6, 8, 10 usw.
- 1, 3, 5, 7, 9 usw.
- 1, 4, 7, 10, 13 usw.
- 1, 3, 6, 10, 15 usw.
- dieselben Reihungen in einer Rückwärts-Reihenfolge

Der Komplexität der Reihen ist dabei ebenso wenig eine Grenze gesetzt wie den Zahlenräumen. Die Grundstruktur bei komplizierteren Varianten in höheren Zahlenräumen ist die gleiche wie bei der Reihe der natürlichen Zahlen in niederen Zahlenräumen. Das mathematische Grundprinzip kann also immer auf basale Anordnungen zurückgeführt werden.

3.6.2 Mathematischer Hintergrund

Die Reihe der natürlichen Zahlen bildet sich aus zwei Gründen im Pascalschen Dreieck ab. Zum einen liegt es an der rekursiven Struktur des Pascalschen Dreiecks, so dass sich mathematische Muster sukzessive weiterentwickeln lassen. Zum anderen begründet sich die Reihe der natürlichen Zahlen durch die Randspalten, die immer aus Einsen bestehen. Durch das Bildungsgesetz, dass zwei nebeneinander liegende Felder in der Addition das darunterliegende Feld ergeben, ist n+1 die mathematische Grundlage der Reihe der natürlichen Zahlen, da von Zeile zu Zeile immer eine „plus 1"-Addition stattfindet.

3.6.3 Didaktische Planung

Es gibt verschiedene Wege, die Reihe der natürlichen Zahlen im Pascalschen Dreieck zu entdecken, von denen der erstere der basalste ist:

- Bildung der Reihe der natürlichen Zahlen von der 1 über die Additionsaufgaben der nebeneinanderliegenden Felder (ausschließliche Beachtung der Reihe der natürlichen Zahlen).
- Entdeckung der Reihe der natürlichen Zahlen im Ergebnis eines insgesamten Aufbaus des dreidimensionalen Pascalschen Dreiecks (Erkennen der Reihe der natürlichen Zahlen über die Treppenstruktur n+1).
- Entdeckung der Reihe der natürlichen Zahlen als Diskriminierung der Reihe innerhalb der Gesamtstruktur des Pascalschen Dreiecks (Isolierung der Reihe aus anderen Reihen und Mustern).

Da die Bildung der Reihe der natürlichen Zahlen von der 1 über die Additionsaufgaben der nebeneinanderliegenden Felder die Reihe der natürlichen Zahlen als direktes Ziel verfolgt, und die anderen beiden Varianten die Reihe der natürlichen Zahlen als Beiprodukt der Erkenntnis der Struktur des Pascalschen Dreiecks beinhalten, sei an dieser Stelle der erste Weg didaktisch konkretisiert.

Abb. 33 zeigt den Weg der Bildung der Reihe der natürlichen Zahlen auf. Zuerst wird die Spalte der Einsen gebildet. Dies, und die weiteren Schritte, kann sowohl in der Papierform wie am dreidimensionalen Modell erfolgen. Danach wird aus den beiden markierten Feldern mit dem Zahlenwert 1 durch Addition oder Übereinanderlegen der Zahlenwert 2 gebildet. Sukzessive erfolgen dann die Additionen 2+1=3 und 3+1=4, so dass die Reihe der natürlichen Zahlen aufgebaut werden kann.

Abbildung 33: Bildung der Reihe der natürlichen Zahlen in einem sukzessiven Vorgang der jeweiligen natürlichen Zahl in der Form n+1.

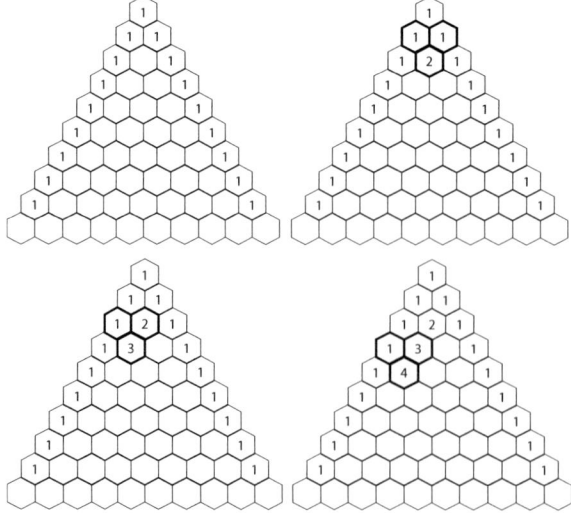

In Tab. 18 und Tab. 19 wird der Vorgang der Bildung der Reihe der natürlichen Zahlen didaktisch aufgefächert.

Tabelle 18: Zugangsebenen zum Aufbau der Reihe der natürlichen Zahlen.

basal-perzeptiv	Wahrnehmen und Diskriminieren von gleich großen Einser-Teilen und von größeren Teilen.
konkret-gegenständlich	Unterscheidung von Einser-Teilen und größeren.
	Legen der Einser-Reihen.
	Handelnde Addition einer jeweiligen natürlichen Zahl mit dem danebenliegenden Einser-Teil durch Auftürmen des Einser-Teiles auf die entsprechende natürliche Zahl.
	Feststellen der Größe der neugebildeten natürlichen Zahl.
	Reihung der natürlichen Zahl anhand der Größenverhältnisse.
anschaulich-symbolisch	Kennzeichnung der Einser-Reihen im dreidimensionalen und Papier-Dreieck.
	Durchführung und Notation der jeweiligen Additionsaufgaben. Bilden der n+1-Treppe.
	Erkenntnis des Bildungsgesetzes. Zusammenhang zwischen der Reihe der natürlichen Zahlen im dreidimensionalen und Papier-Dreieck.
abstrakt-begrifflich	Bilden der Reihe der natürlichen Zahlen durch Additionsaufgaben oder durch Fortführen der Reihe.
	Vorwärts- und Rückwärts-Strategien bei der Bildung. Erkenntnis und Formulierung der Zu- bzw. Abnahme um jeweils 1. Bildung weiterer logischer Reihen.

Tabelle 19: Aufbau der Reihe der natürlichen Zahlen im Entwicklungsmodell der Zahl-Größen-Verknüpfung nach Krajewski (Krajewski/Ennemoser 2013, 43).

Basisfertigkeiten	Größenunterscheidungen von gleichen Einser-Teilen und größeren Elementen.
	Zählreihe.
einfaches Zahlenverständnis	Unpräzise Größenrelationen bei Einser- und anderen Teilen.
	Erkennen der natürlichen Zahlen mit Eins-zu-Eins-Zuordnung.
	Reihung der natürlichen Zahlen.
tiefes Zahlenverständnis	Fortführung der Reihe der natürlichen Zahlen in unterschiedliche Richtungen.
	Bildungsprinzip n+1.

3.6.4 Diagnostische Aspekte

Primär können hier sehr klare Einschätzungen zu den jeweiligen Zählkompetenzen vorgenommen werden:

- Sind Zahlwortkenntnisse vorhanden?
- Ist die Zahlwortreihe als Ganzes gesichert?
- Bis zu welchem Punkt ist die Zahlwortreihe verfügbar?
- Gelingt der Zählvorgang mit Eins-zu-Eins-Zuordnung?
- Gelingt die korrekte Reihung der Reihe der natürlichen Zahlen?

- Ist die Zahlwortreihe vorwärts wie rückwärts verfügbar?
- Ist ein Weiterzählen von bestimmten Punkten aus möglich?
- Gelingt ein Zählen in Schritten und wenn ja, in welchen?

Weitere diagnostische Möglichkeiten sind aufgrund der gleichen Bildungsgesetzmäßigkeit identisch mit dem Punkt 3.5.4.

3.6.5 Aspekte der Kommunikation und Kooperation

Vielfältige Diskriminierungs- und Vergleichsangebote können realisiert werden, wie z.B. gleich große Holzelemente, größere oder kleinere. Reihungen der Holzstäbe nach Größe, sowohl zu- wie auch abnehmend, können angeboten werden, ebenso wie Reihungen mit entsprechenden Größenbeziehungen. Handelnde Additionsaufgaben können durch Übereinanderlegen von Holzelementen durchgeführt werden. Einfache Begriffe sind einsetzbar, falls expressive Kompetenzen vorliegen: „eins", „mehr", „weniger" usw.

Die vielfältigen Zählanlässe, die in diesem Abschnitt vorgestellt wurden, sind Kommunikations- und Kooperationsanlässe. Beim Zählen kann ein Austausch über verschiedene Zählstrategien erfolgen. Zählen und die zugehörige Eins-zu-Eins-Zuordnung können arbeitsteilig vorgenommen werden. Abwechselndes Vorwärts- und Rückwärtszählen kann durchgeführt werden. Additionsaufgaben können gemeinsam durchgeführt und/oder dokumentiert werden. Die Bildung von Zählreihen in Schritten kann zu gegenseitigen Aufgabenstellungen führen. Eine jeweilige Überprüfung am dreidimensionalen Modell kann arbeitsteilig und in Zusammenhang mit der Papierform durchgeführt werden.

3.7 Symmetrie im Pascalschen Dreieck

3.7.1 Mathematische Muster

Der symmetrische Aufbau, genauer gesagt die achsensymmetrische Anordnung des Pascalschen Dreiecks erschließt sich in mehrerer Hinsicht. Die erste Möglichkeit ergibt sich aus der dreieckigen Form des Pascalschen Dreiecks, in der eine Spiegelsymmetrieachse von der Spitze vertikal nach unten zur Mitte der Dreiecksbasis gezogen werden kann. Allerdings können bei gleichseitigen Dreiecken drei spiegelsymmetrische Achsen gezogen werden (vgl. Abb. 34), während beim Pascalschen Dreieck nur eine zum Tragen kommt (vgl. Abb. 35).

Deutlich wird die Achsensymmetrie von der Spitze des Pascalschen Dreiecks her, wenn die Zahlenwerte des Pascalschen Dreiecks in gleich große Felder eingetragen werden.

Hier erschließt sich die Symmetrie nur dann, wenn gleich große Zahlen in eine Gleichheitsbeziehung gesetzt werden können. Einfacher wird die Symmetrie erkennbar, wenn gleiche Zahlenwerte mit jeweils der gleichen Farbe gekennzeichnet werden (vgl. Abb. 36).

Eine sehr gute Anschauungsmöglichkeit für den symmetrischen Aufbau des Pascalschen Dreiecks stellt die dreidimensionale Aufbereitung des Pascalschen Dreiecks dar, bei der sich die Symmetrie auch ohne Zahlenkenntnis wahrnehmungsbasiert erschließt, wie Abb. 37 zeigt.

Abbildung 34: Mögliche Symmetrieachsen im gleichseitigen Dreieck.

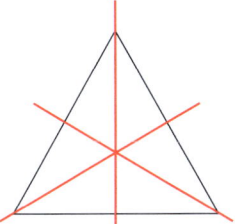

Abbildung 35: Pascalsches Dreieck mit Spiegelsymmetrieachse und hervorgehobenen symmetrischen Zahlenfeldern.

Abbildung 36: Pascalsches Dreieck mit symmetrischen Farbmarkierungen. Gleiche Zahlen haben gleiche Farben.

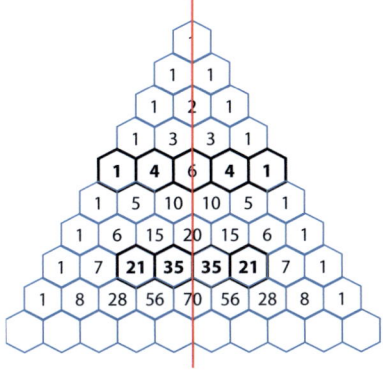

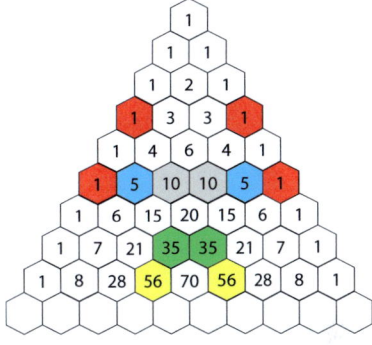

Abbildung 37: Symmetrische Beziehungen in dreidimensionalen Pascalschen Dreiecken ohne und mit Farbunterstützung.

3.7.2 Mathematischer Hintergrund

Einen ersten Zugang zu den achsensymmetrischen Beziehungen im Pascalschen Dreieck erhält man über Positionsbestimmungen. Bewegt man sich im Pascalschen Dreieck innerhalb einer Zeile von der linken „1" um eine bestimmte Anzahl von Feldern nach rechts, so findet man dieselbe Zahl vor, wie wenn man von der rechten „1" die gleiche Anzahl von Feldern nach links geht (vgl. Abb. 38).

Abbildung 38: Symmetrieeigenschaften der Zeilen mit Zahlenfeldern im Pascalschen Dreieck.

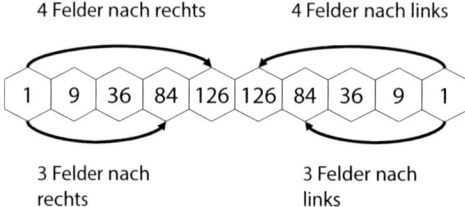

Im weiteren Verlauf wird der symmetrische Aufbau induktiv abgeleitet, um dann mit der Explikation der Binomialkoeffizienten den mathematischen Hintergrund der Symmetriebeziehungen im Pascalschen Dreieck abzuschließen. Der induktive Weg wird aus Gründen der Nachvollziehbarkeit gewählt. Eine deduktive Vorgehensweise würde mit den Binomialkoeffizienten beginnen und dann den Weg umkehren.

Das Pascalsche Dreieck ist rekursiv aufgebaut, d.h. von der Spitze her kann von den Zahlenwerten einer Zeile immer auf die Zahlenwerte der folgenden Zeile geschlossen werden. In mathematischer Hinsicht ist dies ebenso möglich, aber unbefriedigend. Aus diesem Grund wird jetzt die obige Betrachtung einer Zeile erweitert, indem sowohl die Zeilen (n) wie auch die diagonalen Spalten (k) betrachtet werden. Die Zeilen und Spalten beginnen jeweils mit der Nummer „0". So erhält man ein Koordinatensystem in Form von Positionsbestimmungen an den Schnittpunkten von Zeile und Spalte.

Abbildung 39: Zeilen und Spalten im Pascalschen Dreieck unter Hervorhebung der Zeile 7 und der Spalte 5.

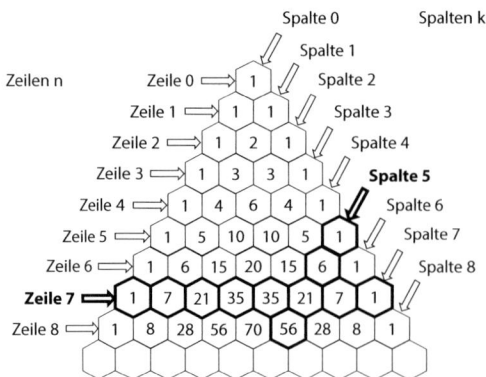

Aus Abb. 39 sind die jeweiligen Zeilennummern und Spaltennummern ersichtlich. Jede Zeile hat mit jeder Spalte einen definierbaren Schnittpunkt. Der Schnittpunkt von Zeile 7 und Spalte 5 liegt im Zahlenfeld 21 (vgl. Abb. 40). Dies wäre auch der Fall, wenn die Spalten von der linken Seite des Pascalschen Dreiecks aus betrachtet werden würden. Allerdings haben die beiden sich dann ergebenden Zahlenfelder nicht die gleiche Position im Pascal-schen Dreieck, obwohl sie durch den Schnittpunkt Zeile – Spalte gekennzeichnet sind. Fest-gehalten werden kann, dass in Zeile 7 der Zahlenwert 21 zweimal vorkommt, von links im Zeilensinn betrachtet an der Spaltennummer 2 und 5. Diese Überschneidung in der Diskre-panz soll weiter verfolgt werden.

Durch die In-Beziehung-Setzung von Zeile und Spalte lässt sich eine eindeutige Koor-dinate herstellen, da die beiden linearen Bezugspunkte jeweils nur eine gemeinsame Posi-tion haben können. Allerdings können je nachdem, ob die Spalten von links oder von rechts betrachtet werden, zwei unterschiedliche Koordinaten innerhalb einer Zeile den gleichen Zahlenwert belegen. Dies gilt auch für Zahlenwerte, die nur einmal innerhalb einer Zeile vorkommen. Aus diesem Grund soll das Koordinatensystem betrachtet werden, das hinter dem Pascalschen Dreieck aufgemacht werden kann. Hierzu wird das System Schnittpunkt von Zeile und Spalte verwendet. So können die Zahlenwerte des Pascalschen Dreiecks durch ein Koordinatensystem, bestehend aus Zeilen- und Spaltennummer, ersetzt werden. Daraus ergibt sich dann folgendes Dreieck (vgl. Abb. 40):

Abbildung 40: Pascalsches Dreieck in Form von Koordinaten $\binom{n}{k}$ „n über k".

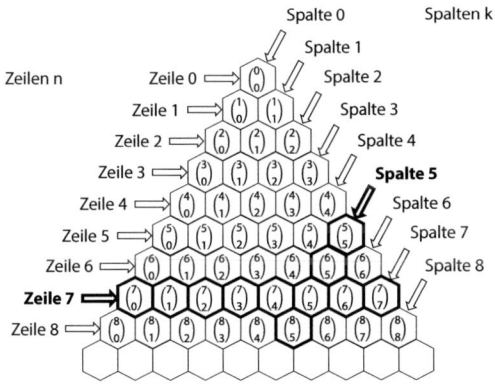

In diesen Rechenausdrücken ist oben die Zeilennummer (n) und unten die Spaltennum-mer (k) angegeben. Die Sprechweise für $\binom{n}{k}$ lautet „n über k" oder „k aus n". Die Symmetrie innerhalb einer Zeile ergibt sich dann aus der Formel $\binom{n}{k} = \binom{n}{n-k}$.

Über diese Positionsangaben können wiederum die Zahlenwerte im Pascalschen Drei-eck errechnet werden. In der Kombinatorik beschreibt die Formel $\binom{n}{k}$, auf wie viele ver-schiedene Weisen k Elemente aus einer n-elementigen Menge ohne Dopplungen und un-abhängig von der Reihenfolge gebildet werden können. Nicht berücksichtigt sind hier die Varianten der Kombinatorik, die die Reihenfolge und die Wiederholung einbeziehen. Nun können die Zahlenwerte im Pascalschen Dreieck berechnet werden.

$$\binom{n}{k} = \frac{n!}{k! \cdot (n\text{-}k)!}$$

Das „!" ist das mathematische Zeichen für Fakultät. Eine Fakultät einer bestimmten Zahl ist das Produkt aller natürlichen Zahlen ohne die Null, die kleiner oder gleich groß wie die Zahl sind. Für den Zahlenwert im Schnittpunkt der 7. Zeile und der 5. Spalte ergibt sich demnach folgende Rechnung:

$$\binom{7}{5} = \frac{7!}{5! \cdot (7\text{-}5)!} = \frac{1 \cdot 2 \cdot 3 \cdot 4 \cdot 5 \cdot 6 \cdot 7}{1 \cdot 2 \cdot 3 \cdot 4 \cdot 5 \cdot 1 \cdot 2} = \frac{5040}{120 \cdot 2} = \frac{5040}{240} = 21$$

Der Zahlenwert 21 steht im Pascalschen Dreieck am Schnittpunkt der 7. Zeile und der 5. Spalte. Die Symmetrie im Pascalschen Dreieck ist gegeben durch:

$$\binom{n}{k} = \binom{n}{n\text{-}k}$$

Für obiges Beispiel bedeutet dies:

$$\binom{n}{k} = \binom{n}{n\text{-}k} = \binom{7}{5} = \binom{7}{2}$$

$$\binom{7}{2} = \frac{7!}{2! \cdot (7-2)!} = \frac{1 \cdot 2 \cdot 3 \cdot 4 \cdot 5 \cdot 6 \cdot 7}{1 \cdot 2 \cdot 1 \cdot 2 \cdot 3 \cdot 4 \cdot 5} = \frac{5040}{2 \cdot 120} = \frac{5040}{240} = 21$$

Zu beachten ist bei diesem konkreten Beispiel, dass der Zähler in beiden Fällen 7! bleibt und der Nenner aus dem Produkt der Fakultäten 5 und 2 bzw. 2 und 5 gebildet wird, worüber sich die Symmetrie erschließt.

Die bisherigen Varianten waren letztlich noch an die Rekursion gebunden, da sich die Zahlenwerte von der Spitze des Pascalschen Dreiecks her ableiten. Über die Einbindung der Positionsangaben ist es über die Berechnung der Binomialkoeffizienten möglich geworden, den Wert einer beliebigen Stelle im Pascalschen Dreieck zu berechnen. Im folgenden Schritt wird nun die induktive Vorgehensweise abgeschlossen und durch die explizite Definition der Binomialkoeffizienten erweitert.

Ein Koeffizient ist in der Mathematik ein Faktor, der einer Zahl oder Variable hinzugefügt wird. Der binomische Lehrsatz dient dazu, eine Potenz einer zweigliedrigen Summe in eine Summe zu überführen. Der einfachste Fall ist dann $(a+b)^2$ und wird in der ersten binomischen Formel abgebildet: $(a+b)^2 = a^2 + 2ab + b^2$.

Dies wird für weitere Potenzen aufgezeigt. Dabei werden die jeweiligen Summanden entsprechend angeordnet und farbig markiert.

Aus Tab. 20 wird ersichtlich, wie sich die Binomialkoeffizienten im Pascalschen Dreieck abbilden und wie die Symmetrie sich abbildet. Auf dem Hintergrund der mathematisch beschriebenen und hergeleiteten Symmetriebeziehungen im Pascalschen Dreieck können entsprechende didaktische Angebote formuliert werden.

Tabelle 20: Zusammenhang der Potenzen von (a+b) und den zugehörigen binomischen Formeln.

$(a+b)^2$	$a^2+2ab+b^2$
$(a+b)^3$	$a^3+3a^2b+3ab^2+b^3$
$(a+b)^4$	$a^4+4a^3b+6a^2b^2+4ab^3+b^4$
$(a+b)^5$	$a^5+5a^4b+10a^3b^2+10a^2b^3+5ab^4+b^5$
$(a+b)^6$	$a^6+6a^5b+15a^4b^2+20a^3b^3+15a^2b^4+6ab^5+b^6$
$(a+b)^7$	$a^7+7a^6b+21a^5b^2+35a^4b^3+35a^3b^4+21a^2b^5+7ab^6+b^7$
$(a+b)^8$	$a^8+8a^7b+28a^6b^2+56a^5b^3+70a^4b^4+56a^3b^5+28a^2b^6+8ab^7+b^8$

3.7.3 Didaktische Planung

Bei der didaktischen Planung zum Aspekt der Achsensymmetrie im Pascalschen Dreieck gibt es zwei Ansatzpunkte, die vom chronologischen Ablauf her austauschbar sind:

- Achsensymmetrie allgemein
- Achsensymmetrie im Pascalschen Dreieck

Für die weitere Darstellung der Möglichkeiten wird mit den achsensymmetrischen Beziehungen im Pascalschen Dreieck begonnen.

Tabelle 21: Symmetrische Beziehungen im Pascalschen Dreieck erkennen.

basal-perzeptiv	Erkennen und Diskriminieren von gleich und verschieden großen Holzelementen.
	Zuordnung und farbige Markierung von gleich großen Elementen.
konkret-gegenständlich	Zeigen und Markieren von gleich großen Holzstäben. Räumliche Beziehungen feststellen.
	Spiegelachse zeigen.
	Farbige Markierung von symmetrisch angeordneten Holzstäben.
	Farbige Markierung von symmetrischen Beziehungen auf der Grundplatte
	oder auf dem Papierdreieck.
anschaulich-symbolisch	Bezug zwischen symmetrisch angeordneten Holzstäben und entsprechenden Zahlenfeldern in der Papiervariante.
	Spiegelachsen anlegen.
abstrakt-begrifflich	Symmetrische Beziehungen von Größen und Zahlenfeldern zeigen und benennen.
	Symmetrien außerhalb des Pascalschen Dreiecks.

Tabelle 22: Symmetrische Beziehungen im Pascalschen Dreieck und das Entwicklungsmodell der Zahl-Größen-Verknüpfung nach Krajewski (Krajewski/Ennemoser 2013, 43).

Basisfertigkeiten	Größenunterscheidungen von gleich großen und verschieden großen Elementen und deren räumliche Beziehungen.
einfaches Zahlenverständnis	Größenrelationen von Reihen im Pascalschen Dreieck und deren doppeltes Vorkommen.
tiefes Zahlenverständnis	Symmetrische Beziehungen von Holzstäben und Zahlenfeldern.

Aus Tab. 22 wird ersichtlich, dass das Entwicklungsmodell von Krajewski nur eingeschränkt geeignet ist, um die symmetrischen Beziehungen im Pascalschen Dreieck abbilden zu können.

Nach der erfolgreichen Auseinandersetzung mit der symmetrischen Anordnung des Pascalschen Dreiecks kann das Feld an didaktischen Angeboten erweitert werden auf allgemein symmetrische Beziehungen und auf durch die Symmetrie bedingte Zahlenreihen im Pascalschen Dreieck. Es können differenzierte Angebote zu Symmetrien in der Natur oder bei Bauwerken und Symbolen gestellt werden. Beispielhaft sei hier verwiesen auf Abbildungen von:

- Schmetterlingen,
- Blüten,
- Blättern,
- historischen Bauwerken,
- Smileys,
- Buchstaben.

Die Aufgabenstellungen reichen von Symmetrien erkennen und Nicht-Symmetrien diskriminieren über Symmetrieachsen bestimmen bis zu Ergänzungen, die durch die Symmetrie begründet sind. Eine weitere Möglichkeit liegt in der Herstellung von Symmetrien, beispielsweise durch Tintenklecksbilder, die gefaltet werden oder Gitternetzbilder, die symmetrisch ergänzt werden. Die Angebote können erweitert werden auf Zahlenfolgen oder Bildfolgen in den Zeilen des Pascalschen Dreiecks, bei denen die Symmetrieachse entweder vorgegeben ist oder ermittelt werden muss. Danach können Ergänzungen von Farben oder Zahlenwerten nach dem Grundprinzip des symmetrischen Aufbaus vorgenommen werden.

Abbildung 41: Symmetrien ergänzen.

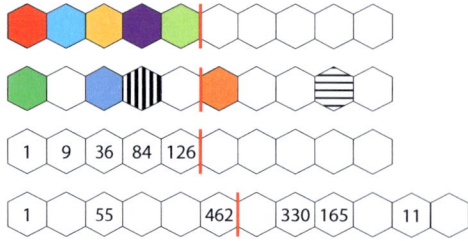

In Abb. 41 sind beispielhaft verschiedene Möglichkeiten des Ergänzens von Symmetrien in Zeilen des Pascalschen Dreiecks vorgestellt. Diversifikationen können vorgenommen werden durch die Anzahl der Felder, die Ergänzungsrichtungen, das Ermitteln und Einzeichnen der Spiegelachse.

3.7.4 Diagnostische Aspekte

Je nach Komplexität der Aufgabenstellung können verschiedene Teilbereiche an Kompetenzen im Zusammenhang mit Achsensymmetrie abgedeckt werden:

- Erkennen und Unterscheiden von achsensymmetrischen, symmetrischen und nichtsymmetrischen dreidimensionalen Anordnungen.
- Erkennen und Unterscheiden von achsensymmetrischen, symmetrischen und nichtsymmetrischen Bildern und Grafiken.
- Erkennen und Bestimmen von Spiegelachsen.
- Ergänzen von symmetrischen Darstellungen in unterschiedliche Arbeitsrichtungen mit und ohne vorgegebene Spiegelachse.
- Ergänzen von logischen Reihen (Farben, Formen, Symbole, Zahlen) nach dem Prinzip der symmetrischen Anordnung mit und ohne vorgegebene Spiegelachsen.

Neben diesen klar abgrenzbaren diagnostischen Bereichen ist der Umgang der Schüler-Innen mit symmetrischen Aufgabenstellungen interessant. Verfügen sie neben den symmetrischen Kompetenzen auch über entsprechende begriffliche Muster? Ist das Ausführen von symmetrischen Aufgabenstellungen an bestimmte Strukturen, wie z.B. Dreidimensionalität, Zweidimensionalität, Farben, Fotos, Zahlenreihen gebunden?

3.7.5 Aspekte der Kommunikation und Kooperation

Die Arbeit mit achsensymmetrischen Anforderungsmustern rund um das Pascalsche Dreieck kann in vier Aufgabenfelder unterteilt werden:

- Achsensymmetrische Aufgaben am dreidimensionalen Pascalschen Dreieck
- Achsensymmetrische Aufgaben im Zusammenhang Drei- und Zweidimensionalität
- Achsensymmetrische Reihenbildungen
- Weitere achsensymmetrische Aufgabenstellungen

Entsprechend diesen Teilbereichen entstehen Kommunikations- und Kooperationsangebote.

Achsensymmetrische Aufgaben am dreidimensionalen Pascalschen Dreieck

Hier geht es um die Symmetrie der Zahlenfelder des Pascalschen Dreiecks, die hier nicht ausschließlich in den Zahlenwerten ausgedrückt sind, sondern durch die Größen der einzelnen Holzelemente. Dadurch wird der Zugang zum symmetrischen Aufbau erleichtert. Die SchülerInnen müssen sich nicht ausschließlich an Zahlenwerten orientieren, sondern können Größenvergleiche bzw. gleiche Größen zur Orientierung verwenden. Ebenfalls möglich wird die handlungsleitende Kategorie „wie weit weg". Es können die Felder links und rechts der Spiegelachse in Schritten gekennzeichnet werden. Hierüber wird es für eine sehr heterogene SchülerInnenschaft möglich, im gemeinsamen Arbeiten symmetrische Beziehungen zu finden, zu kennzeichnen oder zu ergänzen. Es können SchülerInnen ohne Ziffernkenntnisse einbezogen werden.

Achsensymmetrische Aufgaben im Zusammenhang Drei- und Zweidimensionalität

Die SchülerInnen beziehen sich auf vergleichbare bzw. korrespondierende Felder im Pascalschen Dreieck. Es können gemeinsame Übertragungen von der einen zur anderen Variante und umgekehrt vorgenommen werden. Ein Austausch über unterschiedliche Begrifflichkeiten ist möglich. Durch die Einbeziehung von Farbmarkierungen ist Ziffern- und Zahlenkenntnis nicht Voraussetzung. Die entsprechenden symmetrischen Felder in dreidimensionalen und zweidimensionalen Darstellungsvarianten können farbig unterstützt werden. Gemeinsame Positionsbestimmungen von symmetrischen Feldern können vorgenommen werden.

Achsensymmetrische Reihenbildungen

Einzelne Zeilen des Pascalschen Dreiecks werden isoliert dargestellt und betrachtet. Dabei können die SchülerInnen gemeinsam entsprechende Ergänzungen jenseits der Spiegelachse vornehmen und sich dabei über unterschiedliche Vorgehensweisen austauschen. Einbezogen können wiederum verschiedene Bezugspunkte werden, wie Farben, Formen, Zahlen. Die Aufgabenstellungen können variiert werden über unterschiedlich lange Reihen mit unterschiedlich komplexen Anforderungen ohne oder mit verschiedenen Zahlenräumen. Das Grundprinzip bleibt dabei für alle SchülerInnen das gleiche, so dass sich gemeinsame Kommunikations- und Kooperationsfelder erschließen.

Weitere achsensymmetrische Aufgabenstellungen

Dieses Format ist unabhängig von den symmetrischen Beziehungen im Pascalschen Dreieck. Durch den Einbezug von Fotos oder Bildern und ähnlichen symmetrischen Darstellungen werden alle SchülerInnen an den Aufgabenformaten beteiligt und können sich über ihre jeweiligen Strategien und Vorgehensweisen austauschen. Gemeinsame Tätigkeiten können zahlenraumunabhängig durchgeführt werden. Neue Aufgabenstellungen können von SchülerInnen für andere SchülerInnen vorgestellt und gemeinsam bearbeitet werden. Das achsensymmetrische Grundprinzip ist auf diese Weise unabhängig von der Kulturtechnik angeboten.

Bisher wurden für die verschiedenen Aufgabenfelder und -formate Kommunikations- und Kooperationsmöglichkeiten aufgezeigt, die für eine sehr breite Heterogenität an SchülerInnen zugänglich sind. Ermöglicht wird dies über den Zusammenhang von Drei- und Zweidimensionalität, die Unabhängigkeit von kulturtechnischen Kompetenzen und die Unabhängigkeit der Angebote von bestimmten Zahlenräumen. Diese Möglichkeiten werden nunmehr gewendet am „Grenzpunkt" von Mathematik. Es kann ein Umgehen, auch gemeinsam mit anderen, beobachtet werden, das sehr basal gründet. Beispielsweise zeigt ein

Kind, das kaum über expressive Sprache verfügt, gleich große, d.h. symmetrische Holzelemente im Pascalschen Dreieck. Der Zusammenhang für die anderen SchülerInnen erschließt sich durch das gemeinsame Tun, denn es geht um gleich große Holzstäbe, die in einem symmetrischen Zusammenhang stehen. Nicht geklärt werden kann, ob dieses Kind ein Verständnis von Symmetrie im mathematischen Sinn entwickelt hat. Die entsprechenden mathematischen Begrifflichkeiten stehen dem Kind nicht zur Verfügung, es kann aber im Sinne der Symmetrie zusammengehörige Elemente zeigen oder mit gleichen Farben markieren. Inwieweit es sich dabei um einen mathematischen Vorgang handelt, ist eine Definitionsfrage von Mathematik. Aber im gemeinsamen Handlungskontext erscheint dies als ein „nichtmathematisches" Verständnis von Symmetrie und wird beim Zeigen der korrespondierenden Stangen oder Farben von den anderen SchülerInnen als Auseinandersetzung mit Symmetrie wahrgenommen. Auf der perzeptiven und handlungsbezogenen Ebene ist dies als Mathematisierung der Symmetrie begreif- und verstehbar. Damit ist ein Bezugspunkt für gemeinsames Arbeiten am Gemeinsamen Gegenstand gegeben, und als solcher Gegenstand der interpersonellen Kommunikation.

3.8 Dreieckszahlen im Pascalschen Dreieck

Die Begrifflichkeit „Dreieckszahlen" verweist auf die geometrische Form der Anordnung von den jeweiligen Anzahlen der Dreieckszahlen in Punktemustern. Dabei werden von der Spitze her beginnend mit einem Punkt die jeweils folgenden Zeilen mit einem jeweils um „plus 1" vergrößerten Summanden erhöht. Hierdurch ergibt sich die Form eines gleichseitigen Dreiecks.

Abbildung 42: Grafische Darstellung von Dreieckszahlen.

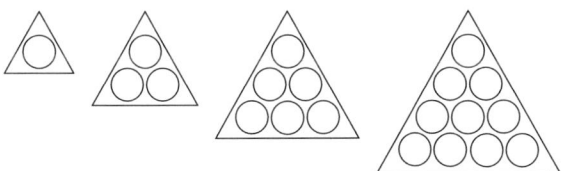

Die Anzahlen der Punkte ergeben die jeweilige Dreieckszahl, also zuerst 1, dann 3, 6, 10 usw. Der Zahlenraum kann dabei beliebig erweitert werden.

3.8.1 Mathematische Muster

Im Pascalschen Dreieck findet sich die Reihe der Dreieckszahlen in der zweiten Spalte. Die Zahlenwerte stehen dabei für die Mächtigkeit der jeweiligen Dreieckszahl.

Abbildung 43: Kennzeichnung der Dreieckszahlen im Pascalschen Dreieck und in der dreidimensionalen Darstellung in der Spalte k=2.

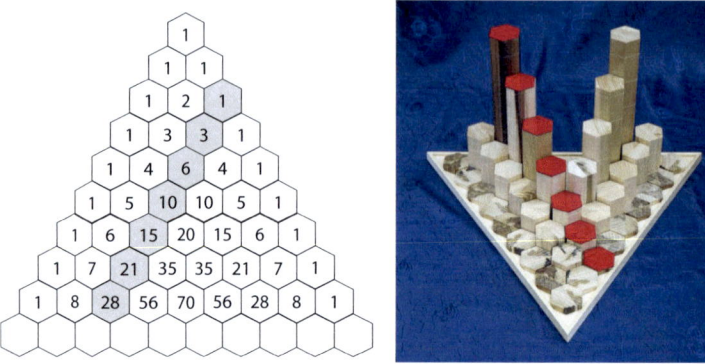

Die jeweilige Mächtigkeit einer Dreieckszahl kann erschlossen werden über die grafische Darstellung der Dreieckszahlen (vgl. Abb. 43) oder durch die Addition eines um „plus 1" vergrößerten weiteren Summanden im Vergleich zur vorhergehenden Dreieckszahl.

Tabelle 23: Bildung von Dreieckszahlen.

Dreieckszahl	Vorhergehende Dreieckszahl	Zweiter Summand	Addition zur Dreieckszahl
1			
3	1	2	1+2=3
6	3	3	3+3=6
10	6	4	6+4=10
15	10	5	10+5=15
21	15	6	15+6=21
28	21	7	21+7=28

3.8.2 Mathematischer Hintergrund

Die Dreieckszahlen gehören einerseits zur Klasse der figurierten Zahlen. Hierbei handelt es sich um Zahlen, die durch eine regelmäßige geometrische Form dargestellt werden können, wie z.B. auch Quadratzahlen oder Kubikzahlen.

In Abb. 44 wird die Quadratzahl 16 dargestellt, die sich aus der Quadrat-Multiplikation der 4 ergibt. Jede Seitenlänge kann durch vier gleichgroße Elemente dargestellt werden.

Abbildung 44: Grafische Darstellung der figurierten Quadratzahl 16.

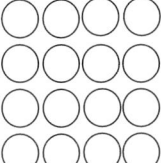

Andererseits gehören die Dreieckszahlen zu den arithmetischen Folgen. Hierbei handelt es sich um regelmäßige mathematische Zahlenfolgen, bei denen die Vorgänger- und Nachfolgezahlen in einer definierten Beziehung stehen, wie z.B. die ungeraden natürlichen Zahlen: 1, 3, 5, 7, 9 usw. Zwei benachbarte Zahlenfolgen ergeben sich jeweils durch die Addition mit „plus 2" bzw. ist die Differenz zwischen zwei benachbarten Zahlen immer 2. Bei den Dreieckszahlen ergeben sich diese durch die Addition der jeweiligen Zahlen. Die n-te Dreieckszahl entspricht der Summe der regelmäßigen natürlichen Zahlen von 1 bis n.

Tabelle 24: Bildung der Dreieckszahlen als arithmetische Reihe.

Folge der Dreieckszahlen	Addition	Dreieckszahl	Differenz zur vorhergehenden Dreieckszahl
Δ 1	1	1	
Δ 2	1+2	3	2
Δ 3	1+2+3	6	3
Δ 4	1+2+3+4	10	4
Δ 5	1+2+3+4+5	15	5
Δ 6	1+2+3+4+5+6	21	6
Δ n	1+2+3+4+5+6+...+n	n+(n-1)+(n-2)+...+1	n

3.8.3 Didaktische Planung

Zur Auseinandersetzung mit den Dreieckszahlen im Pascalschen Dreieck können zwei unterschiedliche Ausgangspunkte genommen werden:

- die Reihe der Dreieckszahlen im dreidimensionalen Pascalschen Dreieck
- die figurierte oder grafische Darstellung von Dreieckszahlen

Wird als Ausgangspunkt wiederum das dreidimensionale Modell gewählt, so ist ein erster Schritt die farbige Kennzeichnung der Dreieckszahlen im Pascalschen Dreieck. Dies kann durch Auflegung von Farbplättchen auf die entsprechenden Holzstangen des dreidimensionalen Pascalschen Dreiecks (Spalte k=2; vgl. Abb. 45) vorgenommen werden.

Abbildung 45: Die hellblau markierten Zahlen-werte der Dreieckszahlen des dreidimensionalen Pascalschen Dreiecks in der Spalte k=2.

Abbildung 46: Die Stangen der Dreieckszahlen in einem kleinen dreidimensionalen Pascalschen Dreieck mit Ei-ner- und Fünferskalierung.

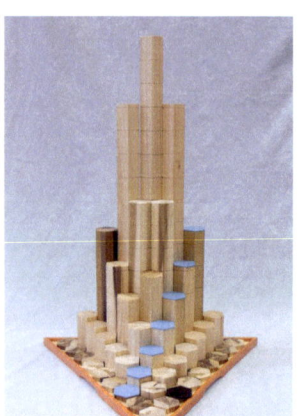

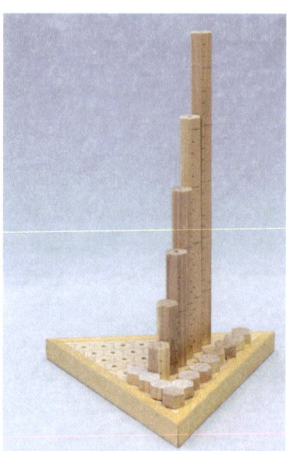

Es kann auch eine Kongruenz der markierten Zahlenwerte im Papierdreieck und im dreidimensionalen Modell festgestellt werden. Die entsprechenden Stangen können dann isoliert aufgestellt und betrachtet werden. Dies kann mit oder auch ohne den zugehörigen Zahlenwerten geschehen.

Zu diesem Zeitpunkt geht es um die Reihung der Dreieckszahlen nach der Größe.

Tabelle 25: Zugangsebenen zu den Dreieckszahlen in einer Anordnung nach der Größe.

basal-perzeptiv	Wahrnehmen unterschiedlicher Längen und Größen und Größenbeziehungen. Vergleich von Größenbeziehungen.
konkret-gegenständlich	Herstellung der Anordnung nach der Größe mit den Stangen des dreidimensionalen Pascalschen Dreiecks durch den direkten Vergleich von einzelnen Stangen.
	Dies kann in Form einer Reihung oder durch Feststellung der jeweiligen Differenzen von Stange zu Stange durch Ergänzen der jeweils kleineren Stange mit Einerteilen durchgeführt werden.
anschaulich-symbolisch	Anordnung der dreidimensionalen Stangen oder der Zahlenfelder der Papiervariante mit Ermittlung der jeweiligen Zahlenwerte und Feststellung der Differenzen zwischen den Feldern.
abstrakt-begrifflich	Anordnung nach der Größe. Reihung mit Zahlenwerten: 1<3<6<10<15 usw.
	Herstellung und arithmetische Berechnung der Unterschiede der Dreieckszahlen von einer zur nächsten in der Anordnung nach der Größe.

Neben diesen Einordnungen aufgrund allgemein didaktischer Begrifflichkeiten wird in der folgenden Tabelle eine Charakterisierung der Größenverhältnisse und Größenunterschiede bei den Dreieckszahlen nach dem Entwicklungsmodell der Zahl-Größen-Verknüpfung nach Krajewski/Ennemoser vorgenommen.

Tabelle 26: Didaktische Einordnung der Größenverhältnisse der Dreieckszahlen in das Entwicklungsmodell der Zahl-Größen-Verknüpfung nach Krajewski (Krajewski/Ennemoser 2013, 43).

Basisfertigkeiten	Größenunterscheidung von 2 oder 3 Stangen des dreidimensionalen Pascalschen Dreiecks.
	Zuordnung von Zahlwörtern und Zahlen.
	Herstellen von einfachen Größenrelationen anhand der Stangen oder Zahlenwerte.
einfaches Zahlenverständnis	Unpräzise Längenvergleiche der Stangen oder Größenvergleiche der Zahlenwerte.
	Exakte Längen- und Größenvergleiche mit Einordnung in die dreidimensionale Reihung der Stangen oder mit Einordnung in die korrekte Zahlenfolge des Pascalschen Dreiecks.
tiefes Zahlenverständnis	Ergänzen von Stangen mit Einerteilen bis zur Länge der folgenden Stange. Differenz der Stangen ermitteln.
	Ergänzen der Zahlenwerte zum folgenden Zahlenwert und Feststellung der Differenz beider Zahlenwerte.

Nach der Kennzeichnung der Reihe der Dreieckszahlen und deren Größenrelationen kann der Schwerpunkt auf Dreieckszahlen selbst gelegt werden. Hierzu ist es nötig, dass die SchülerInnen die Möglichkeit bekommen, sich mit dem Prinzip der figurierten Zahlen, aber auch mit dem Prinzip der arithmetischen Folgen auseinandersetzen zu können. Beide Aspekte können gleichzeitig, aber auch getrennt voneinander angeboten werden.

Benötigt werden hierfür Dreiecke und Quadrate, gegebenenfalls auch weitere Formen, aus Moosgummi oder Holz mit einer kleinen Umrandung, die so zugeschnitten sind, dass jeweils eine entsprechende Anzahl an Rechenplättchen darauf passt.

Abbildung 47: Passende Holzrahmen, in welche die hölzernen Kreisformen eingelegt werden können zur Bildung der Dreieckszahlen 3, 6, 10, 15.

Die Dreiecksform wird von anderen Formen diskriminiert und die Formen werden mit figurierten Zahlen aufgefüllt. Anhand der Rechenplättchen auf den Dreiecken (vgl. Abb. 48) können die absoluten Zahlenwerte der Dreieckszahlen wie auch die sich verändernden Summanden bzw. die Differenzen zwischen zwei Dreieckszahlen als Hinweis auf die arithmetische Folge ermittelt werden. Die Reihe der Dreieckszahlen in der figurierten Darstellungsweise kann fortgeschrieben werden. So können auch die weiteren Zahlenwerte der Dreieckszahlen und die dazwischenliegenden Differenzen im Sinne der arithmetischen Folge bestimmt werden.

Abbildung 48: Gebildete Dreieckszahlen unter Betonung der Arbeitsrichtung von unten nach oben.

Abbildung 49: Gebildete Dreieckszahlen unter Betonung der Arbeitsrichtung von oben nach unten.

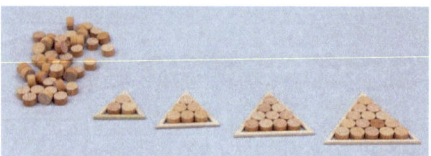

Tabelle 27: Zugangsebenen zu den Dreieckszahlen in figurierter Weise.

basal-perzeptiv	Unterscheidung und Diskriminierung von Dreiecken und Quadraten bzw. weiteren Formen.
	Herstellen von Größenbeziehungen der Dreiecke und weiterer Formen.
	Bestückung von Dreiecken und weiteren Formen mit Rechenplättchen.
konkret-gegenständlich	Bilden der figurierten Zahlen mit Rechenplättchen.
	Größen- und Formunterscheidungen.
	Feststellen der Mächtigkeit der Dreieckszahlen.
	Fortführen der Dreieckszahlen durch Anlegen neuer Reihen.
	Feststellung der Differenzen zwischen zwei Dreieckszahlen.
anschaulich-symbolisch	Figurierte Darstellungen reihen, Anzahlen ermitteln.
	Figurierte Darstellungen fortführen und Differenzen festhalten.
abstrakt-begrifflich	Prinzip der Figurierung bei Dreieckszahlen und anderen regelmäßigen Formen erkennen und mathematisieren können.
	Prinzip der arithmetischen Folge erkennen und mathematisieren können.

Tabelle 28: Didaktische Einordnung der Figurierung von Dreieckszahlen in das Entwicklungsmodell der Zahl-Größen-Verknüpfung nach Krajewski (Krajewski/Ennemoser 2013, 43).

Basisfertigkeiten	Größenunterscheidung von Dreiecken und Quadraten bzw. weiterer Formen.
einfaches Zahlenverständnis	Größenrelationen von Dreiecken und weiterer regelmäßiger Formen.
	Ermitteln der Anzahlen von Dreieckszahlen durch Zählen (mit Eins-zu-Eins-Zuordnung).
tiefes Zahlenverständnis	Ergänzen von Anzahlen von Dreieckszahlen zur folgenden Dreieckszahl.
	Differenzen ermitteln.
	Reihen fortführen.

Abbildung 50: Dreieckszahlen darstellen und ergänzen.

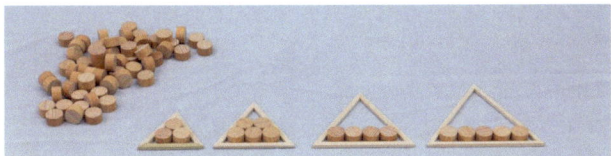

In Abb. 50 legen und ergänzen die SchülerInnen figurierte Dreieckszahlen. Im Sinne der wechselseitigen Rekursion der Zugangswege können die Ergänzungen und die Fortführung der Reihe der Dreieckszahlen mit den Rechenplättchen kombiniert werden mit unterschiedlichen Anforderungen auf Arbeitsblättern, bei denen vorwiegend die anschaulich-symbolische und abstrakt-begriffliche Arbeitsweise bedient wird.

Abbildung 51: Fortführen und ergänzen der figurierten Dreieckszahlen.

O	O	O	
	OO	OO	
		OOO	

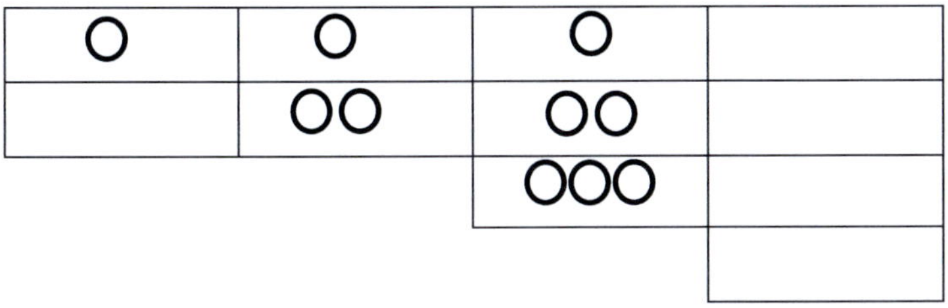

In Abb. 51 wird die Dreieckszahl 10 ergänzt mit Unterstützung der Zeilenhilfe. Die Elemente können von oben beginnend eingezeichnet werden. Die unterste Zeile enthält dann 4 Elemente. Die tabellierte Ansicht kann erweitert werden.

Abbildung 52: Fortführen und ergänzen der figurierten Dreieckszahlen ohne Zeilenhilfe.

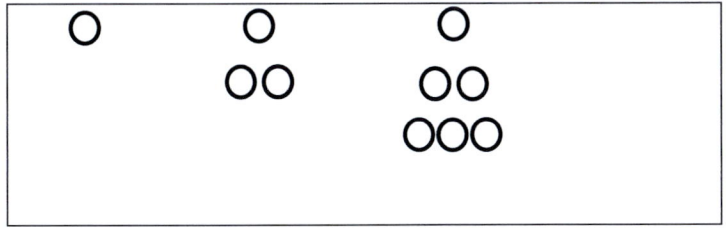

Das Weglassen der Zeilenhilfe verstärkt den Aspekt der arithmetischen Folge. Die Kinder müssen sich den Fortgang der Ergänzung von oben nach unten oder unten nach oben und bzgl. der Mächtigkeit der zu ergänzenden Teile überlegen.

Abbildung 53: Fortführung der Bildung von figurierten Dreieckszahlen.

Beim Wechsel zwischen 5 Reihen und 6 Reihen wurde in Abb. 53 die Arbeitsrichtung von oben nach unten auf von unten nach oben gewechselt. Deshalb werden die Punkte nach oben immer kleiner. Das mathematische Muster der arithmetischen Reihe ist verstanden. Es kann mit der unteren Reihe mit dem Summanden „plus 1" begonnen werden. Bei 5 Reihen wurde von oben nach unten gearbeitet im Sinne der nachvollziehenden Handlung.

Abbildung 54: Freies Bilden der figurierten Dreieckszahlen in der Arbeitsrichtung von unten nach oben.

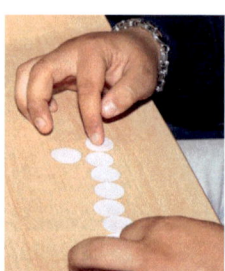

In Abb. 54 werden Dreieckszahlen in figurierter Form ohne strukturierende Hilfestellungen frei gebildet. Das Bildungsgesetz ist verstanden, da die Dreieckszahlen nicht nachvollziehend sukzessiv von oben nach unten gelegt werden, sondern mit der untersten Zeile, also mit der Zielzahl, begonnen wird.

Tabelle 29: Zugangsebenen zu den Dreieckszahlen im Sinne der arithmetischen Folge.

basal-perzeptiv	Unterscheidung und Diskriminierung von waagerechten Punktefeldern: ein Punkt, zwei Punkte nebeneinander, drei Punkte nebeneinander.
	Unterscheidung und Diskriminierung von einzeiligen, zweizeiligen, dreizeiligen usw. Punktefeldern.
	Reihung und Ergänzung von Punktefeldern nebeneinander und untereinander.
konkret-gegenständlich	Verringern und Vergrößern der figurierten Punktefelder nebeneinander und untereinander.
	Markieren der Veränderungen mit farbigen Plättchen.
	Ergänzen und Fortführen der Punktefelder.

Fortsetzung Tabelle 29.

anschaulich-symbolisch	Veränderungen zwischen den verschiedenen Dreieckszahlen dokumentieren durch Aufmalen und durch Zahlen (+1; +2; +3 usw.).
abstrakt-begrifflich	Die Veränderungen innerhalb der arithmetischen Reihe beschreiben und in Rechentermen ausdrücken.

Tabelle 30: Didaktische Einordnung der arithmetischen Folge von Dreieckszahlen in das Entwicklungsmodell der Zahl-Größen-Verknüpfung nach Krajewski (Krajewski/Ennemoser 2013, 43).

Basisfertigkeiten	Größenunterscheidung von unterschiedlichen Dreieckszahlen. Verbindung zur Zahlwortreihe.
einfaches Zahlenverständnis	Präzises Zählen der Elemente der Dreieckszahlen. Reihung der Dreieckszahlen. Verringern und Vergrößern um jeweils „plus 1" oder „minus 1".
tiefes Zahlenverständnis	Dreieckszahlen zusammensetzen oder zerlegen. Differenzen ermitteln. Reihen fortführen.

Weitere Möglichkeiten bestehen in tabellarischen Übersichten und der Verknüpfung mit der jeweiligen Kettenaddition.

Abbildung 55: Kettenaddition zu den Anzahlen der Dreieckszahlen.

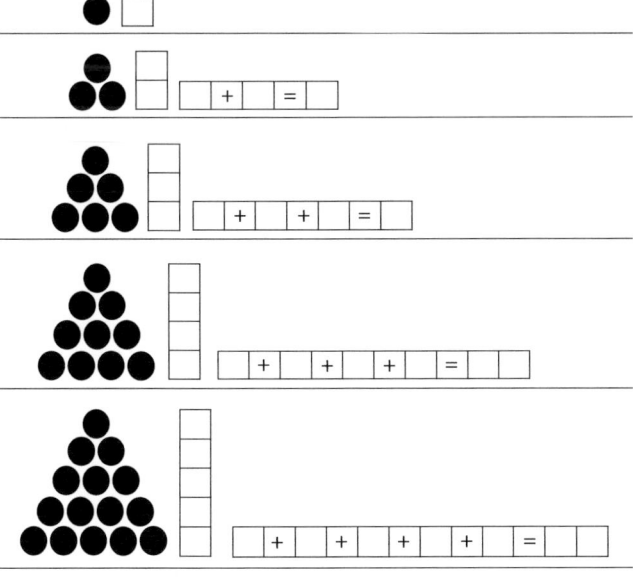

Dies kann mit strukturierenden Hilfsangeboten wie in Abb. 55 oder ohne weitere Hilfe-stellungen wie in Tab. 31 erfolgen.

Tabelle 31: Tabellarische Übersicht zur Bildung von Dreieckszahlen.

Nummer Dreieckszahl	Anzahl an Zeilen	Addition	Summe = Wert der Dreieckszahl
Δ 1	1 Zeile		1
Δ 2	2 Zeilen	1+2=3	3
Δ 3	3 Zeilen	1+2+3=6	6
Δ 4	4 Zeilen	1+2+3+4=10	10
Δ 5	5 Zeilen	1+2+3+4+5=15	15

Basierend auf dem Grundprinzip der arithmetischen Folge der Dreieckszahlen lassen sich weitere Rechenoperationen kreieren, die auf dem gleichen Prinzip beruhen wie die ers-ten Dreieckszahlen in niedrigen Zahlenräumen bis 10 oder 20. Mit den ersten 13 Dreiecks-zahlen im Pascalschen Dreieck lassen sich Operationen generieren im Zahlenraum bis 100; mit den ersten 44 Dreieckszahlen im Zahlenraum bis 1000. Dabei können die Rechenanfor-derungen in unterschiedliche Richtungen gehen, wie z.B. zum Vorgänger oder Nachfolger. Gegeben könnten die beiden aufeinanderfolgenden Dreieckszahlen 66 und 78 sein. Wie heißt die folgende? Es handelt sich um die 91, denn die Differenz von 66 und 78 beträgt 12. Also muss die folgende Dreieckszahl um 13 größer sein, also 78+13=91.

Ebenso lassen sich Vorgänger errechnen. Gegeben sind die Dreieckszahlen 3741 und 3655. Die Vorgängerdreieckszahl muss 3570 heißen, denn die Differenz von 3741 und 3655 beträgt 86, also wird die Vorgängerdreieckszahl von 3655 errechnet durch die Subtraktion von 85. Auf die gleiche Weise lassen sich beliebige Dreieckszahlen von einem beliebigen Punkt aus bestimmen, sofern eine Differenz zwischen zwei Dreieckszahlen ermittelt werden kann. Dabei können sowohl in der Vorwärts- wie in der Rückwärtsrichtung beliebig weit entfernte Dreieckszahlen errechnet werden. Grund dafür ist die arithmetische Folge.

3.8.4 Diagnostische Aspekte

Aufgrund der Fülle der hier angeführten mathematischen und geometrischen Möglichkei-ten soll auf das diagnostische Potential der Auseinandersetzung mit Dreieckszahlen im Pascalschen Dreieck nur ausschnitthaft eingegangen werden. Die Fortführung der ersten figurierten Dreieckszahlen (1, 3, 6 usw.) in die Punktemuster der folgenden Dreieckszahlen kann Aufschluss darüber geben, inwieweit das Prinzip der arithmetischen Folge oder auch das Prinzip der regelmäßigen Anordnung der figurierten Dreieckszahlen verstanden wor-den ist.

Bei einer Bearbeitung von der Spitze her in dem Sinne, dass jede figurierte Dreieckszahl wieder neu von oben aufgebaut werden muss, hält es das Kind für sinnvoll, den Aufbau der

Figurierung nachzuvollziehen. Erst wird ein Punkt gelegt oder gemalt, dann darunter zwei Punkte nebeneinander, dann drei usw.

Den umgekehrten Fall der Bearbeitung stellt die Situation dar, in der das Kind bei jeder neuen Dreieckszahl mit der um eins vergrößerten untersten Reihe im Vergleich zur vorhergehenden Dreieckszahl beginnt. Dieses Kind hat eine Vorstellung der arithmetischen Folge der Dreieckszahlen. Es weiß, wenn in der vorhergehenden figurierten Dreieckszahl vier Elemente in der untersten Reihe waren, so müssen es jetzt fünf sein.

Abbildung 56: Bilden von figurierten Dreieckszahlen in der Arbeitsrichtung von oben nach unten.

Abbildung 57: Bilden von figurierten Dreieckszahlen über die Schenkel.

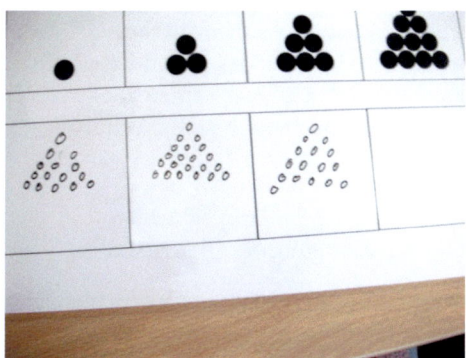

Eine weitere Bearbeitungsmöglichkeit konnte beobachtet werden, die Bearbeitung über die Schenkel (vgl. Abb. 57). Hier legt oder bildet ein Kind erst die Seitenschenkel der figurierten Dreieckszahlen. Es weiß, wenn der Schenkel der vorhergehenden Dreieckszahl aus fünf Elementen bestand, dann müssen es jetzt sechs sein. Das Prinzip der arithmetischen Folge ist verinnerlicht.

Außerdem verfügt das Kind über die achsensymmetrische Anordnung von figurierten Dreieckszahlen. Allerdings kann hier das Problem eintreten, dass die Schenkel zu eng angelegt werden, dann passen die entsprechenden Elemente in den Reihen nicht mehr dazwischen. Dies kann zu Fehlerkorrekturen führen, obwohl hier das am elaboriertesten vorhandene Verständnis des Zusammenhangs von Figurierung und arithmetischer Folge festgestellt werden kann.

3.8.5 Aspekte der Kommunikation und Kooperation

Situationen eines gemeinsamen Tuns können sich hierbei vor allem bei den Materialien und Angeboten basierend auf den basal-perzeptiven und konkret-gegenständlichen Zugangsweisen, die allen SchülerInnen offenstehen bzw. bei allen Kindern den Ausgangspunkt darstellen, ergeben:

- gemeinsamer Aufbau der Stangen des dreidimensionalen Pascalschen Dreiecks
- gemeinsamer Aufbau der Stangen der Dreieckszahlen
- Größenvergleiche von ausgewählten Stangen

- Legen von Plättchenmustern bei den figurierten Zahldarstellungen
- Diskriminieren von figurierten Anordnungen in der Dreiecksform und anderen Formen
- gemeinsames Tun an einer Station
- interpersonelle Emotionalität

Wenn beispielsweise ein Kind neben anderen Kindern, in einem teilweise gemeinsamen Handeln, Plättchen in Form eines Dreiecks auf der Holzunterlage mit einem Zeh legt, so kann ein gemeinsames Tun am Gemeinsamen Gegenstand beobachtet werden. Inwieweit dies unter dem Entwicklungsmodell der Zahl-Größen-Verknüpfung abgebildet werden kann, bleibt ungeklärt. Hier stellt sich die Frage, wie basal Mathematik beginnt. Ist das „Bewegen" von Rechenplättchen in der beschriebenen Situation mathematisches Handeln? Was aber festgestellt werden kann, ist ein gemeinsames Handeln, das über die Gestaltung der Materialien basal-perzeptiv und konkret-gegenständlich angeregt werden kann.

Im Wesentlichen arbeiten die SchülerInnen an drei mathematischen Sachverhalten:

- Dreieckszahlen im Pascalschen Dreieck
- figurierte Zahlen unter besonderer Berücksichtigung der Dreieckszahlen
- arithmetische Folgen unter besonderer Berücksichtigung der Dreieckszahlen

Durch die offene Anbietung und durch die Strukturierung der Materialien im Sinne der Zugangsebenen, bei denen basal-perzeptive und konkret-gegenständliche als Ausgangspunkt dienen, werden über den Gemeinsamen Gegenstand „Dreieckszahlen" immer wieder kommunikative und kooperative Situationen für die verschiedenen SchülerInnen geschaffen. Diese werden sich zuerst auf die genannten drei mathematischen Sachverhalte beziehen, können sich aber an unterschiedlichen Stellen auf weitere mathematische Sachverhalte oder Aspekte von Kooperation und Kommunikation erweitern.

Dreieckszahlen im Pascalschen Dreieck

Im Vordergrund stehen hier Anlässe zur Positionierung und Reihung der Dreieckszahlen im Pascalschen Dreieck. Durch die potentiell nutzbaren Farbmarkierungen auf den Stangen der Dreieckszahlen im dreidimensionalen Pascalschen Dreieck ist allen Kindern die Spalte k=2 zugänglich. Hierüber können verschiedene Fragestellungen bzw. Kommunikations- und Kooperationsanlässe auftauchen. Insbesondere seien hier genannt: Dreieckszahlen in den verschiedenen Varianten des Pascalschen Dreiecks können gefunden werden. Sie können gegenseitig gezeigt und markiert werden. Getroffen werden können unterschiedliche Entscheidungen, ob die, von der Symmetrieachse des Pascalschen Dreiecks aus betrachtet, linke oder rechte Spalte k=2, gewählt wurde. Größenverhältnisse und die Reihung der Dreieckszahlen untereinander können verglichen werden.

Grundlage hierfür können die verschiedenen Bearbeitungs-, Handlungs-, Kommunikations- und Lösungsansätze der Kinder sein, die sich im Sinne der natürlichen Differenzierung ergeben.

Figurierte Zahlen unter besonderer Berücksichtigung der Dreieckszahlen

Es geht um Fragen der Gestaltung, des Legens oder Fortführens von figurierten Dreiecks-zahlen. Unterschiedliche Darstellungsformen können verglichen werden. Die jeweiligen Anzahlen der Dreieckszahlen können in Beziehung gesetzt werden. Es gibt unterschiedliche Vorgehensweisen beim Bilden weiterer figurierter Dreieckszahlen, die zueinander in Bezie-hung gesetzt werden können.

Arithmetische Folgen unter besonderer Berücksichtigung der Dreieckszahlen

Thematisiert werden kann der Zusammenhang von Figurierung und arithmetischer Folge bei der Wahrnehmung, beim Legen und beim Zeichnen von figurierten Dreieckszahlen. Austauschmöglichkeiten ergeben sich bei der Erhöhung des hinzukommenden Summan-den um „plus 1". Rechnerische Lösungen in verschiedenen Zahlenräumen beginnend im Zahlenraum bis 10 oder 20 bis hin zu weiteren Zahlenräumen können angestrebt werden.

Darüber hinaus können sich aus den beschriebenen Situationen weitere Gemeinsame Gegenstände ergeben, wie z.B. der Transfer auf andere figurierte Zahlen (Quadratzahlen, Kubikzahlen) oder der Bezug auf logische Reihen bzw. arithmetische Folgen (Farben, ge-rade Zahlen, ungerade Zahlen, Dreiersprünge).

3.9 Tetraederzahlen im Pascalschen Dreieck

Bei den Tetraederzahlen verweist der Begriff auf die räumliche Anordnung. Die geometri-sche Form entspricht einem Tetraeder. Das Grundprinzip ist wie bei den Dreieckszahlen ein gleichseitiges Dreieck, das mit Kugeln gefüllt werden kann.

3.9.1 Mathematische Muster

Beim Aufbau eines Tetraeders aus Kugeln ergeben sich vier jeweils identisch große, gleich-seitige Dreiecke an den Außenflächen, wovon eine davon die Bodenfläche darstellt. Tetra-eder können aus den Anzahlen von Kugeln der Dreieckszahlen aufgebaut werden.

Abbildung 58: Angefangene und fertig aufgebaute Tetraeder aus Kugeln.

Tabelle 32: Zusammenhang von Dreieckszahlen und Tetraederzahlen anhand der jeweiligen Anzahl der Kugeln.

Tetraederzahl (anzahlbezogen)	Nummerierung der Folge der Dreiecks- zahlen und zugehörige Dreieckszahlen	Addition der Elemente der Dreieckszahlen	Differenz zur vor- hergehenden Tetraederzahl
1	Δ 1: 1	1	
4	Δ 2: 3	1+3=4	3
10	Δ 3: 6	1+3+6=10	6
20	Δ 4: 10	1+3+6+10=20	10
35	Δ 5: 15	1+3+6+10+15=35	15
56	Δ 6: 21	1+3+6+10+15+21=56	21
84	Δ 7: 28	1+3+6+10+15+21+28= 84	28

Deshalb kann ein zeitlich-sukzessiver Zusammenhang zu den Dreieckszahlen herge-stellt werden, muss aber nicht. Der Zusammenhang zwischen Dreieckszahlen und Tetra-ederzahlen zeigt sich in Tab. 32.

In Abb. 58 sieht man, wie Tetraeder von der Grundfläche bis zur Spitze schichtweise gebildet werden können. Die Anzahlen von Kugeln in den einzelnen waagrechten oder auch schrägen Schichten entsprechen dabei den Dreieckszahlen.

Im Vergleich von Abb. 58 und Tab. 32 fällt auf, dass die vierte Tetraederzahl mit dem Zahlenwert 20 aus jeweils 4 Kugeln in den Kantenlängen aufgebaut wird. Die Anzahl der Kugeln einer Seitenfläche entspricht der vierten Dreieckszahl mit dem Zahlenwert 10. Hie-raus ergibt sich, dass die Anzahl an Kugeln von einer Tetraederzahl zur nächsten jeweils um die Anzahl des Zahlenwertes der entsprechenden Dreieckszahl zunimmt. Die fünfte Tetra-ederzahl (35) wird also gebildet durch die Addition der vierten Tetraederzahl (20) und der fünften Dreieckszahl (15).

Im Pascalschen Dreieck sind die Mächtigkeiten der Tetraederzahlen abgebildet in der Spalte k=3 (vgl. Abb. 59).

Die enorme Dynamik der Entwicklung der Zahlenwerte der Tetraederzahlen im Pascal-schen Dreieck wird durch die Gegenüberstellung der zwei- und dreidimensionalen Darstel-lung verdeutlicht, denn in der dreidimensionalen Variante ist der Anstieg der Zahlengrößen ad hoc ersichtlich (vgl. Abb. 60).

Abbildung 59: Markierung der Tetraederzahlen im Pascalschen Dreieck.

Abbildung 60: Die Größen der Tetraederzahlen im dreidimensionalen Pascalschen Dreieck mit den Zahlenwerten 1, 4, 10, 20, 35, 56.

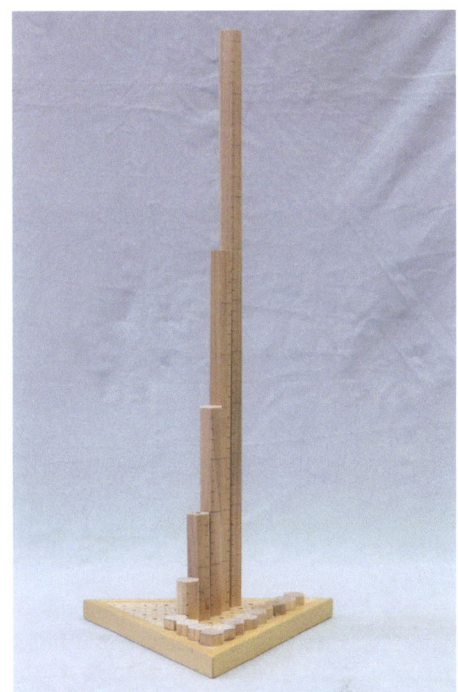

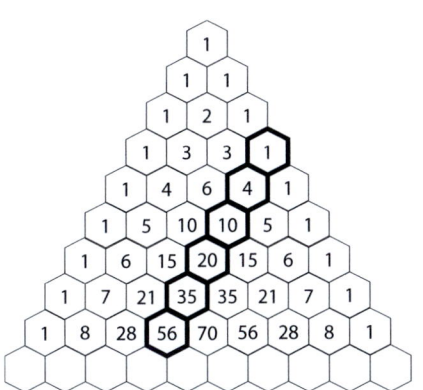

3.9.2 Mathematischer Hintergrund

Tetraederzahlen setzen sich aus natürlichen Zahlen zusammen. Sie werden wie die Dreieckszahlen oder Quadratzahlen den figurierten Zahlen zugeordnet, da sie sich über die Anzahlen von Kugeln in einem Tetraeder darstellen lassen. Gebildet werden können demzufolge Tetraederzahlen auch durch die arithmetische Folge. Die Formel zur Tetraederzahl lautet:

$$\text{Tetraederzahl n} = \frac{n(n+1)(n+2)}{6}$$

Mit Hilfe dieser Formel lassen sich beliebige Tetraederzahlen berechnen. Die siebte Tetraederzahl errechnet sich dann folgendermaßen:

$$\text{Tetraederzahl 7} = \frac{7(7+1)(7+2)}{6} = 84$$

Ebenfalls berechnen lassen sich Tetraederzahlen mithilfe der binomischen Formeln, bzw. des Binomialkoeffizienten: $T_n = \binom{n+2}{3}$ [sprich: n+2 über 3; oder 3 aus n+2. W.G.]. So errechnet sich die vierte Tetraederzahl folgendermaßen:

$$T_n = T_4$$

$$T_4 = \binom{4+2}{3} = \binom{6}{3} = \frac{6!}{3! \cdot (6-3)!} = \frac{2 \cdot 3 \cdot 4 \cdot 5 \cdot 6}{2 \cdot 3 \cdot 2 \cdot 3} = \frac{360}{18} = 20$$

Die Figurierung entsteht durch das Legen der Dreieckszahlen mit Kugeln. Durch die reihenfolgenmäßige Übereinander-Anordnung der Dreieckszahlen mit Kugeln beginnend an der Spitze mit der Dreieckszahl 1, also einer Kugel, entsteht eine Pyramide mit einem gleichseitigen Dreieck als Grundfläche. Die Anzahlen der Kugeln lassen sich in der figurierten Form berechnen mit folgender Formel:

$$T_n = T_{n-1} + \Delta_n$$

Für die fünfte Tetraederzahl lautet dann die Berechnung:

$$T_5 = T_{5-1} + \Delta_5 = T_4 + \Delta_5 = 20 + 15 = 35$$

Aus dieser Figurierung kann auf die arithmetische Folge geschlossen werden. Um von einer Tetraederzahl zur nächsten zu kommen, muss die Anzahl der Dreieckszahl an der gleichen Stelle der Reihenfolge addiert werden. Auf gleiche Weise kann auf die Vorgängertetraederzahl im Subtraktionsverfahren geschlossen werden, indem beispielsweise von der siebten Tetraederzahl (84) die siebte Dreieckszahl (28) subtrahiert wird. Das Ergebnis stellt dann die sechste Tetraederzahl (56) dar.

In Zahlenräume gegliedert findet sich die Reihenfolge der Tetraederzahlen wie folgt:

Tabelle 33: Reihenfolge der Tetraederzahlen gegliedert nach Zahlenräumen.

Zahlenraum	Tetraederzahlen in der Reihenfolge
bis 20	1, 4, 10, 20
bis 100	35, 56, 84
bis 1000	120, 165, 220, 286, 364, 344, 560, 680, 816, 969
bis 100.000	1140, 1330, 1540, 1771, 2024, 2300, 2600, 2925, 3276, 3654, 4060, 4495, 4960, 5456, 5984, 6545, 7140, 7770, 8436, 9139, 9880, 10660, 11480, 12341, 13244, 14190, 15180, 16215, 17296, 18424, 19600, 20825, 22100, 23426, 24804, 26235, 27720, 29260, 30856, 32509, 34220, 35990, 37820, 39711, 41664, 43680, 45760, 47905, 50116, 52394, 54740, 57155, 59640, 62196, 64824, 67525, 70300, 73150, 76076, 79079, 82160, 85320, 88560, 91881, 95284, 98770

Ersichtlich wird aus dieser Tabelle die Dynamik der Entwicklung der Tetraederzahlen in Bezug auf die jeweilige Mächtigkeit der Zahlen. Ebenfalls daran ablesen lässt sich die Bandbreite der Einsatzmöglichkeiten des Pascalschen Dreieckes.

3.9.3 Didaktische Planung

Aufgrund der bereits erwähnten dynamischen Entwicklung der Mächtigkeit der Tetraederzahlen empfiehlt es sich, mit dem figurierten Aspekt der Tetraederzahlen zu beginnen. Ausgangspunkt hierfür ist die räumliche Anordnung von beispielsweise Plastilinkugeln in der Anordnung figurierter Dreieckszahlen. Diese können zu den einzelnen Schichten figurierter Tetraederzahlen aneinander geheftet und daran anschließend zu einem Tetraedergebilde aufgebaut werden.

Abbildung 61: Figurierte Dreieckszahlen, die zu einem Tetraeder aufgeschichtet werden können.

Als Aufbauhilfen dienen entsprechend zugeschnittene Moosgummi- oder Holzflächen in der Form von gleichseitigen Dreiecken in Größenverhältnissen, die zu den Kugelanordnungen der verschiedenen Dreieckszahlen passen. Zur Unterstützung der Dreidimensionalität der figurierten Tetraederzahlen dienen tetraedische Netze und ebensolche Körper.

Abbildung 62: Kantennetze der Tetraederzahlen 4, 10, 20 basierend auf den Dreieckszahlen 3, 6, 10.

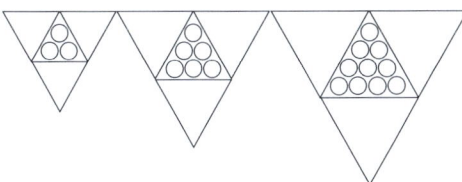

Es sind verschiedene Teilbereiche zu berücksichtigen:

- figurierte Tetraederzahlen
- arithmetische Folge von Tetraederzahlen
- Positionierung der Tetraederzahlen im Pascalschen Dreieck

Der Zugang zu den Tetraederzahlen ist am einfachsten über den Figurierungs-Aspekt zu leisten, deshalb steht er hier am Anfang.

Tabelle 34: Zugangsebenen zu figurierten Tetraederzahlen.

basal-perzeptiv	Unterscheidung und Diskriminierung von Kugelanordnungen in verschiedenen Formen: dreieckig, viereckig.
	Unterscheidung und Diskriminierung von Kugelfeldern bestehend aus einer Kugel, 3 Kugeln, 6 Kugeln usw.
	Unterscheidung und Diskriminierung von Kugelfeldern und räumlichen Kugelanordnungen im Sinne von Tetraederkörpern und anderen Anordnungen, wie z.B. Quader, Würfel.
	Unterscheidung und Diskriminierung von verschiedenen mit Kugeln räumlich figurierten Tetraederzahlen.
	Unterscheidung und Diskriminierung von verschiedenen Kantennetzen.
	Unterscheidung von verschiedenen räumlichen Körpern: Tetraeder und andere Formen.
konkret-gegenständlich	Herstellen von flächigen Kugelanordnungen auf gleichseitigen, verschieden großen Dreiecken und anderen Grundformen.
	Herstellen von dreidimensionalen Kugelanordnungen im Sinne von Tetraedern und anderen Formen.
	Herstellen von verschieden großen Kugeltetraedern.
	Reihung von verschieden großen Kugeltetraedern.
	Diskriminierung von Tetraedern und anderen Körperformen.
	Begriffsverwendungen: mehr, weniger, größer, kleiner, Zahlwortreihe, Zahlwörter, plus, minus, Kugel, Dreieck.
anschaulich-symbolisch	Beziehungen zwischen verschieden großen flächigen Kugelanordnungen bei gleichseitigen Dreiecken feststellen und dokumentieren: Mengenrelationen, Zahlenverhältnisse, Summenveränderungen, Differenzen etc.
	Beziehungen zwischen verschieden großen tetraederförmigen Kugelanordnungen feststellen und dokumentieren.
	Skizzen erstellen, vergleichen, reihen.
	Bilder von tetraederförmigen Kugelanordnungen vergleichen, reihen, Anzahlen feststellen und mathematische Beziehungen dokumentieren und versprachlichen.
abstrakt-begrifflich	Figurierungen benennen, Anzahlen feststellen und Veränderungen bzw. Beziehungen mathematisch fassen.

Tabelle 35: Didaktische Einordnung der Figurierung von Tetraederzahlen in das Entwicklungsmodell der Zahl-Größen-Verknüpfung nach Krajewski (Krajewski/Ennemoser 2013, 43).

Basisfertigkeiten	Größenunterscheidung von mit Kugeln figurierten Dreieckszahlen und Tetraederzahlen.
	Anzahlen vergleichen.
einfaches Zahlenverständnis	Größenrelationen von mit Kugeln figurierten Dreieckszahlen und Tetraederzahlen.
	Anzahlen ermitteln.
	Veränderungen feststellen.
tiefes Zahlenverständnis	Ergänzen von Anzahlen von Dreieckszahlen zur folgenden Dreieckszahl.
	Ergänzen von Anzahlen von Tetraederzahlen zur folgenden Tetraederzahl.
	Differenzen ermitteln.
	Reihen fortführen.

Tabelle 36: Zugangsebenen zur arithmetischen Folge von Tetraederzahlen.

basal-perzeptiv	Unterscheidung und Diskriminierung der unterschiedlich langen Stangen der Tetraederzahlen im Pascalschen Dreieck.
	Unterscheidung und Diskriminierung von geordneten und ungeordneten Folgen der Stangen.
	Wahrnehmung der unterschiedlichen Gewichte der Stangen.
	Wahrnehmung und Unterscheidung der verschiedenen Kugelanordnungen.
konkret-gegenständlich	Ordnen der Stangen der Tetraederzahlen im Pascalschen Dreieck nach der Größe.
	Vergleichen der Stangen und Differenzen mit Einer-, Fünfer- und Zehnerstangen.
	Ordnen und Reihen der verschiedenen Kugelanordnungen.
	Vergleichen und Differenzen herstellen.
	Begriffsverwendungen: mehr, weniger, größer, kleiner, Zahlwortreihe, Zahlwörter, plus, minus, Kugel, Dreieck.
anschaulich-symbolisch	Größen der Stangen und Anzahlen der Kugelgebilde ermitteln und aufschreiben oder mit Zahlkärtchen versehen.
	Anzahlen reihen.
	Differenzen ermitteln und festhalten.
	Mathematische Beziehungen herstellen.
abstrakt-begrifflich	Tetraederstangen und -gebilde in ihren mathematischen Beziehungen darstellen und diskutieren.

Tabelle 37: Didaktische Einordnung der arithmetischen Folge von Tetraederzahlen in das Entwicklungsmodell der Zahl-Größen-Verknüpfung nach Krajewski (Krajewski/Ennemoser 2013, 43).

Basisfertigkeiten	Größenunterscheidung von Tetraederstangen und -gebilden. Größen- und Anzahlvergleiche.
einfaches Zahlenverständnis	Größenrelationen von Tetraederstangen und -gebilden feststellen. Anzahlen ermitteln. Veränderungen feststellen.
tiefes Zahlenverständnis	Ergänzen von Tetraederstangen und -gebilden zur folgenden Tetraederzahl. Ergänzen von Anzahlen von Tetraederzahlen zur folgenden Tetraederzahl. Differenzen ermitteln. Reihen fortführen.

Tabelle 38: Zugangsebenen zur Positionierung der Tetraederzahlen im Pascalschen Dreieck.

basal-perzeptiv	Wahrnehmen der markierten Tetraederstangen im dreidimensionalen Pascalschen Dreieck. Wahrnehmung beider Tetraederreihen im dreidimensionalen Pascalschen Dreieck und in der Papierform.
konkret-gegenständlich	Kennzeichnen der Tetraederstangen im dreidimensionalen Pascalschen Dreieck und in der Papierform.
anschaulich-symbolisch	Kennzeichnen der Tetraederstangen im dreidimensionalen Pascalschen Dreieck und in der Papierform.
abstrakt-begrifflich	Tetraederzahlen in den verschiedenen Darstellungsformen kennen und benennen.

Tabelle 39: Didaktische Einordnung zur Positionierung der Tetraederzahlen im Pascalschen Dreieck in das Entwicklungsmodell der Zahl-Größen-Verknüpfung nach Krajewski (Krajewski/Ennemoser 2013, 43).

Basisfertigkeiten	Unterscheidung der Stangen der Größe nach.
einfaches Zahlenverständnis	Größenrelationen von Tetraederstangen feststellen. Anzahlen ermitteln.
tiefes Zahlenverständnis	Ergänzen von Anzahlen von Tetraederzahlen zur folgenden Tetraederzahl. Differenzen ermitteln. Reihen fortführen.

Nachdem die Tetraederzahlen in den verschiedenen Darstellungsformen des Pascalschen Dreiecks lokalisiert und in den Aspekten Figurierung und arithmetische Folge bearbeitet sind, ergeben sich weitere Aufgabenstellungen. Aufgrund der Dynamik der Entwicklung der Tetraederzahlen der Größe nach können hier verschiedene Zahlenräume bedient werden. Analog zu den Dreieckszahlen besteht die Möglichkeit Vorgänger und Nachfolger der Tetraederzahlen ebenso zu ermitteln, wie Sprünge in der Reihe der Tetraederzahlen zu berechnen. Wenn beispielsweise die Tetraederzahl $T_5 = 35$ und die Tetraederzahl $T_6 = 56$

gegeben sind, so kann die Differenz $T_6 - T_5 = 56 - 35 = 21$ berechnet werden. Über die Auflistung der Dreieckszahlen kann ermittelt werden, dass „21" der 6. Dreieckszahl $\Delta_6 = 21$ entspricht. Dass es die 6. Dreieckszahl ist, kann auch rechnerisch ermittelt werden. Aus der 6. Dreieckszahl kann die 7. Dreieckszahl $\Delta_7 = 28$ abgeleitet werden. Nun kann die 7. Tetraederzahl T_7 bestimmt werden: $T_7 = T_6 + \Delta_7 = 56 + 28 = 84$

In ähnlicher Weise kann von der 47. Tetraederzahl auf die 45. geschlossen werden:

$$T_{45} = T_{47} - \Delta_{47} - \Delta_{46} = 18424 - 1128 - 1081 = 16215$$

So können anhand der Dreieckszahlen und Tetraederzahlen eine Vielzahl an Aufgaben und Aufgabenformaten begründet werden für verschiedene Zahlenräume. Das Grundprinzip hierbei bleibt gleich und kann anhand der vorgestellten didaktischen Planung für alle SchülerInnen zugänglich gemacht werden.

3.9.4 Diagnostische Aspekte

Beim Aufbau von figurierten Tetraederzahlen aus Kugeln können verschiedene Vorgehensweisen beobachtet werden. Beim Aufbau nach der arithmetischen Folge der Dreieckszahlen können erst die figurierten Dreieckszahlen beginnend von der „1" gebildet werden. Diese können dann fortschreitend horizontal übereinander geschichtet werden. Hierbei wird der mathematische Aspekt der Bildung von Tetraederzahlen chronologisch anhand des Aspektes der Figurierung nachvollzogen.

Bei der Variante, dass nicht erst die Dreieckszahlen aus Kugeln gebaut werden, sondern der Tetraeder von oben nach unten aufgebaut wird, ist das Konzept von Figurierung und arithmetischer Folge vorhanden. Die Kinder wissen entweder, wie viele Kugeln sie benötigen, oder sie erschließen es sich über die räumliche Anordnung der regelmäßigen Muster. Eine weitere Variante zeugt von einem tieferen Verständnis der Symmetrie von Tetraedern, indem die Kugelgebilde an einer der schrägen Seitenflächen des Tetraeders ergänzt werden.

Beim Bauen von Tetraedergebilden kann die Beherrschung der Dreieckszahlen überprüft werden, da die einzelnen Ebenen der Tetraedergebilde sich aus den figurierten Dreieckszahlen zusammensetzen. Dies gilt auch für die Errechnung der Mächtigkeit von einzelnen Tetraederzahlen durch die Addierung der Zahlenwerte der zugrundeliegenden Dreieckszahlen. Dabei kann auf eine dreidimensionale Veranschaulichung zurückgegriffen werden. Möglich ist dieser Schritt auch in einer Verbindung von figurierten Dreieckszahlen und den korrespondierenden Additionen, deren Summen dann zur Mächtigkeit einer Tetraederzahl addiert werden (vgl. Abb. 63).

In Abb. 63 wird eine Möglichkeit der Bildung von Tetraederzahlen aus Dreieckszahlen exemplarisch vorgestellt. Die figurierten Dreieckszahlen können auch weggelassen werden; ebenso ist die Anbindung an die konkrete Bildung eines Tetraedergebildes nicht notwendig, aber möglich.

Abbildung 63: Bildung der Tetraederzahl 20 aus figurierten und arithmetischen Dreieckszahlen.

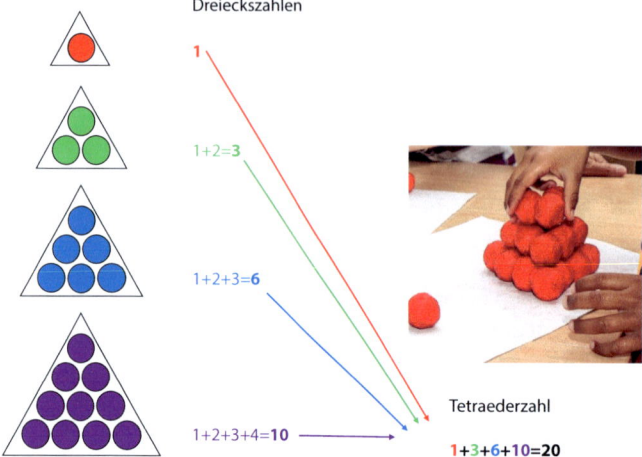

Durch die Dynamik der Entwicklung der Zahlenwerte der Tetraederzahlen ist ein Arbeiten in verschiedenen Zahlenräumen möglich. Hieraus kann abgeleitet werden, in welchen Zahlenräumen die SchülerInnen arithmetisch handlungsfähig sind.

3.9.5 Aspekte der Kommunikation und Kooperation

Ähnlich wie bei den Dreieckszahlen sind es vorrangig die drei Bereiche Figurierung, arithmetische Folge und Positionierung der Tetraederzahlen in den verschiedenen Varianten des Pascalschen Dreiecks, die Anlässe für kommunikativen Austausch und kooperative Zusammenarbeit liefern. Dabei wird es um Fragen zur Generierung von figurierten Dreiecks- und Tetraederzahlen in ihren unterschiedlichen Möglichkeiten und Varianten gehen.

Wie in den diagnostischen Aspekten aufgezeigt, haben die Kinder und Jugendlichen verschiedene Aufbauwege, die hier miteinander abgestimmt oder verhandelt werden. Sie treffen Entscheidungen, ob sie mit Knetkugeln oder mit den Holzkugeln arbeiten wollen. Die Holzkugeln haben den Vorteil, dass eine Begrenzung zur Verfügung steht, so dass die Anzahl an Kugeln in der jeweils untersten Reihe nicht über- oder unterschritten werden kann. Dadurch ist auch der weitere Weg des Aufbauens strukturiert, denn die Kugeln der darauffolgenden Ebene passen in die Lücken, die sich in der vorausgehenden Ebene gebildet haben. Durch die glatte Oberfläche ist das Aufschichten etwas schwieriger. Der schichtweise Aufbau über die Dreieckszahlen ist hierbei nur bedingt möglich, da die Bildung des Tetraeders Kugel für Kugel erfolgt. Entscheiden sich die SchülerInnen für die Knetkugeln, müssen sie die jeweilige Anzahl an Kugeln einer Schicht selbst bestimmen. Dafür können die einzelnen Ebenen separat gebildet werden.

Die Fortführung der Reihe der Tetraederzahlen über die Figurierung oder über die arithmetische Reihe und die Gewinnung der jeweiligen Anzahlen der Tetraederzahlen kann mathematisiert werden. Schließlich ist die Kennzeichnung der Tetraederzahlen in verschiedenen Varianten des Pascalschen Dreiecks bzw. in den verschiedenen Spalten ein Thema für Kommunikation und Kooperation.

3.10 Zeilensummen im Pascalschen Dreieck

3.10.1 Mathematisches Muster

Zeilensummen im Pascalschen Dreieck werden gebildet, indem alle Zahlenwerte einer Zeile addiert werden. In Abb. 64 kann also durch Addition der einzelnen Zahlenwerte der Zeile 4 die Zeilensumme 16 gebildet werden.

Abbildung 64: Markierte Felder einer Zeile mit der entsprechenden Zeilensumme.

Die Zeilensummen können über eine Kettenaddition gebildet werden. Aus dem Vergleich untereinander liegender Zeilensummen zeigt sich, dass sich die Zeilensummen von Zeile zu Zeile verdoppeln. Dies ergibt sich aus der Struktur des zu bildenden Pascalschen Dreiecks, in welcher jeweils zwei nebeneinanderliegende Zahlenwerte den darunter liegenden Zahlenwert begründen.

Die Zeilensummen stellen also eine Abfolge von 2er-Potenzen dar, wie in folgender Tabelle zu sehen ist:

Tabelle 40: Übersicht über die Zeilen im Pascalschen Dreieck mit den jeweiligen Zahlenwerten, Zeilensummen und 2er-Potenzen.

Zeilennummer	Zahlenwerte	Zeilensumme	2er-Potenz
Zeile 0	1	1	2^0
Zeile 1	1, 1	2	2^1
Zeile 2	1, 2, 1	4	2^2
Zeile 3	1, 3, 3, 1	8	2^3
Zeile 4	1, 4, 6, 4, 1	16	2^4
Zeile 5	1, 5, 10, 10, 5, 1	32	2^5
Zeile 6	1, 6, 15, 20, 15, 6, 1	64	2^6

3.10.2 Mathematischer Hintergrund

Aus mathematischer Sicht stellen die Zeilensummen eine Besonderheit dar. Das Pascalsche Dreieck kann gebildet und nachvollzogen werden im Sinne von umgekehrten Maueradditionen.

Abbildung 65: Markierte Zahlenmaueradditionen im Pascalschen Dreieck.

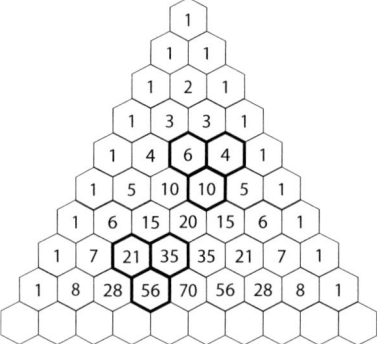

Im vorliegenden Beispiel der Abb. 65 wird aus dem Zahlenwert 6 und dem Zahlenwert 4 der Zahlenwert 10 gebildet. Im zweiten Beispiel lautet die Addition 21+35=56. Auf diese Art und Weise kann das Pascalsche Dreieck sukzessive aufgebaut werden. Gleichzeitig ist das Pascalsche Dreieck nichts anderes als eine grafische Darstellung der Binomialkoeffizienten (vgl. Kap. 3.2.2). Die Zeilensummen als 2er-Potenzen stellen dabei eine Besonderheit dar. Lautet die binomische Formel

$$(a+b)^2 = a^2 + 2ab + b^2,$$

so gilt bei den Zeilensummen der Sonderfall, dass a=b=1. Hieraus kann gefolgert werden, dass die Summe der Zahlenwerte der n-ten Zeile gleich ist zu 2^n. Im konkreten Fall bedeutet dies in obiger Tabelle, dass die Zeilensumme der fünften Zeile 2^5 entspricht, was wiederum ausgerechnet den Zahlenwert 32 ergibt. In Zahlen ausgedrückt heißt dies für die vierte Zeile des Pascalschen Dreiecks folgendes:

$$(a+b)^4 = a^4 + 4a^3b + 6a^2b^2 + 4ab^3 + b^4 = 16$$

3.10.3 Didaktische Planung

Den Ausganspunkt bildet wiederum das dreidimensionale Pascalsche Dreieck. Hier wird die Zeileneinteilung thematisiert, indem der Begriff „Zeile" gegeben wird und entsprechende Zeilenzuordnungen vorgenommen werden. Dies kann über farbige Markierungen auf den Stäben des dreidimensionalen Pascalschen Dreiecks bis hin zur numerischen Bezeichnung der einzelnen Zeilen passieren.

Abbildung 66: Markierte Zeilen im Pascalschen Dreieck.

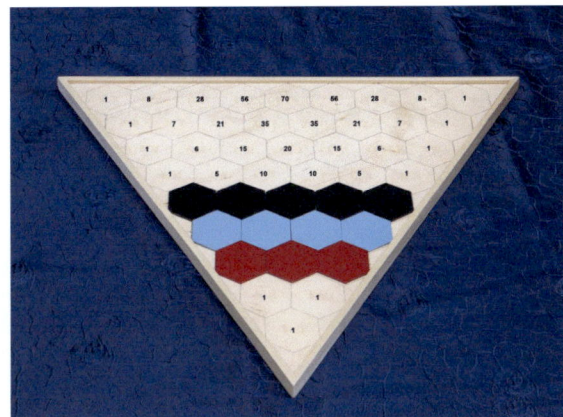

Der nächste Schritt wäre dann die Sammlung der Stäbe oder Elemente einer Zeile in einem Behältnis. Damit werden die Zahlenwerte des Pascalschen Dreiecks wieder sichtbar. Diese können in Form der aus Einerteilen aufgesetzten Zahlenwerte, oder mit den Einer-, Fünfer- und Zehnerteilen, oder auch in Form von Bausteinen zeilenweise in einem Behältnis gesammelt und somit der absolute Zahlenwert der entsprechenden Holzteile ermittelt werden (vgl. Abb. 67).

Abbildung 67: Herausgenommene Zeile mit den Zahlenwerten entsprechenden Holzteilen.

Gleichzeitig kann dies auch auf arithmetischer Ebene mit den Zahlenwerten in Form einer Kettenaddition erfolgen. Geachtet werden muss dabei auf den Zusammenhang zwischen der Addition von Bausteinen und Zahlen. Damit ist eine erste Voraussetzung für die 2er-Potenzen der Zeilensummen erreicht, nämlich die Bestimmung der jeweiligen Zeilensummen des Pascalschen Dreiecks.

Tabelle 41: Zugangsebenen zur Kennzeichnung von Zeilen und zur Bestimmung von Zeilensummen im Pascalschen Dreieck.

basal-perzeptiv	Farbige Markierungen der Oberseiten der Stäbe des dreidimensionalen Pascalschen Dreiecks wahrnehmen, platzieren oder reihen.
	Farbige Markierungen der Zeilen des Pascalschen Dreiecks anbringen.
	Feststellung unterschiedlich großer Mengen an Holzwürfeln oder anderen Gegenständen innerhalb einer Zeile des Pascalschen Dreiecks.
	Diskriminierung der unterschiedlichen Mengen von einer Zeile zur nächsten.
konkret-gegenständlich	Wegnehmen der Stäbe einer Zeile.
	Wegnehmen der Zahlenwerte einer Zeile.
	Befüllen und handelndes Addieren der Mengen der Holzelemente innerhalb einer Zeile.
	Sammeln der Elemente einer Zeile in einem eigenen Behältnis.
anschaulich-symbolisch	Markierung von einzelnen Zeilen im Pascalschen Dreieck.
	Handlungsnachvollzug der Addition mit Aufgabenkärtchen oder Arbeitsblättern.
	Feststellung der Zeilensummen.
abstrakt-begrifflich	Adäquate Verwendung des Zeilenbegriffs.
	Kettenaddition der einzelnen Felder einer Zeile.

Tabelle 42: Didaktische Einordnung der Bestimmung von Zeilensummen im Pascalschen Dreieck in das Entwicklungsmodell der Zahl-Größen-Verknüpfung nach Krajewski (Krajewski/Ennemoser 2013, 43).

Basisfertigkeiten	Unterscheidung der Stangen oder Elemente der Größe nach.
einfaches Zahlenverständnis	Größenrelationen der Anzahlen feststellen.
	Anzahlen ermitteln.
tiefes Zahlenverständnis	Bilden von Kettenadditionen.
	Zeilenweise Unterscheidung der Zeilensummen.

Nach der Bestimmung einer Zeile erfolgt die Ermittlung der jeweiligen Zeilensumme. Hierzu können die Stäbe der Zeilen des dreidimensionalen Pascalschen Dreiecks in einer Reihe nebeneinander gelegt oder übereinander gestapelt werden. Analog dazu können Holzwürfel entsprechend der Zahlenwerte der Elemente einer Zeile jeweils in einem Behältnis gesammelt werden. Über beide Varianten können die insgesamten Zahlenwerte der Zeile ermittelt und festgehalten werden (vgl. Abb. 68).

Durch die Verwendung von Spiegeln kann der Verdopplungseffekt perzeptiv wahrnehmbar gemacht werden. Die jeweiligen Summen können konkret-handelnd verdoppelt und mit der folgenden Zeile verglichen werden (vgl. Abb. 69).

Über den Schritt der Veranschaulichung und Symbolisierung der jeweils sich verdoppelnden Summenwerte wird der Begriff „doppelt" grundgelegt (vgl. Abb. 70).

Abbildung 68: Bilden der Zeilensummen durch handelnde Addition.

Abbildung 69: Vergleich und Verdopplung von zwei Zeilensummen.

Abbildung 70: Bildung des absoluten Wertes von einzelnen Zeilensummen als Vorarbeit des Verdoppelns. In der oberen Zeile wurden die einzelnen Teile durch ein der Gesamtsumme entsprechendes Teil eingetauscht, in der unteren Zeile noch nicht.

Nun können auch die entsprechenden arithmetischen Verdopplungen vorgenommen und in 2er-Potenzen übergeführt werden:

Tabelle 43: Zusammenhang von Zeilensummen und 2er-Potenzen.

Zeilensumme	2er-Potenz
1+1=2	$2^1=2$
1+2+1=4	$2^2=4$
1+3+3+1=8	$2^3=8$
1+4+6+4+1=16	$2^4=16$
1+5+10+10+5+1=32	$2^5=32$
1+6+15+20+15+6+1=64	$2^6=64$

Die Anbindung der Ermittlung der Zeilensummen an basal-perzeptive bzw. konkret-gegenständliche Angebote wird mit dem Erreichen höherer Zahlenräume aufgegeben.

Abbildung 71: Arithmetische Bestimmung der Zeilensummen durch eine Kettenaddition.

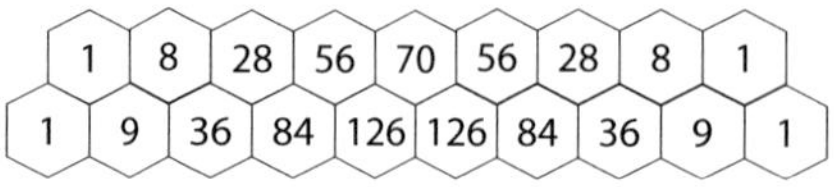

1	8	28	56	70	56	28	8	1	
1	9	36	84	126	126	84	36	9	1

Hier werden die Zeilensummen arithmetisch ermittelt, wie z.B. im folgenden Beispiel für die Zeilensummen der Zeile 8 mit der Summe 256 bzw. der Zeile 9 mit der Summe 512.

Für arithmetische Aufgabenstellungen können unterschiedlichste Formate und Zahlenräume ausgewählt werden. Dabei reicht der Zahlenraum bis 100 bis zur sechsten Zeile mit der Summe $64=2^6$. Die Zeile 9 hat die Zeilensumme 512, die Zeile 10 dann die Summe 1024. Der Zahlenraum bis 100.000 reicht bis zur Zeile 16 mit der Summe 65.536 wie aus Tab. 44 hervorgeht.

Mit den Zeilensummen können auch unterschiedliche Formate bedient werden. Rechenaufgaben können generiert werden innerhalb einzelner Zeilensummen, wie beispielsweise für die sechste Zeile:

$$1+6+15+?+15+6+1= 64$$

Hierbei werden Lücken in die einzelnen Zeilen eingefügt.

Es kann auf die folgende Zeilensumme oder auf die vorhergehende geschlossen werden oder es können Zeilen dazwischen geschaltet werden (vgl. Tab. 45).

Tabelle 44: Zusammenhang von Zeilennummer, Zeilensumme, Zahlenraum sowie zugehöriger 2er-Potenz.

Zeilen-nummer	Zeilensumme	2er-Potenz	Zahlen-raum
0	1	2^0	
01	2	2^1	
02	4	2^2	
03	8	2^3	
04	16	2^4	
05	32	2^5	
06	64	2^6	100
07	128	2^7	
08	256	2^8	
09	512	2^9	1.000
10	1.024	2^{10}	
11	2.048	2^{11}	
12	4.096	2^{12}	
13	8.192	2^{13}	
14	16.384	2^{14}	
15	32.768	2^{15}	
16	65.536	2^{16}	100.000
17	131.072	2^{17}	
18	262.144	2^{18}	
19	524.288	2^{19}	1.000.000
20	1.048.576	2^{20}	

Tabelle 45: Drei verschiedene Aufgabenformate zur arithmetischen Bestimmung von fehlenden Zeilensummen.

Zeilen-nummer	Zeilen-summe	Zeilen-nummer	Zeilen-summe	Zeilen-nummer	Zeilen-summe
Zeile 10	1024	Zeile 10	?	Zeile 07	128
Zeile 11	?	Zeile 11	2048	Zeile 08	?
				Zeile 09	512

3.10.4 Diagnostische Aspekte

Bei der Bearbeitung der verschiedenen Angebote auf den unterschiedlichen Zugangsebenen lassen sich mehrere diagnostische Beobachtungen voneinander unterscheiden.

Ein erster Zugang ist das Umgehen mit bzw. das Verständnis von Zeilen innerhalb des Pascalschen Dreiecks. Dies ist die Voraussetzung für den Umgang mit Zeilensummen. Aufschlussreich ist dabei, mit welchen Hilfsangeboten die SchülerInnen handlungsfähig werden. Die farbige Kennzeichnung von Zeilen kann dabei ebenso eine Unterstützung darstellen wie die Herauslösung einzelner Zeilen. Hinweise auf Kompetenzen der räumlichen Orientierung und sukzessiven Reihung können dabei gewonnen werden.

Der Umgang mit Mengen und die entsprechende Repräsentation mit gegenständlichen Mengen, mit veranschaulichten Punktemustern oder mit zahlenmäßigen Darstellungsformen stellen ein zweites diagnostisches Kriterium dar. Hierbei ist besonders der Zusammenhang zwischen den verschiedenen Zugangsebenen aufschlussreich, da Erkenntnisse über den Wechsel der verschiedenen Varianten gewonnen werden können.

Ein dritter Aspekt ist der Zahlenraum, in dem Zeilensummen gebildet werden können. Da die Aufgabenstellungen zahlenraumunabhängig gegeben werden können, zeigt sich sehr schnell, in welchen Zahlenräumen sich die SchülerInnen orientieren können. Dabei fällt immer wieder auf, dass die „klassische" Orientierung an Zahlenräumen, wie sie sich aus der Einteilung des Grundschullehrplans ergibt, oft nicht konstitutiv für die SchülerInnen ist.

Schon bei basalen Herangehensweisen an Verdopplungen lässt sich überprüfen, inwieweit ein Verständnis des Doppelns vorliegt, auch wenn den SchülerInnen noch kein Begriff zur Verfügung steht. In der Diskriminierung von richtigen oder falschen Verdopplungen lässt sich dies erkennen. Der Spiegel kann dabei ein wichtiges Hilfsmittel sein. Damit verbunden sind Einschätzungen, inwieweit das Angebot von Multiplikationsaufgaben sinnvoll erachtet werden kann. Genauso verhält es sich mit dem Begriff „Potenz". Es können vorbegriffliche Kompetenzen überprüft werden.

3.10.5 Aspekte der Kommunikation und Kooperation

Bei den Zeilensummen bieten sich vielfältige Möglichkeiten zum Mathematisieren von Erkenntnissen und zum gemeinsamen Handeln an. Diese beziehen sich auf die Teilbereiche Zeile, Bilden der Summe einer Zeile, Vergleich der jeweiligen Zeilensummen, Verdopplung der Zeilensummen und den Begriff der 2er-Potenz.

Für alle SchülerInnen ist das Auffinden von Zeilen die Voraussetzung für das Bilden von Zeilensummen. Der Begriff der Zeile steht in sprachlicher Hinsicht im Vordergrund, kann aber auch ohne Sprachkompetenz durch die Diskriminierung von verschiedenen Zeilen oder durch die Markierung von Zeilen zum Ausdruck gebracht werden. Dabei können verschiedene diskriminierende oder markierende Tätigkeiten sowohl in der zwei-, wie auch dreidimensionalen Darstellung gemeinsam vollzogen werden.

Zeilensummen können basal-perzeptiv unterschieden oder konkret-gegenständlich hergestellt werden. Hierfür kommen verschiedene Handlungsmöglichkeiten in Betracht, wie das Sammeln von einzelnen Holzwürfeln, entsprechend der Zahlenwerte der jeweiligen Zahlenfelder. Die Holzwürfel können durch Zahlenstäbe mit absoluten Größenwerten ausgetauscht werden. Aus beiden Varianten können die jeweiligen Zeilensummen ermittelt werden. Hier ergeben sich Übergangsmöglichkeiten zwischen allen vier Zugangsebenen, da sich sowohl die Zahlenwerte der einzelnen Felder wie auch die jeweiligen Zeilensummen wahrnehmen bzw. darstellen lassen durch konkrete Gegenstände, durch Punkte-Veranschaulichungen, durch Zahlenwerte oder durch Kettenadditionen. Verschiedene Rechen- oder Handlungsrichtungen können zum Tragen kommen einerseits in Richtung der Bildung von Zeilensummen, andererseits aber auch in der Umkehrung des Herausfindens von einzelnen Zahlenfeldern einer Zeile ausgehend von der Zeilensumme.

Bezüge zwischen den einzelnen Zeilensummen können ebenfalls auf allen vier Zugangsebenen hergestellt werden durch das Feststellen unterschiedlich großer Mengen an Würfeln oder Holzstäben, durch die Reihung der verschieden großen Zeilensummen in gegenständlicher, veranschaulichter oder abstrakter Weise mit Zahlkärtchen. Diese Kommunikations- und Kooperationsanlässe stellen die Voraussetzung dar für weitere Differenzierungsmöglichkeiten nach „oben".

Bei der Verdopplung der Zahlenwerte der jeweiligen Zeilensummen bietet das „Spiegeln" der einzelnen Zeilensummen vielfältige Möglichkeiten der Wahrnehmung und des Handelns mit den herzustellenden Verdopplungen auf verschiedenen Ebenen.

Dies trifft in gleicher Weise für den Begriff oder ein Vorverständnis der 2er-Potenzen zu, denn letztlich werden hier ebenfalls Spiegelvarianten zum Einsatz kommen, die wiederum wahrnehmend oder handelnd oder in Form von Veranschaulichungen oder Zahlenwerten vollzogen werden können. Auch hier können zwei Handlungs- oder Denkrichtungen angewendet werden im Sinne der Verdopplung oder im Sinne der Halbierung.

3.11 Teilbarkeit im Pascalschen Dreieck

3.11.1 Mathematische Muster

Werden im Pascalschen Dreieck alle geraden Zahlen markiert, so ergibt sich ein auf dem Kopf stehendes Dreieck für die Zahlenwerte 4, 6, 10 und 20 und auch für weitere Zahlenwerte. Hieraus ergibt sich die Fragestellung, ob dies Zufall ist oder ob hier Regelmäßigkeiten abgeleitet werden können. Gerade Zahlen lassen sich durch 2 teilen. Markiert man nun alle durch 2 teilbaren Zahlen, so werden bis zur 14. Zeile des Pascalschen Dreiecks vier, verschieden große, jeweils auf der Spitze stehende gleichseitige Dreiecke sichtbar. Die Kantenlängen eines jeden Dreiecks bestehen jeweils aus gleich vielen Feldern. Beim Dreieck mit den Zahlenwerten 4, 6, 10 und 20 beträgt die Kantenlänge 3 Felder, beim folgenden Dreieck 7 Felder (vgl. Abb. 72).

Abbildung 72: Teilbarkeit durch "2".

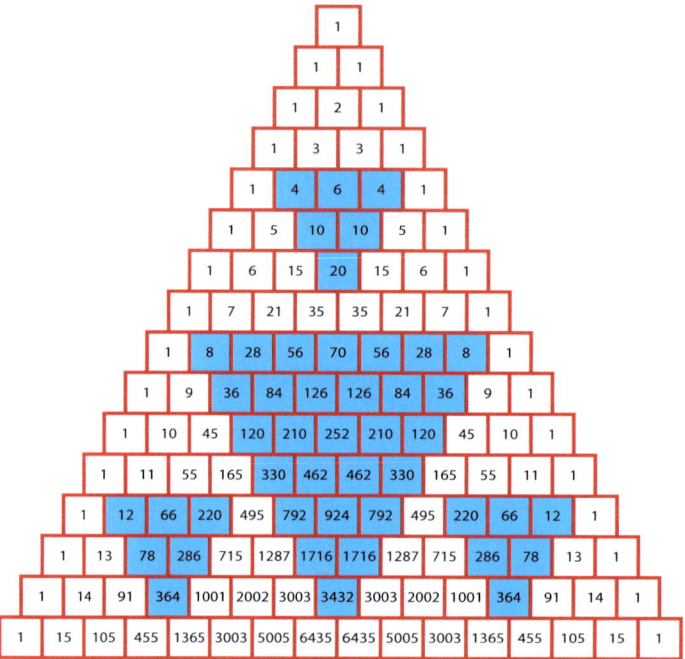

   Hieraus lässt sich die Vermutung ableiten, dass ähnliche Beobachtungen möglich sein sollten, wenn der Teiler eine andere gerade Zahl ist, also 4, 6, 8, 10. In der Tat lassen sich wieder auf der Spitze stehende Dreiecke markieren, wenn die Zahlenwerte des Pascalschen Dreiecks durch eine gerade Zahl geteilt werden. Dabei sind die Muster je geradzahligem Teiler unterschiedlich groß; die Kantenlängen bestehen also aus unterschiedlich vielen Zahlenfeldern. Überdies unterscheiden sich die Muster von Teiler zu Teiler. In der Abb. 73 ist ein sehr großer Ausschnitt des Pascalschen Dreiecks dargestellt. Ein Punkt steht für ein Zahlenfeld des Pascalschen Dreiecks; ein „V" dafür, dass der Zahlenwert durch „2" bzw. „8" teilbar ist.

   Auch bei der Teilbarkeit durch ungerade Zahlen können diese Muster festgestellt werden. Die Dreiecke stehen auf der Spitze und sind unterschiedlich groß. Für die Abb. 74 wurde der Ausschnitt des Pascalschen Dreiecks im Vergleich zur Abb. 73 verkleinert und mit Zahlenwerten versehen.

   Eine Besonderheit stellen dabei die Muster dar, die sich beim Teilen durch Primzahlen ergeben. Auch hier lassen sich beim Teilen durch eine Primzahl auf der Spitze stehende Dreiecke markieren, die allerdings je einzelner Primzahl jeweils gleich groß sind.

   Voraussetzung zur Markierung der jeweiligen Zahlenfelder ist die Kenntnis der Einmaleinsreihen in verschiedenen Zahlenräumen oder die Primfaktorzerlegung.

Abbildung 73: Markierte Zahlenwerte im Pascalschen Dreieck, die durch 2 (links) und 8 (rechts) teilbar sind (vgl. Brünner 2002, o.S.).

Abbildung 74: Markierte Felder sind teilbar durch 3 (links) und durch 9 (rechts).

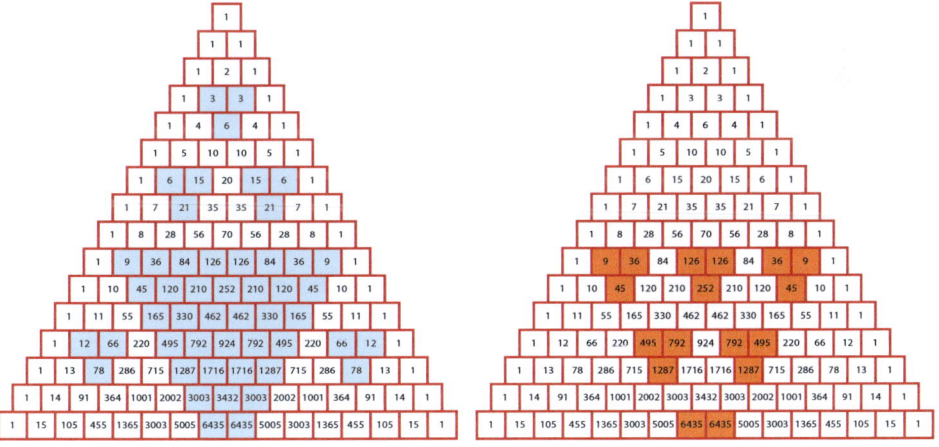

3.11.2 Mathematischer Hintergrund

Die Zahlenwerte im Pascalschen Dreieck können grundsätzlich als Binomialkoeffizienten gemäß der ersten binomischen Formel $(a + b)^2 = a^2 + 2ab + b^2$ dargestellt werden. Für den vorliegenden Fall der Muster bei Teilbarkeiten im Pascalschen Dreieck ist hingegen die Schreibung als Primfaktoren hilfreich. Hierzu sind einige Aussagen über Primzahlen zu treffen.

Primzahlen der Größe nach geordnet beginnen mit 2 und werden fortgesetzt mit 3, 5, 7, 11, 13, 17, 19, 23 usw. Es sind natürliche Zahlen, die nur durch sich selbst oder durch 1 teilbar sind. Für Primzahlen gelten die beiden Kriterien „teilbar ausschließlich durch sich selbst" und „teilbar durch 1". Somit zählt die 1 nicht zu den Primzahlen, da hier beide Kriterien zusammenfallen. Alle natürlichen Zahlen mit Ausnahme der 1 sind entweder Primzahlen oder lassen sich als Produkt von Primzahlen darstellen. Als Beispiel hierfür dient die folgende Tabelle. Jeweils in der ersten Zeile ist eine natürliche Zahl dargestellt. In der darunterliegenden ist angegeben, ob es eine Primzahl (P) ist oder wie die Zahl als Produkt von Primzahlen dargestellt werden kann.

Tabelle 46: Übersicht über die Zahlen von 1 bis 20 in Primzahlen und Produkte von Primzahlen (P/x·x*: Primzahl oder Produkt von Primzahlen).

Zahl	1	2	3	4	5	6	7	8	9	10
P/x·x*		P	P	2·2	P	2·3	P	2·2·2	3·3	2·5

Zahl	11	12	13	14	15	16	17	18	19	20
P/x·x*	P	2·2·3	P	2·7	3·5	2·2·2·2	P	2·3·3	P	2·2·5

Es gibt unendlich viele Primzahlen, was allerdings bisher nur durch eine indirekte Beweisführung, auch Widerspruchsbeweis genannt, die auf Euklides von Alexandria zurückgeht, nachgewiesen werden konnte. Hierfür wird die Annahme gesetzt, es gäbe eine endliche Anzahl von Primzahlen, dann müsste es eine größte geben. Wenn man jetzt das Produkt aller Primzahlen von der 2 über die 3, 5, 7, 11 usw. bis zur größten Primzahl bildet und dies mit der größten Primzahl „plus 1" multipliziert, dann erhält man eine sehr viel größere Zahl. Diese Zahl kann aber dann nicht mehr in der Liste der bisherigen Primzahlen dabei sein. Es könnte also keine Primzahl sein. Dann wiederum müsste diese Zahl einen von 1 und sich selbst verschiedenen Teiler haben. Dieser Teiler müsste in ein Produkt von Primzahlen zerlegt werden können. Allerdings bleibt bei diesen Zerlegungen dann immer ein Rest von 1. Dies gilt als Nachweis dafür, dass es unendlich viele Primzahlen gibt.

Wesentlich an diesem indirekten Beweis ist die Primfaktorzerlegung, nach der alle natürlichen Zahlen außer den Primzahlen dargestellt werden können. Um die Teilbarkeiten von beliebigen natürlichen Zahlen bestimmen zu können, werden die Teilbarkeitsregeln benötigt:

- Jede Zahl ist durch 1 teilbar.
- Jede Zahl ist durch sich selber teilbar.
- Jede gerade Zahl ist durch 2 teilbar.
- Eine natürliche Zahl ist durch 3 teilbar, wenn die Quersumme der Zahl durch 3 teilbar ist. Die Zahl 39.891 ist durch 3 teilbar, weil die Quersumme der Zahl sich folgendermaßen errechnet: 3+9+8+9+1=30. Dieses Ergebnis wiederum ist durch 3 teilbar. Dies hat auch Konsequenzen für die Teilbarkeit durch 6. Teilbar durch 6 können nur gerade Zahlen sein. Diese sind durch 2 teilbar. Wenn nach der Teilung einer geraden Zahl durch 2 die Quersumme des Ergebnisses durch 3 teilbar ist, dann ist die Ausgangszahl durch 6 teilbar.
- Eine Zahl ist durch 5 teilbar, wenn an der Einerstelle eine 0 oder 5 steht.
- Eine Zahl ist durch 7 teilbar, wenn man die letzte Stelle dieser mit 2 multipliziert und dieses Ergebnis von der Zahl ohne die letzte Stelle abzieht und dieses neue Ergebnis durch 7 teilbar ist.

Beispiel: 392 : 7 = 56. Die letzte Stelle von 39**2** mit 2 multipliziert hat das Ergebnis 4. Dieses wird von der Zahl ohne die letzte Stelle subtrahiert, also 39 – 4 = 35. Dieses Ergebnis wiederum ist durch 7 teilbar. Also ist auch die Ausgangszahl durch 7 teilbar. Dieses Verfahren kann nötigenfalls mehrmals hintereinander ausgeführt werden.

Tabelle 47: Weg der Feststellung der Teilbarkeit durch 7 (von links nach rechts; Zeile für Zeile).

5978 durch 7 teilbar?	Letzte Stelle mit 2 multiplizieren.	Ergebnis von Ausgangszahl ohne die letzte Stelle subtrahieren.	
597**8**	8 · 2 = 16	597 – 16 = 581	Zwischenergebnis.
58**1**	1 · 2 = 2	58 – 2 = 56	Das Ergebnis ist durch 7 teilbar.

- Eine Zahl ist durch 9 teilbar, wenn die Quersumme dieser Zahl durch 9 teilbar ist.

Auf dieser Grundlage können die Zahlenwerte des Pascalschen Dreiecks in ihre Primfaktoren zerlegt werden. In der folgenden Abbildung sind auf der linken Seite der vertikalen Symmetrieachse des Pascalschen Dreiecks die zugehörigen Zahlenwerte in ihren jeweiligen Primfaktoren abgebildet. Über die Symmetrie kann auf die absoluten Zahlenwerte geschlossen werden. Bei den Zeilen, die aus einer ungeraden Anzahl von Feldern bestehen, gilt dies für das mittlere Feld nicht, da die Symmetrielinie das Feld in der Mitte unterteilt.

Zum Zusammenhang der den jeweiligen Zahlenwert im Pascalschen Dreieck bildenden Primfaktoren und den Markierungen in den jeweiligen Einmaleinsreihen dient Tab. 48. Jeweils in der ersten Zeile sind die Zahlenwerte eingetragen, in der zweiten die zugehörigen Primfaktoren, außer bei Primzahlen. In der dritten Zeile sind die Einmaleinsreihen aufgeführt, bei denen der Zahlenwert markiert werden kann. Bei der Teilbarkeit durch eine ganze

Zahl sind alle Felder, in denen der Primfaktor 2 enthalten ist, bei den Markierungen der Teilbarkeit durch 2, 4, 6, 8 usw. enthalten.

Abbildung 75: Zahlenwerte des Pascalschen Dreiecks in Primfaktoren.

Tabelle 48: Zahlenwerte des Pascalschen Dreiecks mit zugehörigen Primfaktoren oder einer Kennzeichnung als Primzahl.

Zahl	2	3	4	5	6	7	8	9	10
P/x·x*	P	P	2·2	P	2·3	P	2·2·2	3·3	2·5
teilbar durch**			2, 4		2, 3		2, 4, 8	3, 9	2, 5

Zahl	15	20	21	28	35	36	56	70	84	126
P/x·x*	3·5	2·2·5	3·7	2·2·7	5·7	2·2·3·3	2·2·2·7	2·5·7	2·2·3·7	2·3·3·7
teilbar durch**	3, 5	2, 4, 5	3, 7	2, 4, 7	5, 7	2, 3, 4	2, 4, 7, 8	2, 5, 7	2, 3, 4, 6, 7	2, 3, 6, 7

Aus dieser Tabelle wird ersichtlich, in welchem inneren Zusammenhang die markierten Felder von verschiedenen Einmaleinsreihen stehen. Bei gemeinsam vorhandenen Primfaktoren gibt es demgemäß Überschneidungen bei den Markierungen. Dies wird sehr gut ersichtlich aus der Gegenüberstellung von entsprechenden Markierungen. Hierfür wurde ein identischer Ausschnitt des Pascalschen Dreiecks gewählt und die Teilbarkeiten durch 2, 4 und 8 markiert.

Im Pascalschen Dreieck ergeben sich durch die Markierung der Ergebniszahlen der Einmaleinsreihen pro jeweilige Einmaleinsreihe auf dem Kopf stehende Dreiecke. In markierter Form sind diese sehr einprägsam, wenn jeweils nur eine Einmaleinsreihe betrachtet wird. Hieraus ergibt sich eine fachdidaktische Problematik, wenn der Fokus immer auf eine Einmaleinsreihe gelegt wird.

Abbildung 76: Markierung der Teilbarkeiten mit 2 (oben links), 4 (oben rechts) und 8 (unten). Es ergeben sich auf der Spitze stehende Dreiecke.

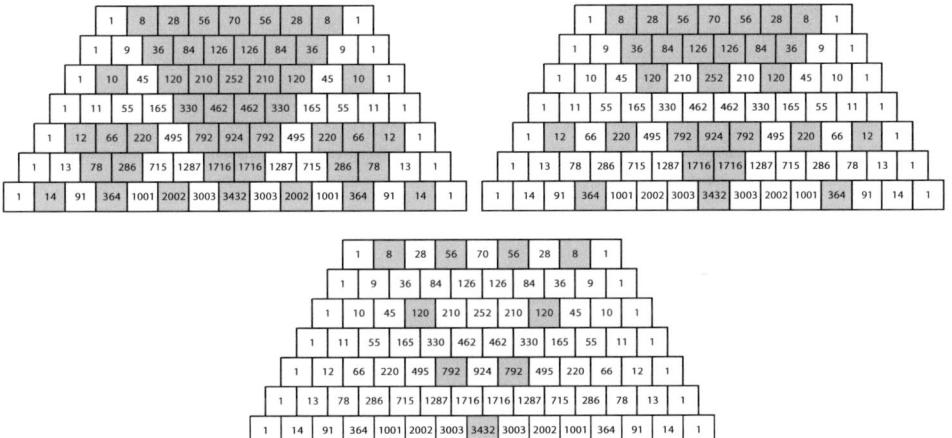

3.11.3 Didaktische Planung

Über viele Jahrzehnte wurden die Einmaleinsreihen bei der Einführung in die Thematik den SchülerInnen in jeweils voneinander getrennter Form angeboten. Im Sinne neuerer fachdidaktischer Überlegungen, die dem Erkennen von Mustern und von Zusammenhängen in der Mathematik mehr Bedeutung beimessen als dem formalisierten Lösen von arithmetischen Aufgabenstellungen, ist diese Herangehensweise in Theorie und Praxis zunehmend kritisiert worden. Im aktuellen LehrplanPLUS für die bayerische Grundschule wird bei den Kompetenzerwartungen und Inhalten auf die Nutzung von „Kernaufgaben des kleinen Einmaleins (Einmaleinssätze mit 1, 2, 5, 10 und die Quadratsätze), deren Umkehrungen (z. B. 14 : 7 = 2 oder 14 : 2 = 7 als Umkehrungen von 2 · 7 = 14) sowie Malaufgaben mit „0" verwiesen (Bayerisches Staatsministerium für Bildung und Kultus, Wissenschaft und Kunst 2014). Hieraus ergibt sich eine Abkehr der Betrachtung von isolierten Einmaleinsreihen. Die Aufgabe 5 · 3 wird demgemäß als Tausch der Aufgabe 3 · 5 verstanden.

Die Aufgabe 6 · 3 wird dann als Nachbaraufgabe der Tauschaufgabe zu 3 · 5 gesehen. Dies wird in der Regel erreicht durch eine Betrachtung des Einmaleins, beispielsweise in Form einer Einmaleinstabelle.

Abbildung 77: Einmaleins-Tafel aus dem Zahlenbuch 2; Ausgabe Bayern (Darstellung in Anlehnung an Wittmann/Müller 2006, o.S.).

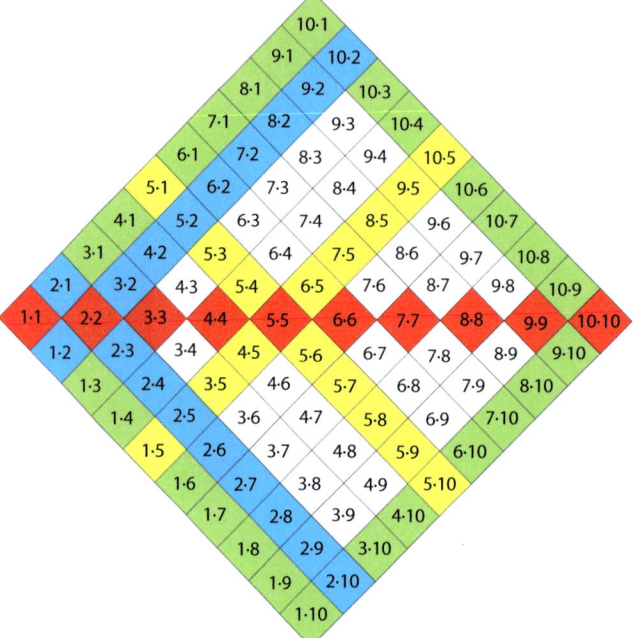

Auch in fachdidaktischer Hinsicht steht die Forderung nach einem ganzheitlichen Zugang zum Einmaleins (vgl. Gaidoschik 2014). Entgegen der Ordnung nach Einmaleinsreihen werden hier „*andere Ordnungen* in den Vordergrund" gestellt (ebd., 15. Hervorhebung im Originaltext. W.G.), nämlich das „Einmaleins ganzheitlich lernen" (ebd.).

Als wesentlicher Vorteil dieses Konzeptes wird angesehen, dass

- Zusammenhänge des Einmaleins besser zur Geltung kommen,
- Grundvorstellungen des Einmaleins abgesichert werden können,
- durch die Ganzheitlichkeit das Automatisieren erleichtert werden kann,
- mathematische Prinzipien, wie das Tauschgesetz, systematisch angewendet werden können (vgl. ebd., 17ff.).

In Abb. 78 wird ein möglicher Weg zu allen Einmaleinsaufgaben beginnend über die Verdopplung und die Verzehnfachung über die Kernaufgaben und die Nutzung des Tauschgesetzes aufgezeigt.

Abbildung 78: Zusammenhänge und Ableitungen des Einmaleins (Darstellung nach Gaidoschik 2014, 16).

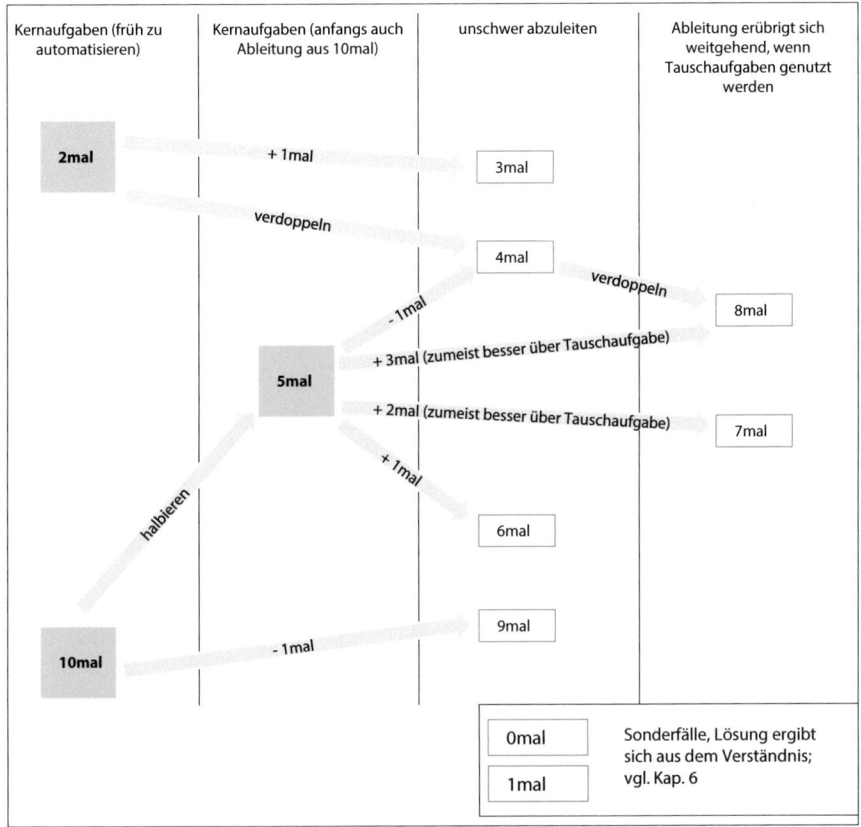

Die in der Abbildung aufgezeigten Möglichkeiten und Wege lassen sich nicht durch das isolierte Einführen und Automatisieren von einzelnen Einmaleinsreihen erreichen. Aus diesem Grund ist es einerseits nötig, darauf hinzuweisen, dass sich das Pascalsche Dreieck nicht zur grundsätzlichen Einführung des Einmaleins eignet. Andererseits kann über die Zugangsebenen gezeigt werden, dass sich zwischen Kindern, die schon über wesentliche ganzheitliche Einsichten über das Einmaleins verfügen, und SchülerInnen, die darauf nicht automatisiert zugreifen können, dennoch Kooperations- und Kommunikationsmöglichkeiten erschließen, die wiederum das Erlangen einer ganzheitlichen Sichtweise unterstützen können. Darüberhinaus sollte über die Primfaktorendiskussion klar geworden sein, dass im Vergleich der verschiedenen Muster der Einmaleinsreihen ebensolche ganzheitlichen Erkenntnisse möglich werden, da beispielsweise der Zusammenhang der 2er-, 4er- und 8er-Einmaleinsreihen visualisiert werden kann.

Grundvoraussetzung zum Finden und Markieren der Einmaleinsdreiecke im Pascalschen Dreieck sind die Ergebniszahlen der Einmaleinsreihen. Diese müssen den Kindern zugänglich sein, da sie sonst die Dreiecke nicht kennzeichnen können. Diese Zahlenkolonnen können auf verschiedene Weisen entwickelt werden. Ein möglicher Ausgangspunkt könnte die Bildung von logischen Reihen: 2 rote – 2 weiße – 2 rote usw. sein. In Verbindung mit einem Zahlenstrahl können die Ergebniszahlen des 2er-Einmaleins festgehalten werden. Möglich wären hier auch Schrittfolgen auf Bodenfliesen: links – rechts – links usw., die anhand von Zahlkärtchen dokumentiert werden. Dabei können die Schritte mitgezählt werden. Ebenfalls denkbar sind Kettenaufgaben oder Verdopplungen. Den SchülerInnen, die über zumindest teilweise automatisierte Einmaleins-Kompetenzen verfügen, stellt das Eintragen der Ergebniszahlen in eine Tabelle als Voraussetzung der Markierung eine gute Arbeitsgrundlage dar.

Tabelle 49: Zugangsebenen zur Erlangung der Ergebniszahlen der Teilbarkeiten mit 2 im Pascalschen Dreieck.

basal-perzeptiv	Unterscheidung und Diskriminierung von logischen Reihen aus Steckwürfeln (rot – rot – blau – blau – rot – rot usw.) oder anderen Materialien (zweidimensional, dreidimensional).
	Unterscheidung von 2er-Schritten und anderen Reihen.
	2er-Schritte am Zahlenstrahl.
konkret-gegenständlich	Bilden und Legen von 2er-Reihen aus verschiedenen Materialien.
	Einbindung in den Zahlenstrahl.
	Sortieren von Zahlkärtchen (mit und ohne Veranschaulichung, geordnete und ungeordnete Punktemuster).
	Schrittfolgen beim Gehen, Treppensteigen, auf regelmäßigen Fliesenmustern.
	2er-Bündelung mit Punktemustern in 10er-Veranschaulichungen.
	Bündeln von 2er-Einheiten: Socken, Schuhe, Auto und Garage.
anschaulich-symbolisch	Verknüpfung der Möglichkeiten „konkret-gegenständlich" mit Zahlkärtchen.
	Nutzung von Einmaleins-Tafeln und Einmaleinstabellen.
	Zahlenwerte in Tabellen eintragen.
abstrakt-begrifflich	Kettenaddition mit dem Summanden „2".
	Automatisierte Aufgaben des 2er-Einmaleins.

Tabelle 50: Didaktische Einordnung in das Entwicklungsmodell der Zahl-Größen-Verknüpfung nach Krajewski (Krajewski/Ennemoser 2013, 43).

Basisfertigkeiten	Zahlwortkenntnis bei logischen Reihen und bei 2er-Bündelungen.
einfaches Zahlenverständnis	Zahlwortreihe und Zuordnung ebensovieler Gegenstände.
tiefes Zahlenverständnis	Differenzen zwischen zwei Zahlen: 2, 4, 6 usw.

Im Vergleich der Zugangsebenen und des Entwicklungsmodells der Zahl-Größen-Verknüpfung wird deutlich, dass die Angebote, die über die Zugangsebenen kreiert werden können, noch eine deutlich einfachere oder eben basalere Herangehensweise ermöglichen. Die Breite des Spektrums an Heterogenität, die damit angesprochen werden kann, vergrößert sich damit. Dies bedeutet, dass sich auch die Kooperations- und Kommunikations-

möglichkeiten bezogen auf den gleichen mathematischen Sachverhalt „Teilbarkeit durch 2"
bzw. 2er-Bündelung auf ein breiteres Feld an SchülerInnen verteilen können.

Grundsätzlich bleiben die didaktischen Angebote bei weiteren Teilbarkeiten, oder einfacher formuliert, bei weiteren Einmaleinsreihen sehr ähnlich wie die hier vorgestellten.
Änderungen ergeben sich in der Materialbereitstellung, da sich für 5er-Schritte andere An-
schauungshilfen anbieten.

Abbildung 79: 5er-Schiffchen zur Bestimmung der Fünferzahlen des Einmaleins.

Bei den 5er-Schiffchen können die Platzhalter-Rundungen mit Rechenplättchen belegt
werden. Die 5er-Einteilung ist durch die Schiffchengröße vorgegeben. Die Reihe kann horizontal fortgesetzt werden. In die unteren Kästchen können die jeweiligen Zahlenwerte der
Schiffchen eingetragen werden (im vorliegenden Fall also die Zahlenwerte 5, 10, 15).

Liegen den SchülerInnen die Ergebniszahlen mindestens einer Einmaleinsreihe vor,
können diese Zahlenwerte im Pascalschen Dreieck sowohl in der Papierform wie im dreidimensionalen Modell gekennzeichnet werden. Hierfür ist es unerheblich, ob die Zahlen
über Rechenoperationen im Sinne eines automatisierten Einmaleinsverständnisses oder
über Einmaleins-Tafeln bzw. Einmaleinstabellen oder auch im Erschließungsverfahren
über konkret-gegenständliche Tätigkeiten zustande gekommen sind.

Im dreidimensionalen Pascalschen Dreieck können bis zur 8. Zeile, also im Zahlenraum
bis 100 vollständige Dreiecke gefunden werden für das 2er-, das 3er- und das 5er-Einmal-
eins.

Aus der folgenden Übersicht kann abgelesen werden, wie viele Reihen eines Pascalschen
Dreiecks benötigt werden, um jeweils mindestens ein vollständiges, auf dem Kopf stehen-
des, Teilbarkeitsdreieck markieren zu können und bis zu welchem Zahlenraum dies führt.
Berücksichtigt sind Dreiecke, die bis zur 15. Zeile komplett gebildet werden können. Das
Dreieck mit der Teilbarkeit durch 8 ist konturenhaft, aber erkennbar.

Tabelle 51: Zusammenhang von Einmaleinsreihe, Anzahl von Zeilen im Pascalschen Dreieck und benötigtem
Zahlenraum.

1·1 mit	2	3	4	5	6	7	8	9	10
Zeilen	6	4	10	8	14	12	14	10	6
Zahlenraum	20	6	120	70	3.432	924	3.432	45	20
Zeilen Folgedreieck	14	7	14	13	-	-	-	13	11
Endzahl	3.432	21	3.432	715	-	-	-	1.287	330

Aus Tabelle 51 wird ersichtlich, wie flexibel mit Zahlenräumen umgegangen werden kann, wenn das Pascalsche Dreieck Anwendung findet. Die SchülerInnen sind damit nicht mehr an den lehrplanmäßig für sie vorgesehenen Zahlenraum gebunden. Dies gilt sowohl für Differenzierungsangebote nach „oben" wie nach „unten".

Eine altersmäßig sehr „frühe" Einsatzmöglichkeit ergibt sich über die geraden Zahlen. Hier können Zugänge geschaffen werden über sehr basale Angebote mittels Farbmarkierungen oder auch mittels Gegenstandspaaren wie Handschuhe oder paarweise zueinander passende Gegenstände. Hier wird eine wahrnehmungsgebundene oder handlungsorientierte Möglichkeit der Auseinandersetzung geschaffen für das mathematische Prinzip gerader Zahlen, der Kettenaddition mit 2 sowie des 2er-Einmaleins.

Ebenfalls kann hier eine „unbewusste" Zahlenraumerweiterung über das kleine Einmaleins hinaus erfolgen, da sich die Dreiecke nicht an die lehrplanmäßigen Zahlenräume halten.

Schließlich ist, wie durch das Prinzip der Primfaktorenzerlegung deutlich geworden ist, der Zusammenhang zwischen verschiedenen Einmaleinsreihen erkennbar. Die Kinder können über die Markierung mit verschiedenen Farben erkennen, dass bestimmte Zahlenfelder mehrere Teiler haben können. So kann beispielsweise das Feld 8 markiert werden mit den Teilern 2, 4, 8; das Feld 56 mit den Teilern 2, 4, 7, 8; und das Feld 84 mit den Teilern 2, 3, 4, 6, 7.

3.11.4 Diagnostische Aspekte

Eine wesentliche Voraussetzung für einen ganzheitlichen Zugang zum Einmaleins sind neben der Kenntnis von einstelligen und zweistelligen Zahlen Strategien des Bündelns und Entbündelns. Hierfür bieten die vorgestellten didaktischen Angebote eine doppelte Möglichkeit.

Einerseits sind es die Stangen des dreidimensionalen Pascalschen Dreiecks. Diese sind in absoluten Längen entsprechend den Zahlenwerten des Pascalschen Dreiecks vorhanden und weisen lediglich leicht eingefräste Fünferskalierungen auf. Um also die absoluten Zahlenwerte ermitteln zu können, sind Kinder, die sich nicht sicher in abstrakter Weise im Zahlenraum bis 100 bewegen, auf Hilfsmittel angewiesen. Auch für SchülerInnen, die einen relativ sicheren Zugang haben, ist die Unterscheidung einer 7 cm-Stange von einer 8 cm-Stange nicht einfach. Hier stehen zu Beginn Einerplättchen zur Verfügung, die übereinander gestapelt werden können. Die Höhenskalierung der Einerplättchen entspricht dabei der Skalierung der Stangen mit den absoluten Zahlenwerten. Um also eine 6er-Stange von einer 7er-Stange unterscheiden zu können oder auch nur um den Zahlenwert einer 4er-Stange zu ermitteln, werden die Einerplättchen solange aufgetürmt, bis beide Stangen gleich hoch sind. So lässt sich durch Zählen der Zahlenwert ermitteln. Diese Einerplättchen wiederum können zu 5er- oder 10er-Stangen gebündelt werden. Hier werden also schon vor der ganzheitlichen Einmaleinseinführung Strategien des Bündelns und Entbündelns thematisiert. Zur Ermittlung der Mächtigkeit einer 9er- oder 8er-Stange kann nicht nur gebündelt, sondern auch entbündelt werden. So lassen sich Aufschlüsse darüber erkennen, inwieweit Voraussetzungen für das Einmaleins vorhanden sind.

Abbildung 80: Kinder beim Bündeln mit Steckwürfeln am Zahlenstrahl.

Andererseits werden zur Ermittlung von Ergebniszahlen einer Einmaleinsreihe unterschiedliche Bündelungen vorgenommen. Dies kann mit Sockenpaaren, verknüpft mit Zahlkärtchen, oder auch ohne, durchgeführt werden oder mit von der Skalierung her passenden Würfeln am Zahlenstrahl.

In noch basalerer Weise können diagnostische Erkenntnisse gewonnen werden, wenn ein Kind logische Farbreihen wie rot – rot – blau – blau usw. wiedererkennen, erkennen und diskriminieren kann. Hieraus können basale Erkenntnisse des Erkennens von Sinneinheiten oder Bündelungen abgeleitet werden.

3.11.5 Aspekte der Kommunikation und Kooperation

Wenn das Erkennen oder Zusammenfügen von Sinneinheiten wie 2 rote, 2 blaue, 2 rote usw. oder 1 Paar, 1 Paar, 1 Paar usw. als mathematische Tätigkeiten begriffen werden, dann ergeben sich Kommunikations- und Kooperationsmöglichkeiten, die ihren Ursprung haben in basal-perzeptiven oder konkret-gegenständlichen Zugängen und daher allen Kindern möglich sind. Hierüber kann ein Gemeinsamer Gegenstand definiert werden, über den ein gemeinsamer Austausch oder ein gemeinsames Handeln angeregt werden kann. Dies gilt insbesondere für:

- das Erkennen (und Benennen) von Sinneinheiten,
- die Diskriminierung von unterschiedlichen Sinneinheiten oder Bündelungen,
- das Herstellen von logischen Reihen,
- den Zusammenhang von Sinneinheiten mit Zahlkärtchen oder Zahlenwerten in Tabellen,
- die Markierung entsprechender Felder in der zwei- und dreidimensionalen Variante des Pascalschen Dreiecks.

2er-Reihen können verglichen werden mit anderen Reihen. 2er-Reihen können gemeinsam in unterschiedlichen Varianten hergestellt werden und auf andere Reihen bezogen werden. Konstitutionsmerkmale verschiedener Reihen können kommuniziert werden, ebenso wie der Zusammenhang von 2 Paar Socken und der Zahl 4. Die unterschiedlichen Markierungsvarianten können verglichen und dabei kann wiederum der Bezug von der Papier- zur Holzform des Pascalschen Dreiecks hergestellt werden.

Thematisiert werden kann auch die unterschiedliche Belegung von einzelnen Feldern im Pascalschen Dreieck hinsichtlich der zugehörigen Primfaktoren oder Einmaleinsreihen. Das Feld 8 gehört den Einmaleinsreihen 2, 4 und 8 an und hat die Primfaktorenzerlegung $2 \cdot 2 \cdot 2$. Demgemäß kann es in unterschiedlichsten Variationen zusammengesetzt werden aus 2 Paar Schuhen, 2 Paar Schuhen, 2 Paar Schuhen und 2 Paar Schuhen oder aus 4 roten und 4 blauen oder einem 8er-Steckwürfel oder einer 8er-Stange des dreidimensionalen Pascalschen Dreiecks. Grundsätzlich können alle diese Vorgehensweisen auch mit den Holzplättchen des Pascalschen Dreiecks vollzogen und kommuniziert werden.

In der Differenzierung nach „oben" ergeben sich Möglichkeiten durch den Vergleich unterschiedlicher Teilbarkeitsdreiecke und ihrer voneinander verschiedenen Erstellungswege.

3.12 Weitere Möglichkeiten für Lernumgebungen rund um das Pascalsche Dreieck

Die bisher erarbeiteten und strukturidentisch vorgestellten Angebote in den Abschnitten 3.5 bis 3.11 sollten ausreichen als Nachweis der Realisierbarkeit eines Lernens am Gemeinsamen Gegenstand und damit als exemplarischer Beleg für die gegen Ende des zweiten Kapitels formulierten didaktischen Bestimmungsstücke dazu. Im Folgenden werden weitere Möglichkeiten rund um das Pascalsche Dreieck nur mehr kurz skizziert. Der strukturidentische Aufbau wird ersetzt durch eine knappe Darstellung unterrichtlicher Angebote.

3.12.1 Rechenmuster im Pascalschen Dreieck

Für die SchülerInnen sind Rechenmuster ein sehr begehrtes Angebot, denn wenn sie das Funktionsprinzip, also das mathematische Muster, verstanden haben, dann können Sie das Rechenergebnis von mehrgliedrigen Additionsaufgaben in verschiedenen Zahlenräumen ablesen.

Bei der Abb. 81 ist die Aufgabe 1+3=4 in rot, 1+5+15=21 in blau und 1+6+21+56=84 in grün eingefärbt. Das Ergebnis der Additionsaufgaben kann jeweils nach dem Knick abgelesen werden. Die Muster können dabei wie Folien an unterschiedliche Stellen verschoben werden. Ausgangspunkt ist immer ein Feld am Rand. In Abb. 82 finden sich weitere markierte Aufgaben.

Dies eröffnet beispielsweise Möglichkeiten für Partnerarbeit dahingehend, dass ein Kind Aufgaben stellen kann und ein anderes die Lösung finden soll. Die Kontrollmöglichkeit ergibt sich durch das Rechenmuster. Die Aufgabentypen können variiert werden nach der Mehrgliedrigkeit, aber auch nach der Rechenrichtung. Es sollen nicht nur Additionsergebnisse berechnet werden, sondern es kann auch ein jeweils fehlendes Zahlenfeld errechnet werden, wenn die Ergebniszahl bekannt ist.

Abbildung 81: Rechenmuster mit Ergebnis bei zwei-, drei- und viergliedrigen Additionen.

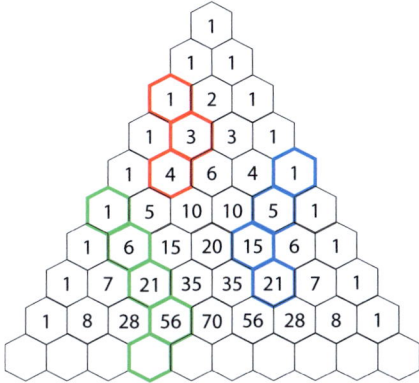

Abbildung 82: Markierte Rechenmuster in höheren Zahlenräume.

Abbildung 83: Verschiebbare Folie und Abdeckplättchen für Rechenmuster.

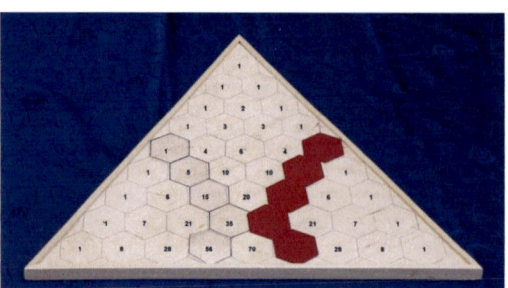

Die verschiedenen Aufgabentypen können in der Papierform, je nach Vorlage in verschiedenen Zahlenräumen, auf der hölzernen Grundplatte oder mit den Zahlenstangen des dreidimensionalen Pascalschen Dreiecks erledigt werden. Bei Verwendung der Zahlenstangen können die Ergebnisse handelnd überprüft werden. Es können durchsichtige verschiebbare Folien oder Abdeckplättchen verwendet werden. Die Abdeckplättchen eignen sich in besonderer Form für die Berechnung von einzelnen, fehlenden Zahlenwerten.

3.12.2 Fibonacci-Zahlen

Die Fibonacci-Zahlen ergeben sich im Pascalschen Dreieck durch die Addition schräger Diagonalen, wie sie in Abb. 84 beispielhaft markiert sind.

Abbildung 84: Farbig markierte Summen ergeben die Reihe der Fibonacci-Zahlen.

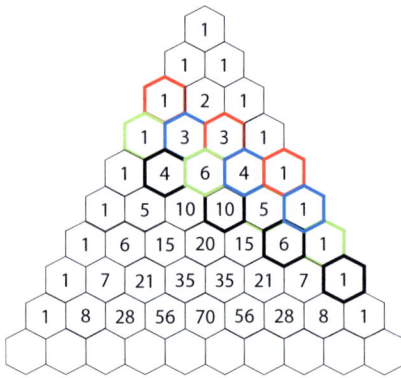

Aus der folgenden Tab. 52 lassen sich beispielhaft in Anlehnung an Abb. 84 Fibonacci-Zahlen errechnen.

Tabelle 52: Farbmarkierungen der Additionen zu den Fibonacci-Zahlen.

Farbige Markierung	Additionsaufgabe	Fibonacci-Zahl
rot	1+3+1=5	5
blau	3+4+1=8	8
grün	1+6+5+1=13	13
schwarz	4+10+6+1=21	21

Die Fibonacci-Folge entsteht, wenn jedes Glied einer Zahlenfolge, beginnend mit den ersten beiden Gliedern „1" und „1", als Summe der beiden vorhergehenden Glieder berechnet wird. Dies führt zu den Fibonacci-Zahlen: 1, 2, 3, 5, 8, 13, 21, 34, 55 usw. In Rechentermen sieht dies folgendermaßen aus: 1+1=2; 1+2=3; 2+3=5; 3+5=8; 5+8=13; 8+13=21; 13+21=34 usw. Deutlich wird die Bildungsgesetzmäßigkeit durch Abb. 85, weil sich dabei der Zusammenhang der einzelnen Summanden gut ablesen lässt.

Abbildung 85: Bildung der Fibonacci-Zahlen mit Zahlkärtchen und Schema.

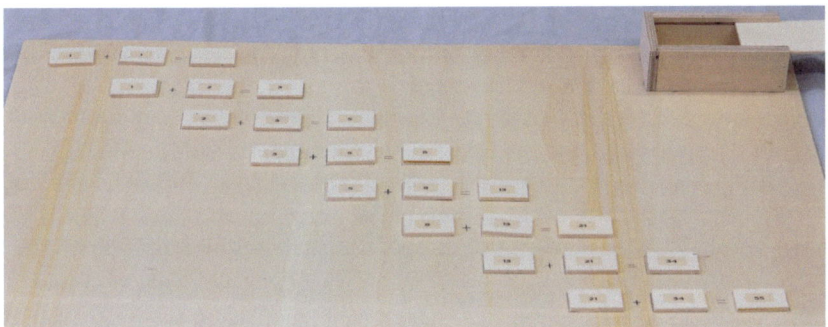

Weitere Fibonacci-Zahlen können im sukzessiven Verfahren bis in höhere Zahlenräume gebildet werden. Von zwei gegebenen Fibonacci-Zahlen können Vorgänger oder Nachfolger berechnet werden.

Abbildung 86: Spiralmuster aus Quadraten mit den Kantenlängen der Fibonacci-Folge.

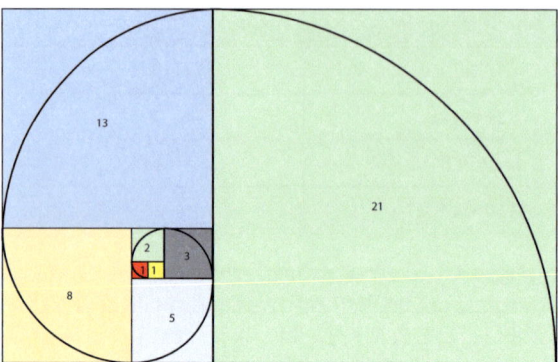

Die Fibonacci-Zahlen können im Wesentlichen zu zwei Anwendungen herangezogen werden. Mit den Fibonacci-Zahlen können spiralförmige Gebilde entwickelt werden, wie in Abb. 86, indem Quadrate mit den Kantenlängen der Fibonacci-Folge gebildet und gelegt werden.

Zu diesem Spiralmuster können Bilder von Schneckenhäusern, Sonnenblumen mit Kernen, verschiedene Zapfen von Nadelbäumen usw. hinzugenommen werden, die alle nach dem Prinzip der Fibonacci-Zahlen strukturiert sind.

Eine weitere Anwendung ergibt sich für die Berechnung der Entwicklung von Tierpopulationen beginnend mit einem Paar und unter der Voraussetzung, dass identische Tragzeiten zugrunde gelegt werden. Nach dem gleichen Prinzip können die „Vorfahren von Bienen" herausgefunden werden. Männliche Bienen entstammen einem unbefruchteten Ei, weibliche einem befruchteten. So ergeben sich unterschiedliche Anzahlen an Müttern, Vätern, Omas, Opas, Uromas, Uropas usw., die ebenfalls in der Fibonacci-Folge gründen. Mit den Materialien der Abb. 87 kann das nachvollzogen werden.

Abbildung 87: Darstellung der Vorfahren einer männlichen Biene. Rote Holzelemente stehen für weibliche, blaue für männliche.

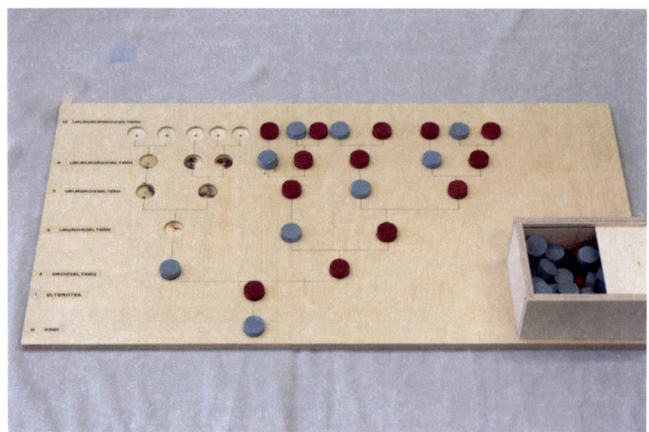

3.12.3 Binomialkoeffizienten

Im Abschnitt 3.2.2 wurde auf den kulturellen und gesellschaftlichen Hintergrund der Erfindung des Pascalschen Dreiecks hinsichtlich der Wahrscheinlichkeiten bei Glücksspielen und den Zusammenhang mit den Binomialkoeffizienten eingegangen. Möglichkeiten der Auseinandersetzung mit Wahrscheinlichkeiten werden in diesem letzten Abschnitt kurz aufgezeigt.

Ausgehend von einem sogenannten Galton-Brett (vgl. Abb. 88), mit dem Verteilungswahrscheinlichkeiten gezeigt werden können, kann dieser Prozess von SchülerInnen anhand eines Modells, des von mir so benannten Wahrscheinlichkeitsbretts (Abb. 89), nachvollzogen werden. Leider haben sich die Kugeln im vorliegenden Fall des Fotos des Galton-Brettes nicht ganz an die Verteilungswahrscheinlichkeit gehalten.

Abbildung 88: Galton-Brett (Quelle: Reinhold Schulausstattung).

Abbildung 89: Wahrscheinlichkeitsbrett, mit dem Wege der Verteilung bestimmt werden können.

Das Grundprinzip des Wahrscheinlichkeitsbrettes ist dasselbe wie beim Galton-Brett. Allerdings sind beim Wahrscheinlichkeitsbrett weniger Hindernisse angebracht und es ist so konstruiert, dass der Weg einer Holzscheibe von den SchülerInnen bestimmt werden kann. Diese entscheiden am ersten Hindernis, ob die Scheibe den linken oder rechten Weg nehmen soll und treffen am nächsten Hindernispunkt eine erneute Entscheidung usw.

Die verschiedenen Wege mit verschiedenen Zielpunkten können dokumentiert werden, sodass sich unterschiedliche Verteilungen ergeben. Wenn für jeden Hindernispunkt jeweils eine Linksentscheidung und eine Rechtsentscheidung durchgeführt werden, dann verteilen sich am Ende die Holzscheiben in den unteren Fächern entsprechend der Wahrscheinlichkeit und liegen als visualisierte Verteilung vor.

4 Abschließende Bemerkungen und Perspektiven

In einer interdisziplinären Sichtweise auf Lernwerkstatt und Lernwerkstattarbeit und auf aus sonderpädagogischer Sicht unabdingbare Anforderungen an eine inklusive Didaktik und auf mathematisch fachliche und fachdidaktische Erfordernisse wurde ein Beitrag zu einer inklusiven Didaktik entwickelt, der tragfähig ist für alle SchülerInnen. Die Bedeutung des Gemeinsamen Gegenstandes zur Ermöglichung kooperativer und gemeinsamkeitsstiftender Prozesse und die damit verbundene Notwendigkeit, den Gegenstand im Sinne der Zugangsebenen aufzuschlüsseln, konnte aufgezeigt werden.

4.1 Zu den Fragestellungen

In der Einleitung wurden Fragestellungen formuliert, auf die an dieser Stelle eingegangen werden soll.

- Welchen Beitrag können ausgewählte didaktische Konzepte aus der Allgemeinen Pädagogik und aus der Heil- und Sonderpädagogik für einen gemeinsamen Unterricht in inklusiven oder als inklusiv bezeichneten Schulklassen leisten?
- Wie können diese herauszukristallisierenden Elemente komponiert und weiter entwickelt werden, damit ein gemeinsames Lernen in Klassen, die orientiert sind an Heterogenität und Diversität, gelingen kann?

In der Auseinandersetzung mit dem Konzept Lernwerkstatt und Lernwerkstattarbeit und mit wesentlichen Ansätzen von historischen Vorläuferkonzepten wurden wesentliche Elemente herauskristallisiert, die wichtige Andockmöglichkeiten an eine inklusive Didaktik bieten. Aufgezeigt werden konnte, dass Lernwerkstattarbeit offen genug für die Berücksichtigung der Erziehungs-, Förder- und Bildungsbedürfnisse einer heterogenen SchülerInnenschaft konzipiert ist, so dass eine Schnittstelle in Richtung einer inklusiven Didaktik erschlossen werden kann, wenn drei Spannungsfelder modifiziert werden. Im Verhältnis Instruktion – Konstruktion, das von Seiten Lernwerkstatt möglichst weit in Richtung des Poles Konstruktion verortet ist, muss es an manchen Stellen ermöglicht werden, dass Prozesse einer direkten Instruktion zur Verfügung gestellt werden. In einem zweiten Spannungsfeld zur Rolle der Lehrkräfte sollte nicht von einer reinen Lernbegleitung im Sinne eines Coaching gesprochen werden, sondern von Lehrpersonen, die Dinge der Welt für SchülerInnen interessant machen und die als Dialog- und KooperationspartnerInnen agieren können. Dies gilt auch für die Rolle anderer SchülerInnen und erschließt den dritten Modifikationsbereich, eine stärkere Orientierung auf gemeinsame Lernprozesse, die über den Gemeinsamen Bildungsgegenstand ermöglicht werden können. Schließlich ist darauf hinzuweisen, dass über Lernwerkstätten an Hochschulen ein hochschuldidaktisches Potential erschlossen werden kann, das eher traditionelle Formen der LehrerInnenbildung und -fortbildung ergänzen kann, damit künftige Lehrpersonen auf die vielfältigen und komplexen Anforderungen, die aus einem inklusiven Unterricht resultieren, besser professionalisiert werden können.

Die UN-Behindertenrechtskonvention stellt in bildungspolitischer Hinsicht einen Anknüpfungspunkt zwischen Lernwerkstattarbeit und inklusiven Didaktikkonzepten her. Dies gilt auch für Wolfgang Klafki und seine kritisch-konstruktive Didaktik in Bezug auf Konzepte der Differenzierung.

Aus Sicht einer Sonderpädagogik, die sich als advokatorische und Partizipation ermöglichende Pädagogik im Dialog mit anderen Disziplinen auf dem Weg in Richtung Inklusion versteht, können essentielle Anforderungen benannt werden, die über eine Pädagogik der Vielfalt hinausweisen, und die für eine inklusive Didaktik als notwendig erachtet werden. Dabei wurde ein weites Verständnis von gemeinsamem Unterricht grundgelegt und zunehmend auf die Bedeutung kooperativer Prozesse im gemeinsamen Unterricht fokussiert.

- In der Konsequenz der Beantwortung der ersten beiden Fragen ergibt sich eine dritte Fragestellung: Wie kann ein gemeinsamer Lerngegenstand aufbereitet werden, dass er Grundlage für ein gemeinsames, sinnstiftendes Handeln von sehr unterschiedlichen Kindern und Jugendlichen werden kann? Wie muss der gemeinsame Gegenstand aufgeschlossen werden, dass kooperatives Handeln als verbindendes Element im gemeinsamen Lernen ermöglicht wird und welche Zugangsebenen müssen den unterschiedlichen Kindern und Jugendlichen im Sinne der Einlösung ihrer jeweiligen Bildungs- und Förderbedürfnisse bereitet und angeboten werden?

Damit eine Didaktik realisiert werden kann, die tragfähig ist für tatsächlich alle SchülerInnen, und die in der Lage ist, Kooperationsmöglichkeiten zu schaffen, muss eine stärkere Orientierung am Gemeinsamen Bildungsgegenstand erreicht werden, denn dieser ist zum einen Voraussetzung für potentiell gemeinsames Handeln, zum anderen wird damit die Möglichkeit erschlossen, dass in der Kooperation eine Hinwendung zum Lernen in der Zone der nächsten Entwicklung erreicht werden kann. Dazu muss ein Gegenstand so aufgeschlossen werden, dass er allen SchülerInnen ihren jeweiligen Lern-, Erziehungs- und Bildungsbedürfnissen entsprechende, adäquate Angebote bereitstellen kann, wobei diese allen SchülerInnen zur Verfügung stehen. Dies erfolgt nicht mehr primär anhand einer Einschätzung der jeweiligen Entwicklung auf entwicklungspsychologischer Grundlage, sondern durch die Bereitstellung der Angebote auf den vier verschiedenen Zugangsebenen. Der Gemeinsame Bildungsgegenstand wird aufgefächert nach basal-perzeptiven, konkret-gegenständlichen, anschaulich-symbolischen und abstrakt-begrifflichen Zugriffsmöglichkeiten seitens der SchülerInnen.

- Welche Bedeutung und welche inhaltlichen Angebote beinhalten dabei fachdidaktische Überlegungen, im vorliegenden Fall aus der Mathematik, zu Planungs- und Gestaltungsprozessen eines Unterrichts, der, ausgehend von einem gemeinsamen Lerngegenstand, in der Lage ist, adäquate, differenzierte Angebote zu setzen?

Die hieraus resultierenden Möglichkeiten wurden im Sinne der Erfassung der fachlichen Perspektive, im vorliegenden Fall des Pascalschen Dreiecks als Gemeinsamen Bildungsgegenstand, in mathematischer und mathematikdidaktischer Hinsicht einer doppelten didaktischen Absicherung unterzogen. So können für die verschiedenen mathematischen Muster und Strukturen des Pascalschen Dreiecks auf der Grundlage der Zugangsebenen, welche die

Berücksichtigung der SchülerInnenseite gewährleisten, fachlich begründete Unterrichtsangebote generiert werden, die im Hinblick auf den Gemeinsamen Gegenstand Kooperationsmöglichkeiten eröffnen.

- Schließlich soll die grundsätzliche Realisierbarkeit eines solchen Konzeptes aufgezeigt und exemplarisch anhand von Lernumgebungen zu mathematischen Mustern rund um ausgewählte Anforderungsstrukturen des Pascalschen Dreiecks aufgefächert werden. Dieser gemeinsame Bildungsgegenstand wurde stellvertretend für viele andere mögliche gemeinsame Lerngegenstände ausgewählt, da er in unterrichtlichen Zusammenhängen bisher kaum thematisiert wurde und hinreichend komplex ist, dass die Exemplarität belastbar ist. Hierzu werden zahlreiche von mir konzipierte und entwickelte Materialien und Vorgehensweisen vorgestellt, die mit verschiedenen Klassen von Förderschulen oder aus einem inklusiven Setting durchgeführt wurden.

Nach der allgemeinen Herausarbeitung und Entwicklung einer inklusiven Didaktik im Sinne eines gemeinsamen Unterrichts an einem Gemeinsamen Bildungsgegenstand im Kapitel 2 wird dies anschließend exemplarisch ausgearbeitet für Lernumgebungen zu mathematischen Mustern und Strukturen des Pascalschen Dreiecks auf der Basis einer modifizierten Lernwerkstattarbeit am Gemeinsamen Bildungsgegenstand unter Berücksichtigung der fachlichen Perspektive. Aufgezeigt werden konnte die Tragfähigkeit der Angebote für alle SchülerInnen. Die Exemplarität wurde gewählt um zu zeigen, dass mit dem Aufgreifen der Zugangsebenen auch andere Themen im Sinne des Gemeinsamen Gegenstandes aufbereitet werden können. Die Zielrichtung ist dabei, den Anteil an kooperativem Lernen innerhalb eines gemeinsamen Unterrichts zukünftig deutlich zu erhöhen und Studierende während der LehrerInnenbildung entsprechend darauf vorzubereiten. Hierfür ist der Doppelcharakter von Lernwerkstatt und Lernwerkstattarbeit hilfreich, denn einerseits handelt es sich um hochschuldidaktische Alternativen und andererseits um pädagogisch-didaktische Arbeit mit SchülerInnen.

4.2 Vielfalt der Gemeinsamen Bildungsgegenstände

Seit dem Umzug der Lernwerkstatt des Instituts für Sonderpädagogik der Julius-Maximilians-Universität Würzburg von einem Raum in der Teilbibliothek, der in einem Gastverhältnis genutzt werden konnte, in fakultätseigene Räumlichkeiten mit der Möglichkeit der Nutzung eines angegliederten Seminarraumes werden von mir im Zusammenhang mit Seminarangeboten im Rahmen der Lernwerkstatt verschiedene Projektangebote für heterogene SchülerInnengruppen geplant und durchgeführt. An den Seminaren nehmen Studierende aller Lehrämter teil. Die Unterrichtsangebote werden von den Studierenden auf der Grundlage der Zugangsebenen und unter Berücksichtigung der fachlichen Perspektive in Zusammenarbeit generiert und mit Schulklassen eines inklusiven Settings in Form von Tandemklassen oder mit Klassen von Förderschulen durchgeführt – mit sehr positiver Resonanz bei allen Beteiligten.

Dabei wurden Projektangebote entwickelt zu verschiedenen Themen. Diese Themenvielfalt sollte ein weiterer Hinweis dafür sein, dass grundsätzlich nicht nur das Pascalsche Dreieck, sondern viele andere Gegenstände so aufbereitet werden können, dass sie tragfähig sind im Sinne eines Gemeinsamen Bildungsgegenstandes. Es handelt sich um folgende Themenstellungen, die jeweils in verschiedene Teilaspekte in Form von Lernumgebungen unterteilt werden können:

- Luft und Luftdruck
- Schwimmen und Sinken
- Brücken
- Vulkane
- Strom und Elektrizität
- Unsere Sinne
- Licht – Optik – unser Auge

Weitere mathematische Lernumgebungen wurden konzipiert und angeboten zu ausgewählten Örtlichkeiten in Würzburg, wie z.B. der Residenz, dem Skatepark im Stadtteil Zellerau, dem Park des Juliusspitals, dem von uns so benannten Kanaldeckelplatz und weiteren Plätzen, Gebäuden oder Örtlichkeiten. Die Unterrichtsangebote wurden anhand der Zugangsebenen von Studierenden und mir geplant und an den jeweiligen Orten durchgeführt.

Im Wintersemester 2016/17 wurde ein Kooperationsseminar gemeinsam von Frau Katja Weirauch aus der Didaktik der Chemie und mir angeboten. Hier wurden ebenfalls auf der Grundlage der Zugangsebenen und der Berücksichtigung der fachlichen Perspektive Chemie Lernumgebungen kreiert zum Thema „Stoffe" für das Grundschulalter. Durchgeführt wurden die entwickelten Stationen im M!ND-Center der Universität Würzburg mit einer Tandemklasse (inklusives Setting mit maximaler Heterogenität) der 4. Jahrgangsstufe der Grundschule am Heuchelhof, eine der Schulen mit dem besonderen Profil Inklusion in Bayern. Folgende Teilthemen wurden gemeinsam mit Frau Weirauch und mir von Studierenden aus verschiedenen Lehrämtern generiert:

- Verbrennungsdreieck
- Brennbarkeit von verschiedenen Stoffen
- Schmelzpunkt verschiedener Stoffe
- Papierchromatografie
- Löslichkeit von verschiedenen Stoffen in Wasser
- Suspensionen
- Stoffe entwickeln neue Eigenschaften – Chemie des Kochens und Backens
- Zuckerwatte
- Popcorn
- Gase – Luft ist nicht nichts
- Sprudelgas und Luft
- Anzeigestoffe: Rotkohlsaft

Die jüngeren Projektangebote werden sukzessive über die Lernwerkstatt für Lehrkräfte zugänglich gemacht. Hier zeigt sich die innovative Potenz von Lernwerkstätten an Hochschulen für die LeherInnenbildung und -fortbildung und die damit verbundene Möglichkeit nicht nur der Generierung von Gemeinsamen Bildungsgegenständern, sondern besonders deren Implementierung in Schule und Unterricht.

4.3 Forschungsdesiderata

Bei den Sachunterrichtsthemen kann eine inhaltliche Nähe des vorgestellten Konzeptes zu den „inklusionsdidaktischen Netzen" (Kahlert/Heimlich 2014) festgestellt werden, denn bei dem Konzept der „inklusionsdidaktischen Netze" können ebenfalls – wenngleich aufgrund der Mehrperspektivität nicht in zwingender Form – Angebote am Gemeinsamen Gegenstand hergestellt werden. Eine vertiefte Auseinandersetzung mit dem in der vorliegenden Arbeit vorgestelltem Konzept der Zugangsebenen und mit den „inklusionsdidaktischen Netzen" könnte einen inklusiven Sachunterricht über den Gemeinsamen Gegenstand hinaus begründen.

Aufgrund der Komplexität der Generierung von Angeboten am Gemeinsamen Gegenstand sollte es Aufgabe von Wissenschaft und Forschung sein, in der Zusammenarbeit von Sonderpädagogik und Fachdidaktik entsprechende Materialien zu begründen, zu entwickeln und für den Unterricht zur Verfügung zu stellen; und zwar über die bereits entwickelten Angebote der Lernwerkstatt hinaus. Es kann nicht allein die Aufgabe von Lehrkräften sein, ein gemeinsames Lernen von sehr unterschiedlichen Kindern an einem Gemeinsamen Gegenstand in tragfähiger Weise für alle zu ermöglichen und abzusichern.

Die Seminarangebote der Lernwerkstatt des Instituts für Sonderpädagogik bedürften einer Begleitforschung, die über die bereits durchgeführten fakultätsinternen Evaluationen und über die eigenen quantitativen und qualitativen Erhebungen zur Wirksamkeit und Nachhaltigkeit der Projektseminare hinausgehen. Dabei sollten folgende Aspekte beleuchtet werden:

- Nachhaltigkeit und Dauerhaftigkeit der Lernerfahrungen der Studierenden im Sinne biografischer Entwicklung bei den Projektseminaren
- Verhältnis von Theorie und Praxis bei den Projektseminaren
- Nutzen und Bedeutung der Projektseminare für die LehrerInnenbildung
- Bedeutung der Generierung von einem Gemeinsamen Bildungsgegenstand für die weitere Professionalisierung der Studierenden

Schließlich sollte die Implementierung von Angeboten an einem Gemeinsamen Bildungsgegenstand unter Nutzung der Zugriffsebenen untersucht werden. Dabei geht es in erster Linie um die Fragestellung, inwieweit die Bereitstellung und didaktisch-fachliche Begründung eines Gemeinsamen Bildungsgegenstandes ausreichend für eine Implementierung in den gemeinsamen Unterricht ist, oder ob und in welchem Umfang und qualitativer Orientierung Maßnahmen der LehrerInnenfortbildung hilfreich sind.

4.4 Zur Bedeutung des vorgestellten Konzeptes

Mit der vorliegenden Arbeit wurde der Versuch unternommen, einen Beitrag zu einer inklusiven Didaktik zu leisten, welche in der Lage ist, ein tragfähiges Angebot des gemeinsamen Lernens an einem Gemeinsamen Bildungsgegenstand für alle SchülerInnen zur Verfügung zu stellen. Dabei gelingt eine Integrationsleistung von Ansätzen aus der Regelschulpädagogik, von aus sonderpädagogischer Sicht für die Inklusion unabdingbaren Überlegungen und der fachlichen Perspektive. Es wurde ein Konzept entwickelt und vorgestellt, das in der Lage sein sollte, kooperative Lernformen an einem Gemeinsamen Gegenstand zu ermöglichen, und das fachliche und fachdidaktische Gegebenheiten in ausreichender Form zur Kenntnis und zur Anwendung bringen kann. Eingelöst wird somit „als Kern einer inklusiven Didaktik die Forderung [… W.G.], dass allen Schülern, auch solchen mit einem sehr hohen Förderbedarf, Zugang zu möglichst allen Themen und Bildungsinhalten gewährt werden muss" (Fischer 2016, 108). Mit dem vorgelegten Konzept sollte es möglich sein, den Anteil von kooperativem und damit gemeinsamkeitsstiftendem Unterricht im Rahmen des gemeinsamen Unterrichts deutlich zu erhöhen.

Literaturverzeichnis

AG Studienwerkstätten des ZLB (Hrsg.) (2011): Studienwerkstätten der Lehrerbildung. Innovative Lernorte an der Universität Kassel. Kassel: kassel university press.

Ahrbeck, Bernd/Bleidick, Ulrich/Schuck, Karl Dieter (1997): Pädagogisch-psychologische Modelle der inneren und äußeren Differenzierung für lernbehinderte Schüler. In: Weinert, Franz E. (Hrsg.): Psychologie des Unterrichts und der Schule. Göttingen/Bern/Toronto/Seattle: Hogrefe. S. 739–769.

Arnold, Karl-Heinz (2006): Lehren und Lernen. In: Arnold, Karl-Heinz/Sandfuchs, Uwe/Wiechmann, Jürgen (Hrsg.): Handbuch Unterricht. Bad Heilbrunn: Klinkhardt Verlag. S. 37–46.

Attali, Jaques (2006): Blaise Pascal. Biographie eines Genies. Stuttgart: Klett-Cotta Verlag.

Bayerisches Staatsministerium für Bildung und Kultus, Wissenschaft und Kunst (2014): LehrplanPLUS Grundschule. Lehrplan für die bayerische Grundschule. München. Online verfügbar unter: https://www.lehrplanplus.bayern.de/schulart/grundschule [08.03.2017].

Bayerisches Staatsministerium für Unterricht und Kultus (2000): Lehrplan für die bayerische Grundschule. München.

Bayerisches Staatsministerium für Unterricht und Kultus (2003): Lehrplan für den Förderschwerpunkt geistige Entwicklung. München.

BayEUG Bayerisches Gesetz über das Erziehungs- und Unterrichtswesen (BayEUG) in der Fassung der Bekanntmachung vom 31. Mai 2000 (GVBl S. 414, ber. S. 632, BayRS 2230-1-1-UK), zuletzt geändert durch Gesetz vom 9. Juli 2012.

Belser, Helmut/Roeder, Peter-Martin (1972): Einleitung zur deutschen Ausgabe des Reports. In: Belser, Helmut/Roeder, Peter-Martin/Thomas, Helga (Hrsg.): Kinder, Schule, Elternhaus. Eine Untersuchung über das englische Primarschulwesen (Plowden-Report). Frankfurt am Main/Berlin/München: Verlag Moritz Diesterweg. S. 1–36.

Benkmann, Rainer (2010): Kooperation und kooperatives Lernen unter erschwerten Bedingungen inklusiven Unterrichts. In: Kaiser, Astrid/Schmetz, Ditmar/Wachtel, Peter/Werner, Birgit (Hrsg.): Bildung und Erziehung. Stuttgart: Kohlhammer. S. 125–134.

Bielefeldt, Heiner (2009): Zum Innovationspotenzial der UN-Behindertenrechtskonvention. Berlin: Deutsches Institut für Menschenrechte. Online verfügbar unter: http://www.institut-fuer-menschenrechte.de/publikationen/show/essay-no-5-zum-innovationspotenzial-der-un-behindertenrechtskonvention/ [10.03.2017].

Birkenfeld, Patricia/Gabriel, Regine/Zeuch, Christian (2016): Die Euthanasie Gedenkstätte Hadamar – Materialsammlung. Hadamar: Gedenkstätte Hadamar.

Böhm, Winfried (1991): Maria Montessori. Hintergrund und Prinzipien ihres pädagogischen Denkens. Bad Heilbrunn: Klinkhardt Verlag.

Boban, Ines/Hinz, Andreas (2003a): Index für Inklusion. Lernen und Teilhabe in der Schule der Vielfalt entwickeln. Halle-Wittenberg: Marthin-Luther-Universität Halle-Wittenberg.

Boban, Ines/Hinz, Andreas (2003b): Der Index für Inklusion – eine Möglichkeit zur Selbstevaluation von "Schulen für alle". In: Feuser, Georg (Hrsg.): Integration heute – Perspektiven ihrer Weiterentwicklung in Theorie und Praxis. Frankfurt am Main: Peter Lang Europäischer Verlag der Wissenschaften. S. 39–47.

Boban, Ines/Hinz, Andreas (Hrsg.) (2004): Gemeinsamer Unterricht im Dialog. Vorstellungen nach 25 Jahren Integrationsentwicklung. Weinheim/Basel: Beltz Verlag.

Bohnsack, Fritz (2005): John Dewey. Ein pädagogisches Portrait. Weinheim/Basel: Beltz Verlag.

Bolland, Angela (2011): Forschendes und biografisches Lernen. Das Modellprojekt Forschungswerkstatt in der Lehrerbildung. Bad Heilbrunn: Klinkhardt Verlag.

Brügelmann, Hans (1980): Die englischen Teachers' Centres. Dezentralisierung der Curriculum-Entwicklung auf lokaler Ebene. In: Kröll, Ulrich (Hrsg.): Institutionaliserte Lehrerfortbildung. Weinheim/Basel: Beltz Verlag. S. 189–203.

Brünner, Arndt (2002): Muster im Pascalschen Dreieck. Online verfügbar unter: http://www.arndt-bruenner.de/mathe/scripts/pascalmod.htm [06.03.2017].

Bundesgesetzblatt (1992a) Teil II Nr. 6: Gesetz zu dem Übereinkommen vom 20. November 1989 über die Rechte des Kindes. Bonn.

Bundesgesetzblatt (1992b) Teil II Nr. 34: Bekanntmachung über das Inkrafttreten des Übereinkommens über die Rechte des Kindes. Bonn.

Bundesgesetzblatt (2008) Teil II Nr. 35: Gesetz zu dem Übereinkommen der Vereinten Nationen vom 13. Dezember 2006 über die Rechte von Menschen mit Behinderungen sowie zu dem Fakultativprotokoll vom 13. Dezember 2006 zum Übereinkommen der Vereinten Nationen über die Rechte von Menschen mit Behinderungen. Bonn.

Burrmann, Ulrike (2002): Vygotskij und Piaget – eine notwendige Verbindung für die Gestaltung effektiver Unterrichtsprogramme. Berlin: Verlag pro business.

Danner, Helmut (2006): Methoden geisteswissenschaftlicher Pädagogik. Einführung in Hermeneutik, Phänomenologie und Dialektik. München/Basel: Ernst Reinhardt Verlag.

Degener, Theresia (2009): Die UN-Behindertenrechtskonvention als Inklusionsmotor. In: Recht der Jugend und des Bildungswesens. 57(2009)2. S. 200–219.

Deutscher Bildungsrat (1972): Empfehlungen der Bildungskommission – Strukturplan für das Bildungswesen. Stuttgart: Klett Verlag. 4. Auflage.

Deutscher Bildungsrat (1973): Zur pädagogischen Förderung behinderter und von Behinderung bedrohter Kinder und Jugendlicher.

Deutscher Bildungsrat (1974): Empfehlungen der Bildungskommission – Zur Förderung praxisnaher Curriculum-Entwicklung. Stuttgart: Klett Verlag.

Devlin, Keith (1990): Sternstunden der modernen Mathematik. Basel u.a.: Birkhäuser Verlag.

Devlin, Keith (1994): Muster der Mathematik. Ordnungsgesetze des Geistes und der Natur. Heidelberg, Berlin: Spektrum Akademischer Verlag.

Devlin, Keith (2012): Die Berechnung des Glücks. Eine Reise in die Geschichte der Mathematik. München: Deutscher Taschenbuch Verlag.

Dewey, John (1899-1901): The Middle Works, 1899 – 1924. Vol. 1. Carbondale/ Edwardsville: Southern Illinois University Press.

Dewey, John (1925): The Later Works, 1925 – 1953. Vol. 1. Carbondale/Edwardsville: Southern Illinois University Press.

Dewey, John (1929): The Later Works, 1925 – 1953. Vol. 4. Carbondale/Edwardsville: Southern Illinois University Press.

Dewey, John (1934): The Later Works, 1925 – 1953. Vol. 10. Carbondale/Edwardsville: Southern Illinois University Press.

Dewey, John (1938-1939): The Later Works, 1925 – 1953. Vol. 13. Carbondale/ Edwardsville: Southern Illinois University Press.

Dewey, John (2010): Demokratie und Erziehung. Übersetzung aus dem Amerikanischen: Hylla, Erich. Herausgegeben von: Oelkers, Jürgen. Weinheim/Basel: Beltz Verlag.

Ellger-Rüttgardt, Sieglind Luise (2008): Geschichte der Sonderpädagogik. Weinheim/Basel: Beltz Verlag.

Ernst, Karin (1990): Lernwerkstätten. Regionale Zentren für die innere Schulreform. In: Paed. extra & Demokratische Erziehung. 3(1990)5. S. 6–10.

Ernst, Karin (1995): Von New York über Berlin nach Ludwigsfelde… Oder: was machen drei New Yorker auf dem Lernwerkstatt-Treffen. In: Ernst, Karin/Sommer, Denise/Zocher, Ute (Hrsg.): Begegnung. Dokumentation der 8. bundesweiten Fachtagung der Lernwerkstätten vom 25.09. – 29.09.1995 in Ludwigsfelde Struveshof. Wolfsburg: Immen Verlag. S. 25–36.

Ernst, Karin (1996a): Den Fragen der Kinder Raum geben. In: Die Grundschulzeitschrift. 98(1996)10. S. 40–45.

Ernst, Karin (1996b): Entdeckendes Lernen im Offenen Unterricht – Grundlinien eines neuen Lernverständnisses. In: ZV – LehrerInnen-Zeitung. 1(1996)4. S. 24–26.

Ernst, Karin (1997): Die Lernwerkstatt an der TU Berlin – ein Kurzportrait. In: Irskens, Beate (Hrsg.): Die Lernwerkstatt. Eine lebendige Verbindung von Kreativität und Lernen. Frankfurt am Main: Eigenverlag des Deutschen Vereins für öffentliche und private Fürsorge. S. 18–22.

Ernst, Karin/Wedekind, Hartmut (1993): Lernwerkstätten – Eine Übersicht. In: Ernst, Karin/Wedekind, Hartmut (Hrsg.): Lernwerkstätten in der Bundesrepublik Deutschland und Österreich. Eine Dokumentation. Frankfurt am Main: Arbeitskreis Grundschule. S. 9–33.

Feuser, Georg (1984a): Gemeinsame Erziehung behinderter und nichtbehinderter Kinder im Kindertagesheim. Bremen: Diakonisches Werk.

Feuser, Georg (2001): Prinzipien einer inklusiven Pädagogik. In: Behinderte in Familie, Schule und Gesellschaft. Graz: Verein „1 % für behinderte Kinder und Jugendliche" Jahrgang 24(2001), H. 2, S. 25–29. Online verfügbar unter: http://bidok.uibk.ac.at/library/beh2-01-feuser-prinzipien.html [19.02.2017].

Feuser, Georg (2002): Integration - eine conditio sine qua non im Sinne kultureller Notwendigkeit und ethischer Verpflichtung. In: Greving, Heinrich (Hrsg.): Das Sisyphos-Prinzip. Bad Heilbrunn: Klinkhardt Verlag. S. 221–236.

Feuser, Georg (2005): Behinderte Kinder und Jugendliche zwischen Integration und Aussonderung. Darmstadt: Wissenschaftliche Buchgesellschaft.

Feuser, Georg (2011): Entwicklungslogische Didaktik. In: Kaiser, Astrid/Schmetz, Ditmar/Wachtel, Peter/Werner, Birgt (Hrsg.): Didaktik und Unterricht. Stuttgart: Kohlhammer Verlag. S. 86–100.

Feuser, Georg (2013): Die „Kooperation am Gemeinsamen Gegenstand" – ein Entwicklung induzierendes Lernen. In: Feuser, Georg/Kutscher, Joachim (Hrsg.): Entwicklung und Lernen. Stuttgart: Kohlhammer Verlag. S. 282–293.

Feuser, Georg/Meyer, Heike (1987): Integrativer Unterricht in der Grundschule. Solms-Oberbiel: Jarick Verlag.

Fischer, Erhard (2008): Bildung im Förderschwerpunkt geistige Entwicklung. Entwurf einer subjekt- und bedarfsorientierten Didaktik. Bad Heilbrunn: Verlag Julius Klinkhardt.

Fischer, Erhard (2016): (Wie) Kann dem Bildungs- und Erziehungsbedarf von Kindern und Jugendlichen mit Förderschwerpunkt geistige Entwicklung im gemeinsamen Unterricht ausreichend begegnet werden? In: Fischer, Erhard/Markowetz, Reinhard (Hrsg.): Inklusion im Förderschwerpunkt geistige Entwicklung. Stuttgart: Verlag Kohlhammer. S. 74–133.

Franz, Eva-Kristina (2012): Lernwerkstätten an Hochschulen. Orte der gemeinsamen Qualifikation von Studierenden, pädagogischen Fachkräften des Elementarbereichs und Lehrkräften der Primarstufe. Frankfurt am Main: Peter Lang Internationaler Verlag der Wissenschaften.

Franz, Judith/Goschler, Walter/Ratz, Christoph (2017): Das Pascalsche Dreieck als „Gemeinsamer Lerngegenstand" für Schülerinnen und Schüler mit dem Förderschwerpunkt geistige Entwicklung in heterogenen Lerngruppen. In: Fischer, Erhard/Ratz, Christoph (Hrsg.): Inklusion – Chancen und Herausforderungen für Menschen mit geistiger Behinderung. Weinheim/Basel: Beltz Juventa Verlag. S. 192–209.

Freinet, Célestin (1980): Pädagogische Texte. Herausgegeben von: Boehncke, Heiner/Hennig, Christoph. Übersetzt von: Siegler, Beate/Swoboda, Katrin. Reinbek bei Hamburg: Rowohlt Verlag.

Freinet, Célestin (1998a): Die erzieherische Kraft der Arbeit. In: Freinet, Célestin (1998): Pädagogische Werke. Teil 1. Deutsche Ausgabe und Übersetzung von Jörg, Hans unter Mitwirkung von Zillgen, Herwig. Paderborn/München/Wien/Zürich: Schöningh Verlag. S. 137–478.

Freinet, Célestin (1998b): Die moderne französische Schule. In: Freinet, Célestin (1998): Pädagogische Werke. Teil 1. Deutsche Ausgabe und Übersetzung von Jörg, Hans unter Mitwirkung von Zillgen, Herwig. Paderborn; München; Wien; Zürich: Schöningh Verlag. S. 479–603.

Freinet, Célestin (2000): Abhandlung einer Psychologie der Wahrnehmung. In: Freinet, Célestin: Pädagogische Werke. Teil 2. Deutsche Ausgabe und Übersetzung von Jörg, Hans unter Mitwirkung von Zillgen, Herwig. Paderborn; München; Wien; Zürich: Schöningh Verlag. S. 11–317.

Freudenthal, Hans (1973): Mathematik als pädagogische Aufgabe. Band 1. Stuttgart: Ernst Klett Verlag.

Fuson, Karen C. (1988): Children's Counting and Concepts of Number. New York: Springer Verlag.

Gaidoschik, Michael (2014): Einmaleins verstehen, vernetzen, merken: Strategien gegen Lernschwierigkeiten. Stuttgart: Klett Kallmeyer Verlag.

Gadamer, Hans-Georg (1990): Wahrheit und Methode. Grundzüge einer philosophischen Hermeneutik. Tübingen: J. C. B. Mohr.

Garrote, Ariana/Moser Opitz, Elisabeth/Ratz, Christoph (2015): Mathematische Kompetenzen von Schülerinnen und Schülern mit dem Förderschwerpunkt geistige Entwicklung: Eine Querschnittstudie. In: Empirische Sonderpädagogik. 7(2015)1. S. 24–40.

Gayette-Georgens von, Jeanne-Marie/Georgens, Jan Daniel (1876): Illustrirte Monatshefte für ästhetische Volksbildung. Berlin: Langmann und Co.

Georgens, Jan Daniel/Deinhardt, Heinrich Marianus/von Gayette, Jeanne Marie (1858): Medicinisch-pädagogisches Jahrbuch der Levana für das Jahr 1858. Wien.

Georgens, Jan Daniel/Deinhardt, Heinrich Marianus (1861): Die Heilpädagogik mit besonderer Berücksichtigung der Idiotie und der Idiotenanstalten. Band 1. Leipzig: Fleischer.

Georgens, Jan Daniel/Deinhardt, Heinrich Marianus (1863): Die Heilpädagogik mit besonderer Berücksichtigung der Idiotie und der Idiotenanstalten. Band 2. Leipzig: Fleischer.

Georgens, Jan Daniel/von Gayette, Jeanne Marie (1856): Der Arbeiter auf dem praktischen Erziehfelde der Gegenwart. Online verfügbar unter: http://www.digizeitschriften.de/dms/toc/? PID=ZDB986031666_0001 [30.11.2016]

Georgens, Jan Daniel/von Gayette, Jeanne Marie (1857): Der Arbeiter auf dem praktischen Erziehfelde der Gegenwart. Online verfügbar unter: http://www.digizeitschriften.de/dms/toc/?PID=ZDB986031666_0002 [30.11.2016].

Georgens, Jan Daniel/von Gayette, Jeanne Marie (1858): Der Arbeiter auf dem praktischen Erziehfelde der Gegenwart. Online verfügbar unter: http://www.digizeitschriften.de/dms/toc/?PID=ZDB986031666_0003 [30.11.2016].

Gerbaulet, Sabine/Herz, Ott/Huber, Ludwig/Mevermann, Knut/Petry, Christian/Pistor, Hans-Henning/Raschert, Jürgen/Richter, Ingo/Rienits, Heide (1972): Schulnahe Curriculum-Entwicklung. Stuttgart: Klett Verlag.

Geuter, Ulfried/Hoebig, Wolfgang/Thielen, Manfred (1979): Ein Mann für alle Jahreszeiten. Alexejew Nikolajewitsch Leontjew, ein großer Theoretiker der Psychologie in der Sowjetunion. In: Psychologie heute. 6(1979)5. S. 72–78.

Goschler, Walter (2012): Lernwerkstätten und Inklusion. In: Breyer, Cornelius/Fohrer, Günther/Goschler, Walter/Heger, Manuela/Kießling, Christina/Ratz, Christoph (Hrsg.): Sonderpädagogik und Inklusion. Oberhausen: Athena-Verlag. S. 227–241.

Goschler, Walter (2014): Mobile Sonderpädagogische Dienste: Inklusion durch Kooperation. In: Fischer, Erhard (Hrsg.): Heilpädagogische Handlungsfelder. Stuttgart: Kohlhammer Verlag. S. 88–122.

Goschler, Walter (2016): Gemeinsames Lernen in heterogenen Gruppen – Das Pascalsche Dreieck im Spannungsfeld zwischen Individualisierung/Differenzierung und gemeinsamen Lernen. In: Schmude, Corinna/Wedekind, Hartmut (Hrsg.): Lernwerkstätten an Hochschulen – Orte einer inklusiven Pädagogik. Bad Heilbrunn: Verlag Julius Klinkhardt. S. 127–144.

Goschler, Walter/Heyne, Thomas (2011): Biologie-Didaktik und sonderpädagogische Förderung – Möglichkeiten der Erkenntnisgewinnung in einem gemeinsamen Unterricht mit heterogenen Lerngruppen. In: Ratz, Christoph (Hrsg.): Unterricht im Förderschwerpunkt geistige Entwicklung. Fachorientierung und Inklusion als didaktische Herausforderungen. Oberhausen: Athena Verlag. S. 191–216.

Gröschke, Dieter (1989): Praxiskonzepte der Heilpädagogik. Versuch einer Systematisierung und Grundlegung. München/Basel: Ernst Reinhardt Verlag.

Gudjons, Herbert (2006): Pädagogisches Grundwissen. Bad Heilbrunn: Klinkhardt. 9. Auflage.

Haeberlin, Urs (2011): Rezension: Lee, Ju-Hwa: Inklusion. Eine kritische Auseinandersetzung mit dem Konzept von Andreas Hinz im Hinblick auf Bildung und Erziehung von Menschen mit Behinderungen. In: Vierteljahresschrift für Heilpädagogik und ihre Nachbargebiete. 80(2011)3. S. 271–273.

Hagstedt, Herbert (1990): Lernwerkstätten – neue Lebensräume für LehrerInnen? In: Päd. extra & Demokratische Erziehung. 3(1990)5. S. 18–19.

Hagstedt, Herbert (1992): Kinder und Erwachsene lernen gemeinsam. Grundschulwerkstatt Kassel. In: Grundschule. 24(1992)6. S. 12–14.

Hagstedt, Herbert (2009): Diskrete Schulentwicklung durch Lernwerkstätten. Online verfügbar unter: http://www.velw.org/index.php?option=com_remository&Itemid=29&func=startdown&id=9 [28.03.2012]

Heimlich, Ulrich (2007): Didaktik des gemeinsamen Unterrichts. In: Walter, Jürgen/Wember Franz B. (Hrsg.): Sonderpädagogik des Lernens. Göttingen: Hogrefe Verlag. S. 357–374.

Heimlich, Ulrich (2012a): Gemeinsamer Unterricht im Rahmen inklusiver Didaktik. In: Heimlich, Ulrich/Wember, Franz B. (Hrsg.): Didaktik des Unterrichts im Förderschwerpunkt Lernen. Stuttgart: Kohlhammer Verlag. S. 69–80.

Heimlich, Ulrich (2012b): Projektunterricht. In: Heimlich, Ulrich/Kahlert. Joachim (Hrsg.): Inklusion in Schule und Unterricht. Wege zur Bildung für alle. Stuttgart: Kohlhammer Verlag. S. 125–137.

Heimlich, Ulrich (2014a): Teilhabe, Teilgabe oder Teilsein? Auf der Suche nach den Grundlagen inklusiver Bildung. In: Vierteljahresschrift für Heilpädagogik und ihre Nachbargebiete. 83(2014)1. S. 1–5.

Heimlich, Ulrich (2014b): Einleitung: Inklusion und Sonderpädagogik. In: Heimlich, Ulrich/Kahlert. Joachim (Hrsg.): Inklusion in Schule und Unterricht. Wege zur Bildung für alle. Stuttgart: Kohlhammer Verlag. S. 9–26.

Heimlich, Ulrich/Kahlert, Joachim/Lelgemann, Reinhard/Fischer, Erhard (2016): Begleitforschungsprojekt inklusive Schulentwicklung (B!S) – Ausgangslage und theoretischer Bezugsrahmen. In: Heimlich, Ulrich/Kahlert, Joachim/Lelgemann, Reinhard/Fischer, Erhard (Hrsg.): Inklusives Schulsystem. Bad Heilbrunn: Verlag Julius Klinkhardt. S. 7–11.

Hellbrügge, Theodor (1984): Unser Montessori-Modell. Erfahrungen mit einem neuen Kindergarten und einer neuen Schule. Frankfurt am Main: Fischer Verlag.

Hellmich, Achim/Teigeler, Peter (Hrsg.) (2007): Montessori-, Freinet-, Waldorfpädagogik. Weinheim: Beltz Verlag.

Hellweg, Thomas (2010): Meister von Raum und Zahl. Mathematikerportraits aus drei Jahrtausenden. Freiburg: Centaurus Verlag.

Helming, Helene (1992): Montessori-Pädagogik. Freiburg/Basel/Wien: Herder Verlag. 14. Auflage.

Hentig von, Hartmut (1993): Die Schule neu denken. München/Wien: Hanser Verlag.

Heyer, Peter/Preuss-Lausitz, Ulf (1990): Die Uckermark-Schule als wohnortnahe Integrations-Schule: Entstehung, Konzept und Weiterentwicklung. In: Heyer, Peter/Preuss-Lausitz, Ulf/Zielke, Gitta (Hrsg.): Wohnortnahe Integration. Weinheim/München: Juventa Verlag. S. 15–24.

Hildebrandt, Elke/Peschel, Markus/Weißhaupt, Mark (2014): Lernen zwischen freiem und instruiertem Tätigsein. Bad Heilbrunn: Verlag Julius Klinkhardt.

Hirt, Ueli/Wälti, Beat (2008): Lernumgebungen im Mathematikunterricht. Seelze: Klett Kallmeyer Verlag.

Jantzen, Wolfgang (1986a): Abbild und Tätigkeit. Studien zur Entwicklung des Psychischen. Solms-Oberbiel: Jarick Verlag.

Jantzen, Wolfgang (1986b): Bedürfnis, Emotion, Motiv: Zum Intrasystemzusammenhang sinnbildender Strukturen im Aufbau der Prozesse des Psychischen in der Tätigkeit. In: Holodynski, Manfred/Koch-Priewe, Barbara/Seeger, Dorothee/Winter, Felix (Hrsg.): Studien zur Tätigkeitstheorie III. Bielefeld: Universität Bielefeld. S. 286–328.

Jantzen, Wolfgang (1987): Allgemeine Behindertenpädagogik. Band 1. Sozialwissenschaftliche und psychologische Grundlagen. Weinheim/Basel: Beltz Verlag.

Jantzen, Wolfgang (2012) (Hrsg.): Kulturhistorische Didaktik. Rezeption und Weiterentwicklung in Europa und Lateinamerika. Berlin: Lehmanns Media.

Jantzen, Wolfgang (2013): Evolution und Entwicklung des Psychischen. In: Feuser, Georg/Kutscher, Joachim (Hrsg.): Entwicklung und Lernen. Stuttgart: Kohlhammer Verlag. S. 17–42.

Jantzen, Wolfgang (2013b): Repräsentationsniveaus des Psychischen. In: Feuser, Georg/Kutscher, Joachim (Hrsg.): Entwicklung und Lernen. Stuttgart: Kohlhammer Verlag. S. 82–92.

Jetter, Karlheinz (1986): Idee, Möglichkeit und Wirklichkeit der gesellschaftlichen Integration Behinderter aus Sicht der Kooperativen Pädagogik. In: AG Integration Würzburg (Hrsg.): Wege zur Integration. Würzburg: Thomas Werner. S. 7–19.

Kahl, Reinhard (2009): Treibhäuser der Zukunft. Wie in Deutschland Schulen gelingen. Video-Dokumentation und Booklet. Produktion: Archiv der Zukunft.

Kahlert, Joachim (2007): Was kommt nach der Erkenntnis? Zum schwierigen Verhältnis pädagogischer Disziplinen zu der Erwartung, sich nützlich zu machen. In: Reinmann, Gabi/Kahlert, Joachim (Hrsg.): Der Nutzen wird vertagt… Bildungswissenschaften im Spannungsfeld zwischen wissenschaftlicher Profilbildung und praktischem Mehrwert. Lengerich: Pabst Science Publishers. S. 20–45.

Kahlert, Joachim/Heimlich, Ulrich (2014): Inklusionsdidaktische Netze – Konturen eines Unterrichts für alle (dargestellt am Beispiel des Sachunterrichts). In: Heimlich, Ulrich/Kahlert. Joachim (Hrsg.): Inklusion in Schule und Unterricht. Wege zur Bildung für alle. Stuttgart: Kohlhammer Verlag. S. 153–190.

Kaiser, Astrid/Seitz, Simone (2007): Sachunterricht. In: Walter, Jürgen/Wember, Franz B. (Hrsg.): Sonderpädagogik des Lernens. Göttingen: Hogrefe Verlag. S. 689–701.

Karmiloff-Smith, Annette (1995): Beyond Modularity: A Developmental Perspective on Cognitve Science. Cambridge Masachusetts: MIT Press.

Karmiloff-Smith, Annette (1998): Development itself is the key to understanding developmental disorders. In: Trends in Cognitive Sciences. 2(1998)10. S. 389–398.

Kasper, Hildegard/Müller-Naendrup, Barbara (1992): Lernwerkstätten – die Idee – die Orte – die Prozesse. In: Grundschule. 24(1992)6. S. 8–12.

Kiel, Ewald/Esslinger-Hinz, Ilona/Reusser, Kurt (2014): Einführung in den Thementeil ‚Allgemeine Didaktik für eine inklusive Schule'. In: Jahrbuch für Allgemeine Didaktik 2014. Baltmannsweiler: Schneider Verlag Hohengehren. S. 9–15.

Kirmsse, Max (1910): Georgens und Deinhardts Levanabestrebungen. In: Verein „Fürsorge für Schwachsinnige und Epileptische" (Hrsg.): Das schwachsinnige Kind im Lichte der neueren Forschung. Bd. 2: Bericht der 4. Österreichischen Konferenz der Schwachsinnigenfürsorge in Wien. Wien.

Kirschhock, Eva-Maria (2005): Sind Lernwerkstätten an Hochschulen sinnvoll? In: PÄD-Forum. 33(2005)4. S. 205–207.

Klafki, Wolfgang (1971): Hermeneutische Verfahren in der Erziehungswissenschaft. In: Klafki, Wolfgang/Rückriem, Georg M./Wolf, Willi/Freudenstein, Reinhold/Beckmann, Hans Karl/Lingelbach, Karl-Christoph/Iben, Gerd/Diederich, Jürgen (Hrsg.): Erziehungswissenschaft 3. Frankfurt am Main: Fischer Taschenbuch Verlag. S. 126–153.

Klafki, Wolfgang (1976): Aspekte kritisch-konstruktiver Erziehungswissenschaft. Weinheim/Basel: Beltz Verlag.

Klafki, Wolfgang (1981): Zur Unterrichtsplanung im Sinne kritisch-konstruktiver Didaktik. In: Adl-Amini, Bijan/Künzli, Rudolf (Hrsg.): Didaktische Modelle und Unterrichtsplanung. München: Juventa Verlag. 2. Auflage. S. 11–48.

Klafki, Wolfgang (2007): Neue Studien zur Bildungstheorie und Didaktik. Weinheim/Basel: Beltz. 6. Auflage.

Klaus, Georg/Buhr, Manfred (Hrsg.) (1975): Philosophisches Wörterbuch in 2 Bänden. Berlin: Das Europäische Buch.

Klemm, Klaus (2015): Inklusion in Deutschland. Daten und Fakten. Gütersloh: Bertelsmann Stiftung.

Kobi, Emil E. (2004): Grundfragen der Heilpädagogik. 6., bearbeitete und ergänzte Auflage. Berlin: BHP-Verlag.

Krajewski, Kristin/Ennemoser, Marco (2013). Entwicklung und Diagnostik der Zahl-Größen-Verknüpfung zwischen 3 und 8 Jahren. In: Hasselhorn, Marcus/Heinze, Aiso/Schneider, Wolfgang/Trautwein, Ulrich (Hrsg.): Diagnostik mathematischer Kompetenzen. Jahrbuch der pädagogisch-psychologischen Diagnostik Tests & Trends N.F. 11. Göttingen u.a.: Hogrefe Verlag. S. 41–65.

Krauthausen, Günter/Scherer, Petra (2014): Natürliche Differenzierung im Mathematikunterricht. Konzepte und Praxisbeispiele aus der Grundschule. Seelze: Klett Kallmeyer.

Krey, Olaf (2012): Zur Rolle der Mathematik in der Physik. Berlin: Logos Verlag.

Kröll, Ulrich (1973): Die englischen Teachers' Centres – Curriculumentwicklung und Lehrerweiterbildung auf lokaler Ebene. Münster: Deutsches Institut für wissenschaftliche Pädagogik.

Kultusministerkonferenz (1972): Empfehlung zur Ordnung des Sonderschulwesens. Beschluß der Kultusministerkonferenz vom 16.03.1972.

Kultusministerkonferenz (1994): Empfehlungen zur sonderpädagogischen Förderung in den Schulen der Bundesrepublik. Beschluß der Kultusministerkonferenz vom 06.05.1994.

Kutzer, Reinhard (1986): Struktur- und niveauorientiertes Lernen als eine Voraussetzung für eine individuelle Lernförderung – dargestellt am Beispiel der Anzahlinvarianzen. In: AG Integration Würzburg (Hrsg.): Wege zur Integration. Würzburg: Thomas Werner. S. 143–178.

Kutzer, Reinhard (1998): Mathematik entdecken und verstehen. Kommentarband 1. Frankfurt am Main: Verlag Moritz Diesterweg.

Kutzer, Reinhard (2000): Mathematik entdecken und verstehen. Kommentarband 3. Hünfeld: Verlag Lydia Kutzer.

Leont'ev, Aleksej Nikolajevič (1980): Probleme der Entwicklung des Psychischen. Königstein/Ts.: Athenäum Verlag.

Leont'ev, Aleksej Nikolajevič (1981): Psychologie des Abbilds. In: Forum Kritische Psychologie, Bd. 9. Ohne Ort und Verlag. S. 5–19.

Leont'ev, Aleksej Nikolajevič (1982): Tätigkeit Bewußtsein Persönlichkeit. Köln: Pahl-Rugenstein Verlag.

Leont'ev, Dmitrij (2013): Motiv und Sinn. In: Feuser, Georg/Kutscher, Joachim (Hrsg.): Entwicklung und Lernen. Stuttgart: Kohlhammer Verlag. S. 195–202.

Lersch, Rainer (2001): Gemeinsamer Unterricht. Neuwied: Luchterhand.

Loeffel, Hans (1987): Blaise Pascal. Basel/Boston: Birkhäuser Verlag.

Lurija, Aleksandr Romanovič (1984): L. S. Wygotski und das Problem der funktionellen Lokalisation. In: Feuser, Georg/Jantzen, Wolfgang: Jahrbuch für Psychopathologie und Psychotherapie IV 1984. Köln: Pahl-Rugenstein Verlag. S. 15–23.

Lurija, Aleksandr Romanovič (1987): Die historische Bedingtheit individueller Erkenntnisprozesse. Berlin: Deutscher Verlag der Wissenschaften.

Markowetz, Reinhard (2001): Didaktik des integrativen Unterrichts - (k)eine Frage für die Sonderpädagogik?! In: Müller, Armin (Hrsg.): Sonderpädagogik provokant. Luzern: Edition SZH/SPC. S. 237–261.

Markowetz, Reinhard (2004): Alle Kinder alles lehren! Aber wie? - Maßnahmen der Inneren Differenzierung und Individualisierung als Aufgabe für Sonderpädagogik und Allgemeine (Integrations-)Pädagogik auf dem Weg zu einer inklusiven Didaktik. In: Schnell, Irmtraud/Sander, Alfred (Hrsg.): Inklusive Pädagogik. Bad Heilbrunn: Klinkhardt Verlag. S. 167–186.

Markowetz, Reinhard (2007): Soziale Integration, Identität und Entstigmatisierung. Behindertensoziologische Aspekte und Beiträge zur Theorieentwicklung in der Integrationspädagogik. Hamburg.

Markowetz, Reinhard (2012): Inklusive Didaktik (k)eine Neuschöpfung!? Ein Beitrag zur didaktischen Diskussion über Gemeinsamen Unterricht. In: Breyer, Cornelius/Fohrer, Günther/Goschler, Walter/Heger, Manuela/Kießling, Christina/Ratz, Christoph (Hrsg.): Sonderpädagogik und Inklusion. Oberhausen: Athena Verlag. S. 141–160.

Markowetz, Reinhard (2016): Theoretische Aspekte und didaktische Dimensionen inklusiver Unterrichtspraxis. In: Fischer, Erhard/Markowetz, Reinhard (Hrsg.): Inklusion im Förderschwerpunkt geistige Entwicklung. Stuttgart: Kohlhammer Verlag. S. 239–288.

Markowetz, Reinhard/Reich, Kersten (2016): Didaktik. In: Hedderich, Ingeborg/Biewer, Gottfried/Hollenweger, Judith/Markowetz, Reinhard (Hrsg.): Handbuch Inklusion und Sonderpädagogik. Bad Heilbrunn: Verlag Julius Klinkhardt. S. 338–346.

Mascolo, Michael F./Fischer, Kurt W. (2013): Entwicklungspsychologie: Vereinheitlichte Theorien. In: Feuser, Georg/Kutscher, Joachim (Hrsg.): Entwicklung und Lernen. Stuttgart: Kohlhammer Verlag. S. 93–102.

Meschkowski, Herbert (1990): Denkweisen großer Mathematiker: ein Weg zur Geschichte der Mathematik. Braunschweig: Vieweg Verlag.

Meyer, Meinert A./Meyer, Hilbert (2007): Wolfgang Klafki. Eine Didaktik für das 21. Jahrhundert? Weinheim: Beltz.

Möckel, Andreas (1988): Geschichte der Heilpädagogik. Stuttgart: Klett-Cotta Verlag.

Möckel, Andreas (2007): Geschichte der Heilpädagogik oder Macht und Ohnmacht der Erziehung. Stuttgart: Klett-Cotta Verlag.

Montessori, Maria (1928a): Mein Handbuch. Stuttgart: Julius Hoffmann Verlag.

Montessori, Maria (1928b): Selbsttätige Erziehung. Stuttgart: Julius Hoffmann Verlag.

Montessori, Maria (1973): Das kreative Kind. Der absorbierende Geist. Freiburg/Basel/Wien: Herder Verlag. 2. Auflage.

Montessori, Maria (1987): Die Entdeckung des Kindes. Freiburg/Basel/Wien: Herder Verlag. 8. Auflage.

Montessori, Maria (1989): Schule des Kindes. Freiburg/Basel/Wien: Herder Verlag. 3. Auflage.

Montessori, Maria (1990): Texte und Gegenwartsdiskussion. Herausgegeben von: Böhm, Winfried. Bad Heilbrunn: Klinkhardt Verlag. 4. Auflage.

Montessori, Maria (1997): Schlüsselbegriffe der Montessori-Pädagogik. In: Oswald, Paul/Schulz-Benesch, Günter: Grundgedanken der Montessori-Pädagogik. Freiburg/Basel/Wien: Herder Verlag. S. 45–133.

Montessori, Maria (1998): Kinder sind anders. München: Deutscher Taschenbuch Verlag. 13. Auflage.

Moser Opitz, Elisabeth (2001): Zählen Zahlbegriff Rechnen. Theoretische Grundlagen und eine empirische Untersuchung zum mathematischen Erstunterricht in Sonderklassen. Bern u.a.: Haupt Verlag.

Moser Opitz, Elisabeth (2002): Welchen Mathematikunterricht brauchen Schülerinnen und Schüler mit geistiger Behinderung? In: Deutsche Behinderten-Zeitschrift. 39(2002)6. S. 29–30.

Moser Opitz, Elisabeth (2014): Inklusive Didaktik im Spannungsfeld von gemeinsamem Lernen und effektiver Förderung. In: Jahrbuch für Allgemeine Didaktik 2014. Baltmannsweiler: Schneider Verlag Hohengehren. S. 52–68.

Moser Opitz, Elisabeth (2015): Best practice – auch im inklusiven Unterricht? In: Vierteljahresschrift für Heilpädagogik und ihre Nachbargebiete. 84(2015)3. S. 259–261.

Mühl, Heinz (2008): Sonderbeschulung im Vergleich mit gemeinsamem Unterricht. In: Nußbeck, Susanne/Biermann, Adrienne/Adam, Heidemarie (Hrsg.): Sonderpädagogik der geistigen Entwicklung. Göttingen: Hogrefe Verlag. S. 590–617.

Müller, Gerhard N./Steinbring, Heinz/Wittmann, Erich Ch. (2004): Einleitung: Das Konzept von „Elementarmathematik als Prozess". In: Müller, Gerhard N./Steinbring, Heinz/Wittmann, Erich Ch. (Hrsg.): Arithmetik als Prozess. Seelze: Klett Kallmeyer Verlag. S. 11–18.

Müller-Naendrup, Barbara (1997): Lernwerkstätten an Hochschulen. Ein Beitrag zur Reform der Primarstufenlehrerbildung. Frankfurt am Main: Peter Lang Europäischer Verlag der Wissenschaften.

Muth, Jakob (1986): Integration von Behinderten. Über die Gemeinsamkeit im Bildungswesen. Online verfügbar unter: http://bidok.uibk.ac.at/library/muth-integration.html#idp15250976 [25.03.2017].

Muth, Jakob (1992): Schule als Leben. Prinzipien – Empfehlungen – Reflexionen. Eine pädagogische Anthologie. Baltmannsweiler: Schneider Verlag.

Neubert, Stefan (2006): John Dewey (1859 – 1952). In: Dollinger, Bernd (Hrsg.): Klassiker der Pädagogik. Die Bildung der modernen Gesellschaft. Wiesbaden: Verlag für Sozialwissenschaften. S. 221–246.

Neuhaus-Siemon, Elisabeth (1989a): Grundschule im Wandel. 1. Teil. In: Grundschule 21(1989)2. S. 10–14.

Neuhaus-Siemon, Elisabeth (1989b): Grundschule im Wandel. 2. Teil. In: Grundschule 21(1989)4. S. 60–61.

Nevermann, Knut/Priebe, Botho (1987): Regionale Pädagogische Zentren: Nationale und internationale Erfahrungen. In: Braun, Karl-Heinz/Wunder, Dieter (Hrsg.): Neue Bildung – Neue Schule. Weinheim/Basel: Beltz Verlag. S. 158–181.

Oelkers, Jürgen (2005): Reformpädagogik. Eine kritische Dogmengeschichte. Weinheim/München: Juventa Verlag. 4. vollständig überarbeitete und erweiterte Auflage.

Oelkers, Jürgen (2009): John Dewey und die Pädagogik. Weinheim/Basel: Beltz Verlag.

Oswald, Paul/Schulz-Benesch, Günter (1987): Vorwort. In: Montessori, Maria (1987), S. V-VIII.

Pallasch, Waldemar/Reimers, Heino (1990): Pädagogische Werkstattarbeit. Eine pädagogisch-didaktische Konzeption zur Belebung der traditionellen Lernkultur. Weinheim/München: Juventa Verlag.

Peter-Koop, Andrea (2016): „Zahlen bitte!" Zur Bedeutung numerischer Kompetenzen für das Rechnenlernen. In: Lernen konkret. 35(2016)4. S. 6–9.

Pfeffer, Wilhelm (1988): Förderung schwer geistig Behinderter. Eine Grundlegung. Würzburg: edition bentheim.

Piaget, Jean (1975): Der Aufbau der Wirklichkeit beim Kinde. Gesammelte Werke 2. Stuttgart: Ernst Klett Verlag.

Piaget, Jean/Szeminska, Alina (1975): Die Entwicklung des Zahlbegriffs beim Kinde. Gesammelte Werke 3. Stuttgart: Ernst Klett Verlag.

Pitsch, Hans-Jürgen (2003): Zur Theorie und Didaktik des Handelns Geistigbehinderter. Oberhausen: Athena Verlag.

Pitsch, Hans-Jürgen (2011): Tätigkeit und Arbeit, Handeln und Lernen. In: Kaiser, Astrid/Schmetz, Ditmar/Wachtel, Peter/Werner, Birgt (Hrsg.): Didaktik und Unterricht. Stuttgart: Kohlhammer Verlag. S. 67–76.

Praschak, Wolfgang (2013): Piagets Theorie der Entwicklung geistiger Operationen. In: Feuser, Georg/Kutscher, Joachim (Hrsg.): Entwicklung und Lernen. Stuttgart: Kohlhammer Verlag. S. 234–239.

Premerstein von, Richard (1963): Max Kirmsse, ein Historiker des Sonderschulwesens. Leben und Werk. In: Zeitschrift für Heilpädagogik. Jg. 14, Heft 12, S. 688-695. Transkription: Bachmann, Ewald/Haubfleisch, Dietmar. Marburg 2002. Online verfügbar unter: http://archiv.ub.uni-marburg.de/sonst/2002/0003/mk3.pdf [15.02.2017].

Prengel, Annedore (2006): Pädagogik der Vielfalt. Verschiedenheit und Gleichberechtigung in Interkultureller, Feministischer und Integrativer Pädagogik. Wiesbaden: Verlag für Sozialwissenschaften.

Preuss-Lausitz, Ulf (1981): Fördern ohne Sonderschule. Weinheim/Basel: Beltz Verlag.

Projektgruppe Organisation der Curriculumentwicklung (1972): Vorwort. In: Gerbaulet, Sabine/Herz, Ott/Huber, Ludwig/Mevermann, Knut/Petry, Christian/Pistor, Hans-Henning/Raschert, Jürgen/Richter, Ingo/Rienits, Heide (1972): Schulnahe Curriculum-Entwicklung. Stuttgart: Klett Verlag. S. XIV–XVI.

Prosetzky, Ingolf (2013): Allgemeine Niveaus der Entwicklung und Domainspezifik. In: Feuser, Georg/Kutscher, Joachim (Hrsg.): Entwicklung und Lernen. Stuttgart: Kohlhammer Verlag. S. 103–114.

Radke-Uhlmann, Gyburg (2012): Phronesis als philologische Tugend. In: Radke-Uhlmann, Gyburg (Hrsg.): Phronesis – die Tugend der Geisteswissenschaften. Heidelberg: Universitätsverlag Winter. S. 3–30.

Ratz, Christoph (2011): Zur Bedeutung einer Fächerorientierung. In: Ratz, Christoph (Hrsg.): Unterricht im Förderschwerpunkt geistige Entwicklung. Fachorientierung und Inklusion als didaktische Herausforderungen. Oberhausen: Athena Verlag. S. 9–38.

Ratz, Christoph (2014): Fachorientierte Didaktik im Förderschwerpunkt geistige Entwicklung. Beiträge zur Weiterentwicklung und Auswirkungen auf eine inklusive Didaktik. Universität Koblenz Landau: Habilitationsschrift.

Ratz, Christoph (2016): Inklusive Didaktik für den Förderschwerpunkt geistige Entwicklung. In: Fischer, Erhard/Ratz, Christoph (Hrsg.): Inklusion – Chancen und Herausforderungen für Menschen mit geistiger Behinderung. Oberhausen: Athena Verlag. S. 172–191.

Ratz, Christoph/Wittmann, Erich Ch. (2011): Mathematisches Lernen im Förderschwerpunkt geistige Entwicklung. In: Ratz, Christoph (Hrsg.): Unterricht im Förderschwerpunkt geistige Entwicklung. Fachorientierung und Inklusion als didaktische Herausforderungen. Oberhausen: Athena Verlag. S. 129–152.

Ratz, Christoph/Moser Opitz, Elisabeth (2016): Mathematische Förderung von Schülerinnen und Schülern mit Down-Syndrom. In: Zeitschrift für Heilpädagogik. 67(2016)9. S. 400–411.

Reich, Kersten (Hrsg.) (2012): Inklusion und Bildungsgerechtigkeit. Standards und Regeln zur Umsetzung einer inklusiven Schule. Weinheim/Basel: Beltz Verlag.

Riegert, Judith/Sansour, Theresa/Musenberg, Oliver (2015): „Gemeinsame Sache machen". Didaktische Theoriebildung und die Modellierung der Gegenstände im inklusiven Unterricht. In: Sonderpädagogische Förderung heute. 60(2015)1. S. 9–23.

Rudloff, Wilfried (2002): Im Schatten des Wirtschaftswunders. Soziale Probleme, Randgruppen und Subkulturen 1949 bis 1973. In: Schlemmer, Thomas/Woller, Hans (Hrsg.): Gesellschaft im Wandel 1949 bis 1973. München: Oldenbourg Verlag. S. 347–468.

Sasse, Ada/Schulzeck, Ursula (2013): Differenzierungsmatrizen als Modell der Planung und Reflexion inklusiven Unterrichts – zum Zwischenstand in einem Schulversuch. In: Jantowski, Andreas (Hrsg.): Gemeinsam leben. Miteinander lernen. Bad Berka: Thüringer Institut für Lehrerfortbildung, Lehrplanentwicklung und Medien (Thillm). S. 13–22.

Schlemminger, Gerald (2002): Zur Biographie Célestin Freinets und zur Entwicklung der Grundzüge und Prinzipien seiner Pädagogik. In: Hansen-Schaberg, Inge/Schonig, Bruno (Hrsg.): Freinet-Pädagogik. Baltmannsweiler: Schneider Verlag Hohengehren. S. 9–52.

Schmitt, Arbogast (2012): Phronesis – „eine andere Art des Erkennens". In: Radke-Uhlmann, Gyburg (Hrsg.): Phronesis – die Tugend der Geisteswissenschaften. Heidelberg: Universitätsverlag Winter. S. 31–81.

Schmude, Corinna (2016): Was ist Inklusion? – neun Impulse für die Diskussion eines komplexen Begriffs. In: Schmude, Corinna/Wedekind, Hartmut (Hrsg.): Lernwerkstätten an Hochschulen – Orte einer inklusiven Pädagogik. Bad Heilbrunn: Verlag Julius Klinkhardt. S. 19–32.

Schmude, Corinna/Wedekind, Hartmut (Hrsg.) (2016): Lernwerkstätten an Hochschulen – Orte einer inklusiven Pädagogik. Bad Heilbrunn: Verlag Julius Klinkhardt.

Schneider, Ralf/Wildt, Johannes (2009): Forschendes Lernen in Praxisstudien – Wechsel eines Leitmotivs. In: Roters, Bianca/Schneider, Ralf/Koch-Priewe, Barbara/Thiele, Jörg/Wildt, Johannes: Forschendes Lernen im Lehramtsstudium. Bad Heilbrunn: Klinkhardt Verlag. S. 8–36.

Schubert, Elke (2003): Hochschul-Lernwerkstätten im Spannungsfeld von Wissenschaft, Praxis und Person. Bochum/Freiburg: projekt verlag.

Schwartz, Erwin (Hrsg.) (1970a): Begabung und Lernen im Kindesalter. Frankfurt am Main: Arbeitskreis Grundschule.

Schwartz, Erwin (Hrsg.) (1970b): Ausgleichende Erziehung in der Grundschule. Frankfurt am Main: Arbeitskreis Grundschule.

Schwartz, Erwin (Hrsg.) (1970c): Inhalte grundlegender Bildung. Frankfurt am Main: Arbeitskreis Grundschule.

Selbmann, Frank (1982): Jan Daniel Georgens – Leben und Werk. Giessen: Giessener Dokumentationsreihe Heil- und Sonderpädagogik.

Spaenle, Ludwig (2011): Pressemitteilung Nr. 132 vom 28.06.2011. Online verfügbar unter: http://www.km.bayern.de/pressemitteilung/7793/nr-132-vom-28-06-2011.html [24.10.2016].

Stern, Karl Heinz (2005): Kinder und Jugendliche mit sonderpädagogischem Förderbedarf an der Regelschule. In: Ellinger, Stefan/Wittrock, Manfred (Hrsg.): Sonderpädagogik in der Regelschule. Stuttgart: Kohlhammer Verlag. S. 333–352.

Stiftung Aktion Sonnenschein (o. J.): Historie. Online verfügbar unter: http://www.aktion-sonnenschein.com/de/einrichtungen/montessori-integrationskindergarten/historie.html [17.02.2017].

Stoellger, Norbert (1983): Behinderte und nichtbehinderte Kinder in gemeinsamen Klassen der Fläming-Grundschule in Berlin. In: Deppe-Wolfinger, Helga (Hrsg.): behindert und abgeschoben. Weinheim/Basel: Beltz Verlag. S. 170–194.

Sturm, Tanja (2013): Lehrbuch Heterogenität in der Schule. München: Ernst Reinhardt Verlag.

Suhr, Martin (1994): John Dewey zur Einführung. Hamburg: Junius Verlag.

Terhart, Ewald (2001): Lehrerberuf und Lehrerbildung – Forschungsbefunde, Problemanalysen, Reformkonzepte. Weinheim/Basel: Beltz Verlag.

Textor, Annette/Kullmann, Harry/Lütje-Klose, Birgit (2014): Eine Inklusion unterstützende Didaktik. In: Jahrbuch für Allgemeine Didaktik 2014. Baltmannsweiler: Schneider Verlag Hohengehren. S. 69–91.

Thüringer Forschungs- und Arbeitsstelle für den Gemeinsamen Unterricht / Inklusion (o.J. a): Home. Online verfügbar unter: http://www.gu-thue.de [28.09.2016].

Thüringer Forschungs- und Arbeitsstelle für den Gemeinsamen Unterricht / Inklusion (o.J. b): Differenzierungsmatrizen. Online verfügbar unter: http://www.gu-thue.de/matrix.htm [28.09.2016].

Tomasello, Michael (2006): Die kulturelle Entwicklung des menschlichen Denkens. Frankfurt am Main: Suhrkamp Verlag.

UNESCO (1994a): The Salamanca Statement and Framework for Action on Special Needs Education.

UNESCO (1994b): Die Salamanca Erklärung und der Aktionsrahmen zur Pädagogik für besondere Bedürfnisse.

UNESCO (2005): Guidelines for Inclusion. Online verfügbar unter: unesdoc.unesco.org/images/0014/001402/140224e.pdf [27.02.2017].

United Nations (2006): Convention on the Rights of Persons with Disabilities. Online verfügbar unter: https://www.un.org/development/desa/disabilities/convention-on-the-rights-of-persons-with-disabilities/convention-on-the-rights-of-persons-with-disabilities-2.html [20.03.2017].

Verbund europäischer Lernwerkstätten VeLW (2009): Positionspapier des Verbundes europäischer Lernwerkstätten (VeLW) e.V. zu Qualitätsmerkmalen von Lernwerkstätten und Lernwerkstattarbeit. Bad Urach: ohne Verlag.

Vygotskij, Lev Semjonowič (1985): Ausgewählte Schriften. Band 1. Köln: Pahl-Rugenstein Verlag.

Vygotskij, Lev Semjonowič (1987): Ausgewählte Schriften. Band 2. Köln: Pahl-Rugenstein Verlag.

Wälti, Beat/Hirt, Ueli (2007): Fördern aller Begabungen durch fachliche Rahmung. In: Hengartner, Elmar/Hirt, Ueli/Wälti, Beat/Primarschulteam Lupsingen: Lernumgebungen für Rechenschwache bis Hochbegabte. Natürliche Differenzierung im Mathematikunterricht. Zug: Klett und Balmer Verlag. S. 17–20.

Walther, Gerd/Wittmann, Erich Ch. (2004): Begründung der Arithmetik: Rechengesetze und Anzahlbegriff. In: Müller, Gerhard N./Steinbring, Heinz/Wittmann, Erich Ch. (Hrsg.): Arithmetik als Prozess. Seelze: Klett Kallmeyer Verlag. S. 365–399.

Watzlawick, Paul (o.J.): Axiome. Online verfügbar unter: http://www.paulwatzlawick.de/axiome.html [11.12.2016].

Wedekind, Hartmut (2007): Lernwerkstätten. Übungsräume für demokratisches Handeln. In: Grundschulunterricht. 54(2007)3. S. 12–14.

Wedekind, Hartmut (2011): Eine Geschichte mit Zukunft. 30 Jahre Lernwerkstatt. In: Grundschule – Magazin für Aus- und Weiterbildung. 43(2011)6. S. 6–10.

Weigl, Erich & Baier, Stefan (2011): Inklusion im Spannungsfeld zwischen SFZ und allgemeiner Schule. Eine Vielfalt schulischer Angebote im aktuellen Gesetzentwurf des BayEUG-E. In: spuren – Sonderpädagogik in Bayern. 54(2011)3. S. 20–24.

Weinmann, Ute (2003): Normalität und Behindertenpädagogik. Historisch und normalismustheoretisch rekonstruiert am Beispiel repräsentativer Werke von Jan Daniel Georgens, Heinrich Marianus Deinhardt, Heinrich Hanselmann, Linus Bopp und Karl Heinrichs. Opladen: Leske und Budrich.

Weiß, Hans (2011): Unterricht in heterogenen Klassen zwischen Fachlichkeit und Individualität. In: Pädagogische Impulse 44 (2). S. 20–35. Online verfügbar unter:
http://www.vds-baden-wuerttemberg.de/index.php/download/zeitschrift-
paedagogische-impulse-pim/39-pim-2-2011-pdf/file [19.02.2017].

Wember, Franz B. (1998): Zahlbegriff und elementares Rechnen. Vorschläge zur Diagnose
und Intervention bei Kindern mit Lernstörungen. Hagen: FernUniversität.

Werner, Helmut (o.J.): Lexikon der Numerologie und Zahlenmystik. Köln: Komet Verlag.

Wittmann, Erich Ch. (1994): Wider die Flut der „bunten Hunde" und der „grauen Päckchen: Die Konzeption des aktiv-entdeckenden Lernens und des produktiven Übens.
In: Wittmann, Erich Ch./Müller Gerhard N.: Handbuch produktiver Re-
chenübungen. Band 1. Vom Einspluseins zum Einmaleins. Leipzig, Stuttgart, Düs-
seldorf: Ernst Klett Grundschulverlag. S. 157–171.

Wittmann, Erich Ch. (2005): Eine Leitlinie für die Unterrichtsentwicklung vom Fach aus:
(Elementar-)Mathematik als Wissenschaft von Mustern. In: Der Mathematikunterricht. 51(2005)2/3. S. 5–22.

Wittmann, Erich Ch./Müller, Gerhard N. (2006): Das Zahlenbuch 2. Ausgabe Bayern.
Stuttgart/Leipzig: Ernst Klett Schulbuchverlag.

Wittmann, Erich Ch./Müller, Gerhard N. (2012): Muster und Strukturen als fachliches
Grundkonzept des Mathematikunterrichts der Grundschule. In: Müller, Gerhard
N./Selter, Christoph/Wittmann, Erich Ch. (Hrsg): Zahlen, Muster und Strukturen.
Spielräume für aktives Lernen und Üben. Stuttgart: Klett Verlag. S. 61–79.

Wocken, Hans (1998): Gemeinsame Lernsituationen. Eine Skizze zur Theorie des gemeinsamen Unterrichts. In: Hildeschmidt, Anne/Schnell, Irmtraud (Hrsg.): Integrationspädagogik. Auf dem Weg zu einer Schule für alle. Weinheim/München: Juventa. S. 37–52.

Wocken, Hans (2011a): Schulstruktursicherungsgesetz! Bayern zieht die Notbremse. In:
spuren – Sonderpädagogik in Bayern. 54(2011)3. S. 27–29.

Wocken, Hans (2011b): Das Haus der inklusiven Schule. Baustellen – Baupläne – Bausteine.
Hamburg: Feldhaus Verlag.

Wocken, Hans (2013): Zum Haus der inklusiven Schule. Ansichten – Zugänge – Wege.
Hamburg: Feldhaus Verlag.

Wocken, Hans (2014): Im Haus der inklusiven Schule. Grundrisse – Räume – Fenster.
Hamburg: Feldhaus Verlag.

Ziemen, Kerstin/Langner, Anke (2010): Inklusion – Integration. In: Musenberg, Oliver/
Riegert, Judith (Hrsg.): Bildung und geistige Behinderung. Oberhausen: Athena Verlag. S. 247–259.

Zimpel, André Frank (2008): Der zählende Mensch. Was Emotionen mit Mathematik zu tun haben. Göttingen: Vandenhoeck und Ruprecht.

Zocher, Ute (2000): Entdeckendes Lernen lernen. Zur praktischen Umsetzung eines pädagogischen Konzepts in Unterricht und Lehrerfortbildung. Donauwörth: Auer Verlag.

Danke!

Ganz herzlich möchte ich mich bei Herrn Prof. Dr. Erhard Fischer bedanken für das Vertrauen, das er mir und meinem Promotionsvorhaben von Anfang an entgegenbrachte. Hilfreich für mich waren viele Hinweise, die über die DoktorandInnenkolloquien hinausgingen. Schließlich waren es auch die Diskussionen, die wir führten, die zum Gelingen der Arbeit beigetragen haben.

Mein Dank gilt ebenfalls meinem Zweitgutachter Herrn Prof. Dr. Ulrich Heimlich für wertvolle Anregungen und die Übernahme der Begutachtung.

Ein weiterer Dank gilt dem Drittgutachter Prof. em. Dr. Hans Weiß für sorgfältige und detaillierte Hinweise.